DE GROOTE OORLOG

Sophie De Schaepdrijver

De Groote Oorlog

Het koninkrijk België

tijdens de Eerste

Wereldoorlog

HOUTEKIET – ATLASCONTACT

Katwilgweg 2, 2050 Antwerpen

Uitgeverij Atlas Contact
Herengracht 481, 1017 BT Amsterdam

Omslagontwerp: Geoffrey Fiems
Binnenwerk: Toni Mulder, Mulder van Meurs

ISBN België 978 90 8924 287 7
D 2013 4765 29
NUR 680

INHOUD

Voor mijn moeder, Claudine Spitaels

VOORWOORD

Geschiedenis is nooit af en dit boek al helemaal niet. Toen ik er, vele jaren gelden, aan begon, ontmoette ik op een academische bijeenkomst een oudere vakman. Die had er een hard hoofd in. Een boek over heel België? In alle vier de oorlogsjaren? "Ge gaat daar veel kritiek op krijgen." Met die kritiek is het meegevallen. Het werd eerder een gesprek, dat aldoor is uitgebreid: nieuwe onderwerpen, nieuwe mensen. Een soms bits, altijd spits salon van zich verdiepende vriendschappen, waar het er bij tijden feestelijk aan toeging. (Naar het woord van Lucien Febvre: "wie aan geschiedenis doen wil, moet het verleden resoluut de rug toekeren en léven.") Hulde en genegenheid aan vele vrienden en collega's, vooral aan Michaël Amara, Geert Buelens, Piet Chielens, Emmanuel Debruyne, Dominiek Dendooven, Gita Deneckere, Bruno De Wever, Leen Engelen, Chantal Kesteloot, Benoît Majerus, Hubert Roland, Pierre Schoentjes, Pierre-Alain Tallier, Jo Tollebeek, Rob Troubleyn, Jan Van der Fraenen, Luc Vandeweyer, Christine Van Everbroeck, David Van Reybrouck, Guy Vanthemsche, Laurence Van Ypersele en Kaat Wils, allemaal diep serieuze mensen die zichzelf niet teveel au sérieux nemen. Hulde aan alle anderen die er toe bijdragen dat het met de geschiedschrijving over Belgiës '14-'18 vandaag, aan de vooravond van de eeuwherdenking, blakend gesteld is, voortbouwend op baanbrekend eerder werk.[1] Sinds 1997, toen het hier herdrukte boek voor het eerst verscheen, is onze kennis verdiept. Deze herdruk is op enkele punten herzien. Maar idealiter dient U dit boek samen met ander werk te lezen. Want we weten nu meer over spionage, ballingschap, dwangarbeid, politiewerk, straatgeweld, frontliteratuur, Vlaams en Waals activisme en andere gezichten van onze – jawel: onze – Grote Oorlog. In 2009 bracht ik die nieuwe geschiedschrijving in kaart.[2] En het onderzoek blijft lopen.[3] Ook ikzelf kon verderwerken: over bezette milieus, dagboeken, literaire herdenking en andere dimensies van de oorlog in dit land.[4] We zijn nog lang niet klaar, en zullen dat ook nooit zijn, want elke generatie stelt andere vragen; maar wat zijn we verrijkt. En wat beseffen we weer hoe onzinnig het is om inzicht en inspanning in partjes op te delen. *Admirez-vous les uns les autres.*

State College – Anderlecht, juni 2013

DANKWOORD BIJ EERSTE DRUK

Mijn eerste dank gaat uit naar Benno Barnard en naar Emile Brugman van uitgeverij Atlas, die mij het schrijven van dit boek toevertrouwden – een boek over het grauwe '14-'18 dat voor mij altijd al een zeker mysterie had.

Dit boek is gedurende een periode van enkele jaren geschreven, en tijdens die jaren is ook mijn omgeving in aanzienlijke mate bij de *Groote Oorlog* betrokken geraakt. Mijn oprechte dank aan allen... en mijn verontschuldigingen voor jaren van zelfzucht. Van alle dierbaren, vrienden en collegae die mij met steun en suggesties terzijde hebben gestaan, wil ik in het bijzonder Wim van den Doel van de vakgroep Geschiedenis aan de Rijksuniversiteit Leiden bedanken.

De eigenlijke redactie van dit boek is geschied in het academische jaar 1995-1996, een jaar dat ik vrijwel geheel aan deze taak wijden kon dankzij een beurs van het *National Humanities Center* (North Carolina, USA), een unieke instelling waarvan ik de directeur en staf zeer dankbaar ben voor het creëren van een perfecte werkomgeving – met name de interbibliothecaire uitleendienst is een zegen. Belangrijk waren ook de intensieve discussies met andere onderzoekers, van wie ik hier vooral prof. Kathryn Kish Sklar wil vermelden.

Mijn oprechte dank aan prof. Jean Stengers voor het bedachtzaam nalezen van het manuscript, en voor de verrijkende gesprekken die ik met hem mocht voeren. Wat dit boek aan onnauwkeurigheden en verkeerde interpretaties bevat, is uiteraard geheel voor mijn rekening.

Mijn verdere dank gaat uit naar de heren dr. Cyriel Vleeschouwers, dr. Bart De Groof en Bernard Simoens van het Algemeen Rijksarchief in Brussel voor hun zeer gewaardeerde hulp en suggesties, alsook naar de heer François Sente voor zijn geduld en behulpzaamheid.

Dank ook aan de staf van de *Hoover Institution Archives* (Stanford, Californië), het Duitse staatsarchief in Potsdam, en de universitaire bibliotheken van Leiden en Chapel Hill (North Carolina). In januari 1996 mocht ik een onderhoud hebben met de heer Omer Berckmans, oud-strijder van het IJzerfront (1893-1996), een gesprek waaraan ik dankbare herinneringen bewaar; mijn dank gaat ook uit naar de heer Guy Sirjacobs, die deze ontmoeting mogelijk maakte.

Immens was de steun van mijn echtgenoot Ronnie Po-Chia Hsia bij het schrijven van dit boek. Als groot historicus wist en weet hij mij te inspireren en te voorkomen dat ik mij in details verloor. Ik wil hierbij mijn dank uiten voor zijn bereidwilligheid om zich telkens en telkens weer te buigen over de talloze problemen en probleempjes van redactie, interpretatie en documentatie, voor zijn daadwerkelijke, niet-aflatende steun en zijn scherpzinnige raad – en ook voor zijn genegenheid voor België en *all things Belgian*.

Mijn allergrootste dank gaat uit naar mijn moeder, Claudine Spitaels, een grote geest en een bron van leven. Wat ik te danken heb aan haar krachtige aanwezigheid, haar warmte, die wars is van elke sentimentaliteit, haar doorzicht en haar schoonheid, is niet onder woorden te brengen. Als klein teken van mijn liefde is dit boek aan haar opgedragen.

New York, 15 mei 1997

Post-scriptum (16 augustus 2013). Sinds ik dit dankwoord schreef, is ons leven verrijkt met de komst van Mathilde (1998) en Eduard (2000). Hun bestaan verdiept mijn dankbaarheid ten aanzien van hun grootmoeder, aan wie dit boek, en nog veel meer, opgedragen blijft.

HOOFDSTUK I

Voor de storm: België in 1914

Het koninkrijk België van de vroege twintigste eeuw was, zoals de *Encyclopaedia Britannica* van 1910 haar lezers meedeelde in het geen tegenspraak duldende proza van die tijd, 'een onafhankelijke, grondwettelijke en neutrale staat, die een belangrijke plaats in Noordwest-Europa inneemt'.[5]

Hoe belangrijk zou tot veler verdriet nog blijken.

Maar... belangrijk. In 1914 telde België meer dan 7,6 miljoen inwoners en was daarmee het dichtst bevolkte land ter wereld: meer dan 250 mensen per vierkante kilometer. De Franse socioloog Gabriel Tarde beschreef de Belgische bevolking als 'de dichtste, rijkste en nijverste van alle volkeren op aarde'.[6] Dat was wellicht te veel eer, maar niettemin: België was in 1914 de vijfde economische macht ter wereld.

's Lands nijverheid was indrukwekkend in omvang toegenomen sinds het begin van de negentiende eeuw, toen België de vroegst geïndustrialiseerde economie op het Europese vasteland was geweest. Nog steeds voer de industrie vooral op de logge stoom-en-ijzertechnologie van de 'eerste industriële revolutie'. Al begonnen de Waalse mijnen, waar bijna honderdzestigduizend mannen en vrouwen wroetten – zesenveertig op de duizend werkende mensen in België – dan tekenen van uitputting te vertonen, het tragische verval van een heel industrielandschap was nog niet te voorzien. 'Verval' was ook geen woord dat bij die tijd paste. De *belle époque* was ook voor België een tijdperk van nooit eerder vertoonde hoogkapitalistische expansie.

De zeer op de uitvoer gerichte Belgische ondernemers zwoeren bij vrijhandel en voeren daar doorgaans wél bij – beter, uiteraard, dan de werklieden, van wie de lonen een plaats onder aan de kostenposten innamen, wat nu eenmaal de prijs heette te zijn voor 's lands positie als 'draaischijf van Europa' (zoals het ondernemerscliché van die dagen luidde). Nu wás België ook de vierde handelsmacht ter wereld. In 1912 was Antwerpen zijn Europese concurrenten – Rotterdam, Hamburg en zelfs Londen – voorbijgestreefd en kwam nu als wereldhaven onmiddellijk na New York. Belgisch groot geld legde steeds ambitieuzer claims in het buitenland. Het land had zich indertijd als eerste op het Europese vasteland tot de *ijzeren weg* bekend en fabriceerde nu 'rollend materieel' als solide en winstgevend uitvoerproduct. Belgische maatschappijen bouwden spoorwegen in Frankrijk, Duitsland, Oostenrijk, Italië, Spanje, Rusland en China en legden overal ter wereld tramnetten aan, bijvoorbeeld in Caïro – waar ze tegelijkertijd ook de chique voorstad Heliopolis uit de grond stampten – en in Rusland, waar vrijwel alle trammaatschappijen Belgisch waren. De metro in Parijs werd met Belgisch kapitaal en Belgische arbeid gebouwd. Kortom, het Belgische ondernemerschap trok voortvarend de wereld in. België was daarmee een succesvolle mededinger in een tijd waarin al het moderne kapitaal expansief werd: de tijd tussen de Frans-Duitse oorlog en de Eerste Wereldoorlog was immers de *age of empire* van het industriële hoogkapitalisme, zoals de welgekozen term van de Britse historicus Hobsbawm luidt.

De meest eclatante manifestatie van dit imperialisme was het daadwerkelijk verdelen van de in de vaart der volkeren 'achtergebleven' wereld onder een selecte club 'ontwikkelde' staten. Daaronder de Belgische staat, die in 1908 een gigantisch rijk in Zwart Afrika – meer dan tachtigmaal de omvang van België zelf – overnam van de 'gekroonde zakenman'[7] Leopold II. 's Lands overgang naar de status van koloniale macht was in Brussel niet zonder tegenzin aanvaard. De bezwaren weken echter al snel toen het nieuwe bezit onder een wat verlichter regime méér begon op te brengen dan het had gedaan in de wrede tijden van Leopolds privé-onderneming, de infame Congo-'vrijstaat'.

Intussen waren er in 1914 weinig Belgen die zich ook imperiale machthebbers vóélden. Ook nadat in Tervuren buiten Brussel het

Museum voor Midden-Afrika was verrezen, kwam het 'als een wereld zo grote' Afrikaanse bezit maar weinig in de collectieve verbeelding tot leven. Meer in het algemeen was het leven in de Belgische *age of empire* nog niet bijzonder doordesemd van enige razende moderniteit. De levensstandaard lag lager dan in de buurlanden, zelfs bij de burgerij. De welgestelde Belgen van 1914 aten en dronken uitbundig, de heren gingen zich aan sigaren te buiten, maar de Belgische burgerfamilies waagden zich in mindere mate dan gegoede klassen elders op het nieuwe domein van de luxegoederen – de auto's, de telefoons, de haute parfumerie. Ook bleven de meeste zeden en gewoonten onveranderd. België was natuurlijk strikt genomen geen standensamenleving meer. De politieke elites waren eerder burgerlijk dan adellijk (hetgeen niet overal in Europa vanzelf sprak). Binnen de Belgische burgerij begunstigden de wisselvalligheden van een industriële, kapitalistische economie sommige families en benadeelden andere. Maar bij dit alles bleven zekere vanzelfsprekendheden stug overeind. Zo was bijvoorbeeld kleding aan subtiele standsregels gebonden: kleuren, coupes, stoffen verwezen niet zozeer naar smaak en koopkracht als wel naar het behoren tot een welbepaald 'soort mensen' – alsof de wetten op standskledij en ongeoorloofde weelde van voor de Franse Revolutie onverminderd van kracht waren gebleven. Dat gold ook voor hetgeen men tot zich nam: zo mocht de *grande bourgeoisie* een delicatesse als champignons op tafel zetten, de kleine burgerij achtte dit boven haar stand, zelfs als zij het betalen kon. Men volgde binnen de burgerij zijn meerderen, doch op gepaste afstand: men legde er een eer in 'binnen zijn stand te kunnen blijven'. Gering in getal en onbenijd bleven de roekelozen die buiten hun stand trouwden.

Weinig van wat 's lands kleine en grote elites om zich heen waarnamen, wees erop dat hun land op een keerpunt stond. De industrie had het landschap nog niet onherkenbaar veranderd (van oudsher was het landschap van de Zuidelijke Nederlanden trouwens gekenmerkt door steden, handel, wegen, nijverheid en mijnen). In de *corons* deed men nog aan kleine landbouw; de mijnstreken vormden een merkwaardige half industriële, half agrarische wereld met fabrieken in de velden, waar *terrils*, kerktorens, hangars en koeien een nergens anders bestaand rommeltje vormden dat esthetisch weliswaar te wensen overliet, maar in zijn dorpse lelijkheid weinig gemeen had met het duistere, grootschalige, van elke troost verstoken universum van de negentiende-eeuwse industriële moderniteit zoals dat uit de handboeken over sociale geschiedenis bekend is. Woonkazernes waren er in België ook niet. De bevolkingsdichtheid mocht dan fenomenaal zijn toegenomen, België was nog steeds een land van gemeenten en niet van monstersteden. Zes op de tien mensen woonde in dorpen of stadjes van minder dan tienduizend inwoners. De kleine plaatsen waren hun groeiende bevolking niet in massale plattelandsvlucht aan de grote steden kwijtgeraakt: 's lands verstedelijking was een sluipend proces – een *implosie*, geen *explosie*. Toen reeds was België het land der forenzen. Dagloners trokken te voet naar hun werk – vaak tientallen kilometers ver – en steeds meer arbeiders spoorden met goedkope abonnementen naar de fabrieken en de mijnen. De nationale en buurtspoorwegen vormden het dichtste netwerk ter wereld; zij verbonden het onbeduidendste gehucht met de rest van het land. De goedkope abonnementen, die het werkvolk op het dorp hielden (een initiatief van de toen bijna almachtige katholieke partij), plaatsten zo de zeer moderne verworvenheid van het spoor ten dienste van het behoud van het bestaande: het dorpsleven en de boerenstand.

Onontkoombaar slonk intussen diezelfde boerenstand, al telde België bij de jongste telling nog achthonderdduizend boeren, wat toch nog bijna een vierde van de actieve bevolking was (hoewel, in 1850 was dat nog de helft geweest, en in Frankrijk werkten nog steeds vier op de tien mensen op het land). De boerengezinnen bezaten doorgaans maar weinig grond, zodat de mannen wel gedwongen waren daarnaast te werken in mijn of fabriek. Vlaamse keuterboeren wroetten als vijftig jaar tevoren in wat sociale historici de *cottage industry* noemen, idyllische term voor een wanhopig arm en zwaar bestaan. Een iets beter loon bood de seizoensarbeid elders. Sommigen verhuisden helemaal naar de fabriekssteden over de Franse grens, waar zij op den duur veruit het gros van de bevolking vormden. Toch kwamen deze landverhuizers ieder jaar terug naar hun geboortedorpen voor de zomerkermissen, die als vanouds een hoogtepunt in de harde, eentonige levens vormden. (Deze kermissen 'bieden een prachtige gelegenheid om het Vlaamse karakter waar te nemen', fleemde de *Baedeker*, of het goedmoedige folklore betrof in plaats van – zoals ook elders op het Europese platteland – bloedernstige en soms moorddadige rituele paringsdansen.[8]) Weinigen verruilden hun vertrouwde misère voor een leven verder weg. Miljoenen en miljoenen Europeanen trokken in 1900-1910 naar Amerika; daar waren maar zéér weinig Belgen onder.

Zoals gezegd, de 'plattelandsvlucht' in België bleef beperkt. De groeiende bevolking kwam niet samen in reusachtige steden, en ook de hoofdstad – tevens de grootste stad – was geen waterhoofd. Brussel was met voorsteden en al driekwart miljoen inwoners groot; een op de tien Belgen woonde er, het was 's lands centrum, maar het bezat niet de onverbiddelijke dominantie van Londen, Wenen, en zeker Parijs. De steden van België vormden eerder een netwerk, hecht verbonden door het wonderbaarlijke spoor. Ambitieuze kunstenaars of hoogleraren wilden niet per se naar de hoofdstad en voelden zich niet noodzakelijk wegkwijnen in 'de provincie' – het zou daarbij absurd zijn om, zoals in Frankrijk, het gehele land buiten de hoofdstad als 'de provincie' af te doen. De andere steden hadden hún leven, hún elite.

Zelfs de hoofdstad had een zekere provinciale stijfheid bewaard, met tegelijk een, zou men kunnen zeggen, provinciale *genaakbaarheid*. In de zijstraten van de grote boulevards (die de romanschrijver Camille Lemonnier de 'Blijde intocht' van de nieuwe tijden noemde[9]) bloeide nog zeer veel kleine nijverheid, meubelmakers, brouwers, fabriekjes waar kartonnen dozen gemaakt werden. Aan het wonen in appartementen aan de boulevard konden de burgers, voor wie al dat groots was bedoeld, trouwens maar slecht wennen; liever trokken zij naar de voorsteden en betrokken daar in een straat een heel huis, met verdiepingen en een tuintje. Die voorsteden hadden zeer diverse gezichten, maar bereikten nergens de eenvormig-perifere triestigheid van de naar de buitenste duisternis verbannen *banlieue*: Brussel, kortom, wilde maar geen Parijs worden. 'Hoewel er altijd banden met Parijs waren,' zou een tegen haar zin in het bedaarde Brussel belande Londense later over die tijd opmerken, 'was het leven in Brussel buitengewoon eenvoudig en de society eerder "plaatselijk" geaard.'[10] Had Leopold II de stad deftige lanen cadeau gedaan, wezenlijker Brussels was de art nouveau, tien jaren van exuberant vakwerk uitgevoerd op minuscule percelen: een urbanisme op de vierkante meter dat de stad beter lag. Niet voor niets was architect Poelaert indertijd in 1879 waanzinnig gestorven, nog tijdens de bouw van zijn reusachtige Justitiepaleis. De Marollenwijk was er half voor gesloopt en sindsdien was 'architek' (sic) een Brussels scheldwoord.

Van Poelaerts krankzinnige kolos had Busken Huet trouwens ooit opgemerkt dat deze, zo op een boeddhistische tempel gelijkend, gedaante gaf aan 'het Indisch heimwee der eeuw'.[11] Mocht dit de *sensibilité* van deze Holland hatende Nederlander dan misschien aanspreken, aan *overzeesch* verlangen ontbrak het de Belgen doorgaans ten enen male ('Waar kan men beter zijn?' luidde de titel van een populair liedje). In 1914 was de oversteek van ondernemende Belgen naar 'hun' Congo nog maar zeer traag op gang gekomen. En ook de politiek had zich lange tijd voor 's konings imperialistische ondernemen in het geheel niet geïnteresseerd. Deze onverschilligheid was er één van een verplicht neutraal en klein land, dat moeilijk een buitenlands 'beleid' kon voeren en waar de buitenlandse politiek het in aandacht dan ook ruimschoots aflegde tegen de Byzantijnse polemieken van de binnenlandse. Polemieken die niet noodzakelijk iets te maken hadden met wat in het binnenland ook daadwerkelijk *gebeurde*. Was de moderniteit voor België niet als een brute schok gekomen, het nadeel daarvan was dat de elites zich lange tijd hadden kunnen voorhouden dat zij zich ook niet hoefden te bemoeien met de grote problemen van de nieuwe tijd; dat de zelfvoldane cijnsstaat zich lang had kunnen wijsmaken dat hij géén moderne industriële staat met de daarbij behorende verplichtingen was.

De twee decennia voor de grote oorlog vormden het tijdperk van de breuk met deze zelfzuchtige kalmte. In die jaren veranderde de herziening van het kiesrecht het politieke landschap en de politieke mores, en deden twee grote, moderne, het wérkelijke leven van het land beroerende kwesties hun intree in de discussie: de sociale kwestie en de Vlaamse kwestie. Beide kwesties betrokken de steeds levendiger openbare discussie op de natie zelf, in een furieuze doch vruchtbare zelfondervraging waarin van alles opdoemde, behalve een consensus.

De vrijblijvendheid ten aanzien van het sociale vraagstuk was in dit land wellicht nog sterker geweest dan waar ook in Europa. Lange tijd was officieel België opgesloten gebleven in de uitsluitend burgerlijke maatschappijvisie van het door cijnskiesrecht beperkte electoraat. Binnen dit tot 130.000 kiezers – geen vier op honderd volwassen mannen – beperkte *wettelijke land* heerste volstrekte consensus over de verderfelijke effecten van elke vorm van overheidsinterventie in nijverheid en maatschappelijk leven. (In 1878 werd in het parlement met verontwaardigd gemompel – van 'cesarisme!' en 'etatisme!' – gereageerd op de aanname van een wet die kinderarbeid in de mijnen – dat wil zeggen *ondergronds* – aan banden legde.) De Belgische arbeiders behoorden tot de ellendigste van West-Europa, maar... er wás geen sociale kwestie. Althans, zo luidde het voorname oordeel van zowel de doctrinaire liberalen (zij die het heftigst de laissez-faire-doctrine waren toegedaan) als de ultramontaanse katholieken (zij die Romes afwijzing van de moderne staat het nadrukkelijkst onderschreven).

Dit detail daargelaten, waren liberalen en katholieken het over bitter weinig eens geweest. Binnen de enge grenzen van de burgerlijke openbaarheid hadden zij zich met ongeveinsde verbetenheid overgegeven aan de confessionele *pas de deux*, waarbij op straat gevochten werd over kwesties als de zorg voor de 'ziel van het kind' in de scholen. Blind bleef men voor de treurige werkelijkheid dat intussen veel van diezelfde kinderen, bleek en ziekelijk, twaalf uur per dag aan kantkussen of weefmachine waren geketend en lezen noch schrijven konden.

Deze gebarricadeerde cijnscitadel bestond allang niet meer. In het midden van de jaren tachtig had de woede zich een weg gebaand in werklozenoptochten, stakingen en oproer. De industriegebieden stonden in brand. De arbeidersverenigingen verenigden zich in één Belgische Werkliedenpartij. De overheid sloot een aantal leiders van deze partij op, maar uiteindelijk kon niemand meer een andere kant op kijken; een parlementair onderzoek bracht een vracht barre ellende aan het licht die de volksvertegenwoordiging schokte.

En zo was, onaangekondigd, onuitgenodigd en onzacht, de zo lang ontkende sociale kwestie de burgerlijke openbaarheid binnengedrongen. Met tegenzin en slepend nam de staat enige afstand van het laissez-faire-dogma. Het werd ook het einde van het cijnskiesrecht, dat sinds generaties tot een cynisch instrument van klassedominantie was verworden. Onder felle druk van buitenaf – in de Borinage werden verboden 'zwarte meetings' gehouden, in het park van de Brusselse voorstad Sint-Gillis zwoeren natgeregende socialisten niet te zullen rusten voordat het algemeen stemrecht was veroverd, grote stakingen braken uit – en na lang getouwtrek had ten slotte het parlement in 1893 het algemeen stemrecht voor mannen ingevoerd. Het electoraat was aldus vertienvoudigd; het beginsel van stemrecht als burgerrecht min of meer aanvaard. Zij het dan wel, zoals het toen heette, *getemperd*: kregen alle mannen van vijfentwintig jaar en ouder één stem, dan kwamen daar extra stemmen bij voor wie, naar men oordeelde, iets te verliezen had, met andere woorden: voor degene die betrokken was bij het behoud van de maatschappelijke orde door het bezit van een gezin, een huis, een kapitaal, een goede betrekking of een diploma. Deze behoudsgezinde 'meervoudige stemmen' vormden binnen het electoraat een meerderheid.

Desondanks waren door de eerste verkiezingen na de grondwetsherziening achtentwintig socialisten in de Kamer gekomen. De liberale partij had een enorme nederlaag geleden en bezette nog maar twintig zetels, terwijl 104 katholieken de volksvertegenwoordiging domineerden.

De katholieke partij had de Belgische overheid beheerst sinds 1884, en zou dat dertig jaar lang blijven doen. In de laatste jaren van de negentiende eeuw was het overwicht zo verpletterend – in 1898 bezetten de katholieken 112 van de 152 zetels in de Kamer – dat in de liberale grote steden en bij de aanzwellende rangen van de socialisten de woede uit de hand dreigde te lopen. De leidende staatslieden zélf achtten de formidabele katholieke macht in 's lands vertegenwoordiging te onwerkelijk om gezond te zijn, en vreesden een toekomst waarin de katholieken alléén tegenover de socialisten zouden staan. De invoering van de evenredige vertegenwoordiging (een unicum in Europa) bracht in 1900 de met politiek uitsterven bedreigde liberalen terug. Het katholieke overwicht slonk daardoor enigszins, maar bleef zeer fors: de partij, die als vanzelfsprekend de stemmen van het platteland en van de kleine steden oogstte (vooral in Vlaanderen), en als de *partij van de orde* het gros van de meervoudige stemmen overal in het land, kon in 1914 nog steeds rekenen op de helft van de uitgebrachte stemmen en 101 van de 186 Kamerzetels. Meer dan een partij vormde de katholieke macht een maatschappelijk middenveld dat in het nuttige verenigingswerk zijns gelijke niet kende, met gilden, kloosters, allerlei parochiale organisaties, liefdadigheidsinstellingen, verzekeringsmaatschappijen, hypotheekbanken en andere kredietinstellingen, studentenbonden, vrouwenbonden (zoals overal in Europa golden vrouwen als trouwer aan het geloof) en, vooral in Vlaanderen, de tijdens de jongste landbouwcrisis gestichte en snel groeiende Boerenbond – dit alles steunend op staatssubsidie, een ontzaglijke politieke clientèle aan zich bindend, en bijeengehouden door een zesduizendtal geschoolde en gemotiveerde (en door de overheid bezoldigde) priesters en kapelaans. Vooral in het Vlaamse landsdeel was de katholieke aanwezigheid sterk, maar niet alleen dáár. Zo telde rond 1910 het Henegouwse stadje Zinnik (Soignies) wel vijftien katholieke instellingen op negenduizend inwoners: een lagere school, een *Cercle Léon* XIII, een Arbeidsbeurs, een huishoudschool, een *Jeune Garde Catholique*, syndicaten, een kiesvereniging, een distributiedienst voor 'goede' kranten, een ziekte- en een pensioensmutualiteit, patronagewerken en verscheidene *sociétés*. De katholieke partij, Kerk, maatschappijopvatting – zij bereikten in deze jaren een suprematie die bij alle nuchterheid (België was bepaald geen theocratie) ontzaglijk was. (Wat het meer transcendente vlak betrof: de Leuvense universiteit, in die tijd de enige katholieke universiteit van betekenis ter wereld, gold met de neothomistische filosoof en kardinaal Mercier als Europa's 'hogeschool van de katholiciteit'.[12]) In andere katholieke landen waren Kerk en staat in die tijd bitter gebrouilleerd; her en der was zelfs een onomkeerbaar lijkende ontkerkelijking op gang gekomen. In sommige Catalaanse diocesen daalde tussen 1900 en 1910 het aantal gedoopte baby's tot de helft, in de voorheen zo vrome Povallei in Noord-Italië gingen hoe langer hoe minder parochianen naar de paasmis, en in het diocees Limoges in het wel geheel van God los geraakte Frankrijk steeg het aantal ongedoopte kinderen van een op vijftig in 1899 tot een op drie in 1904! Maar in België leek, enige haarden daargelaten – Brussel, Gent, de zware industriegebieden in Luik en Henegouwen – de dam tegen de goddeloosheid sterk genoeg. In 1910 genoot meer dan 80 procent van de Belgische kinderen tussen 6 en 14 jaar katholiek onderwijs.

Bij de Belgische *jeune droite* had de gedachte veld gewonnen dat de katholieke partij pas dan 'werkelijk conservatief' kon zijn indien zij 'wezenlijk democratisch' was, dus voor haar programma (dat de individualistische en materialistische dwalingen van het liberalisme en het socialisme afwees) steunde op de volksmassa's.[13] Deze koers gaf gehoor aan de encycliek *Rerum Novarum* uit 1891, die plichtsgetrouwe gelovigen in de sociale kwestie een taak had voorgehouden. Deze groeiende stroming was daarbij gebotst op het compromisloze antimodernisme van de oude garde, zoals vertegenwoordigd door de steile, geduchte Charles Woeste. Zij wist echter een zekere machtspositie te verwerven binnen de partij, in tegenstelling tot radicale priesters als de voor het minimumloon ijverende Luikenaar Pottier of de stichter van de *Kristene Volkspartij*, de bijna legendarische Adolf Daens, die in het land van Aalst door de verarmde kleine luiden, de keuterboeren en vrome werklieden voor wie hij het opnam, als een wonderdoener werd vereerd. Beiden werden geplet – Daens, wiens priesterschap hem door de paus werd ontnomen, op wel zeer tragische wijze – door de conservatieve katholieke stroming, die gedomineerd werd door industriëlen en grootgrondbezitters. De succesvoller christen-democraten hadden een programma dat zowel minder radicaal als meer samenhangend was, en, belangrijk, zij waren als slagvaardige intellectuelen beter gewapend voor de strijd om de echte macht zoals die in de salons van de katholieke partij werd gestreden.

Hadden de katholieken met succes de overgang naar de massapolitiek gemaakt, de liberalen waren en bleven een elitepartij, slechts gedijend in het milieu van de stedelijke burgerij, die binnen het electoraat van minder belang was geworden. De jaren na de grondwetsherziening waren dan ook magere jaren geweest. Maar de evenredige vertegenwoordiging deed het liberale Kamercontingent weer opleven, en in 1914 hadden de liberalen 45 van de 186 zetels. Een massapartij werden de liberalen, in tegenstelling tot de katholieken en de socialisten, echter nooit; de 'partij' – in werkelijkheid een bundeling van eigenzinnige kiesverenigingen en elkaar principieel bestrijdende clubs – bleef in cultuur en werving slecht aangepast aan het nieuwe, massaler electoraat. Zij was vooral de vertegenwoordiging gebleven van de oprecht (zij het zelden belangeloos) verlichte waarden van vrijheid en vooruitgang toegedane bourgeoisie, die de eerste decennia van het Koninkrijk zo van haar maatschappijvisie had doordrongen. Sinds de eeuwwisseling hadden de liberalen zich opgeworpen als de mannen van het 'nationale belang', tegen de 'enge belangen' van gezindte en klasse in. In de liberale retoriek waren zij de enigen die het landsbelang vooropstelden met een programma dat om schoolplicht en persoonlijke dienstplicht riep. Vormden de liberalen maatschappelijk gezien geen massale macht, in de politiek en in de kringen die meetelden werd rekening met hen gehouden: ze vertegenwoordigden tenslotte een sociale elite. Tevens bracht de partij enige scherpe, radicale geesten voort, voor wie liberalisme iets heel anders betekende dan laissez-faire-dogma's en exclusieve aandacht voor zakenbelangen. Hun liberalisme was een maatschappelijk program, genereus, modern, verheffend. Uit zo'n radicaal, anticlericaal, intellectueel-verlicht milieu kwam de welgestelde Brusselaar Emile Vandervelde, die de 'patroon' van de socialistische partij zou worden; voor hem, en hij was de enige niet, was de overgang naar het socialisme bijna vanzelfsprekend.

Op dit soort intellectuelen van goeden huize na was de Belgische Werkliedenpartij wel degelijk een arbeiderspartij. Zij had in 1894 niet eens meegedaan aan de Senaatsverkiezingen omdat geen van de kandidaten daarvoor gefortuneerd genoeg was. Deze eerste verkiezingen na het zo verbluffend door de jonge partij afgedwongen nieuwe kiesrecht hadden (zoals hierboven reeds vermeld) 28 zetels van de 152 in de Kamer opgeleverd, een groot succes (ter vergelijking: drie jaar later, in 1897, won de Nederlandse SDAP twee van de honderd zetels in de Tweede Kamer). Het had te denken gegeven over wat kon komen, wanneer het principe van 'één man-één stem' eenmaal het bizarre meervoudige kiesrecht zou hebben verdrongen. De Werkliedenpartij had dan ook de invoering van het algemene enkelvoudige (mannelijke) stemrecht verheven tot ultiem programmapunt. Een standpunt dat niet bepaald recht in de marxistische leer genoemd mocht worden, maar dat waren de Belgische socialisten dan ook geenszins: 'rechtlijnigen zijn schadelijke lui', zei volksvertegenwoordiger Destrée,[14] daarmee het diepe pragmatisme verwoordend dat deze beweging kenmerkte. Het Belgische socialisme, door de Duitse econoom Werner Sombart in 1905 het 'best georganiseerde van Europa' genoemd,[15] bracht minder *maîtres à penser* voort dan handige politici en een fenomenale organisatie. Het 'getemde socialisme' op zijn Belgisch was een zakelijk en tastbaar socialisme, dat gestalte kreeg in coöperatieven, mutualiteiten, Arbeidsbanken allerhande – en in de Volkshuizen, die in steen de socialistische idee naderbij brachten, denk bijvoorbeeld aan de *Vooruit* in Gent, de *Populaire* in Luik, de *Werker* in Antwerpen en de *Progrès* in Jolimont, die met hun vergaderzalen, feestzalen en bibliotheken, met hun coöperatieve bakkerijen, brouwerijen, apotheken, met hun drukkerijen en hun muziekkapellen, met hun parken en kinderkolonies en wat al niet, punten van uitstraling van de socialistische cultuur vormden. Net als de katholieken vormden de socialisten méér dan een politieke partij, ze waren een massale maatschappelijke aanwezigheid. Leden van een aangesloten vereniging waren automatisch lid van de partij en in 1911 telde de BWP dan ook 276.000 leden (ter vergelijking: de Franse socialisten hadden er in 1914 80.000).

Hoe reformistisch zij, gemeten aan de marxistische leer, ook zijn mochten, de Belgische socialisten streden een daadwerkelijke strijd. Gigantische massa's voerden bikkelharde stakingen om het stemrecht. De regeling van 1893 was echter onwrikbaar. De grote acties van april 1902, toen honderdduizenden arbeiders het werk neerlegden en de gendarmerie met scherp schoot, waardoor er doden vielen, waren mislukt. Een samengaan met de liberalen om het stemrecht te bevechten en de katholieke beheersing van het ondermaatse onderwijs een halt toe te roepen had veel verontwaardiging uitgelokt en zelfs geleid tot de grootste Belgische betoging tot dan toe, die van augustus 1911 in Brussel, waar 160.000 betogers enkelvoudig stemrecht en openbare scholen eisten. Maar de tegenstelling tussen het liberale en het socialistische belang, gelijkgestemde geesten daargelaten, bleek onoverbrugbaar. De katholieke regering, die wist dat de oppositie verdeeld was, had in juni 1912 strategisch verkiezingen uitgeschreven, die op een volstrekte triomf voor de regeringspartij uitgedraaid waren. Toen de stemmen waren geteld, bleek de absolute meerderheid van de katholieken van zes naar achttien zetels te zijn gestegen: 's lands 'meervoudige' burgers hadden eieren voor hun geld gekozen. Ditmaal was het de linkerzijde duidelijk geworden hoezeer de volkswil werd gestuit door het meervoudige stemrecht. De spanning steeg. In de Waalse industrie brak oproer uit. Weer schoot de gendarmerie betogers neer. Zorgvuldig, zij het met tegenzin, bereidde de leiding van de partij haar derde grote staking voor. En op 14 april 1913 legde bijna een half miljoen arbeiders het werk neer. Kort daarna gaf het parlement te kennen dat over herziening van het kiesrecht gepraat kon worden. Dit teken van goede wil gold als concessie en prompt werd de staking beëindigd. Leek een en ander naar buiten toe op een triomf van de 'macht van de straat', in werkelijkheid was de staking overbodig geweest. In de 'salons die telden' was het enkelvoudig stembeginsel intussen bijna als een vanzelfsprekendheid voor de nabije toekomst aanvaard. Emile Francqui, directeur bij de Société Générale, had de Werkliedenpartij anoniem een grote som gelds geschonken om de staking te steunen, en ook de mijndirecteur Raoul Warocqué was financieel bijgesprongen, al sprak hij na twee weken wel zijn goede vriend Vandervelde aan met de vraag of 'die staking van jullie' nog lang moest duren: hij was er onderhand toch al meer dan één miljoen frank aan kwijtgeraakt.[16]

Hoe beperkt zij ook was, de 'democratisering' van 1893 had grote veranderingen gebracht. Was, zoals de historicus Pirenne (over wie later meer) het uitdrukte, de 'molen' van 's lands instellingen onveranderd gebleven, het dunne stroompje water dat hem voor 1893 draaien deed was nu een snelstromende rivier geworden.[17] De inzet en de toon van het Belgische politieke leven waren voorgoed gewijzigd. Christen-democratie en socialisme waren massabewegingen geworden; zelfs in de liberale partij bogen sommigen zich over problemen van ontvoogding en verheffing, in de hoogste kringen werd het democratische beginsel steeds meer aanvaard en de 'sociale kwestie' was nu in het midden van de openbare aandacht gekomen. Zo kwam een voorzichtig einde aan de officiële onverschilligheid inzake arbeid en sociale rechtvaardigheid, een onverschilligheid die, zoals eerder vermeld, bijna een Belgische specialiteit geworden was. (Nog in 1890 was op een conferentie over arbeidsrecht in Berlijn gebleken dat de Belgische sociale wetgeving in onthutsende mate achter was gebleven bij de ontwikkelingen in andere West-Europese landen.) In 1894 was dan het ministerie van

Nijverheid en Arbeid opgericht, drie jaar later de Arbeidsinspectie, en in deze jaren was een begin gemaakt met de reglementering van de arbeidsduur, regelingen voor pensioenverzekeringen en de beperking van de kinderarbeid. Het was allemaal zo traag tot stand gekomen. Pas in 1905 werd een wet op de verplichte zondagsrust aangenomen, hetgeen na meer dan twintig jaar katholieke alleenheerschappij verbijsterend mocht heten; en België bleef, zoals de hardere marxisten binnen de BWP schreven, zonder meer een land van lage lonen en lange dagen, waar het proletariaat méér dan elders was verzwakt en uitgeput door systematische uitbuiting. Wel waren in 1913 de reële lonen, althans in de grote industrie, met bijna een vijfde gestegen ten opzichte van twintig jaar eerder, en konden werkmensen daardoor meer besteden aan behuizing en medische zorg dan ooit tevoren. Maar toch bleven de lange dagen onverminderd lang, en niet iedereen deelde in de kleine verbetering van het leven. In de bakkerijen werd gemiddeld dertien uur per dag gewerkt, de houtzagers van de Ardennen maakten weken van vierentachtig uur, de conducteurs en machinisten bij de spoorwegen dienden tot achttien uur aan een stuk op de been te blijven en de garenmaaksters in de Vlaamse textielindustrie werkten zesenzestig uur per week voor 21 centiem per uur, een uurloon waarvan men toen precies één brood kon kopen, óf een liter melk, óf twee kilo aardappelen, óf één sneetje varkensvlees van exact tien gram. En in de Oost-Vlaamse dorpen werkten kleine touwslagers en lucifersdozenmaakstertjes van zes jaar, voor het leven geschonden.

Bij vele industriepatroons met connecties in de politiek bleef de weerstand tegen sociale maatregelen hardnekkig, en sommige bleven ook de geringste verworvenheid bestrijden. Niettemin: de 'sociale kwestie', eerder met zoveel vrijblijvendheid weggewuifd, was nu, hoewel er bitter weinig consensus over bestond, voorgoed een onderdeel van 's lands openbare bewogenheid.

Hetzelfde gold voor een andere kwestie, waarover weliswaar geen straatgevechten uitbraken zoals rond de confessionele strijd, laat staan dat zij, zoals de sociale strijd, tot charges van de gendarmerie en bloed op de kasseien leidde, maar die toch met de toenemende democratisering een steeds belangrijker plaats in het politieke landschap innam: het vraagstuk van de talen in België, beter gezegd, het Vlaamse vraagstuk.

Volgens de telling van 1910 telde het land 54,0 procent burgers die zich vooral in 'het Vlaams' uitdrukten. Het Nederlands was daarmee nog steeds de taal van de meerderheid van de bevolking. De taalgrens was sinds de vijfde eeuw nauwelijks gewijzigd – met uitzondering van Brussel dan. Dat 's lands hoofdstad de uitzondering vormde, was veelzeggend. Het Frans domineerde het Belgische openbare leven. Hoewel de grondwet het beginsel van de 'vrijheid der talen' omhelsde, was het Frans lange tijd 's lands officiële taal geweest. Frans was de taal van het gerecht, van de administratie, van het leger, van de nationale kranten.

Deze bijna uitsluitende eentaligheid in vele domeinen was in de decennia voor 1914 langzaam teruggedraaid. Langzaam maar gestaag nam de vervlaamsing van het openbare leven in de Vlaamse provincies toe. De administratie geschiedde er opnieuw in het Nederlands; de verplichte vakken in het middelbare onderwijs werden in deze taal onderwezen (sinds 1883 was dat het geval op de staatsscholen, veel later ook op de katholieke). De *feitelijke* gelijkheid van de landstalen was echter nog lang niet in zicht. De veelheid aan Vlaamse dialecten stond in de praktijk nog zeer ver af van het standaard-Nederlands. Nog na de eeuwwisseling konden Vlamingen uit Hasselt en Kortrijk vrijwel alleen in het Frans met elkaar communiceren. Nu waren de Waalse dialecten zo mogelijk nog onverstaanbaarder, maar de bevolking was er doorgaans beter geschoold. Bovendien stond de status van het Frans boven alle verdenking, terwijl boze tongen konden blijven beweren dat het 'Nederlands' niet bestond. (Het *Nederlandse* Nederlands bleef een vreemde taal, en hoge Nederlandse bezoekers in België, de koningin incluis, spraken er bij voorkeur Frans.) Het Frans was zonder meer de taal van de hogere klassen, van het hoger onderwijs, van het *hogere* in het algemeen, de taal van de moderniteit en van de ambitie. De memoires van de filosofe en schrijfster Suzanne Lilar, *née* Verbist, in Gent geboren als dochter van een stationswachter en een onderwijzeres, laten wrang zien hoe de taal het standsverschil onderstreepte in deze stad met haar wel zeer standsbewuste burgerij. De grote burgerij van Gent sprak Frans; de kleine was tweetalig maar bootste graag de grote na. Vlaams was voor het werkvolk. Het Frans was de taal van het sociale streven, het Vlaams die van het volk. 'Wie Vlaams sprak, werd onherroepelijk ingedeeld bij wie pet of werkkleren droeg; Frans spreken getuigde van goede smaak en aanzien en zelfs – sinds het Latijn was verdwenen – van humanisme. Al wie naar het hogere streefde, al wie zijn maatschappelijke promotie onderstrepen wilde, kon niet anders dan zich van die taal bedienen. Wie zichzelf daarentegen wilde neerhalen, die neigde ertoe het Frans tegelijk met alle andere strijkages overboord te gooien. Het masochisme sprak Vlaams.'[18]

Standsverschil en *streven* bepaalden het taalgebruik. Eentaligheid in het Nederlands was een handicap voor wie omhoog wilde; kennis van het Frans onontbeerlijk. Wie als Vlaamstalige 'iemand worden' wilde, hoefde zijn Nederlands niet zeer hoog boven het niveau van opgepoetst dialect op te tillen, maar diende wel foutloos de horde van de *passé composé* te nemen. Met discriminatie van Vlamingen als zodanig had dit niets te maken; met het voortrekken van het Frans alles. Frans: dat was een wereldtaal, waarvan de status in die tijd onbetwist, haast Olympisch was. Verder werd juist in deze tijd van toenemende 'geletterdheid' de standaardtaal veel belangrijker in het openbare leven, telde meer dan ooit de communicatie over lokale grenzen heen. In dit klimaat moest het Belgische Nederlands, als het meer wilde worden dan een verzameling sappige streektalen, de sprong maken naar de status van algemeen gebruikte standaardtaal. Dat was een grote opdracht, waarvoor een achterban was vereist, en geloofwaardigheid, en politieke goede wil. Want uitsluitend druk van bovenaf kon het Nederlands in België opheffen uit zijn status van 'mindere' taal. Een zware strijd voor hen die zich geroepen voelden: de Vlaamsgezinden.

Reeds ten tijde van het cijnskiesstelsel had voor de Vlaamsgezinde eisen enige sympathie van hogerhand bestaan: voor de katholieken gold het behoud van de volkstaal als vaste burcht tegen vrijdenkerij. Maar de belangstelling, die in enige hervormingen resulteerde, had zo haar grenzen gehad. Het behoud van het Vlaams als volkstaal was één ding, het verheffen ervan tot dezelfde status als het Frans gold als een bizarre gedachte binnen de katholieke Vlaamse cijnsburgerij, waarvan zeer vele families door de jaren heen naar het Frans waren overgegaan. Het overwicht van deze kaste binnen de katholieke partij in Vlaanderen was echter aanzienlijk verminderd nu de kiesstrijd zich niet meer uitsluitend afspeelde binnen de elite – een elite waarvan de eentaligheid het electoraat, naar welks stem zij dong, steeds meer als een hautain anachronisme voorkwam.

Net als het sociale vraagstuk was het Vlaamse vraagstuk met de 'democratisering' van 1893 op de voorgrond getreden. Er is nog een tweede parallel. Méér nog wellicht dan een opstand tegen de rauwe materiële *armoede* was de sociale strijd, zo is wel beweerd, een strijd om sociale *waardigheid*: een strijd tegen de uitsluiting van het werkvolk uit politieke rechten, een strijd tegen het neerkijken-óp, een strijd tegen ongelijkheid. En ook de Vlaamse strijd appelleerde in brede kring aan een groeiend gevoel van eigenwaarde, een eigenwaarde die samenging met een verdedigende liefde voor een taal waar zo op neergekeken werd. Weinig Vlamingen in die tijd ontkenden dat een mens in de praktijk maar beter *zijn Frans* kon kennen. Maar dat betekende niet dat men het over zijn kant moest laten gaan als de eigen, gesproken taal in de salons als lomp *patois* werd afgedaan – de geschreven standaardtaal als slechts een 'constructie' gefabriekt door een handvol baardige intellectuelen. (Elke poging om zuiver Nederlands te spreken werd bovendien in gegoede kring als verdacht of belachelijk 'flamingantisme' weggehoond.)

Het venijnigste gescheld was voor de eeuwwisseling te horen geweest tijdens de discussies rond de zogeheten Gelijkheidswet, die het Nederlands (of, zoals men toen zei, het Vlaams) in België als officiële taal op dezelfde voet plaatste als het Frans. Het daartoe gedane wetsvoorstel was na een korte bespreking in de Kamer eind 1896 met een grote meerderheid aanvaard. Maar toen was de oppositie wakker geschoten. Twéé officiële talen? Ambtenarenmilieus in Brussel reageerden briesend. Zij bleven blind voor het gegeven dat francofonen-van-huis-uit al generaties lang ten nadele van ruim de helft van hun medeburgers waren bevoorrecht in een land waar hún taal op de hoogste niveaus de eenheidstaal was. Dat het hier om eenvoudige rechtvaardigheid in plaats van een onheuse aanval op verworven rechten ging, was hun, zoals het met geprivilegieerden gewoonlijk gaat, niet duidelijk. De aan de horizon opdoemende verplichting *le flamand* te moeten leren, was velen een onverdraaglijke gedachte. Vertaling ten behoeve van de ongeschoolden was goed en wel, maar dat de staat ooit de kennis van een boerentaal verplicht zou kunnen stellen, naast de taal der beschaving-zélf, gold als te despotisch voor woorden. Echo's van deze verongelijkte kreten weerklonken in de Senaat, zodat de regering uiteindelijk een compromis meende te moeten vastleggen in de vorm van een beledigend verwaterde versie van het oorspronkelijke voorstel.

Maar dit was buiten de Vlaamse opinie gerekend, die voor de eerste maal in de Belgische geschiedenis werkelijk in de breedte – de enge kringen van de georganiseerde Vlaamsgezindheid overschrijdend – rondom een taalkwestie in beweging kwam. Het ging om een principe, dat krachtig was en zeer eenvoudig: dat van de gelijkheid van beide landstalen. Het ging om de eer van de eigen taal en derhalve om eigenwaarde. Een gevoelen dat paste in het streven naar verheffing en waardigheid van die jaren. Boeren, winkeliers, professoren en politici kwamen samen tijdens plechtige betogingen, banketten en feestelijk bevlagde strijdvergaderingen met tienduizenden aanwezigen. Het was duidelijk dat deze kwestie veel Vlamingen werkelijk raakte en dat de verkozenen des volks daarnaar te handelen hadden. In maart 1898 bekrachtigde de Kamer nogmaals de officiële gelijkheid van de beide landstalen in België. Na woeliger debatten nam een maand later ook de Senaat de wet aan.

Dat de discussies in de Senaat weer veel heftiger waren geweest was geen toeval: de strijders tegen taalgelijkheid verdedigden vooral hun oude privileges. Vandaar ook dat de Belgische Werkliedenpartij/Parti Ouvrier Belge (die nochtans sterk afhankelijk was van de stemmen uit het Waalse land) als de partij van de emancipatie ook de enige partij was die *en bloc* voor de wet stemde. Was het principe achter de Gelijkheidswet voor de socialisten duidelijk en rechtvaardig, daarbuiten echter lieten zij zich gewoonlijk sceptisch uit over het Vlaamse streven, veel Vlaamse socialisten incluis. Nog afgezien van het feit dat flamingantisme en katholiciteit in de politieke machtsrealiteit en in de verbeelding onlosmakelijk met elkaar waren verbonden – 'Vlaming zijn is christen zijn,' luidde een geliefd motto – en dat de Vlaamse beweging een overwegend (klein)burgerlijke beweging was in haar cultuur, streven en achterban, was de gelijkstelling van taalstrijd en sociale strijd (die met name door priester Daens gloedvol werd onderstreept) niet voor alle socialisten duidelijk. In *Door Arm Vlaanderen (A travers les Flandres)* liet de Brusselse journalist De Winne doorschemeren dat de misère en achterlijkheid van het Vlaamse land niet aan verfransing waren te wijten, maar juist aan de opgeslotenheid in een bedompt wereldje waar mijnheer pastoor en andere dorpsnotabelen nog oppermachtig heersten. Hij gaf daarbij het voorbeeld van vissers uit De Panne, die voor de helft ongeletterd waren en bij de verkiezingen van 1902 hadden gestemd op de kandidaten die door de pastoor waren aanbevolen, geheel onkundig als zij waren van hun onafhankelijke stemrecht. Met het afschaffen van de discriminatie van de taal raakte men toch niet aan het standsverschil als zodanig, dat in eentalige landen trouwens evengoed bestond! Daarbij kwam dat de BWP, in haar geestdrift voor het *zich-opwerken*, ongehinderd door marxistische noties van 'bovenbouw', de hoge cultuur zag als nastrevenswaard voor allen. De verwerving van hoge cultuur gold niet als verwerpelijke, vervreemdende verburgerlijking. (Niet voor niets was de *Vooruit* in Gent in joyeuze, burgerlijk-eclectische Feestpaleis-stijl gebouwd.) Voor de Belgische socialisten van de vroege twintigste eeuw was, naar het woord van Huizinga, *alle cultuur streven*. Frans kennen was in de nieuwe tijden een deel van de hogere cultuur en een van de wapenen waarmee de werkmens zich te wapenen had; daar was volstrekt geen *oneer* aan. Zo oordeelde, als een van de velen, de Gentse socialist Anseele, die wel Vlaamsgezind was, maar op zijn manier.

Meer in het algemeen viel het in deze jaren de *Vlaamse Beweging* – de verzamelnaam voor een bont geheel van over partijen, principes, provincies verdeelde Bonden en boekenclubs allerhande – vaak moeilijk om haar potentiële medestanders in de Belgische politieke wereld ook daadwerkelijk van de zaak te overtuigen. Bovendien was de mobilisatie rond flamingantische doelen na de Gelijkheidswet weer gekrompen tot de Vlaamsgezinde kringen zelf. Hierdoor kwamen veel van de door de flaminganten van de staat geëiste hervormingen slechts traag tot stand, en dikwijls stelden ze uiteindelijk weinig meer voor. Bij de beslissing bijvoorbeeld over de voertaal in het lager onderwijs (een beslissing genomen in het kader van de schoolplicht, die in België pas in juni 1914 werd ingevoerd) delfde het streektaal-voertaalprincipe het onderspit ten opzichte van het beginsel van de vrije schoolkeuze. Wie in Vlaanderen zijn kinderen naar een Franstalige school wilde sturen, kon dat gerust blijven doen. De *vrijheid van het gezinshoofd* (een van de geheiligde 'taalvrijheden') en de bijna onaantastbare status van het Frans waren dé twee struikelblokken voor het flamingantische streven.

Vermeld moet worden dat er over deze zaken ook binnen Vlaamsgezinde kring niet altijd eensgezindheid bestond, zoals bleek bij de kwestie van de vernederlandsing van het *hoger* onderwijs, in het bijzonder de Rijksuniversiteit van Gent.

Rond 1910 leek de met inzet en verve gevoerde campagne rond 'Gent' echter op een overwinning af te stevenen. De acties overspanden zelfs de partijgrenzen: op een bijeenkomst in december 1910 in Antwerpen zwoer de socialist Camille Huysmans – die taalstrijd en sociale strijd nadrukkelijk als een en hetzelfde emancipatiestreven zag – ten overstaan van vijfduizend aanwezigen dat hij en de twee andere sprekers – de liberaal Louis Franck en de katholiek

Frans Van Cauwelaert – als 'drie kraaiende hanen' het volk tot de Vlaamse strijd zouden opwekken. Het was het startsein voor een krachtige mobilisatiecampagne: zondag na zondag trokken militanten de dorpen in om de bevolking van de noodzakelijkheid van een Vlaamse hogeschool te doordringen. De openbare belangstelling nam opnieuw toe: in Gent kwamen 15.000 man samen, een petitie aan de Kamer telde meer dan 100.000 handtekeningen. In maart 1911 werd een door Franck opgesteld wetsvoorstel tot trapsgewijze vernederlandsing ingediend, en een jaar later sprak kabinetsleider de Broqueville zich duidelijk ten gunste van de Vlaamse hogeschool uit.

Maar deze samenwerking over de partijgrenzen heen verwaterde na de voor de rood-blauwe oppositie zo teleurstellend verlopen verkiezingen van 1912; Huysmans en Franck weigerden in dat jaar deel te nemen aan de door de katholieke staat georganiseerde Guldensporenvieringen. De publieke belangstelling ebde weer weg, en binnen de volksvertegenwoordiging bestond geen overdonderende consensus over Francks wetsvoorstel: van de 105 Vlaamse verkozenen waren er slechts 55 vóór.

De belofte van de kabinetsleider mocht dan zijn gedaan, wat hij er niet bij had gezegd was wat de beloofde *vervlaamsing* dan inhield. Het loutere aanbieden van Nederlandstalig universitair onderwijs in Gent was niet het hele verhaal: Francks wetsvoorstel beoogde tevens een verdergaande ingreep, namelijk de uiteindelijke verdwijning van de bestaande, Franstalige universiteit. En daarover nu bestond in flamingantische kring nog niet zo heel lang overeenstemming. In de jaren na de eeuwwisseling had vooral de liberale flamingantische opinie sterk geneigd naar de instelling van een tweetalige universiteit in Gent; 'begrijpt gij dan niet,' had de historicus Paul Fredericq, auteur van een standaardwerk over de Vlaamse Beweging, in 1903 geschreven, 'dat de tegenwoordigheid der Walen aan de Gentse hogeschool noodzakelijk is om de Vlamingen uit hun bekrompenheid te redden?'[19] A fortiori stond de opheffing van de prestigieuze en buitenlandse studenten aantrekkende francofone colleges in Gent de *niet*-flamingantische kringen bijzonder tegen. 'Vóór de Vlaamse universiteit, tegen de vernederlandsing van Gent,' schreef Vandervelde begin 1911 in *Le Peuple*.[20] De in 1910 opgerichte *Union pour la défense de la langue française à l'université de Gand*, die de opheffing een 'misdaad jegens de beschaving' en, voor Gent, een 'misdaad jegens de stad' noemde,[21] had met haar argumenten enige indruk gemaakt. Dit was tenslotte nog wat anders dan het geborneerde verzet tegen de Gelijkheidswet. Als Nederlandstaligen de mogelijkheid kregen om in het Nederlands te studeren, wat wilde men dan eigenlijk nog meer?, luidde een in brede kring aanvaarde redenering.

Begin maart 1914 werd het wetsontwerp-Franck dan uiteindelijk besproken in de Kamerafdelingen, waar het een gunstig advies verkreeg. Het was echter te verwachten dat de Kamer in haar geheel, net zoals de regering, een tweetalige oplossing zou verkiezen boven het afschaffen van *Gand*.

En zo stond de zaak er voor in 1914.

Een maar zeer gedeeltelijke vooruitgang voor die Vlaamsgezinden die zich juist rondom de zaak van een geheel vernederlandste universiteit hadden verenigd – kringen voor wie 'Gent' van lieverlee tot ultieme strijdvraag was uitgegroeid. Het belang van de Vlaamse hogeschool als panacee voor alle Vlaamse problemen – armoede, achterlijkheid, afstomping – werd daarbij sterk overdreven. Immers, het lagere volksonderwijs was nog steeds zwaar verwaarloosd: in 1913 telde België 939.000 kinderen die naar een lagere school gingen; in Nederland waren dat er vierduizend méér, terwijl Nederland ruim anderhalf miljoen inwoners minder had. Het percentage analfabeten had rond de eeuwwisseling nog schokkend veel hoger gelegen dan in de buurlanden: 101 op de duizend Belgische rekruten was ongeletterd, tegen 47 van de Franse, 23 van de Nederlandse en 5 van de Duitse. En al werd deze misstand geleidelijk uit de weg geruimd, zwaar woog nog de erfenis van decennia schoolstrijd, waarin de beide partijen elkaars onderwijsstelsel en niet de onwetendheid hadden bestreden. Het taboe op staatsinterventie resulteerde in een vrijwel volledige gemeentelijke vrijheid wat het lager onderwijs betrof, in een gebrek aan professionele controle van de zwaar onderbetaalde onderwijzers, en in ouderlijke almacht inzake het schoolgaan of niet schoolgaan van hun kinderen. In de Vlaamse provincies was de schoolmisère het ergst. De thuisarbeiders op het doodarme platteland konden niet zonder het werk van hun kinderen en hielden hen thuis. Honderdduizenden kinderen gingen alleen in de winter naar school en vergaten in hun lettervreemde omgeving hoe dan ook al snel alles wat ze in de klas hadden geleerd. Verder kon het katholieke onderwijs, niet bedreigd door enige concurrentie, zich in de Vlaamse dorpen een grotere slonzigheid veroorloven. In Vlaanderen was het analfabetisme dan ook het omvangrijkst: 288 van de duizend mannen, vrouwen en kinderen konden er in 1910 lezen noch schrijven; in het Waalse land waren dat er 224, in Brabant 230.

De afstand tussen het half geletterde werkvolk en de zorgvuldig geschoolde elite was in België immens. Deze elite was overigens in de jaren voor de oorlog wat in omvang toegenomen. De generatie dertigers en veertigers van 1914 was een generatie met méér gestudeerde jongemannen dan de voorgaande. (Aangezien het aantal goede posities niet was meegegroeid, was een soort reservoir ontstaan van ambitieuze intellectuelen mét kennis maar zonder perspectieven, wat mede de verhoogde literaire, artistieke en nationalistische activiteit van dit tijdperk verklaart.) Desondanks bleef de gestudeerde elite toch een geringe minderheid. In 1913 stonden aan alle Belgische universiteiten samen ongeveer 8500 studenten ingeschreven. Op de duizend jonge mannen van 20 tot en met 24 jaar waren er dus slechts 26 student aan een universiteit. En de Belgische universiteiten golden vooral als 'vakscholen', waar jongelui van (klein)burgerlijken huize voor leraar, dokter, advocaat of, als ze zeer intelligent waren, voor ingenieur leerden. Dat een vernederlandste universiteit in Gent dan ook als 'de bronader van het zedelijk volksbestaan' zou fungeren, zoals Van Cauwelaert het in 1910 zijn publiek had voorgehouden,[22] leek vooralsnog een mooi maar ver ideaal, evenals zijn voorspelling dat een dergelijke hogeschool, doordat zij elites vormen zou in de *volkstaal*, daardoor vanzelf 'in organische samenhang met het volksleven' zou bloeien.[23]

'Gent' had binnen het flamingantisme zulke proporties kunnen aannemen omdat het als burgerlijke beweging ook burgerlijke preoccupaties had – wat hadden 'werkman en boer' ook met die hogeschool te maken, zoals Anseele in 1902 nog had gemopperd.[24] Naast klassebelang ging het echter ook om een *principe*, te weten dat van het vormen van een elite in de eigen taal, een elite van mannen die leiding konden geven aan het Vlaamse volk. Juist daarom voldeed een tweetalig 'Gent' niet: een francofone universiteit zou met haar te grote aantrekkingskracht op de ambitieuzen de kweekplaats blijven van de werkelijke elite; in een stelsel van open taalconcurrentie zou het Frans steeds het pleit winnen en kon geen Nederlandstalige elite bloeien.

Elitair was deze redenering zonder meer. Doch het was een *welmenend* elitarisme. De schepping van een Nederlandstalige leidende klasse, zo werd betoogd door de econoom Lodewijk De Raet (tot zijn vroege dood in 1914 dé grote theoreticus van het flamingantisme in het algemeen en de vervlaamsing van Gent in het bijzonder), zou door de verspreiding van technische en wetenschappelijke kennis in de eigen taal uiteindelijk de hele gemeenschap ten goede komen. Zo zou de universiteit in hoge mate bijdragen tot de ontwikkeling van de Vlaamse *volkskracht*.

Immers: om moderne ontwikkeling ging het. De flamingantische avant-garde was de heemschutterij voorbij en tendeerde voortvarend naar een emancipatoir program. Zoals August Vermeylen – Brusselaar, briljant, polyglot, oneerbiedig, voormalig anarchist en stichter van het avant-garde tijdschrift *Van Nu en Straks* – het in 1900 had geformuleerd: 'wij willen Vlamingen zijn, om Europeërs te worden.'[25] Dit sindsdien aan flarden geciteerde credo zette zich af tegen een traditioneler (maar ook omvangrijker) flamingantisme waarvoor 'het Vlaamse' vooral een burcht was tegen vreemde invloeden en dat zich graag mocht verliezen in de meetingromantiek van goedendag en Guldensporenslag. Het nieuwe motto zette zich af tegen een Vlaams streven waarvoor de eigenheid doel op zich was en niet, zoals bij de nieuwe tijden passend, een middel om te delen in de bredere moderne cultuur.

Dat dit delen alleen mogelijk was in de eigen taal, mocht duidelijk zijn. Niet omdat dit een natuurgegeven zou zijn. Theoretisch gesproken zou een voortvarend aangepakte en algehele verfransing van de Vlaamse massa's het cultuurpeil in het Vlaamse land alleen maar omhoog hebben gestuwd, meende Vermeylen malicieus, daarmee ongetwijfeld consternatie creërend in menige *De taal is gans het volk*-kring: 'Ja, kon die grote hoop maar *geheel* verfranst worden! Al ware dat wel jammer voor wie de Vlaamse taal bijzonder liefheeft, zeker is 't toch, dat de algemene cultuur in Vlaanderen hoger zou reiken dan thans het geval is.'[26] De verfransing zoals die werkelijk bestond echter, bracht, aldus Vermeylen, alleen maar halfslachtigheid en bestendigde de beschamende geestelijke afstomping. In naam van de volksontwikkeling was het dan ook tijd – méér dan tijd – voor vervlaamsing. Of, zoals De Raet het in 1910 uitdrukte in een open brief aan de nieuwe koning Albert (die het jaar daarvoor als eerste Belgische koning zijn eed bij de inhuldiging in beide talen had afgelegd): het Vlaamse land moest komen tot 'de volledige ontwikkeling van alle volkskrachten op verstandelijk en stoffelijk gebied door het enige passende middel, door de volkstaal'.[27]

Dit streven naar, zoals men toen zei, *volksverheffing* kon niet dan in ontwikkelde kringen als nobel en nastrevenswaard worden aangemerkt. Het trok de intense belangstelling van onder anderen Emile Waxweiler, een jong ingenieur van Waalse afkomst die in Gent was opgegroeid. De scherpzinnige en onbevangen Waxweiler achtte het in tegenstelling tot zovele francofone geleerden geen verspilling van zijn tijd en ambitie om goed Nederlands te leren; het emancipatoire Vlaamse streven van harte onderschrijvend, voegde hij de daad bij het woord en het was in loepzuiver Nederlands dat hij vanaf 1895 voor de *Hogeschooluitbreiding* in Gent (een soort volksuniversiteit, vergelijkbaar met de toen in Engeland populaire *University Extension*) college gaf in de sociologie, een vak dat aan de spits van het nieuwe denken stond en bij de toehoorders 'vurige ijver' verwekte, zoals de dichter Karel Van De Woestijne, die de lessen als zeventienjarige student economie volgde, zich later zou herinneren: 'dat vak, waarin wij de gronden leerden kennen ván, waaruit wij de redenen putten vóór de omwenteling die toen in de lucht hing'...[28]

De sociale wetenschap in dit fin-de-siècle was een nieuwe en opwindende tak van kennis. Zij vormde een breuk met de burgerlijke vrijblijvendheid door de blik te richten op het maatschappelijke, dat onder het doctrinaire liberalisme zo lang betekenisloos was gebleven. In de Belgische sociale wetenschap ontstond het paradigma van de zogeheten 'sociale energetica'. Deze theorie vestigde impliciet de aandacht op de tol die een kritiekloos aanvaard industrieel kapitalisme van de samenleving eiste: de door de achteloze ravages van de zakencycli verkwiste energie, het wegkwijnende vakmanschap, de verloren gaande kennis. Daartegenover stelde de 'sociale energetica' – een denken dat overigens, hoe kritisch ook, met revolutionair socialisme in het geheel niets te maken had – de 'maatschappelijke energie' voorop als een goed dat *benut* diende te worden in de volste zin des woords. Dáár lag de rol van de staat: de staat moest de waarborg bieden dat zijn burgers het beste van zichzelf konden geven, hetgeen de algehele productiviteit machtig zou voortstuwen, zeker als werk werd gemaakt van het voortbrengen van een geschoolde, competente, toegewijde elite.

De bijna geniale autodidact Ernest Solvay, die als jongeman in de jaren 1860 met een zelfbedacht chemisch procédé fortuin had gemaakt en aan het hoofd stond van een omvangrijk industrieel en financieel imperium, komt het intellectuele vaderschap van deze leer toe. Een miljonair die om hogere successierechten riep, een industrieel kapitalist die vraagtekens plaatste bij de tirannie van geld, grond, aandelen en ander dood bezit over levende arbeid, was hij in zijn tijd een *figuur* die intrigeerde en wiens ideeën werden overgenomen en uitgewerkt.

In 1902 was met Solvay's geld en steun in Brussel het Sociologisch Instituut opgericht. Speciaal voor deze denktank verrees in het Leopoldpark een verbazend fraaie studietempel, welks zorgvuldig vormgegeven interieur het sociologisch denken concentreerde in een machtige centrale bibliotheek, waaromheen thematische studiezalen – technologie, antropologie – waren gegroepeerd. Waxweiler, die mede het gebouw ontwierp, werd directeur. Een van zijn veelvuldigste bezoekers was De Raet, die ook meewerkte aan diverse projecten, zoals een studiereis die in 1912 studenten, professoren en belangstellenden naar Stijn Streuvels' West-Vlaamse dorpje Ingooigem bracht om aldaar het 'sociale leven in een Vlaamse gemeente' te bestuderen. De twee sociologen waren sinds 1896 goed bevriend en beïnvloedden elkaar wederzijds. De Raets ideeën van 'volkskracht', van Vlaamse elite en bloei droegen duidelijk het stempel van de 'sociaal-energetische' denkschool: het nieuwe flamingantisme deelde zonder meer in algemeen Belgische, alsook in bredere Europese stromingen.

Intussen bloeiden in deze flamingantische retoriek, die van termen als *volkskracht* en *stamtrots* aan elkaar hing, de nodige chauvinistische noties van 'Vlaams-zijn'. Het 'ten volle Vlaming worden' (wat men daar ook onder verstaan mocht) gold als uiterst nastrevenswaard. Tegelijkertijd groeide in het zuiden een Waalse *sensibilité.* Deze was, hoewel zij zich beriep op oude streektalen, volksliederen en wat verder niet al tot het *terroir* behoorde, volkomen nieuw. Woord en begrip 'Wallonië' waren hoogstens vijftig jaar oud. De nieuwe stroming was dan ook vooral een reactie op 's lands jongste geschiedenis. Het was een (nog zeer diffuse) reactie op een als perifeer aangevoelde positie binnen de staat; op de gevreesde verdwijning van de regionale eigenheid; op de culturele en politieke dominantie van het stedennetwerk in het noorden, Brussel voorop; en op de groeiende macht van het Vlaamse volksdeel binnen de verdachte staat. Sommigen in deze vooralsnog vormloze geestesstroming werden geïnspireerd door de in deze jaren alomtegenwoordige queeste naar *authenticiteit.* De jonge Luikenaar Louis Boumal, leraar Frans aan het College van Bouillon, beschreef in 1913 zijn eigen *Werdegang* als het groeiende besef van de 'levensnoodzakelijkheid' voor beide volkeren zo nauw mogelijk aan te knopen bij de 'eigen' cultuur ('zo ver mogelijk teruggaan tot de cultuur der voorvaderen'). De tweetalige *belgitude* had hem zo tegengestaan dat hij reeds op school nooit de 'Vlaamse Leeuw' had willen meezingen. 'Zo was hij,' beschreef Boumal zichzelf, 'een vurig regionalist geworden, minnaar van de Waalse streektalen, nieuwsgierig naar de kunstenaars van zijn eigen ras en naar de plaatselijke geschiedenis – en met dit alles zijn katholieke vrienden choquerend.'[29]

Bij andere wallinganten was het politieke element sterker, en dan met name de frustratie over de onwrikbare macht die de katholieken over de Belgische staat uitoefenden; de katholieken, die werden gesteund door dát Vlaanderen dat tot in lengte van dagen voor elk anders denken waterdicht afgesloten leek – zoals nog maar eens was gebleken bij de verkiezingen van 1912. In Luik was de verbittering in de dagen na de uitslag zo groot geweest dat men het in de liberale *cercles* en in het Volkshuis veel over bestuurlijke scheiding had gehad. 'Sire, er zijn geen Belgen,' schreef Destrée gefrustreerd in een open brief aan de koning, 'er zijn in België Vlamingen en Walen, maar geen Belgen'... Albert, die geen sentimenteel man was, kon van Destrées standpunt zonder meer de redelijkheid inzien.[30]

De heftigheid van de discussies in pers, parlement en publieke opinie deed oppervlakkige buitenlandse toeschouwers geloven dat het land ieder ogenblik uit elkaar kon vallen. Verbaal geweld, al dan niet in overslaande hyperbolen verpakt, hoorde echter sinds generaties bij het Belgische openbare leven. Met wezenlijk antibelgicisme had dit allemaal weinig te maken. Boumal geloofde niet in een 'Belgische ziel', maar verklaarde zich in 1913 wel bereid de wapens op te nemen ter verdediging van een land waarvan hij het voortbestaan historisch gerechtvaardigd en noodzakelijk achtte – en daarbij liefhad met 'de onvergankelijke liefde die men voor zijn lijdende moeder gevoelt'.[31] En 'de Vlamingen,' zoals De Raet in 1910 schreef, 'zullen nooit uit het oog verliezen dat [...] de Walen hun landgenoten zijn. Hun ideaal is immers één natie te vormen samengesteld uit twee broederlijk verenigde stammen, waarvan elk gelijke rechten geniet in het bezigen hunner wederzijdse taal. Naar die hogere eenheid streven de Vlaamsgezinden...'[32] Het was een streven dat deel uitmaakte van een *algemeen*-Belgisch réveil. Het maakte deel uit van een bredere erkenning dat de Belgen ten volle ontwikkelen moesten wat zij bezaten. En dat was – naar steeds duidelijker bleek – bepaald niet gering.

Dit Belgische réveil uitte zich in een kunst en een literatuur die homogeen noch vrij van buitenlandse invloeden waren en ook verder elke classificatie tartten: het art nouveau-Volkshuis in de hoofdstad, de socialistische Ibsen-avonden opgeluisterd door plaatselijke fanfares, de anarchistisch-flamingantische tijdschriften met hun allerindividueelste poëzie, de odes aan het Scheldelandschap in Emile Verhaerens *sauvage* Vlaamse Frans, het ontsnapte allemaal, zoals het de vruchten van een moderne cultuur betaamt, aan etiketten. Daarbij groeide de gedachte dat het allemaal op de een of andere manier bij elkaar paste en tezamen iets unieks vormde, zoals de eclectische straten van Brussel, die zo wonderbaarlijk art nouveau en neogotiek aan elkaar regen tot een *eenheid*. België, schreef in die jaren Stefan Zweig, was als 'een spiegel met duizend vlakken, die op verkleinde schaal als het ware een samenvatting van het veelvormige universum biedt'.[33]

Niet toevallig werden tussen 1900 en 1911 ook de eerste vier delen gepubliceerd van de *Histoire de Belgique* van Henri Pirenne, een van de grootste historici van de twintigste eeuw, gespecialiseerd in de economische geschiedenis van de Middeleeuwen. Pirenne (die in Verviers was geboren en in Gent doceerde) weefde in dit werk de Belgische geschiedenis samen tot een – bij alle wetenschappelijkheid – heldhaftig relaas van vrijheden en steden en handel. Pirennes *Histoire* was het verhaal van het ontstaan van een kosmopolitische beschaving op dit kleine grondgebied, een beschaving die bijna voorbestemd leek om tussen de grote culturen de rol van bemiddelaar te spelen: Belg zijn was, voor Pirenne, in zekere zin Europeaan zijn. In de onweerstaanbare stijl van het koele lyrisme dat hem eigen was, bracht Pirenne de complexe historie van de Zuidelijke Nederlanden samen in een dwingende samenhang, suggereerde dat de Belgische natie, hoewel in de verste verte geen natuurgegeven, ergens vandaan kwam en ergens voor *stond* en verwekte daarmee bij de lezende elite grote geestdrift.

Volgens een hardnekkige mythe geloofde Pirenne daarbij tevens in het bestaan van een 'Belgische ziel'. Dit is volslagen onzin. Een zo van romantisch *Volksgeist*-denken doordrenkt begrip als 'nationale ziel' paste evenmin in zijn historische visie als het modieuze begrip 'ras', dat hij met grote kracht verwierp. (Het *âme-belge*-begrip was rond de eeuwwisseling gelanceerd door de Brusselse advocaat Edmond Picard, die socialist was en antisemiet, een in die dagen niet ongewone combinatie.) Pirenne geloofde, naar hij zelf onderstreepte, net zomin in een Belgische als in welke nationale 'ziel' dan ook. Wél verklaarde hij te geloven in het bestaan van wat hij bij gebrek aan een beter woord een 'Belgische beschaving' noemde – en dat was geen onveranderlijke essentie, maar een min of meer samenhangend, de som der delen overstijgend, volstrekt met geen ander te verwarren samenvloeisel van invloeden dat zich gedurende de jaren had gevormd en met de tijd ook weer andere vormen zou aannemen.[34]

Hoezeer het achteraf bezien ook om een weerloze samenloop van omstandigheden is gegaan, het valt niet te ontkennen dat er vóór de Grote Oorlog een 'Belgische beschaving' bestond – noch dat het een niet te plaatsen cultuur was, van alle kanten beïnvloed en heterogeen tot in het uitzinnige. Wellicht zelfs was deze veelvormigheid – zo luidde de even hoopvolle als terechte redenering – hét kenmerk van de cultuur van een tussenland en land van samenvloeiing en uitwisseling: eenheid in verscheidenheid en niet in eenvormigheid, dát was 's lands patrimonium. Het was inderdaad een curieus land, oordeelden buitenlanders, niet te plaatsen, maar… interessant, zeer interessant. 'België is bij uitstek het experimenteerveld van Europa,' stelde de geograaf en anarchist Elisée Reclus, een Fransman die in 1893 in Brussel was komen wonen en rond wie een genootschap van rebelse jongelieden de radicale *Université Nouvelle* had opgericht.[35] Parijs' blik op België was nogal veranderd in de halve eeuw sinds Baudelaire het als een stompzinnig, tot naäperij gedoemd, de allerbanaalste moderniteit omhelzend *onland* had afgeschilderd. De Académie française bekroonde in 1910 een studie van de socioloog Henri Charriaut, waarin België werd geroemd als een intens samengebald 'maatschappelijk laboratorium' voor de nieuwe sociale gedachten van een nieuwe eeuw. Een experimenteerveld dus, zoals Reclus zei, en niet langer het *slag*veld van Europa, naar het woord van Napoleon indertijd. De Belgen konden nu juist, meende Charriaut, na zoveel eeuwen eindelijk het beste van zichzelf geven. Immers, in deze twintigste eeuw was het slagveld der naties voorgoed naar het economische domein verplaatst en had de geschiedenis een streep gezet onder Napoleons 'tijden van moordlustige roem'.[36]

Het zou niet lang meer zou duren voor de economische strijd met andere middelen werd voortgezet. Dat verwachtte de socioloog echter niet toen hij deze regels publiceerde, en de Belgen, over wie hij zo waarderend schreef, verwachtten het al evenmin.

HOOFDSTUK II

'De vreselijkste misdaad': de zomer van 1914

Onafwendbaar en gestaag was het negentiende-eeuwse 'concert van Europa' in de nieuwe eeuw opgehouden harmonieus te klinken. Een strijdlustige ondertoon zwol aan in de betrekkingen tussen de Europese landen. Het continent deelde zich in twee machtsblokken op. De traditionele belangentegenstellingen tussen de grootmachten – Frankrijk contra het Duitse rijk, Rusland contra de Oostenrijks-Hongaarse Dubbelmonarchie – deden daarbij bizarre allianties ontstaan. Frankrijk en Engeland hadden elkaar sinds mensenheugenis het licht in de ogen niet gegund (sinds de nieuwe wedloop op overzees bezit al helemaal niet), dus naar de hartelijkheid van hun *entente* bleef het gissen. En de verbintenis van de Franse republiek met het repressieve tsarenrijk bleef de verlichte kringen in Parijs tegenstaan, alle *ballets russes* ten spijt. Dat, in het andere kamp, Wenen en Berlijn bondgenoten waren geworden, viel intuïtief nog te begrijpen; waarom echter Italië had gemeend zich bij dit blok te moeten aansluiten, was al veel minder duidelijk. Hoe merkwaardig de bondgenootschappen echter ook waren, het op elkaar afstemmen van militaire strategieën en mobilisatieplannen smeedde de twee machtsblokken steeds hechter aaneen. En zo werden gedane beloften onomkeerbaarder dan ooit in de bedoeling had gelegen.

Een klein land kon bij dit alles niet voorzichtig genoeg zijn, vooral als het ook nog eens 'een belangrijke plaats in Noordwest-Europa' innam, pal tussen twee grootmachten in. België mocht dan in de loop van de tijd in de vaart der volkeren zijn opgestoten, 's lands elites beseften terdege dat deze opgang de echte grootmachten nooit mocht ontrieven. Dat België een koloniale mogendheid was geworden, had dan ook gelegen aan de mateloze ambitie van één man en was pas achteraf en met moeite ingepast in de nationale buitenlandse politiek. Dat was vooral een politiek van allerminzaamste betrekkingen met de twee grote buurlanden; de politiek van een land dat dan uiterst welvarend mocht zijn, maar terdege zijn plaats in de Europese hiërarchie kende en nooit partij trok.

België was sinds zijn ontstaan een neutrale staat. Die neutraliteit was in oorsprong een lapmiddel geweest waarmee de Europese diplomatie de nieuwe staat in het sacrosancte evenwicht der machten kon inpassen. Een toevallige oplossing die voor de Belgen echter geleidelijk, zoals de historicus Willequet heeft geschreven, 'een talisman, een welhaast religieuze waarborg' geworden was.[37] Bij burgers en regering was het besef van de *onzijdigheid* van hun land steviger verankerd dan men zich nu kan voorstellen. De Belgen van 1914 voelden zich even neutraal als de Zwitsers vandaag: nog op 29 juli 1914 registreerde Stijn Streuvels het alom heersende geloof in 'onze heilige, onschendbare onafhankelijkheid, onze neutraliteit die ons vrijwaart voor de oorlog'.[38] Volksvertegenwoordigers, dorpspastoors, handelaars, journalisten, en al wie verder ook een mening hebben mocht over de gang van zaken in de wereld, iedereen wist: wát andere landen ook met elkaar uit te vechten hadden, België bleef daar strikt buiten. Omgekeerd hadden andere machten de handen van België af te houden. Zó en niet anders waren de dingen in 1839 bij verdrag geregeld.

Helaas: 'de oorlog maakt een eind aan verdragen, hoe ze ook heten mogen', zoals Leopold I reeds in 1856 aan zijn nicht koningin Victoria had geschreven.[39] Een halve eeuw later begon de mogelijkheid van een Europese oorlog zich steeds nadrukkelijker af te tekenen. In deze hoogkapitalistische tijd waren de economische belangen steeds meer met de nationale verweven geraakt. Nationale ambities stegen. De wapenproductie zwol wanstaltig aan. Engelands militaire en economische suprematie was niet meer van dien aard dat het de rest van Europa nog zijn *Pax Britannica* kon opleggen; en omgekeerd namen macht en ambitie van het Duitse Rijk, nieuwkomer in het grootmachtendom, met het jaar toe. Meer in het algemeen was de rivaliteit tussen de Europese staten verscherpt. Kortom: alles wees op een nakende botsing. Na 1905 stond het wel vast: een oorlog kwam eraan. In dat jaar was namelijk de licht naar hysterie neigende Duitse keizer Wilhelm II tijdens een cruise aan land gegaan in Marokko (dat in die jaren steeds zwaarder onder Franse 'invloed' – zoals dat heette – was komen te staan) en had enkele vage uitspraken over Duitse rechten gedaan. De ruzie werd gesust. Maar zes jaar later lag alweer een Duitse kanonneerboot voor de kust van Agadir. En al werd ook ditmaal een oorlog voorkomen, het stond nu buiten kijf dat Duitsland en Frankrijk weldra slaags zouden raken. Aan beide zijden was de dienstplicht gaandeweg verlengd tot drie jaar ellende en tierde de strijdlust van het schrijvende volksdeel. Boeken droegen titels als *Deutschland und der nächste Krieg* en *La renaissance de l'orgueil français*.[40]

Belgiës betrokkenheid bij een volgende Frans-Duitse oorlog leek onrustbarend nabij. Jules Destrée beschreef in zijn eerder genoemde 'Brief aan de Koning' van 1912 hoe vele Belgen elke dag de oorlog tussen beide grote buren naderbij voelden komen, in de machteloze wetenschap dat het land dwars op de weg van de oprukkende legers lag.

Destrée had gelijk: de Duitse aanvalsstrategie (in 1906 in het diepste geheim opgesteld door stafchef Alfred von Schlieffen) voorzag inderdaad een doortocht door België. Het later zo berucht geworden *Schlieffenplan* voorzag een tweefrontenoorlog tegen Rusland en zijn bondgenoot Frankrijk. Het Duitse leger diende zich volgens dit plan eerst met volle kracht tegen Frankrijk aan te gooien, teneinde vervolgens, na een overwinning in het westen, alle troepen tegen Rusland in te zetten. De in het westen te volgen tactiek was die van het 'in de tang nemen' van het Franse leger tussen een linkervleugel in de Elzas en een rechtervleugel die vanuit België zou komen aanstormen.

Deze briljante strategie hield wel een inval in een neutraal buurland in, en dan nog door een natie die in 1839 mede borg had gestaan voor Belgiës onschendbaarheid (want het Duitse keizerrijk had expliciet de Pruisische verplichtingen dienaangaande overgenomen). Engeland, indertijd ook een van Belgiës borgstellers, had door de jaren heen meermalen verklaard een en ander hoog te zullen opnemen. Een aanval op België zou, zo had premier William Gladstone ten tijde van de vorige Frans-Duitse oorlog nog plechtig verklaard, het einde van de Europese rechtsorde betekenen, ja zelfs 'de vreselijkste misdaad die ooit de bladzijden der geschiedenis zou kunnen bevlekken'.[41] Maar dat was ook alweer zo lang geleden. Flinke uitspraken doen kostte niets. De Britse onthullingen indertijd over de wreedheden in Leopolds Congo – in Brusselse Afrika-kringen afgedaan als propaganda van een koloniale supermacht die een klein land zijn overzees bezit niet gunde – hadden weinig wederzijdse Brits-Belgische genegenheid gekweekt. Kon men verwachten dat het Engelse volk om België de oorlog in zou gaan? Met de internationale consequenties van een inval in België zou het wel meevallen, zo meenden de technici van de *Obere Heeresleitung*. Volkenrecht was tenslotte niet hún departement.

Een dergelijke schending van het internationale recht deed in feite het recht van de sterkste prevaleren, wat wel enigszins paste in een tijd waarin de invloed van Friedrich Nietzsche bij velen een verlangen had doen groeien naar een heldhaftiger leven. Dit gevoel heerste overigens lang niet alleen in Duitsland. Onder de *belle-époque*-elites van heel Europa waarde een diffuse zucht naar onverbiddelijke actie in welke vorm dan ook, naar een nietsontziende strijd die een eind zou maken aan het laffe burgermansleven met zijn afspraken en compromissen. Charles Darwins theorieën, althans een uiterst gevulgariseerde versie daarvan, golden als evangelie en kreten als 'struggle for life' en 'survival of the fittest' werden voortvarend toegepast op individuen, rassen en staten. Wie zich niet weren kon, moest maar ten onder gaan, was het adagium. Een klein, zwak land, slechts beschermd door het papieren bolwerk van een *afspraak*, gold als een gedegenereerd product van de beschaving. 'Het begrip neutraliteit,' schreef de Duitse generaal Von Bernhardi in 1911, 'is in tegenspraak met het wezen van de staat zelve, aangezien een staat zijn hoogste morele bestemming slechts in de strijd met andere staten bereiken kan.'[42] Nu was Bernhardi het boegbeeld van de Duitse ultramilitaristen; maar zelfs de onverdachte Emile Zola had al eerder gesteld dat 'alleen oorlogvoerende naties bloeien: een land sterft wanneer het ontwapent'.[43]

Deze dreigende atmosfeer van stijgende rivaliteit tussen staten, een rivaliteit die baadde in noties van oerstrijd, morele bestemming en nood-breekt-wet-urgentie, ontging de Belgische politici niet. De roep om militaire hervormingen weerklonk. In 1909 tekende Leopold II op zijn doodsbed de nieuwe dienstplichtwet, die een einde maakte aan het oude systeem van loting – een door de socialisten bitter aangeklaagd stelsel, waarin gegoede jongens niet naar de kazerne hoefden (zij konden zich tegen betaling laten vervangen) en alleen werkmensen de 'bloedbelasting' betaalden. Voortaan moest één zoon per gezin in dienst, betere stand of niet. In 1913 werd de dienstplicht ten slotte veralgemeend, waardoor het aantal miliciens verdubbelde.

De wet van 1913 was ingegeven door ongerustheid over de internationale situatie, die er maar niet op verbeterde. Albert I, in november van dat jaar op staatsbezoek in Berlijn, vernam aldaar van keizer Wilhelm dat het Rijk binnen zeer afzienbare tijd oorlog met Frankrijk verwachtte. Hij werd zelfs van harte uitgenodigd om in juli 1914 de *grandes manoeuvres* van het Duitse leger in het Rijnland bij te wonen. Kranten lezend België trok bleek weg bij het lezen van Wilhelms achteloze mededeling. Niemand in België meende in ernst dat zelfs een versterkt leger het land kon verdedigen bij een frontale aanval. Echter – zo luidde de redenering – hoe méér België zich bereid toonde zijn neutraliteit ook werkelijk te verdedigen, hoe onaantrekkelijker juist zo'n frontale aanval zou worden. Bewaking van de grenzen kon tevens voorkomen dat ook bij afwezigheid van aanvalsplannen tegen België de oorlog over de Belgische grenzen uitliep (een volgende Frans-Duitse oorlog zou allicht niet, zoals die van 1870, op miraculeuze wijze tot stilstand komen in het Frans-Ardense stadje Sedan, precies aan de Belgische grens). Het versterkte Belgische leger diende, kortom, te fungeren als middel tot afschrikking en grensverdediging en niet als oorlogvoerend instrument. Desondanks oogstte de nieuwe wetgeving een storm van protest. De belastingheffing van 27 miljoen frank voor 's lands verdediging, de eerste nieuwe belasting die in dertig jaar tijd was uitgeschreven, werd mokkend ondergaan. De uitbreiding van de dienstplicht stond vooral de katholieken uitermate tegen: 'Kiezers,' schreef het *Handelsblad van Antwerpen* in dikke letters op de voorpagina, 'de katholieken willen één zoon per huisgezin, de liberalen willen ze allemaal'![44] Veel burgers ontging de noodzaak van zoveel militaire ijver. Vooral in katholieke kringen werd het om zijn ordelijkheid, gezagsgetrouwheid en deugdelijkheid in het zakendoen bewonderde Duitsland voor het ontketenen van een oorlog te *verstandig* geacht; Frankrijk, waarvan de republikeinse chaos en de torenhoge staatsschuld met leedvermaak, de anticlericale campagnes met afschuw werden becommentarieerd, gold als eenvoudig te *decadent* voor volgehouden agressie.

Hoe voorspelden diplomatieke en militaire kringen in het buitenland de Belgische reactie bij een Duitse inval? De Franse gezant in Brussel, Klobukowski, ging ervan uit dat België 'gegeven zijn belangen en ook wel van nature' een invasie lijdelijk zou ondergaan om daarna de kant van de sterkste te kiezen.[45] Een weinig heldhaftige houding misschien, maar wel zo realistisch, uitgaande van de kracht van het Belgische leger, dat, zo spotte de Duitse gezant in Parijs, bij een inval niet veel meer zou kunnen doen dan 'aan de kant van de weg de Duitse doortocht aangapen'.[46] Het ontbrak de Belgen ten enen male aan de geest van vaderlandse *opoffering* die nu eenmaal de grondslag voor een leger vormde, meende de Franse militaire attaché, concluderend dat 'het Belgisch leger tot niet veel in staat is'.[47] Ook stafchef Von Moltke achtte de Belgische strijdkrachten 'niet in staat om veel te presteren' en meende dat zij 'zonder problemen uiteengeslagen' konden worden.[48] In Engeland verwoordde Winston Churchill het algemene gevoel toen hij stelde dat België, 'deze onfortuinlijke staat', bij een Duitse doortocht niet meer dan wat symbolische weerstand zou kunnen bieden en zich daarna bij de toestand zou moeten neerleggen.[49] Kortom, niemand had een hoge pet op van de krijgskundige kwaliteiten van de Belgen.

En ondertussen nam de dreiging toe. Bismarck had ooit gewaarschuwd dat er nog eens een grote oorlog in Europa zou uitbreken 'door de een of andere stommiteit op de Balkan'.[50] Zestien jaar na zijn dood en twee plaatselijk gebleven Balkan-oorlogen later kreeg hij gelijk. De 'stommiteit' vond plaats in de Bosnische hoofdstad Sarajevo, het Sarajevo dat we ons uit de jongste Balkan-oorlog herinneren als de verminkte stad waar mensen in kelders voor het mortiervuur schuilden. Voor de recente burgeroorlog toonde men toeristen aldaar een bezienswaardigheid: op de hoek van de Rudolfstraat en de Appelkaai stonden voetafdrukken in het plaveisel (ze zijn tijdens het beleg van Sarajevo door Bosnische moslims vernietigd). Vanaf die plaats had de Bosnisch-Servische student Gavrilo Princip op 28 juni 1914 om halfelf 's ochtends de Oostenrijkse troonopvolger en zijn vrouw doodgeschoten.

De aanslag stond aan het begin van een keten gebeurtenissen, die tot de grootste oorlog sinds mensenheugenis zou leiden. Maar dat de moord op Franz Ferdinand van Habsburg en Sophie Chotek het begin van het einde van een wereld was, konden weinig mensen op dat moment voorzien. Men las het bericht in de krant en ging daarna, mits men tot de betere kringen behoorde, rustig op vakantie. Op de Balkan was er tenslotte altijd wel iets – men noemde het gebied in West-Europa toen nog het *Nabije Oosten*, ruig thuisland van schilderachtige onverzoenlijkheden, dat geen deel uitmaakte van de beschaafde wereld. Het was daarbij ook niet de eerste aanslag op een hooggeplaatst persoon. Eerder waren tsaar Alexander II, de Italiaanse koning Umberto I, keizerin Elisabeth van Oostenrijk en de Franse president Sadi Carnot omgekomen bij aanslagen die de aandacht moesten vestigen op wat als (nationaal of sociaal) onrecht werd gezien.

De moord op Franz Ferdinand was een nationalistische daad geweest, een protest tegen de annexatie van Bosnië door Oostenrijk-

Hongarije. De staat Servië wierp zich in die jaren op als verdediger van de belangen van de Zuid-Slavische volkeren tegen het hebzuchtige oude keizerrijk. Het was de Oostenrijkers dan ook duidelijk dat Servië achter de aanslag zat en ervoor gestraft moest worden, en zo mogelijk tot satellietstaat herleid. Wenen wist dat Rusland partij voor Servië zou kiezen. Maar Oostenrijk had dan weer een verbond met het machtige Duitsland. De effecten van deze *Nibelungentreue* mochten tot dusver even vaag gebleven zijn als de term zelf, maar dit keer stond Wilhelm, als altijd tuk op een glansrol, persoonlijk borg voor onvoorwaardelijke Duitse steun. Het keizerrijk kon tegen de Serviërs zijn gang gaan.

Eén maand na de aanslag, op 23 juli, stelde Wenen Belgrado een ultimatum. Hierin werd op hoge toon van Servië geëist dat het alle activiteiten tegen het Habsburgse Rijk voor eens en altijd onderdrukken zou, en dat het de Oostenrijkse politie in de gelegenheid zou stellen deel te nemen aan het onderzoek naar de aanslag – een bijzonder pijnlijke eis. Servië kreeg 48 uur de tijd om te antwoorden.

Het ultimatum was een schok. De Britse minister van Buitenlandse Zaken Grey noemde het 'het meest geduchte document ooit door een staat aan een andere, onafhankelijke staat gericht'.[51] De Servische regering was in paniek, verzekerde zich van Russische dekking door een beroep te doen op tsaar Nicolaas' 'gulle Slavische hart',[52] riep haar eerste minister terug van vakantie, mobiliseerde het leger, overwoog nog alle eisen in te willigen, maar besloot uiteindelijk tot een antwoord dat zeer verzoenend van toon was doch bezwaar maakte tegen Oostenrijkse inmenging in het onderzoek. Om zes uur in de ochtend van 25 juli werd dit antwoord overhandigd aan de Oostenrijkse gezant. Die wees het prompt af en nam de trein van halfzeven naar Wenen. Drie dagen later verklaarde Oostenrijk Servië de oorlog.

Wie dacht dat alles bij een lokale afstraffing op de Balkan zou blijven, kwam al heel snel bedrogen uit; de oorlog greep als een niet te blussen brand om zich heen. Gebonden door allianties en verdragen sleepten staten elkaar in het conflict mee. Diplomaten en generale staven speelden tragische spelletjes blufpoker: zo hoopten Oostenrijk en Duitsland dat hun gezamenlijke ferme optreden Rusland zou weerhouden van deelname aan de kant van Servië, terwijl de Russen van hun kant meenden dat hun mobilisatie de tegenpartij tot inkeer zou brengen. Al snel bleek alles te laat – de Duitse kanselier Bethmann Hollweg moest op 30 juli hulpeloos toegeven dat 'die Direktion verloren [sei]'.[53] Nu bleek het funeste karakter van de al jaren aanslepende sfeer van oorlogsvoorbereiding, die reeds twintig jaar eerder door de socialist Eduard Bernstein een 'koude oorlog' was genoemd.[54] Burgers mochten dan misschien denken dat mobilisatie van de reusachtig gegroeide legers niet per definitie tot oorlog hoefde te leiden, maar daarin vergisten zij zich: wanneer de troepen eenmaal onder de wapens geroepen waren, heerste de eigen dynamiek van de militaire voorbereiding.

In Duitsland gold dit nog meer dan elders. Hoe dwingend de militaire plannen daar waren, bleek op dramatische wijze op 1 augustus, toen regeringen elkaar in opperste verwarring aan het aftasten waren naar hun precieze bedoelingen. Op dat moment waren Oostenrijk en Servië reeds in oorlog, de Russen waren onder de wapenen, in Duitsland was de toestand van *Kriegsgefahr* uitgeroepen (het stadium voorafgaand aan de eigenlijke mobilisatie) en was zeer dreigende taal tegen Rusland gebruikt, terwijl Frankrijk tot mobilisatie besloten had vanwege zijn verbond met Rusland en het Duitse gevaar. Tot het laatste moment toe bleef echter onduidelijk of Engeland aan de oorlog zou deelnemen, de *Entente* met Frankrijk ten spijt. In de middag van 1 augustus arriveerde in Berlijn een telegram van de Duitse gezant in Londen: de Engelsen zouden neutraal blijven en zelfs proberen de Fransen tot afzijdigheid te bewegen, als de Duitsers zouden afzien van een aanval in het westen. Dit was uiteraard zeer goed nieuws. De keizer liet champagne aanrukken, schreef een hartelijk briefje naar koning George en meldde stafchef Von Moltke dat het westelijke front voorlopig niet door hoefde te gaan en men alle manschappen dus tegen de Russen kon inzetten.

Von Moltke zag diep geschokt alle plannen voor *Der Tag* in rook opgaan. Elfduizend treinen stonden klaar om – met tussenpozen van exact tien minuten – te vertrekken en manschappen, wapens, munitie, paarden en voorraden volgens een perfect geolied schema op de plaats van bestemming te brengen. Men kon één miljoen soldaten niet opeens naar het oosten doen oprukken: een westelijk front was voorzien, een westelijk front moest er bijgevolg komen. Aldus de stafchef, die met veel moeite zijn keizer overtuigde. Overigens bleek tegen middernacht dat het bericht uit Londen op een vergissing berustte: de Duitse gezant had uitspraken van het *Foreign Office* naar eigen goeddunken geïnterpreteerd. Maar het incident maakte duidelijk dat zelfs de *allerhöchste Kriegsherr* de oorlogsmachine niet langer in de hand had.

En België? In het aangezicht van de stijgende spanning heerste in de geïnformeerde kringen van het land een soort op-en-neer-gaande ongerustheid. Op de bezorgdheid om 's keizers dreigende taal bij Alberts staatsbezoek van eind 1913 was in het voorjaar van 1914 weer een relatief optimisme gevolgd. Men wist dat er in Duitsland en in Frankrijk naast een 'oorlogsopinie' ook een opinie bestond van verantwoordelijke lieden, zakenmensen, redelijke politici, gematigden allerhande die vrienden hadden aan gene zijde van de Rijn. Militaire informatie deed vermoeden dat het Belgische grondgebied – op misschien een hoekje van de provincie Luxemburg na – niet in de bestaande aanvalsplannen voorkwam; eventuele plannen voor een Duitse doortocht konden worden afgeweerd door duidelijk te stellen dat het België met zijn onzijdigheid menens was. En wat er al aan ongerustheid op het officiële niveau bestond, vond amper weerklank bij de publieke opinie, die ondanks alles vertrouwen had in de internationale rechtsorde en de Belgische neutraliteit. Op 28 juni hadden de kranten bericht over de aanslag op Franz Ferdinand. In de 'serieuze' cafés van Brussel – de *Boulevards* op het Rogierplein, de *Old Tom* aan de Naamsepoort – werd met gefrons gereageerd, gaven velen hun mening te kennen dat het nu wel oorlog zou worden, en bleef de vraag open of België daarbij betrokken zou raken. Op straat gingen de discussies op deze zomerse zondag vooral over het echte grote nieuws: de Belg Philippe Thijs had de eerste etappe van de Tour de France – Parijs-Le Havre, 388 kilometer – gewonnen! Na een week was ook het laatste restje belangstelling voor de vermoorde kroonprins vervluchtigd, want tenslotte was er een *cause célèbre* die heel Parijs en heel Brussel bezighield: het proces van Henriette Caillaux, de ministersvrouw die de hoofdredacteur van *Le Figaro* had vermoord omdat hij de voorhuwelijkse correspondentie van het echtpaar wilde publiceren (waardoor iedereen te weten zou komen dat zij Caillaux' maîtresse was geweest voor hij van zijn eerste vrouw gescheiden was). Seks, corruptie en schandalen in de ministeries van Parijs, dat was heel wat sappiger nieuws dan een moord in een verre, boerse provinciestad! Verder viel er voor de Belgische pers echter weinig te berichten in deze lome zomermaand. Komkommertijd, lamenteerden de kranten. De internationale spanning leek afgenomen. De Franse president en premier reisden rustig naar Sint-Petersburg af en keizer Wilhelm genoot van zijn jaarlijkse cruise. Premier De Broqueville had de grootste moeite om zijn katholieke achterban van de noodzaak van de vorig jaar afgesproken legerhervorming te overtuigen. 'Staat het wel zo vast dat onze buren ons bedreigen?' snoof de katholieke *Patriote*.[55] Het geloof in de veiligheid van België was in katholieke kring het grootst: 'als de Duitsers zo gehaast zijn om in Reims champagne te gaan drinken,' had Charles Woeste de *cercle catholique* van Nijvel recentelijk nog voorgehouden, 'waarom zouden ze dan een omweg door België maken?'[56] Om de Vlaamse katholieke oppositie tegen de legerhervorming gunstig te stemmen, had de premier op 10 juli de Katholieke Vereniging van Turnhout beloofd dat op 1 januari 1915 voor 'het Vlaamse volk te Gent een volledig Vlaams hoger onderwijs' zou worden ingericht; een en ander was ten onrechte als algehele vernederlandsing en dus afschaffing van *Gand* uitgelegd, waarop de liberale *Etoile belge* de regering prompt van een voorgenomen 'aanslag op de beschaving' was gaan beschuldigen: de Belgen hadden, kortom, als vanouds wel iets anders aan hun hoofd dan internationale politiek.[57] Om de effecten van de legerhervorming wat te verzachten, kregen de rekruten van 1913 al op 15 juli oogstverlof, hetgeen de défilés op de nationale feestdag een enigszins armoedig karakter gaf: zo was in Bergen maar een derde van de manschappen aanwezig en moesten de organiserende officieren de afstand tussen de defilerenden vergroten om toch maar de hele Grote Markt vol te krijgen.

Zoals elders in Europa wekte pas het ultimatum van Oostenrijk aan Servië publieke ongerustheid. De katholieke kranten hoopten maar dat de kleine staat zou toegeven, de socialistische *Le Soir* was verbolgen over het gestook van het reactionaire oude keizerrijk en riep uit dat de arbeiders aller landen er genoeg van hadden zich omver te laten schieten in andermans oorlogen. Het Servische antwoord deed de bezorgdheid nog meer stijgen. 'Zeker, het is nog geen oorlog,' noteerde de gezaghebbende *Indépendance belge* van 27 juli, 'maar het is ook reeds geen vrede meer.'[58] De Duitse gezant meldde Berlijn dat de Oostenrijks-Servische toestand de gemoederen in België zeer beroerde. Die avond besloot de ministerraad de verloven van de rekruten toch maar in te trekken. Op 29 juli bracht de regering het leger 'op versterkte vredesvoet', zoals de uitdrukking luidde: de dienstplichtklassen van 1910, 1911 en 1912 werden opgeroepen. Vierentwintig uur later hadden de meeste miliciens zich bij hun eenheid vervoegd. Wat hun te wachten stond wisten ze niet, maar *oorlog* verwachtten weinigen.

Als gebiologeerd zagen politici overal in Europa hoe het onafwendbare zich voltrok. De onmacht van zelfs de socialistische leiders om de naderende oorlog nog tegen te houden bleek tragisch op 29 juli, toen in Brussel het bureau van de Tweede Internationale bijeenkwam. Niemand betwijfelde nog dat een Europese oorlog op uitbreken stond, maar geen van de nationale delegaties wist iets anders dan vage gemeenplaatsen uit te brengen. De regeringen waren verantwoordelijk voor de oorlog, heette het, maar die oorlog zou 'uiteindelijk' de revolutie brengen... en in afwachting daarvan hadden ook socialisten ondanks alles de plicht hun land te verdedigen. Het marxistische parool dat 'de arbeider geen vaderland heeft' was voor veel sociaal-democraten allang een achterhaalde kreet. Zij waren wel tegen militarisme en oorlogszucht, maar niet tegen landsverdediging. (Opvallend in de oorlogsretoriek van 1914 was, dat alle landen zichzelf luidkeels als de *aangevallen* partij voorstelden.) Niemand wist een concrete maatregel – staking? – te formuleren om de lawine nog tegen te houden. Een vrome, voze resolutie pleitte voor het opvoeren van de druk op de regeringen en het bemiddelen tussen Oostenrijk en Servië, hoewel alle aanwezigen wisten dat het daarvoor reeds veel te laat was: de oorlog tussen Oostenrijk en Servië was al uitgebroken en overal werden de soldaten opgeroepen.

Er was die avond bij het Koninklijk Circus veel volk op de been om de leden van het bureau te horen spreken. Rosa Luxemburg, die als enige mordicus tegen de oorlog bleef en zou blijven, weigerde, diep teleurgesteld, het woord te nemen. Jean Jaurès steunde zijn regering. Toch hield hij die avond een emotionele rede: als ik in de stad, zei hij, verliefde paartjes zie wandelen, dan lijkt het mij of de dood er al naast loopt...[59] Men applaudisseerde langdurig. Twee dagen later werd Jaurès in Parijs door een gestoorde chauvinist vermoord. 'De Socialistische Internationale is dood,' schreef Benito Mussolini, toen hoofdredacteur van de Italiaanse partijkrant *Avanti!*, enkele dagen later. 'Maar heeft zij ooit geleefd? Zij was een streven, geen werkelijkheid. Zij had een kantoor in Brussel en gaf daar driemaal per jaar een slaapverwekkend bulletin in drie talen uit. Meer ook niet.'[60]

Ook de Belgische Werkliedenpartij had elk idee van verzet tegen de oorlog laten varen: een paar dagen na de meeting in het Circus werd een socialistische vredesbetoging afgelast. Maar de echte bittere keuzes bleven de Belgische socialisten bespaard: zij hoefden niet bij de oorlog betrokken te worden. Althans, zo leek het toen nog. Wat men in het Brusselse Volkshuis niet wist, was dat op 29 juli bij de Duitse ambassade een speciale koerier was gearriveerd met een verzegelde enveloppe uit Berlijn en de opdracht deze te openen wanneer het bevel daartoe zou komen.

Op 30 juli hoorde Klobukowski over de telefoon dat de Duitsers gingen mobiliseren. Hij meldde het nieuws onmiddellijk aan de Belgische minister van Buitenlandse Zaken Davignon en stelde hem en passant gerust: wat er ook mocht gebeuren, Frankrijk zou nooit als eerste België binnenvallen. De minister dankte hem, maar drukte vertrouwen uit in de loyaliteit van béide buurlanden. De Engelse gezant kreeg wat later op de dag hetzelfde verhaal te horen: België had geen enkele reden Duitsland te wantrouwen. En nee, een appel aan het buitenland nam men niet in overweging, men kon zich uitstekend weren.

Dit serene vertrouwen moest duidelijk maken hoe absoluut neutraal de Belgische staat zelfs onder zware druk bleef. De verantwoordelijken van de Belgische buitenlandse politiek waren echter niet blind en maakten zich grote zorgen over de Duitse bedoelingen. Beleefd maar dringend werd de Duitse gezant Von Below verzocht zijn regering tenminste te vragen om een *officieuze* verzekering dat Duitsland België ongemoeid zou laten. Von Below – een wat blasé diplomaat die de Turkse revolutie en de Chinese Bokser-opstand had meegemaakt en zichzelf placht te feliciteren met zijn pluche postje in Brussel – hulde zich echter in sigarettenrook en uitte nietszeggende frasen.

De bange vermoedens namen grotere vormen aan. Laat in de middag van 31 juli – nog steeds had Berlijn geen enkele garantie gegeven – kwam de regering bijeen onder voorzitterschap van de koning en om zeven uur 's avonds ging het bevel uit tot algehele mobilisatie van het Belgische leger. Diezelfde nacht en de volgende dag gingen politieagenten van huis tot huis en gaven oproepen af. Midden in de nacht luidde de stormklok in de dorpen en weerklonk tromgeroffel in de straten van de steden. De mannen kropen uit hun bed of verlieten hun werk, pakten hun boeltje bij elkaar en vertrokken naar hun regimenten. In de stations rolden treinen af en aan en namen drommen mensen in tranen afscheid. Voor velen was het een ramp, zo midden in de oogsttijd, zeker voor vrouwen die met kleine kinderen en zonder inkomen achterbleven. Gemeenten boden wel wat steun, maar hadden vaak slechts tot half november geld in kas. Maar ja, zo lang zou het toch ook niet duren – België was tenslotte een neutraal land, het was niet gezegd dat de opgeroepenen ook echt naar de oorlog moesten. Ze zouden immers slechts de grenzen hoeven te bewaken? En dan góéd bewaken natuurlijk, men moest niet denken dat de Belgen doetjes waren. Trouwhartig en met de precisie van een spoorboekje meldden de kranten de troepenbewegingen. Uit Antwerpen berichtte de *Indépendance belge* dat '13 artillerie-officieren van de 14de gemengde brigade alsook 330 man, 321 paarden en 42 wagens naar Luik oprukken in vier speciale treinen, de eerste met vertrek vanuit Kapellen om 5.10 uur en met aankomst te Guillemins om 10.55, de tweede om 6.55 uur met aankomst om 13.20, de derde om 9 uur met aankomst om 14.40 en de vierde om 11.5 uur met aankomst om 17.50' enzovoort.[61] Kwestie van afschrikking.

Op de avond van 31 juli had het Duitse stilzwijgen in reactie op een officieel Brits verzoek om garanties met betrekking tot België een vol etmaal geduurd. Ook op officieuze vragen was slechts een ijzige stilte gevolgd. Het enige geluid van Duitse zijde was gekomen van de militaire attaché, die 's middags een kort bezoek bracht aan het ministerie van Oorlog om zich hardop te verwonderen over zoveel voorbereidingen. De koning schreef zijn 'dierbare neef' Wilhelm een brief – door koningin Elisabeth in het Duits vertaald – waarin hij in de meest diplomatieke bewoordingen vroeg om althans een persoonlijke verzekering dat Duitsland België niet zou binnenvallen.[62]

Maar niet iedereen zag de zaak zo somber in. De Belgische paraatheid, noteerde de katholieke *Le Vingtième Siècle* van 2 augustus opgewekt, liet toe 'de hypothese van een Duitse inval doorheen ons land' geheel uit te sluiten.[63] Het was op dag twee van de Belgische mobilisatie zondag, stralend weer, en heel Brussel was uit wandelen gegaan in het bos. De ministers van Justitie en Financiën kwamen in vergadering bijeen met mensen uit de bankwereld. Men toonde zich optimistisch. Bijzondere maatregelen achtte men voorbarig.

Von Below gaf 's middags een interview aan *Le Soir* om te benadrukken dat het uitblijven van de Duitse belofte niet betekende dat België niet buiten het conflict zou blijven. 'Het dak van de buren mag branden,' verklaarde hij, 'maar Uw huis zal gespaard blijven.'[64]

Ondertussen bleef de regering de meest vlekkeloze neutraliteit uitdragen. Aan de internationale garanten werd gemeld dat België uitsluitend mobiliseerde om zijn neutraliteit te verdedigen. In de cafés van Charleroi was het tot vuistgevechten tussen Fransen en Duitsers gekomen; Binnenlandse Zaken beval op 2 augustus de burgemeesters streng op te treden als de eigen burgers 'sympathie of antipathie ten aanzien van een der oorlogsvoerenden' zouden laten blijken.[65] Toen de *Petit Bleu* van diezelfde dag over de volle breedte van de voorpagina dramatisch blokletterde: HONTE À LA BARBARIE. VIVE LA FRANCE! en de 'geharnaste en gehelmde Germania' aanwees als 'enige verantwoordelijke voor de misdaad die nu tegen de beschaving gepleegd wordt', liet de rechtbank de krant prompt in beslag nemen.[66]

Op de Duitse ambassade arriveerde die zondag een telegram uit Berlijn met de melding dat het moment was aangebroken. De envelop moest overhandigd worden aan de Belgische regering. Von Below diende hierbij wel de indruk te wekken dat hij alles pas die dag had ontvangen. De nota werd Davignon om zeven uur 's avonds ter hand gesteld.

Het Duitse rijk had zijn buurland het volgende te melden. Volgens 'betrouwbare berichten' waren de Fransen van plan om via Namen tegen Duitsland op te rukken. Een zo grote overmacht kon België natuurlijk niet aan. De keizerlijke regering zag zich dus wel verplicht haar troepen het Belgische grondgebied te doen betreden en zou het diep betreuren mocht België dit als een daad van vijandelijkheid beschouwen. Als België zich nu bereid verklaarde een houding van welwillende neutraliteit aan te nemen, kon het verzekerd zijn van zijn onafhankelijkheid en van volledige schadeloosstelling. Zo niet zou Duitsland zich gedwongen zien om België als vijand te behandelen en de latere regeling van de verhouding tussen de beide landen 'van de wapens te laten afhangen'.[67]

Duitsland verwachtte binnen twaalf uur antwoord.

De Belgische regering had dus alleen de nacht van 2 op 3 augustus om haar antwoord te bepalen. Grote beroering op het ministerie. Het bericht werd uit het Duits vertaald, woord voor woord werd tegen het licht gehouden, elke nuance gewikt en gewogen. Maar wat Berlijn wilde, was helaas duidelijk genoeg: met man en macht door België heen tegen Frankrijk oprukken.

Wat te doen? Als België het Duitse voorstel weigerde, viel het machtigste leger ter wereld binnen de dag het land binnen, en niet op doortocht maar als vijand. En wat dat inhield – 'Duitsland zal zich tot zijn spijt gedwongen zien het koninkrijk als vijand te beschouwen' – was duidelijk: de dreiging in deze termen was onmiskenbaar.

In het paleis kwamen de ministers samen onder voorzitterschap van de koning. In deze geladen uren werd dan beslist over het lot van het land. Dit geschiedde naar het schijnt in redelijke kalmte. Zo wordt het althans beschreven in de getuigenissen waarover we vandaag beschikken en waarvan de betrouwbaarste bestaat uit de minutieuze maar haast onleesbare potloodkrabbels van minister van Landbouw Joris Helleputte. Van deze bijna legendarisch geworden bijeenkomst bestaan geen officiële notulen.

In volslagen verbijstering hoorden de aanwezigen het ultimatum aan. De brutale order was allen 'een stomp in de maag', zou een minister later getuigen.[68] De tachtigjarige minister van Staat graaf Greindl, die een kwart eeuw lang ambassadeur in Berlijn was geweest, zag zijn vertrouwen in de Duitse redelijkheid wankelen. (Toen hij werd afgehaald had hij nog gevraagd of de Engelsen soms waren binnengevallen.) De oude Woeste was lijkbleek. Hij sprak als eerste, en verheelde zichzelf noch zijn collegae wat het land te wachten stond: 'Laten we onszelf niets wijsmaken. Het wordt verschrikkelijk.'[69]

Niettemin sloten alle aanwezigen aanvaarding van het Duitse voorstel uit. 's Lands status in de wereld zou een dergelijke klap nooit te boven komen. En dat niet alleen. Aanvaarding betekende Frans-Engelse represailles als Duitsland de oorlog verloor, en degradatie tot satellietstaat als Duitsland overwon (want niemand maakte zich illusies over de toegezegde eerbied voor de Belgische onafhankelijkheid). Het ultimatum móést verworpen worden, al was het Belgische leger dan niet bij machte de vijand alléén tegen te houden: de recente hervorming had de organisatie door elkaar gehaald, de officieren waren slecht opgeleid en het geschut onvoldoende (Krupp had de bestelde – en betaalde – kanonnen niet geleverd, wat achteraf gezien maar al te logisch was). Woeste stelde nog voor tijd te winnen door bij wijze van antwoord de Duitse beschuldigingen aan het adres van Frankrijk in twijfel te trekken, doch anderen wezen erop dat deze finesse de Duitsers niet zou tegenhouden. Als het dan toch moest, dan met *eer*. Even raakte de sfeer geëxalteerder: de liberaal Paul Hymans, pas een paar uur voordien tot minister van Staat benoemd, verklaarde met enige nadruk dat België moreel verplicht was te weigeren. Het woord 'eer' viel meermalen en met grote verontwaardiging. Minister van Staat De Sadeleer sloeg met de vuist op tafel: dat het een schande was, dat hij de *Kaiser* weleens precies zou vertellen wat hij van hem dacht. Woeste hield stug vol dat het ultimatum dan een schande mocht zijn, maar dat verontwaardigde kreten België niet zouden redden. Het was een klein land, en er was geen Europa meer om een appel aan te richten. Veel fiducie in de belangeloze steun van Frankrijk en Engeland had hij niet. Wat schoot het land op met een conflict met het Rijk? Misschien kon het Belgische leger zich beperken tot *symbolisch* verzet, opperde hij nog: de troepen konden enkele kanonschoten afvuren en zich vervolgens in fort Antwerpen terugtrekken. (Dit voorstel behelsde precies wat buitenlandse waarnemers verwachtten dat België zou gaan doen.)

Doch, zo besloot de Raad uiteindelijk, schijnverzet speelde de

Duitsers evengoed in de kaart als helemaal geen verzet en zó kwam het land zijn verplichtingen – namelijk het verdedigen van zijn neutraliteit – niet na. (En die verplichtingen waren heilig. Een grootmacht kon afspraken naast zich neerleggen, een klein en zwak land moest wel het internationale recht naleven, zonder hetwelk het elke bescherming zou derven. Belgiës onafhankelijke bestaan hing geheel en al af van het primeren van het internationale recht op het recht van de sterkste. 's Lands vasthouden aan het internationale rechtsbeginsel was dan ook minder een kwestie van verdienste dan van zelfbehoud. *Eer* en *veiligheid* vielen voor België naadloos samen, zij het dan niet, zoals weldra wreed zou blijken, op de korte termijn.) Op basis van het onwrikbare juridische argument van Belgiës verplichtingen besloten de ministers unaniem tot de moeilijkste weg: het leger zou zich verzetten en het verzet zou totaal zijn. Om middernacht werd de zitting opgeheven.

Drie afgevaardigden trokken naar het ministerie van Buitenlandse Zaken om de hoek, teneinde het Belgische antwoord op te stellen. Om halftwee 's nachts kwam Von Below langs om indirect de reactie van de regering te polsen. Hij werd koel ontvangen. Zichtbaar gegeneerd verklaarde hij dat er Franse 'bestuurbare luchtschepen' boven Duitsland waren gesignaleerd (een naar later zou blijken vals bericht). Als het om Duits grondgebied ging, had België daar niets mee te maken, was het antwoord. De Duitse gezant mompelde nog iets over Franse misdaden en verdween in de nacht. Om drie uur werd het ontwerp van het Belgische antwoord naar het koninklijk paleis gebracht, waar de ministers nog steeds bij elkaar zaten. Het antwoord drukte 'diepe en smartelijke verwondering' over de Duitse eisen uit. 'Zich bewust van de rol die België sedert meer dan tachtig jaar speelt in de wereldbeschaving' weigerde de regering elke schending van de neutraliteit, en verklaarde vastbesloten te zijn 'elke aanslag op [Belgiës] recht af te weren'.[70]

Het antwoord werd ogenblikkelijk goedgekeurd. Er waren nog maar een paar uur over voor het verstrijken van het ultimatum. De zon kwam op, het werd weer een mooie zomerdag. De eerste karren reden door de straten van Brussel. Nog wisten de Belgen niet wat hen te wachten stond.

Om zeven uur in de ochtend van maandag de derde augustus liep het ultimatum af. Precies op dat moment werd het antwoord van België op de Duitse ambassade overhandigd. De regering wachtte in angstige spanning af. Toen drie uur later de ministerraad bijeenkwam, was er aan de grens nog steeds geen schot gelost. Hierover heerste grote verwondering. Als het de bedoeling van de Duitsers was om de Fransen te verrassen, dan waren ze wel erg traag met de uitvoering van dat plan: het bericht van ultimatum en weigering was immers al uitgelekt naar de Parijse *Figaro*! Iemand formuleerde de wilde hoop dat de Duitsers teruggeschrokken waren voor de Belgische weigering, uit angst voor Engels ingrijpen. Naar later echter bleek, had de keizerlijke regering de Belgische nog respijt gelaten in de hoop dat zij zich zou bedenken en alsnog de verstandige optie zou kiezen: Berlijn wilde elke kans op een vreedzame doortocht benutten. Beide partijen zouden nog een etmaal lang hoop koesteren op een mogelijke ommezwaai van de tegenstander.

Intussen verspreidde het bericht van het Duitse ultimatum en het Belgische antwoord zich door het land. De avond daarvoor waren de Belgen nog nietsvermoedend gaan slapen; de volgende dag bleek hun land in oorlog. Nooit tevoren, schreef Pirenne in Gent, werd een natie door een dergelijke schok getroffen: op dit tragische moment in zijn geschiedenis werd het Belgische volk voor een voldongen feit van enorme afmetingen gesteld. In de burgermilieus van Charleroi, waar men vanouds graag met de betrouwbare Duitsers zaken deed, heerste verbijstering. In Kortrijk kwamen de berichten als 'bliksem en donderslag' en heerste 'algemene verslagenheid', vooral bij de handelaars.[71] En zo ging het in alle steden van het land. De hele derde augustus baadde in een sfeer van collectieve verbijstering – 'een soort roes van woede, ongerustheid en vastbeslotenheid tegelijk.'[72]

Groot was de opwinding over ultimatum en antwoord. Een intens gevoel van verontwaardiging over het Duitse voorstel maakte zich van vele burgers meester. In het West-Vlaamse dorpje Dikkebus (dat kort daarna voor vier jaren in de vuurlinie zou liggen) gaven de mensen op straat luidkeels hun verontwaardiging over 'het meinedige Duitsland' te kennen.[73] Of de Belgische eer te koop was! 'Algemene verontwaardiging over 't brutale optreden van Duitsland,' schreef, als vele anderen, Streuvels.[74] Bij alle angst over wat er nu gebeuren moest, werd het besluit van de regering maar door weinigen openlijk afgekeurd – en de sceptische stemmen verzonken in de golven van vaderlandse geestdrift. 'Het antwoord van de Belgische regering kan niet anders dan weigerend zijn,' stelde het *Laatste Nieuws* categorisch.[75] In de café-chantants van Brussel zong men patriottische liederen van tientallen coupletten. Het was 'het ontwaken van een volk', zo meende Henri Carton de Wiart, minister van Justitie.[76] 'Voor 't eerst zie ik het nationaal gevoel bij het volk wakker worden,' schreef ook Streuvels.[77] Wie het beleefde, zou nooit meer het gevoel van smartelijke saamhorigheid uit die dagen vergeten: 'Velen,' schreef Karel van de Woestijne, 'van een generatie, die geen heil dacht te kunnen vinden dan in zelf-beschouwing', ervaarden de oorlogsverklaring als 'misschien de heilzaamste commotie, die ze ooit zou schokken' en 'doorleefden uren, die de smartelijkste en de prachtigste van hun leven zullen zijn geweest...'[78] Her en der ontaardde de ontroering in rodomontade. Met een kokarde op de borst trokken verhitte burgers de stad in, zwaaiend met Belgische, Engelse en Franse vlaggen; bij tientallen tegelijk sneuvelden de ruiten van Duitse huizen en winkels. De in België aanwezige Duitsers en Oostenrijkers moesten halsoverkop vertrekken. Stefan Zweig, die een warme, door de oorlog verwoeste vriendschap onderhield met Emile Verhaeren, zou later in zijn memoires vertellen hoe hij eind juli nog met Belgische vrienden op een terras in Oostende had gezeten in de vaste overtuiging dat België buiten de oorlog zou blijven. '"Onzin!" zei ik. "Als de Duitsers België binnenmarcheren, mogen jullie me hier aan deze lantaarnpaal ophangen!" Ik moet mijn vrienden tot op de dag van vandaag dankbaar zijn dat ze me naderhand niet letterlijk hebben genomen'... Enkele dagen later nam hij de allerlaatste, bomvolle trein naar Duitsland.[79]

Vrijwilligers voor het leger stroomden toe. Binnen enkele dagen meldde twintigduizend man zich aan. Dat was meer dan de helft van een militielichting, in een land dat vijf jaar daarvoor helemaal geen dienstplicht had gekend, laat staan een prestigieus leger of een krijgshaftige cultuur. Overal in het land vonden geschokte ouders haastig gekrabbelde briefjes op de keukentafel. De jonge Brusselaar Leo Somerhausen, die een beetje rechten studeerde en verder vooral bohémien was, verliet Reims om zich thuis voor dienst aan te melden. Hij was twintig en zag het offer van zijn jonge lichaam voor zich. 'Mijn vaderland,' zo beschreef hij het later, 'sinds die ochtend waarop ik dienst nam in een lawaaiige kazerne in een kleine Vlaamse stad, sinds die dag, o mijn vaderland, heb ik u mijn lichaam geheel geofferd. [...] Uw wil geschiede!'[80] Niet alle vrijwilligers drukten hun vaderlandse geestdrift in dergelijk mystieke offerandetermen uit. Florel De Bruyn uit Aalst – overgrootvader van schrijfster dezes – verliet vrouw en vijf kinderen met de onsterfelijke woorden ''k gon d'er mè uk en poesje schieten' ('ik ga er ook een portie omverschieten'). De meeste vrijwilligers waren stadsmensen: in de stad waren meer mensen door de naderende oorlog zonder werk komen te zitten; maar ook was de stad ontvankelijker voor de heersende vaderlandse geest. Zoals bij de Britse *Pals' Batallions* vormden zich impromptu groepjes vrijwilligers: broers, vrienden, neven, buren, jongens van het werk. Niet alleen in de steden overigens. In het Oost-Vlaamse dorp Wetteren liet de negentienjarige Florent Van Den Berghe zich – zeer tegen de zin van zijn ouders – samen met twee vrienden inschrijven en om het te vieren stonden ze gedrieën fier op de foto. 'Leve België, leve de beschaving,' kraste, in Gent, de zeventienjarige Pierre Pirenne (zoon van de historicus) in zijn schoolbank, en samen met zijn oudere broer Jacques nam hij dienst.[81] Vrijwilligers kwamen ook uit milieus waar de *belgitude* minder vanzelf sprak dan bij Pirenne. Vlaamsgezinde jongeren meldden zich evenzeer aan als de anderen, hoewel ze veelal van katholieken huize waren – en in die kringen had de kazerne vóór drie augustus nog als oord van verderf gegolden. Bijna de voltallige flamingantische studentenjeugd van het stadje Temse nam dienst: daaronder de zeventienjarige Frans Van Raemdonck en zijn twee jaar oudere broer Edward. 'Niet wenen,' schreef een andere vrijwilliger, die het, net als de Van Raemdoncks, tot Vlaams 'IJzersymbool' brengen zou:[82] de pas zeventienjarige Renaat De Rudder uit het Oost-Vlaamse dorpje Landegem, die net zijn *vierde Latijnse* had afgemaakt en voor priester wilde leren. Hij was met verschillende dorpsgenoten zonder iets te vragen naar de kazerne vertrokken en troostte van daaruit zijn ouders: ''t Is voor ons Vaderland, voor België, voor Landegem.'[83] De Antwerpse journalist Frederik Clijmans (*in arte* Fritz Francken), een vriend van Paul Van Ostaijen, nam samen met zijn broer dienst, zichzelf ziende, zoals hij het later beschreef, als 'gesproten uit een begenadigd ras, dat slavernij noch vazalschap duldt…'[84] Nog op 8 augustus schreef *Hooger Leven*, het blad van de katholieke Vlaamse studenten en oud-studenten, in het laatste nummer dat nog verschijnen kon, dat de Vlaamsgezinden wel degelijk Vlaamse *Belgen* waren, en dat nu ook zouden bewijzen.[85] Ook bij de socialisten meldden velen zich aan, waar zij nog kort tevoren elke praat over 'sterven voor het vaderland' als gevaarlijke kitsch hadden gehekeld. Hendrik de Man, toen aanvoerder van de linkervleugel van de partij en als volkomen marxist ook volkomen 'pacifist, internationalist en antimilitarist', zoals hij zichzelf later beschrijven zou, nam dienst. Met dat besluit zou hij, naar hij later getuigde, jarenlang worstelen in de treurnis van de IJzer; heel de oorlog door zou hij zich afvragen of het niet louter 'het toeval van de geboorte' was geweest dat hij als Belgisch vrijwilliger, en niet als Duitser of Rus of wat dan ook deze oorlog voerde, en wat zijn in 1914 genomen besluit dan eigenlijk betekende. In steeds terugkerende dromen legde hij zijn Duitse socialistische vrienden uit waarom hij aan het front stond. Hóé hij op die derde augustus 1914 had geredeneerd, zou hij zich jaren later niet meer kunnen herinneren. Wellicht, concludeerde hij, had hij er helemaal niet bij geredeneerd en was het een kwestie geweest van 'instinct'. Het lag tenslotte ook eenvoudig. 'Gezien het volk waartoe ik behoorde tot de strijd veroordeeld was, leek het mij ondenkbaar zijn lot niet te delen.'[86] Het land was lafhartig aangevallen, men moest het gaan verdedigen, dat sprak geheel vanzelf. Dat was geen chauvinisme; dat was burgerplicht.

Op dinsdag 4 augustus verklaarde Duitsland Frankrijk de oorlog, en vernam België dat de keizerlijke regering zich 'tot haar spijt', gezien de betreurenswaardige afwijzing van Duitslands welwillende voorstel, genoodzaakt zag manu militari 'de noodzakelijke veiligheidsmaatregelen tegenover de Franse dreiging' te nemen. Nog steeds verklaarde Duitsland België de oorlog niet, in de hoop dat de Belgen verstandig zouden worden en zich niet verzetten. Maar desalniettemin was de inval reeds een feit. Om negen uur 's ochtends waren Duitse troepen de grens overgestoken op het plateau van Herve, en zij trokken op naar Luik.

Kamer en Senaat kwamen die dag in buitengewone zitting bijeen. Om tien uur 's ochtends arriveerde de koninklijke familie bij het parlement, te midden van een uitzinnige menigte.

Ook die dag bleek hoeveel enthousiasme het nachtelijk besluit van de regering bij burgers en volksvertegenwoordigers had losgemaakt. Wat zich op de ochtend van 4 augustus 1914 afspeelde in het parlement en in de straten van Brussel valt onder wat oubollige historici de 'grote uren van onze vaderlandse geschiedenis' plachten te noemen. Dat maakt het er niet eenvoudiger op ze te beschrijven. Vaderlandslievende kreten wekken nu terecht wantrouwen, het beeld van juichend een oorlog begroetende massa's roept vooral huiver op, het Belgische nationalisme is sprakeloos geraakt en men weet wat die grote oorlog werd: een banaal en treurig festival van industrieel vermalen jonge levens. De koning-soldaat, het dappere kleine land, de ongebroken eer, niemand denkt en schrijft nog in deze termen. Vele Belgen in 1914 wel. 'Een koning die hoog het zwaard hief, en met een stem vibrerend als een lier zijn eed zwoer' – zo is die eerste ochtend in het geheugen van een generatie geprent.[87] Het bezweren van dit soort bombast hoeft niet te leiden tot het soort vrijblijvende ironie dat een grote gêne verbergt. Zoals de historicus James Joll schrijft: men kan de aanloop tot de Grote Oorlog alleen begrijpen als men bereid is zich te verplaatsen in de geest van de zomer van 1914. Toen werd in ernst gesproken over nationale 'eer', toen werd geweend in parlementen, toen droeg men nog hoeden die men in de lucht kon gooien, en had men een vlag op zolder die men kon uithangen. Het waren theatraler tijden.

Toen dus de koninklijke familie in de ochtendzon van 4 augustus naar het parlementsgebouw reed, zagen de trottoirs langs het parcours zwart van het volk; uit alle ramen hingen juichende mensen en zelfs op de daken verdrongen de toeschouwers zich.

In het Paleis van de Natie stonden de tribunes sinds de vorige avond afgeladen vol; uit angst iets te missen hadden de nieuwsgierigen er maar overnacht. De volksvertegenwoordigers, uit alle hoeken van het land in Brussel aangekomen, kwamen in groepjes binnen. Een zenuwachtig geroezemoes vulde de zaal; angstige vragen weerklonken: hoe verliep de mobilisatie, waren de Duitsers al gesignaleerd, hoe was de stemming in het land? De ramen stonden open. Een rumoer kwam vanuit de stad binnenwaaien, het zwol aan, werd een storm: het was het gejuich van de tienduizenden mensen die de koning begroetten.

Bij de entree van Albert – lang, in uniform – rolde minutenlang een overdonderende ovatie door parterre en tribunes. Reeds was Albert de *koning-soldaat* geworden: het levende symbool van de Belgische moed, koppigheid en zelfoverschatting. Zijn toespraak versterkte bij de aanwezigen het bedwelmende gevoel een moment van onzegbaar belang bij te wonen. De rede was kort, de woorden waren goed gekozen. De woorden *résistance opiniâtre* – taai verzet – werden ter plekke de marsorder voor België; magische woorden waaraan men kracht ontleende en die de hele geest van vastberadenheid samenvatten. 'Bent U ten volle bereid, het heilige erfdeel van onze vaderen ongeschonden te bewaren?' Stormachtig gejuich: 'Ja! Ja!'

In een geladen stilte beëindigde de koning zijn rede, het vertrouwen uitsprekend in Belgiës lot. 'Een land dat zich verdedigt, verdient de eerbied van allen. Een dergelijk land gaat niet ten onder. God zal met ons zijn in deze rechtvaardige zaak. Leve het onafhankelijke België!'[88]

Onder uitzinnige toejuichingen verliet Albert het parlementsgebouw. Nog jaren later zouden getuigen zich herinneren hoe de valse noten van de Brabançonne zich vermengden met het gejuich op straat. Na zijn vertrek verspreidde de opeengepakte massa zich langzaam. In heel Brussel heerste een vreemd feestelijke stemming, die zou duren tot de Duitse legers twee weken later de stad binnentrokken. Voor alle ramen hingen vlaggen, mensen troepten samen op straat, volslagen onbekenden hielden elkaar staande en voerden opgewonden gesprekken. In een luidruchtige polonaise trokken jonge mannen door de straten naar het rekruteringsbureau.

In het parlement betrad De Broqueville het spreekgestoelte en las de tekst van het Duitse ultimatum voor, de nadruk leggend op de dreigende woorden 'de beslissing van de wapens te laten afhangen...' De premier meldde op een toon van vanzelfsprekendheid dat de ministerraad eensgezind tot weigering had besloten. Onder luide kreten van goedkeuring – 'Zeer goed!' – las hij vervolgens het Belgische antwoord voor. De laatste zin, 'elke aanslag op zijn [Belgiës] recht' werd onthaald op een lange, staande ovatie.[89] Het Duitse antwoord werd voorgelezen onder verontwaardigd rumoer. 'Overwonnen, misschien. Onderworpen, nooit,' sloot de Broqueville af, onder donderend gejuich van de met zakdoeken zwaaiende aanwezigen, van wie velen, naar Destrée getuigde, nu openlijk weenden.[90] 'Men was er die dag trots op Belg te zijn,' zou de socialist Louis Bertrand later schrijven.[91]

Hierna werd het parlementaire werk hervat: er moest gestemd worden over oorlogskredieten, toelagen voor de gezinnen van de soldaten: de laatste dringende regelingen voor een land in oorlog. Tijdens de hele oorlog zou het parlement niet meer samenkomen, ook in ballingschap niet. Het Paleis van de Natie bleef leeg, tot het in gebruik genomen zou worden als Duitse rechtbank.

Tijdens de discussies bracht iemand de premier een envelop. Hij vroeg het woord en was zijn emoties nauwelijks de baas toen hij de aanwezigen te kennen gaf dat de Duitsers in België waren. 'Langdurige beroering' aldus de officiële notulen.[92] De volksvertegenwoordigers zagen in gedachten de Duitse troepen door het land van Luik marcheren.

Op die gedenkwaardige ochtend werd Emile Vandervelde tot minister van Staat benoemd. Hij werd daarmee de eerste socialistische minister in de Europese geschiedenis, en dat in een land waar de socialisten tot dan toe bij wet niet eens burgemeester mochten worden. Maar een regering in oorlog moest een regering van nationale eenheid zijn, geen partijkabinet. En waar Vandervelde en zijn partij voor stonden, was duidelijk. In *Le Peuple* werden 'arbeiderszonen en zonen van burgers' beide ten strijde opgeroepen;[93] en de Werkliedenpartij stemde unaniem voor de oorlogskredieten van 200 miljoen frank. Wat er aan bezwaren mocht bestaan, leek op dat moment geheel weggevaagd.

Na het dankwoord van Vandervelde besteeg Kamerlid Journez van Luik de tribune om mee te delen dat de Duitsers bij Verviers waren, en dat de volksvertegenwoordigers van Luik naar hun stad terug dienden te keren.

De oorlog was begonnen.

HOOFDSTUK III

'Furor teutonicus': de Duitse inval

Om zeven uur in de ochtend van dinsdag 4 augustus was het Duitse ultimatum al een etmaal afgelopen, en nog steeds was er niets gebeurd. Het was die dag, zoals al weken, heet. Op de velden rond Luik was het boerenvolk al vroeg bezig de oogst binnen te halen. Maar ook anderssoortige arbeid werd op de steile hellingen verricht. Soldaten en burgers waren koortsachtig aan het graven om de ring van verdediging rond de stad af te werken. Kleine ploegjes droegen prikkeldraad en zakken aarde aan. Heggen werden uit de grond gerukt, schuren opgeblazen. Allemaal werk dat allang had moeten gebeuren. Maar de streek had er een gerust hart in: er waren altijd nog de moderne forten van Luik. Die waren *onneembaar*. Dat wist toch iedereen.

Luik was waarschijnlijk het zwaarst gepantserde fort van Europa. Vijfentwintig jaar tevoren had de Belgische genie-officier Brialmont, die als de grootste vestingbouwkundige van zijn tijd gold, op aandringen van Leopold II en tegen veel politieke scepsis in, een ring van vestingwerken laten aanleggen: twaalf ondergrondse forten die een cirkel vormden op zeven kilometer van de stad. Zij dienden invallende legers het oversteken van de Maas te beletten en het wegenknooppunt Luik te beschermen.Voor de uitvinding van de tank en de parachute was een landschap immers geen militair blanco vel en gold nog wat strategen de 'tirannie van het terrein' noemden. Legers konden niet zomaar dwars door de velden trekken met hun zware geschut en hun wielrijderseenheden en hun veldkeukens: zij namen de weg. Voor de Duitse legers nu lag fort Luik pal op de weg naar Parijs, en het moest dus resoluut vanaf het allereerste begin van de oorlog worden uitgeschakeld.

En zo trok het Maasleger van generaal Otto von Emmich om negen uur in de ochtend van 4 augustus de grens met België over op de wegen die het land in leidden vanuit Aken, Eupen en Malmédy. De intocht was van een ongeëvenaarde *superbe* – maar een duister dreigende superbe, die in niets de operettesfeer ademde van de negentiende-eeuwse legers met hun rode broeken en goudfluwelen kwasten. Voorop reden de ulanen met hun angstaanjagende helmen, die aan heidense offers deden denken. In het dorpje Warsage (Weerst), op de weg van Aken naar de Maas, stond de burgemeester met zijn sjerp om op het plein de invallers op te wachten. Een officier te paard overhandigde hem een verklaring: sabotage van de militaire opmars was ten strengste *verboten*. Wie het in zijn hoofd haalde bruggen op te blazen of anderszins de vrije doortocht van het *Heer* te hinderen, zou door de nieuwe bevelhebbers met de grootst mogelijke gestrengheid worden bestraft. En voort galoppeerden de paarden, gevolgd door een ordelijk opmarcherende troep infanteristen in grijsgroen en met punthelmen. Achter ramen en hagen keken de mensen ze na.

Ondanks het uitdrukkelijke verbod lagen hier en daar omgehakte bomen dwars over de wegen en vond de noordelijke vleugel de brug over de Maas bij het stadje Visé opgeblazen, waarbij zich op de andere oever ook nog eens schietende Belgen bleken te bevinden. Nog gebeurde in de eerste nacht weinig. De volgende ochtend weigerde generaal Leman in zijn hoofdkwartier in Luik een herhaald Duits verzoek tot vrije doorgang. Die dag weerklonken de eerste kanonschoten in de heuvels rond de stad, die langzaam door de belegeraars werd omsingeld. Bij het vallen van de avond hadden de Duitse brigades zich in een driekwartcirkel van het noorden tot het zuidwesten opgesteld, op korte afstand van de in het landschap verzonken forten. Bij de Belgen was de stemming gespannen. De soldaten van het veldleger waren doodop. De officieren in de forten verloren met het uur meer het overzicht over het terrein.

Om tien uur in de avond barstte, onder een geweldig onweer,

de Duitse aanval los. De aanvallende officieren hadden zich van de Luikse verdediging weinig voorgesteld – tijdens de opmars waren grappen gemaakt over de te verwachten tegenstand van de Belgische 'chocoladen soldaatjes' (zoals ze naar een Weense operette werden genoemd), en toen de mannen zich na de korte avondrust klaarmaakten, werden ze door hun meerderen over de komende slapeloze nacht getroost met het vooruitzicht: 'Morgen bij het ontbijt: Luik!'[94] Bij het naderen van de forten werd de stemming echter somberder. Onder het marcheren stelden de soldaten in het wilde weg vragen: 'Wat gebeurt er?' – 'Hoe ver nog?' Niemand antwoordde. 'Elkeen scheen te voelen dat we met reuzenstappen de dood naderden,' zou een Duitse brancardier later schrijven.[95] En wat een gemakkelijke overwinning had moeten worden, eindigde in een onverwachte terugslag. De Belgische verdediging bleek in haar onbeholpenheid taaier dan beide partijen hadden verwacht. Twee Duitse brigades raakten verstrikt in de donkere bossen van de Ourthe en sloegen in paniek op de vlucht. De elfde brigade uit Brandenburg moest zich in de ochtend, onder kanonvuur op de steile hellingen bij de Vesder, halsoverkop terugtrekken. Midden in het stadje Soumagne werd een optrekkende eenheid door een obus uit het dichtstbijzijnde fort gedood.[96] De machinegeweren van de forten richtten ravages aan onder de aanvallende troepen, die door de bevelhebbers in machteloze woede over het mislukken van het plan telkens en telkens weer naar de forten werden gejaagd. De lucht was, naar de eerder vermelde brankardier het beschreef, 'als vergeven van verbrijzeld, aan flarden gerukt, stinkend, nu eens over en weer vliegend, dan weer als stof opdwarrelend lood...'[97] Het was voor de soldaten, die in een vroeger leven ook maar gewone burgers waren geweest, de eerste confrontatie met de industriële dood.

De volgende ochtend bleek slechts één brigade van de zes – die van Ludendorff – de fortenring te hebben doorbroken. Uit wraak liet de *Heeresleitung* de stad door een zeppelin bombarderen: negen mensen kwamen om het leven. (Het was het eerste stedelijke luchtbombardement in de geschiedenis.) Ondertussen was het voor de zo perfecte Duitse oorlogsmachine een bittere slag. De legertop was geschokt. Wilhelm verweet Von Moltke heftig de Engelsen voor niets tegen het Rijk te hebben opgezet. Een kwart eeuw later zou Hitler, in een toespraak over de superioriteit van zijn over Polen heen walsende *Wehrmacht*, verwijzen naar de indertijd zo vernederend mislukte 'Stormloop op Luik' van het oude Rijksleger. In Brussel was het publiek uitzinnig van vreugde: 'Grote Belgische overwinning!' jubelden de extra-edities van de avondkranten.[98]

Dat was het natuurlijk niet. Tegen de tijd dat de juichende rapporten uitkwamen, had het veldleger in Luik zich al teruggetrokken op bevel van Leman, die de Duitse overmacht juist taxeerde. De enkele Belgische divisie die de garnizoenen in de forten bijstond telde al te veel slecht getrainde reservisten, die, uitgeput na vier dagen en nachten graven en marcheren, in de nacht van de grote aanval in paniek op elkaar waren beginnen te schieten. De toevalstreffer van Luik kon niet verhelen dat het Duitse leger, behalve immens veel groter – de overmacht was alles bij elkaar zes op een – ook onvergelijkelijk veel beter georganiseerd was. Bij de Belgen was de coördinatie maar zeer gebrekkig: al op 5 augustus was de militaire situatie zo vaak gewijzigd dat niemand meer precies wist welke eenheid zich waar bevond. De inlichtingendiensten verrichtten amateuristisch werk in vergelijking met de precisie van het *Heer*, dat de streek, naar Von Moltke later in zijn memoires zou schrijven, al jarenlang grondig verkend had. Ook verder ging de aanval met ijzig professionalisme in zijn werk: zo had om vier uur in de ochtend van 6 augustus de Belgische commandant van de oostelijke forten telefonisch het bevel gekregen zich terug te trekken. Het bevel werd opgevolgd. Maar naar later bleek was de oproep afkomstig geweest van een Belg die voor de Duitsers werkte (de man werd gefusilleerd). Mede als gevolg van deze manoeuvre vond de eenheid van Ludendorff het terrein vrij en drong ongehinderd door tot in de stad.

De dag daarna, 7 augustus, viel Luik in Duitse handen. Leman had zich in het westelijke fort Loncin verschanst. In de stad werden de burgemeester en de bisschop gegijzeld en enkele honderden Luikenaren werden naar Duitsland gedeporteerd. 'Hoera, in Luik,' telegrafeerde Von Emmich naar huis; in Berlijn zoende de keizer Von Moltke in vervoering op beide wangen.[99] Hoewel de stad ingenomen was, zouden de forten het nog tot 16 augustus uithouden.

In onbezet België bleef de vaderlandse vervoering ongeschokt. Burgers verzekerden elkaar dat hun onverschrokken kleine leger de Pruisische Goliath in zijn opmars had gestuit, ja, op het meest cruciale moment een knik in de Duitse dynamiek had bewerkstelligd, die de oorlog uiteindelijk zou beslissen. En dat voor een natie van Beulemansen, een gezapig en niet geheel serieus te nemen land, waar niemand ooit enig martiaal vuur van had verwacht! De altijd wat abstracte notie 'vaderland' was door inval en verzet opeens een hartstochtelijk beleden werkelijkheid geworden. De plechtstatige openbare retoriek bleek tegen haar taak opgewassen. 'Zonder de minste uitdaging van onzentwege, heeft een gebuur, hoogmoedig door zijn kracht, de verdragen verscheurd, welke zijn handtekening dragen, en schendt hij het grondgebied onzer vaderen,' luidde de oproep van Albert I: 'Wanneer Zij haar Onafhankelijkheid bedreigd zag, heeft de Natie getrild en haar kinderen zijn als een stormwind naar de grenzen gerukt.'[100] Vrouwen en oudere mannen gaven massaal gehoor aan de oproep dienst te nemen bij het Rode Kruis; na één dag konden de inschrijvingen al worden afgesloten. Zelfs uit de arbeiderswijken werden lakens en dekens naar de veldhospitalen gestuurd. In New York trokken de reservisten onder de Belgische immigranten in rijen naar het consulaat.

En nu al werden in de wereldopinie de contouren van *Brave Little Belgium* zichtbaar. Iets als de verdediging van Luik was 'sinds de Thermopylae van de oudheid' niet meer vertoond, verzekerde de voorpagina van de verder strikt neutrale *New York Times*;[101] zijn lezers stuurden zelfvervaardigde epen over de Luikse heldenmoed in. De geallieerde opinie was extatisch. In Engeland bracht het parlement hulde en schreef de *Times* dat België zich 'onsterfelijke roem' verworven had door het geloof in de onoverwinnelijkheid van de Duitse legers te verpletteren.[102] De Franse regering verleende Luik het Grootkruis van het Legioen van Eer; een Elzasser volksvertegenwoordiger loofde het immense morele belang van de weerstand van Luik, nu 'de roemrijkste stad in de geschiedenis'.[103] De filosoof Bergson loofde in de Académie française de bijdrage van het 'kleine volk met de machtige ziel' in de 'strijd van de beschaving tegen de barbarij' die de oorlog met Duitsland in wezen was.[104] De *rue de Berlin* in Parijs werd omgedoopt tot *rue de Liège.* (En sinds die tijd staat het voordien onder de naam *Café Viennois* geserveerde dessert bekend als *Café Liégeois.*)

Maar zoals al snel zou blijken, baatte al die lof bitter weinig zolang de geallieerde divisies uitbleven. Hier wreekte zich eens temeer het haast bijgelovige vasthouden van de militaire leiding aan vastgelegde plannen. Hadden de Duitsers hun Schlieffenplan, het Franse militaire opperbevel in de persoon van Joffre zwoer bij het *Plan Dix-Sept* en hield de blik strak gericht op de *ligne bleue des Vosges.* De Elzas en nergens dan de Elzas, dáár zou de confrontatie plaatsvinden; rapporten over de onrustbarende sterkte van de Duitse rechtervleugel aan de Belgische grens werden als defaitistisch weggewuifd. Van de Belgische koning, tevens opperbevelhebber van het leger, werd verwacht dat hij zijn troepen naar Namen terug zou trekken, waar zij zich dan bij het Franse leger konden vervoegen. Albert weigerde dit meermalen. De thuishaven van het Belgische leger was Antwerpen, en hij was niet bereid het risico te lopen de troepen van deze onontbeerlijke basis af te snijden. Stel dat het Belgische leger naar Frankrijk werd teruggestoten, wat dan? België hoorde per slot van rekening niet bij de geallieerde partij. Het land was technisch gesproken niet eens met Duitsland in oorlog, maar verdedigde zijn neutraliteit en onafhankelijkheid, hetgeen iets heel anders was. Aldus de strikt *onzijdige* houding van Albert en zijn getrouwen, een houding die hij tot het eind van de oorlog zou blijven aannemen, en die natuurlijk het wantrouwen van beide oorlogvoerende partijen tegelijk wekte.

Op 9 augustus arriveerde uit Berlijn een verzoeningsvoorstel, dat betreurde dat het Belgische besluit reeds tot zoveel bloedvergieten had moeten leiden, en koning en regering verzocht om zich – nu het Belgische leger zijn moed bewezen had – alsnog bij de Duitse overmacht neer te leggen. Dit voorstel werd met enige verontwaardiging afgewezen als onverenigbaar met de Belgische verplichtingen, temeer daar intussen de neutraliteit was geschonden, een rampspoedige oorlog op 's lands grondgebied was losgebarsten, en de naties die voor Belgiës neutraliteit borg stonden te hulp waren geschoten en wel 'loyaal en zonder verwijl'.[105] Dat laatste was helaas nogal overdreven. Op het Franse militaire hoofdkwartier stond het terugslaan van de Duitse inval in België bepaald niet boven aan de agenda. En de Belgische eigenzinnigheid ten aanzien van Joffres strategische plannen deed er grote twijfels rijzen over Belgiës bereidheid tot samenwerking met de geallieerden; enkele stafleden vermoedden zelfs dat Albert (zelf een halve Duitser, tenslotte) een geheime vrede met Duitsland wilde sluiten. Zo bracht het principieel vasthouden aan het internationale recht het land internationaal in een weinig gemakkelijke positie.

Ondanks de warme sympathie van burgers in het buitenland stond België er voorlopig alleen voor, zoveel was duidelijk. Voor de regering tenminste. Bij de bevolking overheerste vooralsnog een ongeschokt vertrouwen in 's lands garanten. In Henegouwen kwamen de mensen op de grote wegen de Fransen opwachten en werden de weinige gearriveerde *spahis* onder bloemen, gejuich en omhelzingen bedolven. Overal wapperden de nationale, de Franse en de Engelse kleuren. Drie landen tegen een: dat móést toch tot de zege leiden. Maar ook werden reeds wagonladingen gewonde soldaten door het Rode Kruis teruggebracht; de logistiek was zo gebrekkig dat de gewonden op open draagberries van de stations naar de ziekenhuizen gedragen moesten worden, te midden van de menigte, die er schande van sprak: 'De mannen waren ontzet en de vrouwen huilden.'[106] De eerste berichten over gesneuvelden kwamen binnen. In de gezinnen heerste wurgende vrees om het lot van echtgenoten, broers, zonen. Gelovigen en minder gelovigen trokken ter bedevaart en baden voor de voorspoedige afloop. In Kortrijk plaatste de pastoor een Mariabeeld in de Sint-Michielskerk en iedere avond toog een grote menigte mannen, vrouwen en kinderen, met gebogen hoofd luidop voor de soldaten biddend, in de zomerse hitte van de kerk naar de Groeningekapel. ''t Is indrukwekkend zulk een massa weerloze lieden te zien die door 't gebed, hun vrees trachten te overmeesteren,' schreef Streuvels over zo'n processie.[107] Nog echter twijfelde niemand eraan of de bondgenoten zouden weldra in het land zijn en het Belgische leger in zijn strijd bijstaan, waarna de hele oorlog niet lang meer zou duren. Intussen werden overal in den lande allerlei staten van paraatheid bereikt en liepen burgerwachten in hervonden gewichtigheid heen en weer. Nog steeds hing in Brussel de floue feeststemming van de vorige week. De onwezenlijke sfeer werd versterkt door het volslagen gebrek aan betrouwbare berichten. De wildste geruchten deden de ronde. Op een nacht werden de burgers van Schaarbeek uit hun bed gebeld door mannen die van huis tot huis gingen met een dringende waarschuwing: het stadswater was vergiftigd door ulanen! Mensen zwoeren dat ze het met eigen ogen hadden *gezien*. Sommigen raakten dagenlang geen water aan. De vijand werd overal vermoed. Het gepiep van roestige windhanen werd voor geheime telegraafcodes gehouden, en elke Duitser was een potentiële spion. Juichende bendes sloegen de ruiten van Duitse winkels in; bij grand café *Chez Fritz* op de Anspachlaan hing een smekend biljet: 'La maison est belge!'[108] Uiteindelijk slaagden burgerwacht en politie erin de chauvinistische paranoia in toom te houden en verliep de repatriëring van de ongelukkige Duitsers efficiënt en zonder letsel. Het herleven van middeleeuwse vergiftigdebronnenverhalen en de kwaadaardige pogromsfeer duidden op een terugval in een vóórmoderne logica, waarin van buiten geen nieuws kwam en geruchten en legendes welig tierden. In deze laatste dagen van troebel optimisme leefde nog de overtuiging dat zo de Duitsers al niet in *Pickelhaubige* paniek subiet terug de Rijn over waren gejaagd, de onverwachte weerstand van de Belgen dan toch weldra de oorlogsuitkomst zou blijken te hebben beslist.

In die geest werd uitbundig het nieuws gevierd van de slag bij Halen van 12 augustus: Belgische karabiniers-cyclisten hadden daar bij de enige nog overeind staande brug over de Gete van 's ochtends acht uur tot zes uur in de avond stand gehouden tegen een Duitse overmacht die uiteindelijk werd teruggeslagen. (Het zou de laatste keer zijn dat een Duits leger ooit nog de cavalerie liet chargeren.) Deze kleine overwinning ('tot Belgische afmetingen herleide Thermopielen', zoals Van De Woestijne schreef[109]) werd als een verblindend wapenfeit bejubeld; de veldslag kreeg naar de buitgemaakte kurassiershelmen de ronkende titel 'Slag der Zilveren Helmen' mee (een titel die aan de strijd van middeleeuwse boogschuttersmoed tegen adellijk ruitersdédain herinnerde). Als de Belgen zelfs de ontzagwekkende Pruisische cavalerie konden tegenhouden, dan kon de oorlog op zijn hoogst tot het einde van het jaar duren. De 'Russische stoomwals' was er ook nog. En... 'De forten houden nog!' zoals onbekenden elkaar 's morgens op straat, met warme handdruk en vochtige oogopslag, verzekerden.[110]

Niet lang meer echter. Op diezelfde 12de augustus begonnen de beschietingen van de forten van Luik. Vier dagen lang zouden de moeizaam uit Keulen aangesleepte Krupp-kanonnen de ondergrondse forten bestoken. Onder het meedogenloze geweld stortten de galerijen in, viel het licht uit, begaven de geschutskoepels het, ontploften de magazijnen en werden de mannen half waanzinnig van angst in de ondergrondse krochten, waar zij dreigden te stikken in de gassen van de ontplofte obussen. Intussen zette het vermoeide Belgische leger noodgedwongen de terugtocht richting Antwerpen in.

Weinig van dit alles werd bekend; in het land werd de terugtocht van het leger naar het 'nationale bolwerk' tegen steeds donkerder vermoedens in nog steeds als een weldoordachte strategische manoeuvre uitgelegd. Nog hielden de soldaten de moed erin. 'Alles gaat opperbest en wij hebben reeds veel "souvenirs" der Duitsers zulle! 't Is te hopen dat zij weldra allen zullen verslegen [sic] zijn,' schreef een jonge Kortrijkenaar van het 22ste Linieregiment op 13 augustus aan zijn vader.[111] Enkele dagen later zou hij in het dorpje Sint-Margriete-

Houtem bij Tienen meer dan de helft van zijn eenheid tijdens een gevecht van een paar uur zien sneuvelen. Toen verloren zijn brieven voorgoed hun opgewekte toon. 'U het oorlogstoneel beschrijven van gisteren is mij totaal onmogelijk,' schreef hij de dag na het treffen ontdaan naar huis. 'Ik ben uit die vreselijke slachting gered. Hoe? Dat ben ik niet wijs. Nooit is iets rapper aangekomen dan die slag... Langs alle kanten hoorden wij huilen en roepen. 't Was hartverscheurend!'[112] Langzaam drong bij de burgers in de nog niet bezette streken het besef door dat het erg was: heel erg. Niemand lachte nog om de Wilhelm-spotprenten in de winkelramen. In Brussel zag men bestofte Belgische cavaleristen diep verslagen van het front terugkomen. Zij trokken intense, bezorgde belangstelling. 'Alle belang is voor de soldaten,' schreef Streuvels, op reportage in de hoofdstad, in zijn dagboek. 'Een uniform lijkt een wonderheid en zo gauw een van die gehavende kerels blijft staan, groepen de mensen errond, sluiten hem in...'[113] Tienduizenden vluchtelingen uit het zuiden en het oosten van het land sukkelden de steden binnen en vertelden dat de Duitsers overal de boerenhoven platbrandden, de beesten in de stallen omverschoten, de mannen met hun bajonetten doodstaken. Van het dorpje Warsage was bijna niets meer over. Twee dagen na de inval had een contingent Mecklenburgers de huizen leeggehaald en in brand gestoken en ze hadden negen mannen uit het dorp doodgeschoten en er drie opgehangen. Dit kon allemaal toch niet waar zijn? Wat moest er van België worden? Waar bleven de Engelsen en de Fransen? Ze waren aangekomen, stelde een zwaar gecensureerde *Soir* zijn lezers gerust. 'Onze Franse en Engelse bondgenoten hebben zich bij ons leger vervoegd' en het Duitse leger was verslagen. Enfin, zo goed als verslagen: 'Vijftien dagen na het eerste gevecht zijn de Duitsers nog nauwelijks opgeschoten. Ze blijven vastzitten bij Luik, waar de forten schitterend weerstand bieden...'[114] Het was de krant van 20 augustus. De lezers geloofden er niets meer van.

Want die dag trokken de Duitsers Brussel binnen.

Het was iets na de middag en op de boulevards stond aan beide zijden een menigte doodstil de intocht af te wachten. De feeststemming was nu wel geheel verdwenen. De aandoenlijke loopgraven, die de burgerwacht van Brussel bij de Louizalaan had aangelegd, waren inderhaast dichtgegooid en de wapens ingeleverd. De luiken van de huizen waren gesloten. En toen arriveerde, vanuit het oosten, opmarcherend onder de triomfboog van de Cinquantenaire en langs de Wetstraat, een vloedgolf in *Feldgrau*. De hele dag en de hele nacht weerklonken de laarzen op de kasseien, en de volgende ochtend marcheerden ze nog steeds, en diezelfde avond nog steeds. En zo rolde drie dagen en drie nachten, even compact en precies en vloeiend als een exprestrein, een grauwe oorlogsmachine door de stad: hoge officieren in rijbroek en kapmantel, met monocle en rijzweep, te paard of in een zwarte automobiel de massa overschouwend; de infanterie met de broek in de laarzen in ritmische ganzenpas, dreunend het 'Heil Dir im Siegeskranz' zingend, met telkens drie passen tussen elke gezongen regel; het zware geschut gleed in woordeloze dreiging voorbij. En het was allemaal al even *gründlich* als het dreigend was. De veldkeukens rolden terwijl de koks in de soep roerden. Op karren gezeten repareerden schoenmakers laarzen. Aan de uitrusting van de soldaten ontbrak geen knoop, geen lucifer, geen noodrantsoen. De troep droeg draagbare telefoons mee, telegraafapparaten, rijdende hospitalen. Aan alles was gedacht, alles was op elkaar afgestemd en alles werkte. Het was, zoals een Amerikaanse journalist temidden van de menigte met beklemming vaststelde, misschien wel de meest efficiente organisatie van de moderne wereld.[115]

En het was een organisatie die angstwekkend was in haar doelgerichtheid, en meedogenloos voor wie haar tegenwerkte. Op de muren van de stad werden affiches aangeplakt die de bevolking maanden zich op straffe van de strengste sancties naar het Duitse militaire gezag te voegen. Het leger eiste van de stad voeding, logement, voorraden, en strikte gehoorzaamheid. Aan de vorderingen diende zonder verwijl voldaan te worden. Verzet zou met de grootste gestrengheid worden bestraft. Wie wapens in huis had, zou gefusilleerd worden. Wie gewapend rondliep, zou gefusilleerd worden. Wie zich tegen het Duitse leger verzette – 'zoals helaas reeds elders in het land was gebeurd'[116] – zou gefusilleerd worden.

Vergis U niet, had drie weken eerder Charles Woeste gewaarschuwd, terwijl de patriottische euforie al begon aan te zwellen: het wordt verschrikkelijk.

Hij kreeg gelijk. De *Obere Heeresleitung* vergaf de Belgische regering de weigering van het ultimatum niet en wreekte zich op de bevolking voor het obstakel in de opmars. Nu was het Belgische militaire verzet in werkelijkheid vrijwel weerloos tegen de ontzagwekkende Duitse invasie; de vertraging in het Schlieffen-Moltke-aanvalsplan was, wat de enthousiaste Belgen elkaar in de eerste weken van augustus ook vertelden, niet in weken te meten, maar in dagen en misschien zelfs slechts in uren. Was het militaire effect van het Belgische verzet dus gering, het morele effect echter was overweldigend, en dat niet alleen bij de Belgen en de geallieerden. In het Duitse leger kon men niet verhelen dat het Belgische obstakel hoe dan ook enigszins aan het sacrosancte elan van de veldtocht afbreuk had gedaan. De zaken waren niet volgens plan verlopen, en dat terwijl het zo'n groots en machtig plan was geweest. 'Ik zal zó' – breed gebaar – 'door België heen zwaaien,' had de keizer voor de oorlog in het bijzijn van een Brits officier gezegd.[117] SCHNELLZUG NACH PARIS blufte het opschrift op de Duitse treinen richting westen,[118] waar in de rijtuigen eerste klasse licht bepakte officieren met het oog op de triomfantelijke intrede in Parijs witte glacéhandschoenen en zwarte lakschoenen bij zich hadden: 'Hun geloof in de Duitse overwinning en hun minachting voor de tegenstander grensden aan het ongelooflijke,' zou een reserveofficier zich later herinneren.[119] Even intens als het geloof in 's Rijks meesterplan was de wrok jegens de botte Belgen, die niet in staat waren de verheven bestemming van een groot rijk te bevatten en in stompzinnige koppigheid dwars over de weg waren blijven zitten, met Duitslands tegenstanders gemene zaak makende. En dat terwijl het Rijk vrede en bescherming had beloofd, mits de vervulling van zijn grootse missie niet werd tegengewerkt. Maar het had niet mogen zijn. Duitslands opdracht in de wereld bevatten, daar was dit volk te dom en te wantrouwig voor, en even kortzichtig als crimineel had het gereageerd. Het was 'waarlijk als een overval op een priester die het Heilig Sacrament draagt', zoals een majoor Von Strantz het in een relaas over de 'Verovering van België in 1914' verbitterd uitdrukte.[120]

Zo olympisch als de Duitse zending was, zo olympisch de toorn tegen het geringe volk dat de vervulling ervan dwarsboomde. 'Meedogenloos' was een geliefd adjectief op de generale staven. 'Met de grootste gestrengheid' zou tegen de weerspannige bevolking worden opgetreden, zo dreigden de meegebrachte aanplakbiljetten. Was het Nederlands van de mededelingen vaak cryptisch, de dreiging was onmiskenbaar: bij elke verstoring van de orde zouden 'de geizelaers door de rop geschaten worden', zoals een militair affiche nog in september de burgers liet weten.[121]

Zijn eerste obstakel was het Maasleger tegengekomen bij het stadje Visé, dat iets meer dan 2200 inwoners telde en op tweeënhalve kilometer van de Nederlandse grens lag. De noordelijke vleugel had er de brug opgeblazen gevonden en was vanaf de andere oever door Belgen beschoten. Dit kon niet onbestraft blijven. Een terugkerende compagnie maakte in twee dagen Visé met de grond gelijk. Zeshonderd huizen werden afgebrand. Achtendertig inwoners werden standrechtelijk geëxecuteerd en 631 naar Duitsland gedeporteerd. Het verzet van de forten van Luik werd op de boeren van de streek gewroken. Het dorp Mélen, onder het fort van Evegnée, was op dinsdag 4 augustus door twee infanterieregimenten bezet. De ochtend na de slag om de forten begonnen soldaten de huizen binnen te vallen en de bewoners naar buiten te drijven. Op donderdag werden 72 dorpelingen, de handen achter de rug gebonden, in een wei bijeengebracht en gefusilleerd. Twee schrijnwerkers, die van Herve waren gekomen om lijkkisten te maken voor een boer en zijn dochter (die op woensdag waren neergekogeld terwijl ze zich in een wei verborgen) werden op de drempel van het huis met geweerlopen doodgeslagen. De boerderij van de weduwe werd in brand gestoken, net als 59 andere. Von Emmich en Ludendorff waren in het dorp tijdens de wraakacties, waarbij in vier dagen meer dan honderd mensen werden omgebracht. Mélen had voor 4 augustus 1400 inwoners. Op de heuvels in Nederlands-Limburg troepten van heinde en ver duizenden mensen samen om te kijken naar de brandende dorpen in België, waar het vee in doodsstrijd loeide, terwijl het Duitse leger zich door de Maasvallei voortbewoog 'als een gifslang door een moestuin', zoals de Maastrichtse socialist Michael Ubachs het in zijn memoires zou beschrijven.[122]

Bitter zou de bezette bevolking zich later herinneren hoe de troepen meenden zich alles te kunnen permitteren. Ze eisten eten en wijn en lakens op bij de bevolking, hakten de fruitbomen in de boomgaarden om voor brandhout, sloegen de spiegels in de cafés kapot en slachtten de mooiste dieren uit de stallen, namen alleen de beste stukken vlees, en lieten de rest voor rot achter. Zakken rijst en meel werden voor de grap opengesneden. Een compagnie stal bij Haacht al het linnen en de flanellen hemden uit een verlaten textielwinkel, en gooide een paar mijl verderop alles in de gracht omdat het voor die dingen toch te warm was. Anderen eisten zeep, sigaren, wijn en 'vergoedden' alles met waardeloze bonnen. Straatwegen lang regen zich verbrande boerderijen, stallen, kippenhokken en schuren aaneen; ook de heggen, de moestuinen en de fruitbomen waren verbrand. Kerken werden vernield, kerktorens omvergeschoten, het kerkmeubilair kapotgeschopt, de ramen stukgeschoten, de kandelaars gestolen. In de nog overeind staande burgerhuizen waren de meubels omgegooid en in elkaar getrapt, was er op de tapijten gescheten, in de piano's gekotst, hing het behang in lappen van de muren, waren de schilderijen doorkerfd, de vazen gebroken, de wijnkelders leeggehaald. Zilver, familiejuwelen, geld, hele wagonladingen buit gingen mee. De bolle mannen van de *Landsturm* met hun ronde petten en hun *Gott Mit Uns*-koppelriemen, die in vervoering voor de patisserieën van Brussel stonden, hadden zeker niet door dat ze *Übermensche* waren, noteerde de Amerikaanse gezant Whitlock;

van Nietzsche hadden ze wellicht nog nooit gehoord. Maar wel van franc-tireurs en van wijnkelders. In hun zakken droegen ze kleine boekjes met Franse vertalingen van nuttige zinnen als 'Handen omhoog!', 'Draag alle meubels naar buiten!', 'Leid ons naar de rijkste bewoners van dit dorp!', 'Breng ons wijn/jenever/rum!' en 'Wie ons beliegt wordt neergeschoten!'[123] Gretig stelden vele soldaten zichzelf schadeloos voor de vernedering van de mobilisatie en voor de angsten van een veldtocht in dit vreemde, achterbakse land.

En elke vertraging in de opmars van het Duitse leger werd op de burgers gewroken, elk verdwaald schot heette het werk van franc-tireurs te zijn, en lokte verschrikkelijke vergeldingsacties uit.

Zo had, op de ochtend van de 19de augustus, het Belgische leger zich teruggetrokken uit de stad Aarschot in het noorden van Brabant. Diezelfde dag marcheerde een Duits regiment de stad in. De inname was met moeite geschied en de troepen waren woedend en nerveus over de hinderlagen van de Belgische infanterie. De soldaten werden gelegerd op de Grote Markt, de hoge officieren aldaar ingekwartierd in het huis van de burgemeester. Deze had een week tevoren de burgers alle wapens laten inleveren en voorzag de officieren en hun schildwachten van sigaren om ze te vriend te houden, maar was er desondanks niet gerust op. Laat in de middag weerklonk geweervuur: Duitse soldaten waren vanaf de eerste verdieping van een burgerhuis op de lege straat beginnen te schieten. Op de Markt werd echter geroepen dat de bewoners van Aarschot op de Duitse troepen schoten. Paniek brak uit en in het wilde weg werden kogels afgevuurd. Een Duitse majoor werd op het balkon van het burgemeestershuis dodelijk getroffen.

Onmiddellijk barstte de vergeldingsactie los. De burgemeester werd door de soldaten uit zijn huis gehaald; zijn vijftienjarige zoon, die tijdens de schietpartij gewond was geraakt en met zijn moeder in de kelder schuilde, werd opgepakt en van de aanslag op de majoor beschuldigd. De bewoners van de Grote Markt en de omliggende straten werden op de Markt bijeengebracht, terwijl de huizen systematisch in brand werden gestoken. De burgemeester en zijn zoon werden van het stadhuis weggeleid naar een wei buiten de stad en aldaar samen met vijfentwintig medeburgers doodgeschoten.

Honderdvijftig mensen kwamen in de vergeldingsactie om. Nog in december werden twee massagraven gevonden. Er werd verteld dat soldaten getrouwde vrouwen en jonge meisjes en zelfs religieuzen hadden verkracht, maar de families zouden ook lang na de oorlog nog weigeren iets over de schande te zeggen.

De omgekomen officier was naar alle waarschijnlijkheid in de algehele paniek en verwarring door een Duitse kogel gedood. Maar deze uitleg was onverdraaglijk voor de militaire autoriteiten. Voor hen en voor de soldaten mocht er geen twijfel heersen: zoals overal in dit onbetrouwbare land was de aanslag door een franc-tireur, een gewapende burger-sluipschutter, gepleegd – in dit geval door de opgehitste zoon van de perfide burgemeester. Het angstaanjagende verhaal deed de ronde in het Duitse leger en werd van langsom gruwelijker: de majoor werd een generaal, de zoon een dochter, die tegen de tijd dat het verhaal Dinant bereikte als bloeddorstig monster van dertien werd afgeschilderd.

Het franc-tireursverhaal deed eveneens dienst in Leuven, waar om acht uur in de avond van 25 augustus, in de vallende schemering, bij de Mechelsepoort twee compagnies van de *Landwehr* van Von Klucks leger in verwarring op elkaar waren beginnen te schieten. Toen de schietpartij na een halfuur ophield, lagen enkele soldaten dood op straat. Weer werden zonder aarzeling burgers als de daders aangewezen. Een jonge, hevig opgewonden officier, die hoofdarts was bij het tweede bataljon van de Neussener *Landsturm*, trapte de deur in van een huis van waaruit naar zijn zeggen was geschoten; de inwoners, een man van tweeëntachtig en zijn zoon, sleepte hij het huis uit en vervolgens liet hij ze aan zijn soldaten over. Een kwartier later werden ze beiden dood teruggevonden. Soldaten liepen van huis tot huis en haalden de wijnkelders en de servieskasten leeg; het meubilair werd op een hoop gestapeld en aangestoken.

Hele straten brandden. De bewoners, aan wie verteld was dat ze zich moesten schuilhouden, stikten in de kelders. Groepjes burgers werden met de handen boven het hoofd door de stad gedreven en nu eens hier, dan weer daar, staande gehouden voor schijnexecuties, om ten slotte op het een of andere plein te worden neergekogeld. Weken later groeven teruggekeerde bewoners op het Stationsplein vijftig lijken op. Meer dan tweehonderd bewoners werden in die dagen omgebracht. Honderden mensen werden in een dertig uur durende treinreis naar een gevangenenkamp in Münster gedeporteerd, waar een jouwende menigte de 'Belgische franc-tireurs' met hun van angst huilende kinderen opwachtte.

Leuven brandde drie dagen lang. Toen was van het stadscentrum weinig meer over. Van de verbrande huizen stonden nog slechts de buitenmuren overeind; daartussen vormden de resten van de ingestorte daken en de vloeren een hoop as waaruit de zwartgeblakerde metalen poten van de bedden staken. Leuven was een spookstad, waar de wind nu en dan stukken muur en gevels omverblies, die met een doffe plof op straat belandden. De Sint-Pieterskerk was verdwenen, en de schouwburg, de concertzaal en het paleis van justitie. En ook de Lakenhal, waar de universiteitsbibliotheek was gevestigd: een grote gotische hal uit 1317, met zalen vol weelderig schrijnwerk, waar de achthonderd incunabelen, de middeleeuwse manuscripten en de perkamenten uitgaaf van Vesalius' *De humanibus corporis fabrica* (die keizer Karel V de universiteit had geschonken) werden bewaard. Om elf uur 's nachts hadden soldaten de kelderdeur opengetrapt en het vuur aangestoken. Een week later vond de bibliothecaris niets meer dan een puinhoop van gebroken pijlers en stenen en verkoolde balken, waarbinnen tienduizenden boeken nasmeulden. Door de verlaten straten vlogen half verbrande bladzijden tot in de weilanden buiten de stad.

Enkele dagen na de wraakactie was Monseigneur De Becker, de rector van het Amerikaanse college in Leuven, aan het Amerikaanse gezantschap in Brussel het verhaal komen vertellen. Hij deed het kalm, noteerde Whitlock in zijn dagboek – de schoten, het vuur, zelfs de moorden beschreef hij haast afstandelijk; maar toen hij over de Lakenhal begon, werd hij overmand en kon niet verder spreken: 'De biblio...' zei hij, beet op zijn lip en probeerde opnieuw: 'De bib...' en toen 'legde hij het hoofd in de armen en begon luid te snikken'.[124]

Intussen had het Duitse leger ook in het zuiden van het land wraak genomen. In Andenne aan de Maas, een stad van 7300 inwoners tussen Luik en Namen, had een detachement van het Belgisch leger in de ochtend van 19 augustus de brug opgeblazen; een regiment ulanen trok diezelfde dag de stad in, gevolgd door de infanterie. De volgende dag werd een provisorische brug aangelegd en trokken de soldaten de rivier over; om zes uur in de namiddag werd een schot gehoord, en de soldaten stormden in paniek van de brug af en begonnen in het wilde weg te schieten. De oude burgemeester werd in het been geraakt terwijl hij de luiken van zijn huis dichtdeed. Meteen daarop trapten soldaten zijn deur in en vonden hem in de keuken, waar ze hem met de bajonet onthoofdden. De hele nacht door werd geschoten en geplunderd. Om vier uur in de ochtend begonnen soldaten de inwoners uit hun huizen te slepen. Onder slagen van geweerkolven werden achthonderd mensen naar de Place des Tilleuls gedwongen, waar op een soort verhoging offieren een geïmproviseerd 'proces' leidden. Op het plein werden de mannen van de vrouwen gescheiden en gedecimeerd. Twee dagen na de komst van de Duitse troepen waren tweehonderd burgers doodgeschoten. De rest was gedeporteerd of gevlucht.

Dinant, ten zuiden van Namen, was op 16 augustus door Duitse patrouilles bereikt, maar ongemoeid gelaten. De Duitsers hadden geprobeerd de Maas over te steken, maar werden teruggeslagen door het Franse leger op de linkeroever. Nog meenden de bewoners dat de berichten uit Visé overdreven waren en dat er niets gebeuren zou als ze zich maar stilhielden. Maar op de avond van de 21ste werd de Sint-Rochuswijk geterroriseerd door een terugkerende compagnie van 150 soldaten, die deuren intrapten, ruiten kapotschoten en drie mensen zwaar verwondden. En twee dagen daarna stroomden uit vier richtingen tegelijk troepen de stad in. Terwijl de granaten over de Maas heen en weer vlogen en de huizen brandden, dreven soldaten onder kreten van 'Geschossen' de inwoners uit hun huizen bijeen. Weer werden de mannen van de vrouwen gescheiden en werd een aantal van hen gefusilleerd. In een buitenwijk werden de 150 arbeiders en bedienden van de *fabrique de Leffe* samen met hun directeur neergemaaid. Negentig inwoners van de wijk Penant werden afgemarcheerd naar de Beiaardrots boven de rivier, waar ze als schild dienden terwijl een provisorische brug werd gebouwd. Adjunct-griffier Bourdon werd in een bootje de Maas over gestuurd om de Fransen te laten weten dat de gijzelaars zouden worden gedood als het schieten doorging. De man kweet zich van zijn taak en kwam plichtsgetrouw ook weer terug om zich bij zijn medeburgers te vervoegen. Maar er werden nog enkele kogels afgevuurd. De Duitsers hielden woord en de gijzelaars – waaronder een kind van drie weken – werden omgebracht. Overlevenden werden gedwongen de doden in een massagraf te begraven. Zeshonderdvijfenzestig mensen werden in Dinant vermoord uit wraak voor de mislukte oversteek van de Maas. Van de stad was weinig meer over.

Naar het westen toe was het mijnwerkersstadje Tamines de dag daarvoor door het 77ste regiment Hannoverse infanterie 'bestraft' voor een mislukte oversteek van de Samber. Enkele honderden mannen werden op de Place Saint-Martin voor de kerk bijeengedreven. Een overlevende getuigde later dat een officier ze had toegeroepen dat burgers Duitse soldaten hadden vermoord en dat de stad zou worden bestraft om een voorbeeld te stellen. Toen weerklonk een fluitsignaal en werden de gevangenen met machinegeweren neergemaaid. Enkelen probeerden te vluchten en verdronken in de Samber of werden in het water doodgeschoten. Overlevenden werden met bajonetten afgemaakt. Driehonderdtachtig mensen stierven die dag in Tamines.

Het ergste geweld greep steevast plaats na een terugslag voor het Duitse leger. Zo overkwam ten zuidoosten van Brussel, waar de opmars zonder veel problemen verliep, de burgerbevolking weinig. Zodra zich echter iets voordeed, was het raak. Nog op 12 september werd midden op de dag een Duitse compagnie van 250 man op de Gentsesteenweg in Aalst vanuit het gehucht Vijfhuizen door Belgische eenheden beschoten. Daarop staken de Duitsers (met wellicht onbedoelde letterlijkheid) vijf huizen van de steenweg in brand. De bewoners moesten met geheven armen midden op de weg blijven staan, terwijl de Belgische machinegeweren ratelden en de Duitse soldaten onder de bomen en in de gracht schuilden. De brouwer Remy Van Drogenbroeck en de boerenknecht Karel d'Herde, die probeerden te vluchten, werden doodgeschoten. Toen het vuren ophield, lagen enkele burgers gewond op straat. Het was beginnen te regenen. De Duitsers namen hun gijzelaars naar Aalst en Erembodegem mee en lieten ze pas laat in de nacht vrij. Twee weken later stak een Duitse patrouille, die de dag tevoren was teruggeslagen, de Binnenstraat in brand. Een buurtbewoner, François Colin, werd met bajonetsteken omgebracht; de buren hoorden hem om hulp roepen en vonden later zijn lijk op de binnenplaats van het Klein Begijnhof terug. Een dag later trok het 27ste regiment infanterie van de *Landwehr* Aalst binnen langs de Driesleutelstraat, met de bedoeling de Zwarte-Hoekbrug in te nemen, die door Belgische soldaten op de linkeroever van de Dender werd verdedigd. De Duitsers staken verschillende huizen in brand. Hierbij werd *Oberleutnant* Karl von Kohlenberg door een vallende kroonlijst gedood. Het café van Louis en Julie Saeys stond in lichterlaaie; Louis, die nog tegen zijn vrouw had gezegd dat ze *nen oude mens* toch niets zouden doen, werd door *Oberleutnant* Von Kühlmann naar buiten getrapt. Later die dag vond Julie zijn lijk in de Nieuwbrugstraat terug. Ze herkende hem bijna niet meer, zo erg was hij mishandeld, zou zij later getuigen. Verschillende buurtbewoners werden meteen op straat doodgeschoten. Andere moesten de soldaten als schild dienen en vooroplopen naar de brug. De broers Gustaaf en Triphon Vermeulen en enkele van hun buren werden daarbij met bajonetsteken omgebracht. Twee mannen die wilden vluchten, werden doodgeschoten. Een kind van negen jaar raakte zwaargewond en stierf later. Elf mannen werden naar een bloemkolenveld in de Geldhofstraat gebracht en daar met geweerschoten en bajonetsteken afgemaakt. De volgende dag, 28 september, namen de Duitsers de stad definitief in. Aalst was een spookstad. De weinige mensen die niet waren gevlucht, werden opgesloten in een fabriek en in het station. De dag daarna werd Victor De Pauw uit Zele aangehouden door een groepje ulanen te paard met een officier erbij. Met zijn fiets aan de hand werd hij meegenomen samen met twee Aalstenaars, Piet Cardon en zijn schoonvader Kamiel van de Voorde, die met hun familie naar het dorp Burst waren gevlucht, maar waren teruggekomen om de dieren te voeren. De drie mannen werden afgevoerd naar de jeneverstokerij van Donckaert, waar een contingent van tweehonderd soldaten zich te goed deed. De Pauw moest zijn geld, zijn fiets en zijn horloge afgeven. De soldaten vroegen hem spottend of hij nog klachten had. De man kon van angst niet antwoorden; de tranen liepen hem over de wangen. Een ulaan drukte hem een schop in de hand en beval hem vast zijn graf te graven. De Pauw groef werktuiglijk (zo getuigde Cardon later) een put van twee meter lang en een halve meter diep, en toen hij klaar was werd hij geblinddoekt en tegen een muur gezet. Toen werd hij in de buik geschoten en viel voorover. Hij bewoog nog. Een ulaan zette de loop van zijn geweer tegen zijn slaap en schoot hem dood. De twee Aalstenaars werden naar het station gebracht, waar Cardon met gescheurde kleren tentoon werd gesteld voor de af en aan marcherende Duitse soldaten. Boven zijn hoofd was een bord aangebracht met de beschuldiging 'Geschossen'. Na zeven dagen werd hij vrijgelaten. In 1922 getuigde hij voor de Belgische *Onderzoekscommissie naar de schendingen van het Volks- en Oorlogsrecht* dat het met zijn schoonvader nooit meer goed gekomen was sinds de dag dat hij de Duitsers Victor De Pauw had zien doodschieten. Kamiel van de Voorde was al een oude man. Hij stierf kort na de bevrijding.

Een kaart in het na de oorlog verschenen, veeldelige rapport van diezelfde onderzoekscommissie laat alle plaatsen zien waar de invallende troepen geweld hebben gebruikt tegen de bevolking. De stad Aalst staat ook op deze kaart, maar niet in vette letters. In Aalst, waar 35.000 mensen woonden, werden minder dan dertig burgers omgebracht tijdens de Duitse inval. De stad hoorde dan ook niet bij de ergst getroffen plaatsen, waar honderden mensen omkwamen en die als puinhopen werden achtergelaten: Aarschot, Tamines, Dinant, Leuven – namen waarvan de mythische weerklank in het geallieerde kamp de verontwaardiging en zodoende de oorlogsgeest zou dienen. De mishandelde fabrieksstad aan de Dender was maar een van de plaatsen waar in de eerste oorlogsweken 'ook dingen waren gebeurd', één van de honderden voorbeelden van de misère van een aangerand land. Het verhaal van Victor De Pauw uit het dorp Zele en dat van Julie De Mey, de weduwe Saeys, uit de Driesleutelstraat: het zijn twee individuele tragedies uit de tijd van de komst van de Duitse legers. Die komst bracht de angst terug die een eeuw voordien nog in deze streken had geheerst, maar waar in de jonge twintigste eeuw geen mensenheugenis meer van bestond: de oude angst voor het plots losbarstende geweld van de wapens, een geweld waar niemand voor kon schuilen – aan stukken geslagen meubels, beesten die dood in de stallen lagen, als fakkels brandende huizen, vrouwen die tegen de grond gedrukt en vernederd werden, en een achteloos doodgeschoten boer op de steenweg naar Aalst.

Die angst kwam de *Heeresleitung* goed uit. De doodsbange bevolking dacht er niet aan enige obstructie te plegen, zodat de voortmarcherende troepen voor het koesthouden en exploiteren van het ingenomen gebied slechts een geringe macht dienden uit te sparen. Na september kwamen geen wraakacties meer voor. Vier divisies – 60 à 80.000 man op een bevolking van nu zeven miljoen[125] – controleerden het bezette land.

De morele schade in het buitenland was ontzaglijk. Neutralen zowel als geallieerden reageerden met afschuw op Duitslands 'verkrachting' van een onpartijdig buurland. In Zwitserland schreef de pacifist Romain Rolland, die anders principieel weigerde om stelling te nemen, dat de vernietiging van Leuven hem lijfelijk ziek had gemaakt: 'Wat voor waanzin drijft de Duitsers in dit morele verderf? ... Willen ze soms over puinhopen heersen?'[126] Als de 'terugkeer van de Teutoonse barbarij' werden de wraakacties in het geallieerde kamp ten volle benut voor propagandadoeleinden. De Duitse Gruwelen werden aangedikt met hyperbolische griezelfilmdetails zoals afgehakte kinderhandjes en gespieste nonnen. Aldus werd 'België' gebruikt – misbruikt – ten behoeve van de mobilisatiepropaganda, tot ontzetting van vele Belgen zelf en van getuigen zoals Whitlock, die de werkelijke tragedie van het land onder een laag vette griezelverhalen zagen bedolven, en ontdaan vaststelden hoe de brutalisering van de publieke opinie een industrie aan het worden was.

In Duitsland draaide intussen een parallelle oorlogsindustrie op volle toeren. Het geweld van de legers werd met groot succes voorgesteld als gestrengheid, de stormacties werden de gerechte straf voor de begane misdaden van de Belgen. Niet alleen had België 's Rijks uitgestoken hand geweigerd, het was nog veel erger: de Duitse troepen waren op een tot de tanden bewapende en door fanatieke priesters opgehitste burgerbevolking gestuit, die de soldaten in het donker besloop en geen enkele regel van oorlogsrecht of menselijkheid respecteerde. Gruwelverhalen over de 'Belgische Bestie' deden de ronde, verhalen waarin Duitse Rode-Kruiszusters de borsten werden afgesneden, Leuvense furies roestige spijkers in de oogkassen van zwaargewonde huzaren dreven, monsterlijke Waalse kleuters over slagvelden waarden met emmers vol uitgestoken Duitse ogen en fanatieke priesters afgehakte ringvingers als trofeeën aan elkaar toonden.

Twee jaar later analyseerde de Brusselse socioloog Fernand Van Langenhove in een terecht klassiek geworden onderzoek het onstaan van de legendecyclus van de franc-tireurs. Van Langenhove liet scherp het om-zich-heen-grijpen van een soort autosuggestie bij de soldaten zien. In de spanning van de inval raakten de soldaten, die tenslotte nog maar net uit het burgerleven kwamen en nog nooit een gevecht hadden meegemaakt, en die niets wisten van ultimatum en weigering en volstrekt niet op enig Belgisch verzet waren voorbereid, zeer verward door de sluipschutterstechnieken van het Belgische leger. Wat niet onmiddellijk te verklaren was, werd prompt herleid tot de bekende legende van de gewapende burgerbevolking, die reeds in het vooroorlogse Wilhelminische Rijk een wijdverspreid thema uit de Frans-Pruisische Oorlog was geweest en het zelfs tot militaire doctrine had gebracht. Deze legende voerde elke onverwachte overval, elk verdwaald schot terug op het bekende stramien: *man hat geschossen*! In Duitsland droegen de gerepatrieerde immigranten en de in stadsparken angstig door burgers ondervraagde gewonden aan de verspreiding van de legende bij. Had men gruwelen gezien? O zeker, men had gruwelen gezien! De bijkomende sanctie van het gedrukte woord werd geleverd door gewichtige getuigenissen van soldaten en officieren, die het meeste ook maar uit de krant haalden – maar wie kon twijfelen aan de waarheid van oorlogsgetuigenissen, zoals het *Marsch! Marsch! Hurra! Erlebnisse zweier Kriegsfreiwilliger im Weltkriege* van de hand van 'Willi und Heinrich' (die verder incognito bleven)? Uitgevers sloegen munt uit de rage met bundelingen van soldatenbrieven en met romans, toneelstukken, voorleesboekjes voor de scholen en ansichtkaarten. De hoogste kringen droegen hun gezag bij aan het franc-tireursverhaal. Wilhelm drukte tegenover president Wilson zijn spijt uit over wat er in België was gebeurd – had móéten gebeuren: 'Mijn hart bloedt wanneer ik zie hoe mijn generaals de bloeddorstige bevolking hebben moeten straffen' maar ook onschuldigen moesten helaas boeten voor het 'misdadig optreden' van opgehitste medeburgers, zo luidde 's Keizers telegram.[127] (Toen de tekst daarvan in het bezette land bekend werd, deed 'mijn hart bloedt!' er de ronde als een grimmige grap.) Wat het Duitse leger in België had verricht, was zoals men van Aken tot Koningsbergen wist, geen barbaarse agressie maar gewettigde zelfverdediging. De Belgische burgerbevolking was helemaal niet zo onschuldig: de Belgen waren, zoals men in het Duitse leger maar al te goed wist, bewapend en meedogenloos. Ze voerden een vrijschuttersoorlog en verbeurden daarmee het recht als burgers te worden gespaard voor de oorlog.

Sterker: zíj hadden de regels geschonden, en de soldaten kon niet verweten worden dat ze voor hun leven vochten. Zó schreven het de Duitse kranten, zó stond het in het officiële rapport en in tientallen ooggetuigenverslagen, pamfletten en brochures.

De hele blik op België werd door deze nieuwe logica gekleurd. Het geleerde denken voegde zich gedienstig naar de propaganda en beijverde zich in het aanduiden van wezenskenmerken van het Belgische 'ras' die het huidige gedrag perfect verklaarden. Wie twijfelde aan de voor dit 'ras' zo typische wellustige wreedheid diende slechts de Belgische kunst – van Hiëronymus Bosch tot Félicien Rops – in ogenschouw te nemen! Het vaderlandse gevoel was er navenant: een onnadenkend, oververhit patriottisme was het, waarin het individu alléén om zich heen sloeg en niet, zoals in Duitsland, als een soldaat streed in het gedisciplineerde leger van de natie. Aldus *Geheimregierungsrat* Professor Doktor B. Händecke uit Koningsbergen in een fors van voetnoten voorzien betoog.[128] De franc-tireurslegende bleek nu in een theorie over het Belgische wezen te passen; een halfgeleerd *discours* over 'het Belgische wezen' droeg een steentje bij aan de oorlogsinspanning. In 1915 werd de wijding tot officiële waarheid voltrokken met de verschijning van 'het Duitse Witboek', een rapport van het ministerie van Buitenlandse Zaken in Berlijn, geheten *Die völkerrechtswidrige Führung des belgischen Volkskrieges.* Nog lang na de oorlog zou de legende rondwaren in allerlei vormen van even verongelijkte als giftige propaganda.

In besloten kring werd reeds tijdens de oorlog toegegeven dat er helemaal geen 'Belgische volksguerrilla' was geweest. Al in september 1914 stelde een katholieke vereniging uit Keulen bij de legerleiding een onderzoek in: uit naam van het roomse volksdeel was zij verontrust over het hetzerige effect op de Duitse publieke opinie van de breed uitgemeten verhalen over fanatieke jezuïeten en machinegeweren op kerktorens. Uit de honderden vertrouwelijke rapporten die de vereniging ontving, bleek dat geen van de gruwelverhalen op waarheid berustte. In Andenne werden gewonde Duitse soldaten openlijk door officieren gesommeerd zich aan de franc-tireursversie te houden en werd de adjunct-burgemeester een beloning in het vooruitzicht gesteld als hij 'de waarheid zou vertellen'.[129] Überhaupt speelden vele officieren een actieve rol bij de verspreiding van de legende: suggestieve bevelen – 'Drink geen aangeboden koffie, er kan vergif in zitten', 'Houd vooral de bovenramen in de gaten' – onderstreepten voor de manschappen het gevaar van de situatie.[130] Bij de daaropvolgende 'strafgerichten' tegen de bevolking waren vele officieren medeplichtig, of grepen nadrukkelijk niet in. De 5500 mensen die in België in augustus en september 1914 door het Duitse leger werden omgebracht, waren dan ook niet puur het slachtoffer van een soort losgeslagen soldateska waartegen zelfs de discipline van het *Heer* machteloos was. Zeker was er soms sprake van onbedwingbare paniek onder de manschappen. De 'Duitse Gruwelen' waren geen louter tenuitvoerbrengen van een vooraf vastgelegde strategie van *Schrecklichkeit*: de soldaten meenden werkelijk met alomtegenwoordige vrijschutters te doen te hebben. Toch is dat niet het hele verhaal: blinde paniek verklaart het systematisch decimeren van de bijeengedreven menigte op de Place des Tilleuls in het stadje Andenne niet; en het leger was tenslotte gedisciplineerd genoeg voor het in volmaakte orde voltrekken van een mars van honderden kilometers in de brandende augustuszon.

Een mars waarvoor een volstrekt onrealistisch tijdschema was vastgelegd, dat nu door de oneigenlijke tegenstand van de Belgen in de war was geschopt. De burgers van het verraderlijke land moesten boeten voor de obstructie van de opmars. Een proleet die zijn plaats niet kende: iets anders was België voor vele leden van de officierskaste niet. Deze kaste had in het Duitse Rijk een eigen subcultuur ontwikkeld en spiegelde zich aan de eigen *Wüterichkeit* en *Jähzorn*, termen die met bezwerende regelmaat gebezigd werden (dit vrijwel onvertaalbare Duits staat voor, respectievelijk, 'woedende heftigheid' of 'dwingelandij' en 'opvliegendheid' of 'driftigheid'). De strenge erecode van de officieren gebood dat men een insolente burger niet tot een duel uitdaagde – niet-adellijken en niet-officieren waren qualitate qua niet *satisfaktionsfähig* – maar eenvoudig met het blanke zwaard toestak, en wel ogenblikkelijk en zo hard en brutaal mogelijk, zodat geen twijfel bestond dat het hier geen gevecht volgens de regels met een gelijke betrof, doch een uiting van de onbeheerste toorn jegens ondergeschikten die het kasteprivilege van de *Junker* en de officier was. Belangrijk was dat 'grove beledigingen van de kaste-eer geen minuut lang onbeboet blijven' mochten, zoals de officierscode het uitdrukte.[131] De term voor dit prerogatief was *Ehrennotwehr*: de officier die zijn eer verdedigde, door de nood daartoe gedwongen. Meer nog dan een recht was het een plicht, die nu eenmaal gepaard ging met het dragen van de officierscape. Het principe werd door burgerrechtbanken niet erkend, maar gold in eigen kring als volkomen aanvaardbaar middel om parvenu's hun plaats te wijzen. Keizer Wilhelm I had in 1880 zelfs een kabinetsorder uitgevaardigd die het de Pruisische politie verbood tussenbeide te komen in gevallen waarin officieren *Ehrennotwehr* tegenover onbeschaamde burgers toepasten: de officieren kregen zelfs het recht hun zwaard in zo'n geval tegen al te ijverige agenten te gebruiken. Dit waren de perverse regels van de keizerlijke militaire code: regels waarin morele zuivering door fysieke brutaliteit werd bereikt. Regels ook die getrouw waren verinnerlijkt door een generatie van adellijke jongelieden die zich zagen als de gewapende voorposten van het Duitse Rijk – dat het onooglijke kleinburgerlijke buurland op zijn verheven weg had gevonden en niet anders had gekund dan het zijn plaats te wijzen. 'Geen steen op de andere!' riep een officier een Amerikaans journalist in de ruïnes van Leuven toe. 'Dat zal ze leren Duitsland te respecteren!'[132]

Intussen vorderde de Duitse opmars door België onverbiddelijk. Terwijl de belegering van de Luikse forten doorging, rukte Von Klucks Eerste Leger naar Tienen op. Naarmate de Duitse troepen oprukten, trokken de Belgen zich terug. Na de zware verliezen bij Tienen werd de terugtocht haastiger en verwarder. Families konden de soldaten niet langer op hun legerplaats bezoeken, ze werden niet doorgelaten of vonden de mannen met onbekende bestemming vertrokken; het treinverkeer was ontregeld; de post werd steeds schaarser. Telegrammen werden de regimenten achterna gestuurd met wanhopige vragen – of soldaat X nog leefde, waar zijn eenheid was. Nog slaagde het leger er bij alle verwarring en met behulp van de telegraafdiensten in de Fransen belangrijke informatie over de Duitse rechtervleugel te bezorgen; en al terugtrekkend bezorgde de genie het Maasleger veel last door bruggen en wegen op te blazen.

Eind augustus bevond het Belgische leger zich binnen de fortenkring rond Antwerpen. De troepen waren doodop van het dagenlang van hot naar her marcheren (de ongetrainde reservisten waren dit regiem niet gewend), ze waren ongewassen, en bovenal slecht gevoed: er waren nog geen veldkeukens, zodat de manschappen hun portie bliksardienen en harde beschuiten van De Beukelaer zo goed en zo kwaad als dat ging aanvulden met wat ze van de bevolking kregen, kochten of stalen. Binnen de versterkte plaats Antwerpen konden ze op adem komen. De honderd kilometer wijde buitenring van forten rond de stad, acht jaar eerder van gewapend beton gebouwd, was intussen wat verder versterkt doordat de poldergronden onder water waren gezet; bovendien had de overheid de burgers opgeroepen de verdedigingswerken te helpen voltooien. 'De Duitsers naderen tot Antwerpen,' deelde de burgemeester van Walem (even ten noorden van Mechelen) op 22 augustus zijn burgers mee. 'Er blijven nog enige dringende werken uit te voeren om de verdedigingslijn der forten *oninneembaar* te maken... Inwoners van Walem, wanneer ge wilt dat nooit de Duitsers uw dorp komen bezetten [...] moet ge hulp verlenen aan de bewonderenswaardige soldaten die ons verdedigen!! [...] Gij moet elk ander werk laten staan, gij moet zelfs uwen *Zondagsrust* opofferen! De redding van WALEM, van de versterkte plaats ANTWERPEN, van BELGIË kan afhangen van uwe medewerking. ALLEN AAN 'T WERK!!! ALLEN AAN DE LOOPGRAVEN!!! Antwerpen zal niet in te nemen zijn!!!'[133]

Zo meenden de burgers ook elders in het land: Antwerpen zou niet in te nemen zijn. De mannen zaten er dus veilig. De soldaten waren er zelf gerust op bij het zien van de moderne versterkingswerken;

sommige hoopten maar dat het hier nu bij zou blijven en vonden dat ze nu wel genoeg hadden gedaan.

De militaire toestand was voor de Belgen overigens benard. De Engelsen konden Antwerpen niet bevoorraden, omdat Nederland de Westerschelde voor oorlogsschepen afgesloten had. De stad was in een staat van opperste verwarring: ministeries, volksvertegenwoordigers, militaire hoofdkwartieren verdrongen zich *pêle-mêle* in de krapte. De prominenten bekwamen van de schrik in de chique restaurants op de De Keyserlei, hetgeen velen choqueerde, met name de gestrenge Woeste. In de nacht van 24 op 25 augustus werd de stad door een zeppelin gebombardeerd; tien mensen kwamen om. Overal stonden huizen in lichterlaaie. De straten werden vanaf toen 's nachts geheel verduisterd.

Maar het leger was nog niet goed en wel in 'het nationale fort' aanbeland of de legerleiding oordeelde dat België zijn verplichtingen ten aanzien van de geallieerden (van wie 's lands onafhankelijkheid nu geheel afhing) niet vervulde als men zich eenvoudig achter de forten ingroef. Het Belgische leger diende vanuit fort Antwerpen uitvallen zuidwaarts te ondernemen tegen de naar Frankrijk oprukkende Duitse troepen. Dit zou de *Heeresleitung* verplichten om manschappen in het noorden te laten en de slagkracht van de Duitse rechtervleugel af te zwakken.

En zo werd op 25 en 26 augustus een uitval gedaan richting Mechelen. De Belgische soldaten heroverden de zwaar gehavende stad, waar de dankbare bevolking hen met eten, bier en sigaren overlaadde. Bij Zemst moest het leger zich echter overhaast terugtrekken; de brug over de Zenne was al stukgeschoten toen de achterhoede arriveerde en sommigen verdronken bij het overzwemmen. De uitval kostte het Belgische leger vierduizend gesneuvelden en gewonden en toonde aan hóé hopeloos ondermaats de coördinatie tussen de verschillende divisies van het leger was. Wel moesten de Duitsers als gevolg van de Belgische manoeuvre enige eenheden van de aanvalsvleugel in België achterlaten en tijdelijk het effectief vóór Antwerpen verdubbelen. Maar intussen bleven de geallieerden zich terugtrekken.

De kansen aan het Franse front keerden echter; het offensief van de verzwakte Duitse rechtervleugel kwam uiteindelijk tot stilstand bij de slag aan de Marne van 6 tot 9 september. De Parijse droom was verzwonden. Het was het einde van het Schlieffenplan (en ook van Von Moltkes carrière). Een eclatante overwinning was de Marne overigens niet voor de geallieerde legers, die te uitgeput waren om de achtervolging in te zetten; maar wel was elke kans op een *korte* oorlog – volstrekte voorwaarde voor een snelle Duitse overwinning – nu voorgoed verkeken.

In Antwerpen werd het militaire opperbevel strakker georganiseerd en een zoveelste Duits verzoeningsvoorstel afgewezen. Toen bekend was geworden dat de Fransen aan de Marne standhielden, besloot Albert tot een nieuwe uitval. Deze vond plaats in de tweede week van september. Bij Haacht zagen de soldaten met ontzetting de opschriften *VERNICHTEN* op de huizen staan.[134] Weer bij Zemst werd zeer zwaar slag geleverd. De soldaten kleumden in de volgelopen loopgraven; buiten het bereik van de hulpdiensten crepeerden gewonden in de stromende regen. De boeren van de streek hielpen 's nachts de overlevenden van de velden dragen. De stellingoorlog van het westelijke front kende een voorafschaduwing in het Brabantse landschap, compleet met loopgraven in de rapenvelden, ontploffende obussen, vergeefse aanvallen met de bajonet op het geweer en het sterven in het niemandsland tussen de linies.

Beide uitvallen samen kostten het Belgische leger achtduizend gesneuvelden en gewonden. De Duitse loopgraventechniek bleek veel beter dan de Belgische: men zag de Duitse stellingen nauwelijks, en de in *Feldgrau* over de grond kruipende soldaten ook niet, tot het te laat was, zoals een officier moest vaststellen. Persoonlijk aanwezig bij de offensieven, hielp Albert het sterk gedaalde moreel nog enigszins op peil te houden. Ook hij moest echter constateren dat de grens welhaast was bereikt en dat grote voorzichtigheid geboden was, gezien de ongeoefendheid van het leger en het grote gebrek aan officieren. De bevolking begon te twijfelen aan het nut van verdere Belgische verliezen – temeer daar iedere Duitse tegenslag op háár werd gewroken. Ook vond men dat de geallieerden wel erg lang wegbleven met al hun grote woorden en grote legers. Moest België soms alles alleen doen? Wat baatte het verzet van het Belgisch leger als het geen hulp kreeg? Terwijl de Duitsers steeds dieper het land in trokken? Moest de bevolking zo lijden?

Intussen had de Duitse generale staf troepen uit Lotharingen teruggeroepen om de voortdurende aanvallen vanuit fort Antwerpen te doen ophouden. De nieuwe eenheid onder leiding van Von Beseler werd versterkt met overvloedige zware artillerie. Nu het westelijke front na de Marne was begonnen vast te lopen, besloot de *Heeresleitung* het achterveld te dekken. Daartoe moest eerst en vooral de Belgische verzetshaard in Antwerpen gedoofd worden. Het Belgisch leger raakte intussen steeds uitgeputter. De nog weerbare mannen werden bij bosjes ziek en zelfs de legerhonden, die de machinegeweren trokken en nog zo aardig mee waren opgestapt bij de nationale parades van 21 juli, bezweken – ze konden noch tegen de hitte van augustus, noch tegen de regen van september. Laat in de avond van 25 september kwam een Franse gezant Albert en zijn stafchef tot een derde uitval oproepen, met het weinig overtuigende argument dat de Duitse belegerende macht aan het verzwakken was. Het antwoord was nee. Het Belgische leger kón niet meer. De Duitse troepenmacht voor Antwerpen was trouwens sterker dan ooit.

Drie dagen later trad het Duitse zware geschut in actie. De massieve Krupp- en Skoda-kanonnen werden op het nationale bolwerk gericht. Als een kaartenhuis stortte het fort van Sint-Katelijne-Waver, het modernste van de hele stelling, onder de mortieren ineen. Verpletterd was de stemming bij 's lands leiding in de belegerde stad, waar soldaten af en aan liepen met slecht en slechter nieuws en onder de ministers een ware sterfhuisstemming heerste, terwijl de officieren met gedempte stemmen sombere gesprekken voerden. Een bevel werd uitgevaardigd: wie zijn positie verliet, zou als deserteur de kogel krijgen – fort Antwerpen kon elk bombardement weerstaan en een nederlaag was dus uitgesloten. Maar intern besloot de Belgische defensieraad op 2 oktober het veldleger uit de stad te evacueren. Het besluit werd in Londen met ontzetting vernomen. Prompt stuurden de Britten hun *First Lord of the Admiralty* naar Antwerpen om de Belgen alsnog tot standhouden te bewegen. De toen veertigjarige Winston Churchill – wiens *marines* door de Antwerpenaars, die nog niet beseften dat de verdediging van hun stad een verloren zaak was, als verlossers werden toegejuicht – praatte met de legertop, beloofde versterkingen en deed zo het vertrouwen weer enigszins toenemen. Op 5 oktober deelde een proclamatie de troepen mee dat bevriende krachten zich bij het Belgisch leger hadden gevoegd, en riep op tot het taaiste verzet; nog enkele dagen en de vijand gaf het op!

Maar diezelfde vijfde oktober werd voor de Belgen een debacle. De Duitsers waren bij Lier de Nete overgestoken, het moreel van de soldaten was tot een absoluut dieptepunt gezakt en de verwarring tot een toppunt gestegen; de aanwezigheid van de weinige Britse *marines* die de versterkingen moesten voorstellen, kon aan de algehele ontmoediging ook niets meer verhelpen – en laat in de middag van 6 oktober besloot Albert alsnog het veldleger via het Waasland te laten terugtrekken. Het was nu echt afgelopen. Zelfs Churchill kon hem geen ongelijk geven: er waren grenzen aan wat een leger kon.

Vierentwintig uur na die vertrouwenwekkende proclamatie van 5 oktober kreeg het veldleger dus het bevel zich op de linkeroever van de Schelde terug te trekken. De vestingtroepen kregen de onduidelijke order de aftocht te dekken en werden verder aan hun lot overgelaten in de belegerde forten. Eens te meer bleek het kader niet opgewassen tegen zijn taak: 'Er kwamen geen orders meer,' getuigde een soldaat later, 'er kwam geen eten meer, de ene soldaat liep daar de ander ginder. Ganse regimenten waren zonder officieren en de schrik was zodanig onder de jongens dat zij niet meer wisten wat zij deden. Geweren werden met duizenden stuk geslagen...'[135] Op 10 oktober gaf de vesting Antwerpen zich over. De ravages waren enorm. Het hele land rond de forten lag plat. De olietanks in Hoboken stonden in lichterlaaie. In de stad brandden de huizen.

De val van het formidabel geachte nationale bolwerk betekende het definitieve einde van het optimisme in België. (De onduidelijke omstandigheden van de nederlaag deden daarbij rond Antwerpens val een sfeer ontstaan van rancune en verdachtmakingen, die tot jaren na de oorlog zou duren.) Verslagen en wanhopig was de stemming in het land. België was nu bijna helemaal bezet, overal stroomden de steden vol vluchtelingen, de treinen reden niet, de post werkte niet, kranten waren er niet en niemand wist méér; de bondgenoten hadden geschitterd door afwezigheid, en waar ze al waren komen opdagen was dat, zo was nu het algemene gevoelen, rijkelijk laat het geval geweest. Op de vaderlandse vervoering van de zomer volgde een bittere herfst.

Bitter was ook de terugtocht van het veldleger uit Antwerpen. De mannen sjokten met natte kleren en zware bepakking, moe en vuil en zonder te weten waar het allemaal naar toe moest, over de Vlaamse dreven langs de Nederlandse grens, samen met tienduizenden vluchtelingen. Er waren nu al tien weken verstreken sinds de mobilisatie. Het regende. De marsen waren lang en koud, meer dan acht uren aan een stuk, met viermaal een rust van tien minuten, en met weinig méér te eten dan wat de schaarse niet gevluchte dorpelingen aanboden, zodat de soldaten – vele in lompen en met gaten in hun schoenen, als ze al schoenen aanhadden – meer op 'zwervende bedelaars' dan op een leger leken, zoals een getuige het beschreef.[136] Verlangend keken de soldaten naar rechts, schreef Louis Boumal, de Luikse regionalist, nu soldaat in het 25ste linieregiment – en bij zijn mobilisatie aanstaande vader – in zijn schriftje: dáár, over de grens, zagen de Belgen in de kille avond de lichtjes van de huizen. Nederland: daar wiekten de molens in vrede, daar heersten nog orde en welvaart. Daar lazen de mensen in hun warme, nette woonkamers de krant, terwijl de thee in de Delftse kopjes dampte. Naar Nederland. Waarom ook niet? Zijn vrouw terugzien, het pasgeboren kind mogen zien... Had dit gedoemde leger dan niet genoeg gedaan? Met een zwaar hart weerstond hij aan de verleiding. 'O bah, Hollandse huisjes, wat een gemene streek lappen jullie me daar!'[137]

Meer dan dertigduizend Belgische soldaten vluchtten na de val van Antwerpen naar Nederland, waar zij voor de duur van de oorlog zouden worden geïnterneerd. Dertigduizend anderen werden tijdens de 'mobiele' fase van de oorlog, tussen 4 augustus en 15 oktober, krijgsgevangen gemaakt in Duitsland. Ze zouden pas na de wapenstilstand vrijkomen. Een deel van het veldleger werd per trein over Gent geëvacueerd. En anderen, zoals Boumal, sjokten voort door West-Vlaanderen, en ontkwamen zo aan het Duitse leger, dat een hardere verdediging van Antwerpen had verwacht en geen eenheden in het westen had ingezet.

Was het gros van het Belgische leger aan krijgsgevangenschap ontsnapt, het verkeerde bij aankomst in de Westhoek in een deplorabele toestand en was volstrekt niet in staat tot de aanval waar de Franse generale staf op aandrong. Zoals gedurende de hele oorlog en bij alle strijdende partijen was de *à outrance*-aanvalslust het indrukwekkendst bij diegenen die het minste wisten van de slopende dagelijkse ellende van de oorlog; die niet wisten hoe het voelde om staande in slaap te vallen en scheel te zien van de honger en die de misère van kapotte voeten in kapotte schoenen niet kenden – noch, trouwens, de verschrikking van het gevecht zelf.

Albert, volgens alle getuigenissen meer begaan met de troepen dan velen in de Belgische generale staf, weigerde aan zo'n geallieerd offensief deel te nemen; de monsterlijke verliezen in de Franse rangen waren hem bekend. Als opperbevelhebber van het leger wilde hij naar Calais, waar mannen en materieel konden worden opgelapt. Generaal Joffres afgevaardigde moest ter plekke vaststellen dat dit een verstandig plan was. Maar de *généralissime* liet niet af en stelde in een bombardement van telegrammen voor dat de Belgen in België zouden standhouden, bijgestaan door geallieerde troepen. Albert gaf toe en vaardigde op 15 oktober een legerorder uit: de troepen werd meegedeeld dat de IJzerlinie, als laatste verdedigingslinie in België, tot elke prijs behouden diende te worden. De boeren van de streek pakten hun bezittingen bij elkaar en verlieten zwijgend hun dorpen. De Belgische artillerie boorde al schietgaten in de muren van hun huizen. In het leger was de stemming bedrukt. De dag daarvoor was de soldaten nog spoedige rust in Frankrijk beloofd geweest. Nu bleek dat ze voorlopig zouden moeten blijven vechten.

De bezorgdheid van Albert om 'zijn' leger is legendarisch geworden, voor één keer een legende die overeenkomt met de waarheid. Alberts stugge wil tot vasthouden aan de vaderlandse grond, daarentegen, was pure mythe. Het verdedigen van het zo symbolische 'hoekje vaderland' achter de IJzer was een kwestie van volslagen toeval; en de *Koning-Soldaat* had er privé een hard hoofd in – 'Toestand zeer slecht,' noteerde Elisabeth diezelfde 15de oktober in haar dagboek. 'Albert ziet het allemaal zwart in. Staan allen klaar om 's nachts te vertrekken indien nodig.'[138]

Hoe dan ook, in deze drassige vlakte werden de manschappen voor de verdediging van het vaderland verzameld, mét de officieren van de generale staf, wie door Albert zelf uitdrukkelijk was opgedragen tijdens de gevechten in de eerste linies te blijven 'en de moed er bij de troepen in te houden in plaats van aldoor te klagen'.[139] Het leger werd bijgestaan door Franse eenheden, en door Britse, wier ironische kalmte en vlekkeloze organisatie door de Belgische kaders, in eigen rangen gewend aan slonzigheid van hogerhand, op prijs werd gesteld. Aan de overkant stond het Duitse leger gereed om op te rukken naar de havens van het nauw van Calais. Dat leger was intussen aangevuld met vier reservekorpsen geestdriftige vrijwilligers onder leiding van de hertog van Württemberg en was daarmee nu even sterk als de geallieerden, maar dat wist het geallieerde commando niet. Om tien uur in de avond van de 17de werd boven de linies een komeet gezien. Misschien betekende dat iets. Misschien ook niet.

De volgende dag barstte de Duitse aanval los. Meteen bleek het offensief formidabel en het geschut meedogenloos. Generaal Foch (door Joffre als coördinator gestuurd) verzekerde Albert dat Gent tegen de 24ste zou zijn heroverd, maar dat bleek snel onzinnig. De Belgen moesten voorposten en bruggenhoofden opgeven. Het verlaten stadje Nieuwpoort werd aan stukken geschoten. Aan alle kanten vielen Belgische soldaten. Marcel Loncke, de vierentwintigjarige Kortrijkenaar die een maand eerder zo vrolijk aan zijn vader over de Duitse 'souvenirs' had bericht, werd de 19de bij de brug van Schoorbakke bij Pervijze door een obus getroffen. Hij was op slag dood. De 20ste stonden de Duitsers aan de IJzer. Twee dagen later kwamen duizenden Belgen en Fransen om bij een volstrekt onzinnig tegenoffensief in het open, lastige, en onder hevig Duits vuur liggende terrein van de door de IJzer gevormde bocht bij Tervate.

Ternauwernood hield de IJzerlinie stand, onder andere dankzij het lange-afstandsgeschut van de Britse oorlogsschepen. Zuidelijker liep de aanval van de nieuwe Duitse vrijwilligerskorpsen stuk op de Britse artillerie, die in rijen tegelijk de jongemannen neermaaide. Als de 'studenten van Langemark', die op de vijandelijke loopgraven afstormden onder het zingen van 'Deutschland, Deutschland über alles', met hun leven het bewijs leverend van studentikoze heldhaftigheid, zouden de gesneuvelden van de Eerste Slag om Ieper de Rijkslegende ingaan. Hitler wijdde in *Mein Kampf* warme woorden aan deze Slag bij Langemark, die ook in het Derde Rijk de gemoederen zou raken als zinnebeeld van op het slagveld gestaalde Duitse jeugd. (In werkelijkheid werd er bij de aanval niet veel gezongen, en zeker het trage 'Deutschlandlied' niet. Verder vormden studenten maar een kleine minderheid van Württembergs reservekorpsen, die zoals de rest van het Duitse leger vooral bestonden uit boerenzonen, werklieden en bedienden. En ten slotte vond de aanval niet bij Langemark plaats maar bij Bikschote, alleen klonk de eerste naam voor de opstellers van het Duitse legerbulletin wellicht Germaanser.)

Intussen werd echter de Belgische linie, onvoldoende gestut door Franse eenheden en slecht gecoördineerd, in het midden steeds verder ingedeukt. De troepen waren uitgeput, te moe zelfs om te eten, en de zware munitie raakte in schrikbarend tempo op. Op de avond van 25 oktober was het Belgische leger teruggedrongen tot achter de spoorlijn Nieuwpoort-Diksmuide. De dag daarna brak het moreel. De soldaten konden niet meer en verlieten hun stellingen. Vergeefs vroeg Albert om Britse versterkingen. Het Belgische opperbevel deelde de Fransen mee dat het geen zin had om verder stand te houden op dit onmogelijke terrein, waar men, zoals Albert al eerder tegen Foch had gezegd, met geen mogelijkheid een decente loopgraaf kon aanleggen: het geringste putje in de zompige grond vulde zich binnen de seconde met water...

Pas laat daagde het besef dat precies datzelfde water de troepen achter de IJzer tot verdediging kon dienen. In de drassige vlakte van de IJzer, die elk offensief en elke ingraving onmogelijk maakte, en die zonder de duinen en de waterwerken van Nieuwpoort regelmatig blank zou staan, werd al eeuwen een delicate waterhuishouding in stand gehouden: een kunstig systeem van kanalen, sluizen, vergaarbekkens, van duizenden minuscule vaartjes en van wateringen. Het gebied kon zó onder water worden gezet. Ten tijde van de oorlogen die van de zestiende tot de achttiende eeuw door het gebied waren geraasd, was dat gegeven zeer goed bekend geweest; Maurits van Nassau had in 1600 het beleg van Nieuwpoort moeten staken, doordat de verdedigers van de stad de sluizen hadden opengezet. Het was zaak, die kennis weer te mobiliseren. Burgers uit Veurne, die de streek goed kenden – de jurist en plaatselijke historicus Emeric Feys en de opzichter bij de Noordwatering Karel Cogge – lichtten het Groot Hoofdkwartier in.

Miraculeus was op de 26ste oktober het Duitse offensief stilgelegd. Zo kon het plan in werking treden. Op 28 oktober werd Veurne-Sas geopend. Maar het water steeg al te traag en dreigde te laat te komen; eeuwig kon het Duitse staakt-het-vuren niet blijven duren. De avond erna vergezelden genietroepen een plaatselijk expert, de Nieuwpoortse binnenschipper Hendrik Geeraert, naar het verlaat van de Noordvaart om de in de struiken verborgen zwengels open te draaien. Om negen uur werd hoogwater verwacht. Er stond een westenwind. In de nacht steeg in doodse stilte 700.000 kubieke meter water naar de vlakte. Kort na middernacht kwam Geeraert de sluizen weer sluiten, voor het water kon wegebben. De Duitsers hadden al die tijd de plek onbezet gelaten.[140]

De volgende ochtend begon – na enkele relatief kalme dagen – een algeheel Duits offensief. Al tegen tienen was Pervijze links van de spoorweg ingenomen. Maar rond de middag trokken de Duitsers zich terug voor het wassende water. (De Duitse bevelhebbers overzagen niet wat er was gebeurd en dachten dat de sluizen in het gevecht waren stukgeschoten. Tot het eind van de oorlog zou het Belgisch leger de waterwerken in handen houden.) Drie nachten lang voer een bootje uit om de sluizen te openen en te sluiten. Op 2 november stond de hele vlakte blank en was de slag om de IJzer voorbij.

Zuidelijker, bij de geallieerde linies, duurde de 'Eerste Slag om Ieper' nog tien dagen langer. Toen viel ook daar het Duitse offensief stil. Het was, van de zee tot aan Zwitserland, het einde van de Duitse opmars. Voor alle partijen eindigde daarmee de hoop op een korte oorlog.

Ook voor de Belgen was de stellingoorlog begonnen. Het IJzerfront zou drie jaar lang niet meer veranderen. Een doorbraak achtten beide zijden er nutteloos. De kille, ondergelopen vlakte was voor de verdere duur van de oorlog de enige horizon van de Belgische soldaten: een langdurig en modderig *huis clos* van heimwee, offerzin en bitterheid.

HOOFDSTUK IV

'Een psychologisch raadsel': de bezetting, 1914-1916

Opgesloten waren ook de Belgen achter het Duitse front. Voor hen was een tijd van militaire bezetting aangebroken die meer dan vijftig maanden zou aanslepen. Maar dat kon in de herfst van 1914 niemand weten. Ondanks de domper van de toch nog schrijnende nederlaag bleef de hoop op een spoedige overwinning leven: nog in mei 1915 sprak heel Brussel schande van Lord Kitchener, die – naar men uit de gesmokkelde pers wist – had voorspeld dat de oorlog nog jaren zou duren.

Het land, waar dan ook niet de minste voorbereiding op een lange oorlog was getroffen, was vrijwel meteen na de inval tot opperste ontreddering vervallen. Niemand wist goed raad. België was een en al oorlogstoneel geworden: massaal trokken de Duitse legers langs de Maas naar het westelijk front, het Belgische leger deed uitvallen vanuit Antwerpen, in West-Vlaanderen en Henegouwen waren de geallieerden aangekomen; waar de legers op elkaar botsten, onstonden pokdalige loopgravenvelden. Het hele openbare leven was ontregeld. Buurttrams en treinen en alle andere vervoer lagen hopeloos in een knoop; privévoertuigen en paarden werden massaal opgevorderd. De administratieve en economische wanorde breidde zich met het uur verder uit. In paniek hadden de spaarders in de eerste dagen de banken bestormd om hun papiergeld in solide goud om te wisselen. Betrouwbaar nieuws was er niet. De ongerustheid steeg ten top. De terugtrekkende Belgische soldaten werden aangeklampt met de vraag wat de burgers te doen stond. Thuisblijven of vluchten?

Bij velen overwon de angst. Na de val van de forten in het zuiden en de terugtocht van het leger naar Antwerpen besefte het nog niet bezette landsdeel dat de inval zich niet tot de linkeroever van de Maas zou beperken. Uit de brandende steden kwamen duizenden mensen de wegen afgezakt. Dorp na dorp sloeg voor de naderende Duitse legers op de vlucht. Te voet, op melkwagens, op hondenkarren, met de krijsende natgepiste wichtjes en het rammelende kookgerei boven op de samengebundelde matrassen, trokken zij langs de wegen, zonder goed te weten waarheen. 'Vluchten, dat is *aardig* [=vreemd],' zou een van hen vele jaren later getuigen: 'Ge weet niet waar ge gaat en ge weet niet waar dat ge moet gaan...'[141] Hele dorpen hielden zich schuil in de bossen. Tienduizenden trokken naar de kust en doolden daar verloren op het strand rond. Eerst in Brussel en later in Gent kwamen stromen verwilderde mensen aan, die telkens weer verder vluchtten, opgejaagd door de vreselijke verhalen die de opmars van het Duitse leger voorafgingen.

Honderdduizenden vluchtten de grenzen over, Frankrijk in, zolang het nog kon, aldaar weer verder opgejaagd door het oprukken van het front; wie het betalen kon, nam in Oostende de boot naar Engeland, tot ook die vluchtweg door de inname van de stad op 15 oktober werd afgesneden. Massaal was ook de vlucht naar Nederland: na de val van Luik staken enkele duizenden mensen, vooral vrouwen en kinderen, de grens met de Nederlandse provincie Limburg over, en in de daaropvolgende weken bleven vluchtelingen naar Brabant en Zeeuws-Vlaanderen stromen. Na de aanval op Antwerpen vluchtte de bevolking in doodsangst de grens over: meer dan een miljoen Belgen – ruim een zevende van de bevolking – bevonden zich in de eerste weken van oktober, zo werd geschat, in Nederland. De meesten zaten opeengepakt in Noord-Brabant en Limburg; onder hen de bijna 35.000 soldaten die na de val van de Antwerpse forten waren gevlucht om aan Duitse gevangenschap te ontkomen.

In archieven worden foto's bewaard van radeloze gezinnen, oude mensen, kinderen, zwaarbeladen, sommigen met hun beesten aan een touw, in de straten van vreemde steden, niet wetend hoe het nu verder moest. Velen hadden geen geld. Sommigen waren hun familie onderweg kwijtgeraakt. Behulpzame zielen richtten slaapzalen en soepkeukens in, hielpen bij de registratie en gaven dekens en kinderkleren. Het was een schrale troost: van de ene dag op de andere waren nette, hard werkende mensen, boeren, werklieden, burgers, van liefdadigheid afhankelijk geworden. 'Wij waren geruïneerd,' zou een boerin uit West-Vlaanderen zich later bitter herinneren. 'De mensen die gevlucht waren, waren altijd vluchteling. Je was altijd de vluchteling. Je had de naam van vluchteling. 't Heeft lang geduurd dat, dat ze zeiden: "'t Is een vluchteling." Ik ben daarvoor soms kwaad geweest als ze zegden "vluchteling". 't Was precies maar een rare naam. Je kunt het niet helpen, je zijt geruïneerd en ze spreken dan nog van "vluchteling". [...] We waren wij niemand meer...'[142]

Na verloop van weken herstelde de situatie zich enigszins. Vanuit het nu vrijwel geheel bezette land meldden de Duitse autoriteiten dat de vluchtelingen veilig terug konden komen. De meesten keerden ook terug. In december was het aantal Belgische vluchtelingen in Nederland tot 200.000 geslonken, en in mei 1915 was daarvan nog maar de helft over. Maar een deel van de vluchtelingen wilde niet naar het bezette land terug. Velen vertrokken naar Frankrijk of Engeland. Meer dan een half miljoen Belgen zou tot het einde van de oorlog in het buitenland blijven: bij de wapenstilstand bevonden zich naar schatting 325.000 vluchtelingen in Frankrijk, iets meer dan 160.000 in Engeland en een kleine 100.000 in Nederland. Samen vormden de Belgen in ballingschap een veertiende van de vooroorlogse Belgische bevolking. Feitelijk bestonden er voor de hele duur van de oorlog 'twee Belgiës',[143] een onder de bezetting en een in ballingschap.

De betrekkingen tussen deze beide 'naties' raakten al snel door onbegrip en verwijten gekenmerkt. Van de Belgen in ballingschap waren vele slecht bij kas, zoniet armlastig (veel welgestelden keerden in het voorjaar van 1915 terug nadat het Duitse gezag met confiscatie van hun bezittingen had gedreigd). Zij dienden zich vier jaar lang overeind te houden met de liefdadige hulp van diverse *goede werken*; in Nederland werd de 'heffe des volks' onder de vluchtelingen in strikt gereglementeerde 'vluchtoorden', een soort kampen, ondergebracht. De schrale economische positie van de gevluchte

Belgen ondermijnde weldra de gastvrijheid in de 'gastlanden', waar vele burgers meenden dat hun vaderland ter wille van België in de oorlog betrokken was geraakt: 'Bloody Belgians!' riep men de Belgische kinderen in Londen na.[144] Dit vergrootte de bittere gevoelens en veel vluchtelingen stelden zich voor, dat hun achtergebleven landgenoten allemaal in de zwarte handel rijk werden en zich behaaglijk wentelden in de accommodatie, terwijl zijzelf door de bezetting te ontvluchten de moeilijkste weg hadden gekozen en de juiste vaderlandse houding toonden. Echo's van deze verwijten bereikten het bezette land en wekten grote verontwaardiging: de bezetten verweten van de weeromstuit de gevluchten het land in dit uur van nood lafhartig in de steek te hebben gelaten voor de veilige vetpotten van den vreemde. In januari 1915 circuleerde in de hoofdstad een rancuneus bijeengerijmelde *Complainte des francs-filés en Angleterre* van de inmiddels tachtigjarige Edmond Picard, die de 'Froussards de la Mort' (een woordspeling op de 'Houssards de la Mort', de Duitse *Doodshoofdhuzaren*) schold voor 'Fils ingrats et méchants/Partis dans de vilains moments/Comme de mauvais garnements'.[145] Zo smeten beide bevolkingsgroepen elkaar verwijten van gemakzucht en zelfs landverraad naar het hoofd, terwijl betrouwbare berichtgeving over en weer gaandeweg verdween: een venijnige dovemansdialoog.

's Lands wettige regering onder premier De Broqueville bevond zich voortaan in het buitenland: zij was neergestreken in het Normandische badplaatsje Sainte-Adresse bij Le Havre. De betrekkingen tussen de regering en het bezette land zouden gedurende vier jaar ballingschap en bezetting sterk verslechteren, overheerst als zij werden door dezelfde gevoelens van wederzijdse wrok die leefden tussen de Belgen in het buitenland en hen die 'binnen zaten', zoals de claustrofobische uitdrukking van die jaren luidde.

Moeizaam en node werd onder de bezetting een soort van orde hersteld. Er kwam een einde aan de wilde paniek, de ontreddering en het massale geweld van het begin. De Duitsers zagen zich voor een 'Belgisch vraagstuk' gesteld, de Belgen leefden voortaan onder Duitse heerschappij: hoe men daar ook over dacht, het was tot nader order niet anders. Een modus vivendi moest in elk geval tot stand komen; een vorm van gedwongen samenleven en beperkte samenwerking die van de Duitsers niet te veel toegeeflijkheid vroeg en de Belgen enige waardigheid liet: een modus vivendi die zich dan ook uiterst moeizaam leven liet, die vier jaar lang telkens opnieuw bevochten en uitgevonden zou moeten worden, en na twee jaar bezetting al tot op de draad versleten zou blijken.

Maar een modus vivendi die een kwestie was van leven of dood. Overweldigend was al vrijwel onmiddellijk na de inval het voedselprobleem. Op een inderhaast uitgevaardigd uitvoerverbod van voedselwaren na, had de Belgische regering niets kunnen voorzien voor de ravitaillering in oorlogstijd. En België was een zeer dicht bevolkt land, dat al sinds tijden niet meer in zijn eigen voedselbehoeften voorzag: zo was het voor 80 procent van zijn tarwe van invoer afhankelijk. Die invoer lag stil nu de geallieerden Duitsland de economische oorlog hadden verklaard. Op de geallieerde blokkade, uitgevoerd met behulp van de Britse vloot, had Duitsland prompt gereageerd met de mededeling niet in te kunnen staan voor de voedselvoorziening van de bezette gebieden. Tot overmaat van ramp werden de voedselvoorraden in België systematisch opgevorderd en naar Duitsland afgevoerd, of anders wel door het Duitse leger geplunderd; wat nog voorradig was kon of mocht niet vervoerd worden. Het gebrek was het nijpendst in de steden. Voor het eerst sinds lange tijd zag men in Brussel op straat weer vrouwen bedelen, noteerde de Amerikaanse gezant begin september; drie weken later hoorde hij dat de voedselnood acuut aan het worden was. Op 26 oktober had het land nog maar voor vier dagen meel in voorraad. Drie dagen later sloegen de provinciale afgevaardigden van Luik alarm: zij voorzagen een hongeroproer.

Overal in het bezette land beijverden gemeentes en liefdadige organisaties zich om de nijpende toestand te verhelpen. In de eerste weken van augustus hadden de gemeenteraden van de nog onbezette dorpen en steden graan in Nederland opgekocht en gemeentelijke bakkerijen geopend. Men hield collectes voor de families van soldaten. Aangezien de nu hulpeloos geworden staat niet tussenbeide kon komen, moest plaatselijk een oplossing worden bedacht. Maar het besef daagde dat al deze improvisatie slechts weinig bescherming bood indien de oorlog nog veel langer zou duren. Ideeën voor een meer duurzame, nationale oplossing waren ondertussen al uitvoerig besproken in diezelfde eerste weken van augustus, en wel in het informele netwerk van de Brusselse-heren-met-connecties die reeds voor de oorlog met elkaar goede zaken hadden gedaan. Burgemeester Max, verontrust door de nood van zijn stad, had alarm geslagen bij de nu bejaarde magnaat-mecenas Solvay, die hem een miljoen goudfranken ter beschikking had gesteld. De Amerikaanse ingenieur Heineman, hoofd van de Belgische holding Sofina, stichtte met enkele landgenoten een hulpcomité voor de voedselbevoorrading van Brussel. Uiteindelijk werden meer continue kredieten ter beschikking gesteld door de alomtegenwoordige Francqui van de Société Générale. Francqui profileerde zich al snel als feitelijk hoofd van de voedselhulp in heel België. Onder zijn leiding zocht het *Comité Central de Secours* (dat begin september in Brussel was gesticht) onmiddellijk aansluiting bij de andere gemeentelijke organisaties in den lande, zodat tegen het eind van de maand de organisatie landelijk was geworden en steunen kon op het bouwwerk van de gemeentelijke instellingen. De organisatie zou *Comité National de Secours et d'Alimentation/Nationaal Hulp- en Voedingscomité* gaan heten, en als *Le Comité/Het Komiteit* alles vertegenwoordigen wat in het bezette land nog vaderlands, gemeentelijk, georganiseerd en hoopgevend was, alles wat aan het leven van voor de oorlog herinnerde en op een leven ná de bezetting deed hopen.

Maar een binnenlands *Komiteit* alleen was niet bij machte het dreigende gevaar van een hongersnood af te weren; zonder internationale solidariteit was het bezette land nergens. Midden september kwam een Belgische delegatie bij president Wilson om bemiddeling pleiten: het eerste, grote struikelblok in de bevoorrading was namelijk de stugge Britse weigering om de blokkade te doorbreken voor een voedselhulp die – naar Londen vreesde – toch door het Duitse leger zou worden ingepikt. Na moeizame onderhandelingen verkreeg Heineman van het Duitse Gouvernement-Generaal in Brussel de verzekering dat hulpgoederen niet in beslag zouden worden genomen. Voor de Londense onderhandelingen had hij een landgenoot en collega-ingenieur in de arm genomen: de veertigjarige Herbert Hoover, die fortuin had gemaakt in de Britse koloniale mijnen en nu in Londen in zaken zat. Na veel gepraat gaf het *Foreign Office* toe, zij het met immense tegenzin. Het Britse wantrouwen zou vier jaar lang standhouden. Voorlopig echter kon de zaak doorgaan en midden oktober reisde Francqui naar Londen, waar hij Hoover de leiding aanbood van een neutrale organisatie die de hulp uit het buitenland zou regelen. Alleen onder Hoovers gezag wilde hij werken, zo verklaarde hij bij dit gesprek – althans, zo zou Hoover het later in zijn memoires neerschrijven. Allicht met enige tevredenheid: dertien jaar eerder hadden beide mannen in Noord-China een forse aanvaring in een mijnaffaire gehad, waarbij de tien jaar oudere Belg zijn wil had doorgedrukt. Hoover aanvaardde de opdracht – niet zonder absoluut gezag te eisen en ook te krijgen – en werd diezelfde dag nog directeur van de *Commission for Relief in Belgium*, die beschikken kon over de reserves van Belgische banken in het buitenland en de fondsen van de regering in Le Havre. Terug in België getuigde Francqui van zijn tevredenheid: 'We hebben tot ons geluk aan het hoofd van de Commissie in Londen een man van de daad in de volle betekenis,' verzekerde hij de leden van het Comité, 'dankzij hem zullen onze zaken lopen.'[146] *Onze* zaken: het zou niet lang duren of de Brusselse bankier werd gewaar dat de directeur in Londen zijn taak wat eigenzinniger interpreteerde.

Aldus kwam op 1 november 1914 de eerste lading voedsel het bezette land binnen: een schip volgeladen met zakken meel, rijst en bonen, bijna 2500 ton bij elkaar. De eerste winter van de oorlog zou alvast geen hongerwinter worden. Daarna zou men wel weer zien.

Nog wisten de heren van het Comité in november 1914 niet waar ze aan begonnen, en hoeveel hoofdbrekens, zeuren, dreigen en onderhandelen de onderneming zou kosten, zowel in het bezette land als bij buitenlandse kanselarijen. Vier jaar lang zou België van voedselhulp afhankelijk blijven; en vier jaar lang zou die hulp blijven komen, problemen en tegenwerking ten spijt. Men hoeft de heroïsche toon niet over te nemen die de naoorlogse geschiedenissen van *Commission* en Comité kenmerkt om toch het belang van deze, impromptu ontstane, verbazend efficiënte onderneming in te zien: nooit tevoren was ravitaillering op een dergelijke schaal georganiseerd geweest. Een heel land, dat militair bezet was en sinds generaties niet meer zelfvoorzienend, werd een hele, harde oorlog lang van overzee bevoorraad, en dat zonder dramatische onderbrekingen en zonder noemenswaardige corruptie. Indrukwekkend zijn de cijfers: vier jaar lang werden bijna tien miljoen mensen gesteund (na verloop van tijd werd de voedselhulp naar het bezette Noord-Frankrijk uitgebreid); in totaal werd één miljard dollar steungeld bijeengebracht en vijf miljoen ton voedsel verscheept ter waarde van 880 miljoen dollar, een som die groter was dan de Amerikaanse staatsbegroting.

Grote weerklank vond de actie bij de wereldopinie. Hulp kwam uit Argentinië, uit China, uit Spanje, uit Frankrijk, en zeker uit de Verenigde Staten, waar al begin oktober her en der spontaan steuncomités werden opgericht en collectes gehouden. Onmiddellijk na zijn aantreden als directeur zette Hoover een systematische nationale campagne op. Op 14 november kon hij Francqui melden dat 'wij met behulp van praktisch de voltallige Amerikaanse pers een enorme propaganda rond het Belgische volk hebben gevoerd'[147] en dat gouverneurs, Kamers van Koophandel en charitatieve instellingen (gaande van de Rockefeller Foundation tot de damesclubs van Boston) hun medewerking hadden verleend. Elke zichzelf respecterende gemeente deed aan Belgische werken en geen mondain seizoen was compleet zonder Belgische bazaars en bals masqués. Met scheepsladingen vol arriveerden het spek, de blikgroenten en de wol, en ook kinderspeelgoed, vrouwenschoenen, bolhoeden en alles waar het de arme, diep beklaagde, maar zo dapper hun leed dragende Belgen maar aan ontbreken kon.

In Groot-Brittannië deelden niet alle burgers het wantrouwen van hun regering; de verontwaardiging over de 'verkrachting' van België uitte zich in publieke liefdadigheid, aangewakkerd door welluidende literaire klanken. De romancier en dichter Thomas Hardy beschreef in verzen de nood van het bezette land:

Where naked, gaunt, in endless band and band,
Seven million stand.[148]

Met Kerstmis bracht de Londense *Daily Telegraph* een boekwerk op de markt waarvan de opbrengsten ten bate kwamen aan de voedselhulp: het weelderig verluchte *King Albert's Book: A Tribute To the Belgian King and People from Representative Men and Women Throughout the World.* Onder deze vooraanstaanden bevonden zich Sarah Bernhardt, de suffragette Emmeline Pankhurst, de schrijfster Edith Wharton (die in Parijs een steuncomité voor gevluchte Belgische kinderen had opgericht), de Poolse pianist Ignace Paderewski, wiens land net als België was bezet en die de rest van zijn leven zou weigeren om in Duitsland op te treden, en Claude Debussy, die een wonderschone 'Berçeuse héroïque' op de tonen van de Brabançonne bijdroeg. Lloyd George, Kitchener en Churchill stuurden genegenheidsbetuigingen. Vanuit Amerika kwam een bijdrage van de magnaat Carnegie. Dithyrambische termen overal, zelfs van Romain Rolland, die 'de nu al legendarische heldenmoed' prees van een volk dat zich 'zonder één klacht had opgeofferd' uit naam van het recht, en zo idealisme boven *Realpolitik* had gesteld. Eens temeer had het 'verborgen genie' van dit kleine volk zich getoond, schreef hij, en hij bracht in warme woorden hulde aan wat hij de geest van België noemde – een geest die van nature opstandig was en als De Costers Uilenspiegel grootmachten placht tegen te werken.[149] De opperrabbijn van het Britse *Empire* schreef dat 'alleen die natie een cultuurnatie kan worden genoemd als zij door haar bestaan, en, als het moet, door haar dood, de eeuwige waarden van geweten, eer en vrijheid verdedigt. Gemeten naar die maatstaf behoren twee van de kleinste volkeren, en niet hun machtige onderdrukkers [...] tot de voorvechters van het heilig erfgoed van de mensheid – Judea in de Oudheid en België vandaag.'[150]

De dagelijkse realiteit van het Belgische steunwerk was intussen iets minder hooggestemd. Het Comité in Brussel was evenals de *Commission* een onderneming van ambitieuze zakenmannen die zich met hun eigen daadkracht feliciteerden, en daar had het de voordelen van, maar ook de nadelen. Het werk werd nooit gehinderd door enige bureaucratische beslommering, maar baadde dan ook in de cultuur van het trancheren, van de daadkracht, en van een doordringende 'esprit de salon' die geen probleem zo complex achtte of het kon wel onder heren worden opgelost. Men discussieerde onder heren. En met de rest deed men dat niet: die voerde uit. De veronachtzamingen waren even achteloos als volkomen. Alle hoogdravende verklaringen over de heldhaftigheid en offerzin van de Belgische huismoeder ten spijt, zetelde heel de oorlog door niet één vrouw in het hoofdbestuur (al was de energieke christendemocrate Victoire Cappe wel, als enige vrouw, lid van het werkloosheidscomité); en in diverse gemeentes bleven de komiteitskringen voor sociale nieuwkomers even hardnekkig gesloten als de vroegere *bonne société*.

Toch was het werk geen puur elitaire onderneming. Op het hoogste niveau namen de vertegenwoordigers van de georganiseerde arbeid aan de besprekingen deel met een vanzelfsprekendheid die bij de vooroorlogse politieke elite ondenkbaar was geweest. De coryfeeën van het Comité, Francqui en Solvay, die geen van beiden een grootburgerlijke achtergrond hadden, koesterden al jaren de overtuiging dat de negentiende-eeuwse burger-exclusiviteit geen reden van bestaan meer had en dat het in alle redelijkheid tijd was voor een modernere democratische orde. Ook vond men dat het hoog tijd was dait de traditionele bekrompenheid inzake staatsinterventie plaats maakte voor een program van weldoordachte maatschappijhervorming: de Belgische staat zou zich na de oorlog de oude vrijblijvendheid niet langer kunnen permitteren.

Het voedselhulpwerk in België mocht op papier dan een losse organisatie zonder rechtspersoonlijkheid zijn (hierdoor werd Duitse controle vermeden), die door de bezetter elk recht op politieke discussie was ontzegd, in feite werd de zo cruciaal in 's lands leven interveniërende organisatie een eminent politieke onderneming. Het was een onderneming waaraan groot publiek prestige was verbonden, zelfs op plaatselijk niveau. De voedselhulp was, nu het politieke en het zakenleven zo brutaal tot stilstand waren gebracht, de enige organisatie waarin ambitieuze burgers iets konden dóén, en men trad, noteerde Pirenne, tot de bureaus van het Comité toe zoals men eertijds aan gemeentepolitiek deed: uit lust tot handelen, uit een hang naar populariteit, uit de wens zich te onderscheiden. De leden van het Comité vergaarden aldus tijdens de bezetting een sociaal kapitaal dat na de oorlog enorme dividenden zou opbrengen. De helft van de nieuwe ministers in de 'regering van patriottische eenheid' van november 1918 hadden tijdens de oorlog in het Comité gezeteld. Francqui zelf zou in de jaren twintig bekendstaan als de 'maker van regeringen' en 'de machtigste man van het land'. In het buitenland vervulde de *Commission* eenzelfde rol: bij de aanvaarding van zijn directeurschap had Hoover meteen zijn medewerking opgezegd aan alle dertig ondernemingen waarvan hij administrateur was, eindelijk zijn kans ziend om de lang verbeide sprong van het zakenleven naar de politiek te maken. Hij leidde de *Relief*-operatie als grootondernemer en met onbetwist gezag – als een soort staatshoofd, zoals het *Foreign Office* zuur opmerkte: het hoofd van een 'liefdadige piratenstaat'.[151] Veertien jaar later zou Herbert Hoover het tot president van de Verenigde Staten brengen met een verkiezingsprogramma dat een voortvarende toepassing van technocratenlogica op het maatschappelijk beleid inhield (een politieke aanpak die sindsdien bekendstaat als *hooverisme*).

Het kon niet anders of de fors ontwikkelde eerzucht van de heren van het ravitaillement leidde tot botsingen. Naarmate de oorlog zich voortsleepte werd de sfeer onwelwillender en, zoals eertijds in China, botsten ook nu weer Hoover en Francqui op elkaar. Francqui was zwaar gefrustreerd over de gedwongen immobiliteit waarin hij zich bevond (deze voormalige leider van een expeditie naar het *heart of darkness* placht te klagen dat het bezette Brussel meer geïsoleerd was dan Midden-Afrika) en kon slecht verdragen dat Hoover als vrij reizende neutraal de hele buitenlandse organisatie in handen had. Bovendien werd in Francquis ogen het Comité herleid tot uitvoerder van het beleid van de *Commission* in plaats van omgekeerd. Francqui kon moeilijk velen dat zelfs in België de Amerikanen de distributie controleerden, alsof de vernedering van bezetting en hulpeloze afhankelijkheid al niet erg genoeg waren. Hoover van zijn kant oordeelde dat Francqui juist vanuit zijn geïsoleerde positie de internationale realiteit uit het oog verloor en vergat dat de hulp voor België telkens opnieuw bevochten en verzekerd moest worden. Hij vergaf Francqui zijn niet-aflatende intrigeren niet en verweet hem zijn extreem autoritaire houding. De in Francquis entourage circulerende, wat rancuneuze uitspraak dat de Rhodes-beursstudenten van de *Commission* voornamelijk naar België waren getrokken om een avontuurlijk leven te leiden en in de beste kringen te worden ontvangen, maakte een slechte indruk. De Belgen voelden zich op hun beurt door de Amerikanen enigszins gebruikt en konden, vanwege de vernedering afhankelijk te zijn van andermans welwillendheid, slecht tegen alles wat ook maar iets op betutteling en controle leek (vooral indien uitgeoefend door frisse jongelui); de Amerikanen namen de Belgen deze mengeling van wrok en ondankbaarheid op hun beurt weer uiterst kwalijk. Zo kwam het in 1916 tot een heftige crisis tussen *Commission* en Comité, tot grote ontzetting van de Amerikaanse gezant in Brussel, onder wiens protectie de voedselhulp in België stond. De beminnelijke, scherpzinnige en ziekelijke Whitlock (die Wilson in 1914 de sinecure in Brussel had bezorgd zodat hij in alle rust zijn literaire carrière voort kon zetten) had naar buiten toe voor iedereen een sussend woord, maar verborg in zijn dagboek zijn bitterheid niet: 'Het chicaneren, de dubbelhartigheid, de pikzwarte onbetrouwbaarheid van sommige medewerkers zijn te walgelijk om te beschrijven,' verzuchtte hij op 6 november 1916, zijn gal uitspuwend over Francqui, die hem had aangebulderd over wat hij de 'Amerikaanse invasie' noemde. 'Hij was potsierlijk,' schreef Whitlock. 'Hij is zo ingebeeld en hoogmoedig dat hij zich alles toegelaten acht.'[152] Als nauwgezet observator van erekwesties en cultuurverschillen zag de gezant echter ook de problemen die de Amerikaanse, soms al te 'liefdadige' houding met zich meebracht. Zo moesten eind september 1916 de banketbakkerijen sluiten omdat de *Commission* weigerde meel voor luxegoederen te leveren. Het enige gevolg daarvan was meer werkloosheid, meende Whitlock, en hij betreurde 'het gevoelen dat alle weldoeners kenmerkt: dat de ontvangers van hun liefdadigheid zoveel mogelijk moeten lijden, en er ellendig en behoeftig uitzien; de warme gloed van morele voldoening is dan voor de weldoener eens zo groot!'[153]

Ondanks alle wederzijdse wrok bleven Comité en *Commission* samenwerken, werden Londense en Berlijnse klippen omzeild en bleef het voedsel bezet België binnenkomen. Nadat Amerika in april 1917 rechtstreeks bij de oorlog betrokken was geraakt, moest Whitlock het land verlaten en werd zijn plaats in het voedselhulpwerk ingenomen door de Nederlanse gezant Van Vollenhoven. Tot die tijd droeg het idee van Amerikaanse bescherming bij tot het moreel. Whitlock werd een grotere macht toegeschreven dan hij in werkelijkheid bezat; zijn titel van 'ministre protecteur' van het voedselhulpwerk werd gigantisch opgeblazen tot beschermheerschap van heel het land tegen de hebzucht en willekeur van de bezetter. Na het verbod op Belgische insignes van juni 1915 voerde vaderlandslievend Brussel de *Stars en Stripes* en vierde elke Amerikaanse feestdag, tot Sint-Valentijnsdag toe. De winkels van het Comité heetten 'Amerikaanse winkels': werkzame symbolen van de mythische goedertierendheid van overzee.

Deze winkels en ook de verdere voedselhulp wijzigden het dagelijks leven van de bezette bevolking. Dankzij de voedselhulp bleef vooralsnog de honger beperkt. Wie geen geld had, kreeg de voedselpakketten gratis; wie nog over middelen beschikte, kocht bij de 'Amerikaanse winkels'. Van overzee kwamen tips voor goedkope gerechten: zo stuurde het Schotse *Belgian Relief Fund Committee* vanuit Glasgow een recept voor havermeelpap, behulpzaam zij het niet foutloos in het Nederlands vertaald ('dient op in copjes of delooren met Melk, Zuiker, of Syrup, volgens goesting'[154]). De kinderen kregen maaltijden uitgereikt en er waren speciale programma's voor zuigelingen, zodat gedurende enige tijd het sterftecijfer onder de Belgische baby's zelfs lager lag dan voor de bezetting. Vanaf de verschrikkelijke winter van 1916/1917 zou de voedselsituatie drastisch verslechteren; tijdens de eerste helft van de bezetting werd een redelijk peil van voorziening bereikt.

Alles verliep daarbij volgens een orde die de maatschappelijke vanzelfsprekendheden niet aantastte. Het gros van de steuntrekkenden ging naar de soepkeuken, waar eenmaal daags brood en soep werden geserveerd. Deze vernedering mocht men van behoeftige *betere mensen* echter niet eisen; zoals bekend vielen zij eerder om van de honger dan dat zij openlijk om hulp vroegen. Om aan dit soort gevoeligheden tegemoet te komen, werden liefdadigheidsacties opgezet als de *Bescheiden Hulp/Charité Discrète* (motto: 'Geeft en zwijgt'), die jongejuffrouwen van beteren huize langs nooddruftige nette gezinnen stuurde met discrete hulppakketten. Met subsidies van beter gesitueerden werden 'Burgerspijszalen' ('Cantines bourgeoises') opgericht, die achter keurige gordijnen billijk geprijsde maaltijden serveerden. Aldus bleef de kleinburgerlijke nieuwe armen de verootmoediging van gaarkeuken en voedselbon bespaard: 'Een delicate taak is het, om tegelijk de terechte gevoeligheden te ontzien van mensen die nooit de hand hebben willen ophouden, én hun niettemin de levenskosten wat te verlichten,' verzuchtte een huldeboek van het Comité.[155] De vanzelfsprekende aanvaarding van standsverschillen uitte zich ook elders: waar de vrouwen van soldaten in natura werden gesteund, achtte men het voor echtgenotes van officieren een ontoelaatbare vernedering om zeep en onderhemden te moeten vragen; zij kregen dan ook een geldelijke toelage. Dames van stand dienden zich overigens wel te gedragen. De toelage van officiersvrouwen van wie werd verteld dat zij het met Duitsers hielden, werd zonder pardon stopgezet. Het is niet uit te maken hoevelen door dit soort bestraffing werden getroffen, maar het lijkt niet vergezocht te veronderstellen dat persoonlijke vetes meer dan eens in een anonieme brief naar het plaatselijke Comité resulteerden. En zoals altijd in oorlogen, waren het vooral vrouwen aan wie zelfs de geringste toenadering tot de vijand niet werd vergeven.

Getuigenissen uit de tijd van de bezetting beschrijven alle hoe benauwend *plaatselijk* het leven opeens was geworden. Levend ingemetseld in hun gemeenten waren de Belgen nu, noteerde de verzetspers. De ervaring van de oorlog was dan ook van plaats tot plaats anders. Het leven onder de bezetting verschilde naargelang men in de stad of op het land woonde, vlak achter het front dan wel in het oosten des lands. Het individuele karakter van hooggeplaatste Duitse militairen was soms bepalend: zo stond de militaire gouverneur van Aalst als bijzonder tiranniek bekend, en viel in Henegouwen, dat een redelijk decente bezettende overheid had, althans gedurende de eerste jaren, beter te leven dan in Hasselt, waar een draconische militaire rechtbank zetelde. De gemeente werd voor de meeste Belgen de enige horizon: alleen de bezetter genoot bewegingsvrijheid. Voor elke verplaatsing moesten *Passierscheine* worden aangevraagd, die geld kostten en niet altijd verleend werden. Reizen was moeizaam, tijdrovend en duur. Zo vertrokken er tegen de zomer van 1915 vanuit het Brusselse Noordstation niet meer dan veertig treinen per dag (voor de oorlog waren het er tweehonderd geweest), waarvan dan nog bijna alle wagons voor het Duitse leger waren gereserveerd. Voor een retourtje Brussel-Luik, dat voor de oorlog zeven frank had gekost, moest nu twintig frank worden betaald. De binnenlandse handel lag bijna stil. Etenswaren mochten niet over gemeentegrenzen vervoerd worden, met als gevolg dat de smokkel welig tierde. Werklieden bleven noodgedwongen thuis: honderden fabrieken en werkplaatsen hadden het werk neergelegd. Het postverkeer was drastisch ingeperkt. Brieven moesten voortaan open verzonden worden en van Duitse zegels voorzien, hetgeen velen tegenstond; binnen de steden bezorgde men zijn brieven daarom dikwijls zelf, en bedrijven en liefdadigheidsorganisaties namen eigen koeriers (vaak werkloze postbodes) in dienst. 'Moderne samenlevingen vormen zeer fijnvertakte raderwerken van transport, communicatie en krediet. In België nu is dat raderwerk volkomen vernietigd en bijgevolg zijn handel en nijverheid geheel lamgelegd,' meldde een verslag bij de aanvang van het jaar 1915.[156]

Onverdraaglijk was de onwetendheid over het lot van de soldaten aan het front. Vele families vernamen pas na lange maanden via het Rode Kruis dat hun zoon of broer gesneuveld was, en niets méér – wie geluk had, had voordien op zijn hoogst nog een korte nietszeggende groet via Nederland ontvangen. Vanaf maart 1915 was de verzetsorganisatie *Het Woord van de Soldaat/Le Mot du Soldat* begonnen met het doorgeven van berichten tussen het IJzerfront en het bezette gebied. In conservenblikken en schoenzolen werden de tiendubbel gevouwen papiertjes in en uit bezet België gesmokkeld; deze dunne, met groot gevaar onderhouden lijn was na de volledige sluiting van de Nederlandse grens in diezelfde lente van 1915 het enige middel van communicatie geworden tussen het IJzerleger en het thuisfront. Veel was het niet. Betrouwbaar nieuws was schaars. De meeste Belgische bladen hadden geweigerd zich aan de Duitse censuur te onderwerpen en hadden publicatie gestaakt. Het meeste nieuws was afkomstig van de Duitse aanplakbiljetten in de straten, waar nieuwsgierigen prompt samentroepten, hun commentaar inslikkend als ze een informant meenden te ontwaren. Bij tijd en wijle werden geallieerde kranten het land binnengesmokkeld, maar daar genoten doorgaans alleen de stedelingen van, en dan nog enkel wie het kon betalen; zo circuleerde bijvoorbeeld in december 1914 in de hoofdstad één oud exemplaar van de *Times*, dat men voor tien frank mocht *inkijken*. 'Men krijgt medelijden met de Belgen, diep medelijden als men dit alles ziet,' noteerde een getuige.[157]

Voor de meeste Belgen was de horizon dus versmald tot de grenzen van de gemeente: 's lands 2633 gemeentes regelden, zoals in vroeger eeuwen, vrijwel het gehele openbare leven. Alleen in de gemeenten waren de leidinggevende instellingen, burgemeesters, schepenen, gemeenteraden, nog Belgisch, en dáár zouden zich ook de grootste botsingen met het Duitse gezag voordoen: als vroeger waren zij de 'natuurlijke verdedigers' van hun burgers tegen vreemd gezag. Gemeentes betaalden lonen, uitkeringen en pensioenen uit, gemeentes distribueerden het Amerikaanse graan en de financiële steun, gemeentes begonnen zelfs weer hun eigen geld uit te geven: men betaalde in de 'Amerikaanse winkels' met Gents of Luiks geld.

Het leven werd armoediger en benauwder. Sommigen *arrangeerden* zich voortreffelijk en vonden in de bezetting nieuwe mogelijkheden tot verrijking en bezigheid. Accapareurs maakten grote winsten, *zeepbaronnen* (oorlogsprofiteurs) maakten dankbaar gebruik van de militaire corruptie en deden in de cafés rond de Brusselse beurs goede zaken. Maar voor de meesten was de militaire bezetting pijnlijk merkbaar in het stoffelijke leven. Overal in het land dienden de beminde postduiven ingeleverd te worden, aangezien bij het *Generalgouvernement* de overtuiging heerste dat die dieren werden gebruikt om militaire boodschappen over te brengen. (Enkele paranoïde officieren op de Brusselse *Kommandantur*, het hoofdkwartier van de militaire politie, meenden zelfs dat het Justitiepaleis werd gebruikt als nationale duiventil.) Bijzonder krenkend waren de telkens hernieuwde bevelen om goederen in te leveren. Al in de eerste weken na de inval waren alle automobielen, paarden, karren en koetsen uit de straten verdwenen. In december 1914 werden alle fietsen gevorderd, en wie nog rondfietste werd omvergeschoten. Deze maatregel werd enkele maanden daarna ingetrokken, maar toen werd het rubber van de banden opgeëist. Brabantse boerenpaarden verdwenen bij dozijnen tegelijk richting Duitsland, waar ze op de paardenmarkt van Aken voor veel geld van de hand gingen. Langs lanen en landwegen en in parken werden de kastanje- en lindebomen omgehakt.

Zware klappen kreeg de Belgische economie, die leed onder de blokkade tegen Duitsland en bovendien de vorderingen en de inmenging van de bezettende macht te verduren had. Bedrijven kwamen onder *Zwangsverwaltung* te staan. Het land werd in december van het eerste oorlogsjaar een zeer zware oorlogsbelasting van veertig miljoen frank per maand opgelegd, plus periodiek eenmalige heffingen; verder kregen de gemeenten strafheffingen opgelegd als ze zich op het een of andere punt weerspannig betoonden tegenover de bezetter (als ze protesteerden tegen vorderingen bijvoorbeeld, of als burgers er de nationale feestdag vierden). De bezettende macht meende dat ze wat de zware fiscale druk betrof volkomen in haar recht stond. Een aanplakbiljet van 15 september 1916 meldde verongelijkt dat de oorlogsschattingen juist zeer gematigd waren en bepaald niet de kosten dekten die het Duitse leger in België had moeten maken. Intussen raakte het land overspoeld door Duitse marken, beijverde de in het leven geroepen *Bankabteilung* onder de briljante Von Lumm zich het economische leven te reguleren en kwamen de banken onder Duitse controle te staan, wat onder meer volledige inzage van alle persoonlijke rekeningen inhield; de recalcitrante directeur van de Nationale Bank werd in augustus 1916 gevangengezet. Een gedwongen wisselkoers met de *Reichsmark* werd opgelegd, die als voornaamste resultaat had dat er steeds minder geld werd gebruikt: kleine transacties geschiedden steeds vaker in natura of met gemeentegeld.

Niet alleen werd het bezette land de Duitse mark opgedrongen, maar ook de Duitse tijd. Een decreet van 8 november 1914 zette de klok in het bezette land een uur vooruit, 'op de normale Centraal-Europese tijd', zoals het aanplakbiljet aankondigde.[158] De 'Duitse tijd' werd echter door niemand aanvaard en men hield zich stug aan het Belgische uur. In de zomer van 1916 werd ook nog eens de zomertijd uitgeroepen: een nieuwigheid die was ingegeven door de noodzaak energie te besparen. Bezetterstijd en Belgische tijd scheelden maar liefst twee uur – tot bekend raakte dat ook de geallieerden op de zomertijd waren overgegaan, zodat met gerust hart de klok een uur kon worden vooruitgezet, op de 'vaderlandse tijd'.

Stug ontzegden de bezette Belgen het regime elke legitimiteit, weigerden zij zich neer te leggen bij de gedachte dat de Duitse overheersing weleens van lange duur zou kunnen zijn. De Belgen gaven de hoop op herstel van de onafhankelijkheid met geallieerde hulp geenszins op, noteerde een Duits zakenman in de lente van 1915; 'zij koesteren begrijpelijkerwijs een gloeiende haat [tegen het Duitse gezag].'[159] In datzelfde jaar vormde zich in de hoofdstad een hoopvol comité ter voorbereiding van een universele tentoonstelling na de oorlog. Maar intussen woog de bezetting zwaar. In de grote steden raasden auto's *rücksichtslos* door de straten, zodat voetgangers angstig uit elkaar stoven en hun straat niet dan met bonzend hart overstaken – een vernedering waar stedelingen toen nog niet aan gewend waren. De Duitse auto's 'razen als bolides door de straten van Brussel; wie overreden wordt, moet dat zelf maar weten', schreef een chroniqueur van het bezette Brussel verontwaardigd.[160] Hoge officieren maakten er een sport van te paard over de voetpaden van de Louizalaan te galopperen, zodat de gouvernantes met de kinder*voitures* zich ijlings uit de voeten moesten maken. In sommige provinciesteden moesten de burgers bij de nadering van officieren het trottoir verlaten. In de dorpen heersten *Feldwebel* en onderofficieren met vaak nog grotere willekeur. 'Beledigingen van het uniform' kwamen de boosdoeners prompt op boetes en gevangenisstraffen te staan, zélfs als het ging om adellijke Belgen die de hele oorlog door grossierden in symbolisch patriottisch verzet. Hierbij dient overigens opgemerkt dat de laatsten zich, anders dan de *viel zu vielen*, tot op zekere hoogte ook een tartende houding konden *permitteren*: de Duitse officieren waren '*tremendous snobs in such things*', en snel onder de indruk van hoge titels, stelde Whitlock vast.[161] Oefenden ze met de *haute* graag hun Frans, eenvoudige burgers en burgervaders dienden hen eerbiedig in het Duits aan te spreken, en werden dan vaak nog afgeblaft.

In de straten verschenen dagelijks nieuwe aanplakbiljetten met verordeningen van de bezettende macht en berichten over de triomfen van het *Heer*. Opschriften in het Duits overheersten het stadsbeeld. En uren stonden Belgische burgers in de rij als gevolg van de in tal en last almaar toenemende Duitse regels (regels die verbijsterende hoeveelheden stempeltjes, passen en vergunningen voorschreven). Tot wanhoop stemde de alomtegenwoordigheid van schildwachten, van *Passierscheine*, *Personalausweise* en *Verboten* – een waar 'moeras van regels, dat het dagelijkse leven tot een ondraaglijke last maakte'.[162]

De orde die bestond was dan ook van de moeizame soort. Telkens als op het gevoel van nationale waardigheid werd getrapt, laaide het verzet op. Het eerste symbool van die verzetsgeest werd de Brusselse burgemeester Adolphe Max, die onverstoorbaar de bezettende autoriteiten op de grenzen van hun gezag wees en reeds eind september 1914 vanwege zijn verzet tegen de absurd hoge Brusselse oorlogsschatting van vijftig miljoen naar Duitsland werd gedeporteerd, waar hij tot de wapenstilstand zou blijven. Vergrijpen die niet tegen de Duitse staat of het Duitse leger waren gericht, vielen nog steeds onder de bevoegdheid van het Belgische gerecht; elke poging om hierin tussenbeide te komen stuitte op verzet, zoals toen het Brusselse hof op instigatie van stafhouder Théodor van de Brusselse balie in april 1915 enkele decreten van Von Bissing onverenigbaar met het Belgische recht verklaarde. Het ging ogenschijnlijk om een technisch detail, maar in wezen om de grenzen van het bezettende gezag en het onderscheid tussen bezetting en annexatie. (Ook Théodor zou ten slotte naar Duitsland gedeporteerd worden.) Een heel andere vorm van *résistance* werd beoefend door het in Brussel verschijnende ondergrondse blad *La Libre Belgique*, dat zijn verzetsretoriek vier jaar lang op enigszins Uilenspiegeleske wijze volhield; het periodiek, waarop de Duitse diensten vergeefs jacht maakten, terwijl het overal in België werd verspreid en eenmaal zelfs bij Von Bissing op kantoor werd bezorgd, had een immense betekenis voor het moreel, hoewel de inhoud beperkt was. 'De krant is al die moeite die hij [de Duitsers] kost niet waard,' schreef Whitlock in zijn dagboek. 'Het is een nutteloos stuk bravado en anders niet.'[163] (Dit soort opmerkingen zou na de oorlog natuurlijk niet in zijn Belgische memoires *Belgium: A Personal Narrative* belanden.) Al snel had de *Libre* een Nederlandstalige tegenhanger in *De Vlaamsche Leeuw*, die als ondertitel voerde 'vaderlands propagandablad', en als technische informatie meldde: 'Prijs van het nummer: niets of meer. – Verkrijgbaar: nergens en overal. – Redactie: Kommandantur, Brussel, rechtover de Drukkerij van La Libre Belgique.' Ook de herderlijke brieven van Mercier slaagden erin het land een horizon voorbij de bezetting voor te spiegelen. In *Patriotisme et endurance* van Kerstmis 1914 hield de kardinaal zijn gelovigen voor dat zij 'in het diepste van hun ziel' de bezettende macht achting noch gehoorzaamheid verschuldigd waren: deze kwamen alleen 's lands wettige en gekozen gezag toe.[164] Mercier verbond op die manier geloof met patriottisme en maakte daarmee op de bevolking een verpletterende indruk: de brief, waarvan al gauw tientallen ondergrondse kopieën bestonden, werd met nieuwjaar vanaf alle kansels voor bomvolle kerken voorgelezen. Von Bissing overwoog de kardinaal te laten arresteren. Het Belgische epicopaat was woedend. 'Mercier is gek,' zeiden de bisschoppen van Gent en Brugge.[165] Niettemin had de verzetsgeest een danig elan gekregen.

Niet alle bezette Belgen waren zo vaderlands gezind. Weldra verschenen de eerste kranten onder Duitse censuur, *La Belgique*, *Le Bruxellois* en andere. Pan-Germaans waren deze bladen niet en ze plaatsten geen lofzangen op de *Kaiser*. De inhoud was op een subtielere manier machtsvriendelijk. Tussen de *faits divers* en de feuilletons in werd (in niet altijd bedekte termen) het Comité van corruptie beschuldigd, werd de juistheid van de beslissing van 1914 in twijfel getrokken – had de weigering van het ultimatum de Belgen niet in onnoemelijk en onnodig leed gestort, allemaal ten bate van het hebzuchtige Albion en de machiavellisten van de Quai d'Orsay? – en viel de vergelijking van de Duitse generale staf met die van de geallieerde legers in het voordeel van de eerste uit.

Het ontmoedigende effect van de gecensureerde pers – die ondanks alles afnemers vond bij het van ander nieuws verstoken publiek – werd bestreden door het vaderlandse verzet via blaadjes als *De Vrije Stem*, *Motus! Journal des gens occupés*, *De Vlaamsche Wachter*, *Le Belge* en tientallen andere, die het vertrouwen in het herstel van de onafhankelijkheid levend probeerden te houden, zo nodig met karamellenverzen als het lied 'A Bas l'Allemagne':

Tant les Wallons charmants
Que les graves Flamands
Les Belges sont unis!

met als refrein:

(Crié) *Feu! Boum. Vlan!*
Encor des Prussiens Kapout,
Faut les mettre en terre!
(Crié) *Feu! Boum. Vlan!*
Ils sauront ce que leur coûte
Un beau plan de guerre! [166]

En zo bleef onderhuids de vaderlandse trouw in ere: achterwinkeltjes waren beplakt met vorstenportretten en tricolores, huwelijken van veteranen van de slag om Luik werden patriottische manifestaties, met huisarrest bestrafte Marolliens zongen achter hun gesloten luiken schelle Brabançonnes en op de Grote Markt van Brussel ontstond het merkwaardige gebruik om in het voorbijgaan de arm van het bronzen beeld van schepen 't Serclaes, middeleeuws vader des vaderlands en bevrijder van vreemde onderdrukking, te strelen (een gebruik dat nog steeds bestaat).

Werd moreel verzet al zwaar bestraft met boetes, opsluiting of deportatie, op actieve hulp aan de tegenpartij stond de doodstraf. Een gewapend ondergronds leger, zoals dat in de Tweede Wereldoorlog bestond, was er niet, net zomin als er sprake was van militaire collaboratie. Maar illegale inlichtingendiensten waren over het hele land verspreid (sommige daarvan zouden in de volgende oorlog langs dezelfde kanalen en met dezelfde mensen opnieuw functioneren) en sabotage-eenheden brachten met regelmaat schade toe aan de cruciale spoorwegverbinding Brussel-Aken. En heel de oorlog door sloten jonge mannen uit bezet België zich via Nederland bij het IJzerleger aan, een zeer riskante onderneming die nog gevaarlijker werd nadat de bezetters in de lente van 1915 een hoogspanningsdraad langs de Nederlanse grens hadden gespannen. Zo'n dertigduizend man slaagde erin vanuit het zwaar bewaakte land toch nog het Belgische front te bereiken, al dan niet door die versperring heen; hoevelen onderweg werden gearresteerd en naar Duitse gevangenkampen gevoerd, of bij de grens werden neergeschoten, of geëlektrocuteerd, is niet bekend.[167] Langs de Nederlandse grens, vooral in de Kempen, ontstond een 'ondergrondse spoorweg' waaraan de plaatselijke stropers en smokkelaars hun vakgeheimen bijdroegen. Op het 'de vijand toevoeren van manschappen' stond de doodstraf. Met ijzige regelmaat verschenen aan de muren van openbare gebouwen militaire aanplakbiljetten met de namen van terechtgestelden. Het *cas célèbre* was die van de Engelse Edith Cavell. De vrome en gestrenge directrice van een Brusselse verpleegstersopleiding werd in april 1915 gearresteerd en ervan beschuldigd Belgische mannen, maar ook Britse en Franse soldaten (die na de geallieerde terugtocht in België waren achtergebleven) de Belgische grens te hebben overgeholpen en daartoe een geheim netwerk te hebben opgezet dat in totaal meer dan tweehonderd soldaten had helpen ontsnappen. Cavell ontkende niet. Haar nationaliteit werkte tegen haar; in Duitsland was de haat tegen de Engelsen enorm. In de avond van 11 oktober 1915 werd zij door de in de Belgische Senaat zetelende Duitse rechtbank ter dood veroordeeld, ondanks de verdediging van haar advocaat Sadi Kirschen, die de rechtbank voorhield dat "het leven van deze vrouw aan de gewonden toebehoort."[168] Reeds in de vroege ochtend van de volgende dag werd zij op het Nationale Schietterrein in Schaarbeek gefusilleerd, samen met de Brusselse architect Philippe Baucq, die deel had uitgemaakt van de 'ondergrondse spoorweg'. De omstandigheden van het schijnproces en de executie deden immense internationale verontwaardiging oplaaien. Deze was weinig welkom en werd met weinig geloofwaardige rechtvaardigingen gepareerd. Hoezeer deze pijnlijke kwestie de Duitse geesten bezighield, blijkt wel uit een passage in Thomas Manns *Betrachtungen eines Unpolitischen*, waarin de grote schrijver meende te moeten opmerken dat Cavell voor het vuurpeloton was flauwgevallen (wat overigens niet waar was) en dat iemand die de dood niet in de ogen kijken kon zich ook niet met de oorlog te bemoeien had.[169]

Hoe schadelijk de zaak-Cavell voor het reeds zo gehavende Duitse imago ook was, de noodzaak tot afschrikking werd uiteindelijk belangrijker geacht en zodoende was dit lang niet de laatste executie. Enkele maanden later werd in de Brusselse Noordwijk Gabrielle Petit aangehouden, een winkelmeisje uit Doornik. Zij werd beschuldigd van spionage. Net als Cavell gaf ze bij haar arrestatie haar activiteit toe. De even intelligente als ongelukkige Petit had in het vaderlandse verzet een mogelijkheid gevonden om een eervol leven te leiden, na een jeugd als kind van een permanent failliete vader met pretenties (die de kleine na de dood van zijn vrouw naar het weeshuis had gestuurd) en jaren van wegzinken in de louche cafés van de hoofdstad. Drie jaar voor de oorlog had ze geprobeerd zich van kant te maken. In een brief omschreef ze zichzelf als een 'staal zonder waarde'.[170] Maar de oorlog bood haar gelegenheid zich terug te kopen in eigen ogen en in die van haar onverschillige verwanten. Mochten ze weten waar ze mee bezig was, ze zouden pas trots op haar zijn, schreef ze haar familie cryptisch; ze was toen al maanden in opleiding bij een spionagedienst. Tijdens haar proces gedroeg ze zich zo opstandig dat de haar toegewezen advocaat (die toch al weinig voor haar doen kon) er wanhopig van werd. Ze weigerde een genadeverzoek in te dienen. Om vijf uur in de ochtend van 1 april 1916 werd ze vanuit haar cel in de gevangenis van Sint-Gillis naar Schaarbeek overgebracht en doodgeschoten; ze was drieëntwintig.

De bezetting had, kortom, van België een politiestaat gemaakt. De militaire politie was alomtegenwoordig. In diverse steden bewezen spionnenvangers en verklikkers goede diensten aan hun plaatselijke *Kommandantur*; op het platteland werd de bevolking gemaand verdachte onbekenden onmiddellijk bij het Duitse gezag aan te geven. 'Hele zwermen spionnen en verklikkers bespieden onze geringste handelingen en uitlatingen,' werd in de herfst van 1915 vastgesteld. 'De huiszoekingen, de uitzettingen, de opeisingen, de willekeurige arrestaties en de deportaties naar Duitsland van "ongewenste personen" zijn niet meer bij te houden.'[171] Bij de *Kommandantur* in Brussel, Wetstraat nummer 4, stond steevast een rij mensen te wachten om familieleden te zien die er waren opgesloten. Langs de achteringang, in de Leuvensestraat, werden arrestanten binnengebracht. In de Berlaimontstraat had de geheime politie haar hoofdkwartier; daar kregen spionnen en *agents provocateurs* instructies om in het Belgische verzet door te dringen. De politiechef in Brussel, merkte Whitlock op, was 'in veel opzichten de machtigste man van Brussel, want het leek of hij niemand rekenschap was verschuldigd en zich kon bewegen in een wijde, tragische sfeer van onverantwoordelijkheid, die hem een geweldige vrijheid toestond in de uitoefening van zijn verschrikkelijke macht'.[172] Voor vergrijpen tegen de Duitse staat en het leger bestonden militaire tribunalen, die elke vorm van verzet streng bestraften; in het eerste jaar van de bezetting al vielen er honderdduizenden vaak zeer zware boetes en gevangenisstraffen in Duitsland. Het in Hasselt zetelende tribunaal gold als het meest vreeswekkende: 'De naam zelf van de stad kreeg in de Belgische gesprekken een sinistere en noodlottige bijbetekenis.'[173] De militaire bezetting werd, kortom, algemeen ervaren als een 'regime van terreur'.[174]

In zekere zin was de bezettingspolitiek gevangen in een vicieuze cirkel: dwang verwekte meer verzet, verzet meer dwang. De verplichting een strak militair gezag in stand te houden viel vele Duitsers in de bezettingsadministratie zwaar, zeker waar dat leidde tot opmerkelijke zaken zoals de affaire-Cavell. Dergelijke vormen van genadeloze repressie stuitten niet alleen vele Duitsers in België tegen de borst, maar wakkerden ook de weerspannigheid van de bevolking en de internationale verontwaardiging danig aan. De kanselier in Berlijn en de gouverneur-generaal in Brussel gaven vanzelfsprekend de voorkeur aan een Duitse orde in België die niet eindeloos met behulp van militaire dwang in stand moest worden gehouden.

Gaandeweg begon men na te denken over een 'Duitse orde in België' ná de oorlog. Kanselier Von Bethmann Hollweg had onmiddellijk na de inval de *Reichstag* gemeld dat de regering geen permanente aanspaken op België maakte. Die uitspraak was echter vooral bedoeld voor de machtige socialistische fractie, die de oorlogsinspanningen slechts steunde voor zover het bij een defensieve oorlog bleef. Intern bestonden wel degelijk ambitieuze plannen. Reeds eind augustus 1914 werd in Berlijn nagedacht over aanspraken op Antwerpen en de forten Luik en Namen. Bij de publieke opinie ter rechterzijde won al snel de overtuiging veld dat het Duitse Rijk zich het verraderlijke buurland maar meteen moest toe-eigenen. Ook de keizer zelf was niet ongevoelig voor deze gedachte – tot de kanselier hem voorhield dat met de Belgen erbij Duitsland wel érg veel katholieken zou tellen. Wat de ultranationalisten ook mochten eisen, de officiële Duitse politiek streefde niet naar werkelijke annexatie van België, een internationaal ondenkbare optie die onder andere de economisch cruciale betrekkingen met Nederland onherstelbaar zou schaden. De 'oplossing van het Belgische vraagstuk' diende, aldus Bethmann, onder alle omstandigheden te worden bereikt 'langs lijnen van gemeenschappelijke Nederlands-Duitse belangen' – wat dat ook mocht betekenen.[175]

Openlijke annexatie werd ook afgewezen door de *Alldeutsche Bund*, een pan-Germanistische drukkingsgroep met grote invloed in industriële kringen; in geen geval mochten de als ongedisciplineerd bekendstaande Belgen stemrecht krijgen in het Rijk. Indirecte annexatie daarentegen was zeer goed bespreekbaar. In gedetailleerde rapporten aan de *Reichstag* in de lente van 1915 schetste de *Bund* een programma van verregaande economische, financiële en militaire onderschikking van België aan Duitsland. Gingen de pan-Germanisten in hun eis tot verkapte inlijving het verst, ook parlementair rechts meende mordicus dat het Rijk niet zomaar terrein prijsgeven mocht waarvoor Duitse soldaten waren gesneuveld. De lobby van de zware industrie liet haar stem horen in het op westelijk grondgebied azende programma van de nationaal-liberale partij. En zelfs de socialisten weigerden om zich vast te leggen op een programma van onvoorwaardelijk herstel van de Belgische zelfstandigheid na de oorlog. Kortom, het idee dat Duitsland ter wille van zijn eigen veiligheid en als welhaast heilige plicht tegenover de oorlogsdoden Belgische winst uit de oorlog moest zien te slepen, begon al snel de publieke opinie en de discussies in de *Reichstag* te overheersen. Deze stemming zou pas omslaan in de oorlogsmoede lente van 1917.

Bethmann laveerde behendig tussen de partijen en legde zich nooit publiekelijk op welbepaalde oorlogsdoelen vast, wel wetende dat er geen einde aan de oorlog kon komen zolang Duitsland officieel aanspraken op België maakte. Hij was van oordeel dat Duitsland op de lange duur geen uitputtingsslag kon winnen en derhalve nooit in staat zou zijn om de eigen wensen eenzijdig op te dringen. Bethmann hoopte op een feitelijk Duits protectoraat over België zonder de noodzaak van Duitse dwang: een spontane aanvaarding door de Belgen van de Duitse 'invloed' kon van geallieerde zijde niet betwist worden. Vooralsnog leek dit echter niet tot de mogelijkheden te behoren. Gegeven de onverzoenlijk anti-Duitse stemming bij de Belgen, zo meldde een rapport van oktober 1915, vergde de verwezenlijking van de Duitse desiderata – op dat moment omschreven als: controle over de kust en de forten, de verkeersmiddelen, de post en de munt, alsook afschaffing van het Belgische leger – nu eenmaal een 'min of meer dictatoriaal' regiem.[176] De kanselier bleef echter hopen op een geleidelijk omslaan van de stemming in België.

Moritz Freiherr von Bissing, de eind november 1914 aangetreden militaire gouverneur-generaal in Brussel, had zich eveneens tot doel gesteld de Duitse machtspositie in België voor de toekomst te verankeren. Indirect maar stevig diende Duitsland de Belgische economie en buitenlandse politiek in handen te houden; nooit mocht het land opnieuw worden toegestaan zich tot bruggenhoofd van de anti-Duitse dreiging in Europa te ontwikkelen. Dit was in Von Bissings visie geen kwestie van veroveringszucht, maar van zelfverdediging: hij beschouwde het als een haast heilige plicht tegenover het Duitse vaderland – een plicht zonder welks vervulling de oorlog voor niets zou zijn gevoerd.

Ten aanzien van het Duitse publiek werd geen middel onbenut gelaten om de blijdschap van de autochtonen over de weldaden van de bezetting te laten zien. Al op 18 september 1914 zagen stomverbaasde Brusselaars op de Grote Markt een filmploeg vastleggen hoe de Duitse troepen werden toegejuicht door verheugde 'Belgen' – tweehonderd Duitse figuranten met geruite petten op, die zwaaiden met zakdoeken. In augustus 1916 werden, bij een bezoek van de koning van Beieren aan Von Bissings residentie bij Vilvoorde, de bewoners verplicht om Duitse vlaggen uit te hangen; er was een triomfboog opgericht en het plaatsje wemelde van de *claque payée* – een en ander om de fotografen uit München de gewenste indruk van tevredenheid te geven. Privé maakte Von Bissing zich over de spontane medewerking van de Belgen echter geen illusies: 'Enkel het middel der machtspolitiek' kon bewerkstelligen dat de 'thans nog vijandelijke bevolking' zich uiteindelijk zou schikken in en onderwerpen aan de Duitse heerschappij, zoals hij het in een persoonlijk memorandum stelde.[177] Tegelijk was hij daarover verbitterd. De zeventigjarige Pruis, die nooit zonder helm en zwaard audiëntie hield, was niet de enige Duitser die de regelingen in het Rijk hogelijk superieur achtte aan die van het curieuze kleine buurland; en zoals zovelen in dit koloniale tijdperk was ook de gouverneur-generaal er rotsvast van overtuigd dat een hogere trap van 'ontwikkeling' elke overheersing rechtvaardigde. 's Rijks weerspannige nieuwe vangst zou ten slotte de zegeningen van het visionaire Duitse gezag wel leren inzien. In een interview in de *Staats-Zeitung* (het blad van de Duitse gemeenschap in New York), dat werd overgenomen in de gecensureerde pers in België, gaf de gouverneur-generaal fors af op het slonzige Belgische bestuur en drukte zijn tevredenheid uit over het feit dat hij de zaken nu wat grondiger aan kon pakken. Het gebrek aan enthousiasme over deze doortastendheid bevreemdde hem. 'De Belg is een psychologisch raadsel,' verklaarde hij tegenover een Amerikaans journalist,[178] en herhaalde deze uitspraak op een conferentie van Duitse stedenbouwkundigen, die in de zomer van 1915 naar Brussel ontboden waren om zich te beraden over de wederopbouw van de Belgische steden. Het herstel van de puinhopen van Leuven en Dinant zou namelijk, zo meende de gouverneur-generaal, 'een gedenkteken voor de Duitse cultuur' kunnen vormen.[179] Deze enormiteit schoot de bevolking uiteraard in het verkeerde keelgat: de wederopbouw zou te zijner tijd werk zijn voor *Belgische* architecten, kreet het verzetsblad *La Vérité* woedend. Zeker de Duitsers dienden van het vaderlandse landschap af te blijven, temeer daar zij, met hun lelijke, monotone kazernebouw, geen verstand hadden van stedelijk schoon: 'weg met die afschuwelijke "functionele" dingen, de aan de lopende band gemaakte huizen, de betonnen blokken, de gekartelde loodsen, de daken van golfplaat en andere monsterlijkheden!'[180] Het Belgische onbegrip voor zijn goed bedoelde plannen tot wederopbouw sterkte Von Bissing in zijn overtuiging dat de Belgen eenvoudig niet wisten wat goed voor ze was. De man was in wezen de kwaadste niet, noteerde de Amerikaanse gezant, maar hij besefte in het geheel niet op welke perverse basis zijn gezag was gestoeld, en hij bezag de Belgen met de blik van 'de directeur van een heropvoedingsgesticht'.[181] Niet alle Duitsers deelden overigens Von Bissings visie. De schrijver Otto Flake, die in 1916 in Brussel was gelegerd, registreerde in zijn 'logboek' de afstand die tussen bevolking en bezetter bestond – en bestaan moest: 'Het komt me voor als een eerlijke en propere scheiding: ik als Duitser, de anderen als Belgen. [...] De gevoelens van de overwonnenen zijn een gegeven dat ik volkomen begrijp; de aanwezigheid van de overwinnaars is een ander gegeven. De oorlog is een noodlot, dat eenieder te dragen heeft aan die zijde waar hij zich bevond na de catastrofe van augustus.' Helaas zagen sommigen onder de bezetters dat anders. Zij konden niet velen dat 'de overwonnenen het hart nog op de juiste plaats dragen; zij verwachten met merkwaardige onnadenkendheid dat dit hart voor hén klopt'.[182]

Von Bissings positie als 'onderkoning' in Brussel onderstreepte het koloniale aspect van het Duitse gezag in België. De gouverneur-generaal ontving zijn macht rechtstreeks van de keizer en was regering noch parlement in Berlijn rekenschap verschuldigd. Als gevolg daarvan was het beleid in Brussel niet aan democratische controle vanuit Duitsland gebonden (hetgeen naarmate de oorlog voortschreed meer verzet zou uitlokken van de linkse fracties in de *Reichstag*) en bezat de gouverneur-generaal in het bezette land een vrijwel onbeperkt gezag. Von Bissing hield aan zijn prerogatieven sterk de hand: als directe vertegenwoordiger van de keizer genoot hij, naar zijn eigen overtuiging, in België dezelfde status als voorheen koning Albert. Zoals aan een *ancien régime*-hof kweekte deze pseudo-vorstelijke situatie in de bezettende administratie een veelheid van cliques, die alle naar Von Bissings gunst dongen.

Naast het gouvernement-generaal, dat de centrale militaire organisatie in het bezette land was, kende België een burgerlijke administratie, de *Zivilverwaltung*, die in theorie wél aan de rijkskanselier onderworpen was, maar in de bezettingspraktijk onder het gezag stond van de gouverneur-generaal. De *Zivilverwaltung* onder leiding van de hautaine, erudiete Von Sandt was belast met het dagelijks bestuur van het land. Op de topambtenaren na waren de medewerkers van de Belgische ministeries van Binnenlandse Zaken, Openbare Werken, Landbouw, Justitie, Kunsten en Wetenschappen en Financiën op verzoek van hun regering op hun post gebleven: zij dienden de dagelijkse gang van zaken te blijven behartigen, voor zover ze daarmee de Duitse oorlogsdoelen tenminste niet dienden. De ambtenaren van de Spoorwegen en de PTT, die uiteraard niet over een dergelijke speelruimte beschikten – vrijwel alles wat zij deden, kwam de Duitse militaire doelen ten goede – hadden ontslag genomen; deze diensten waren nu geheel in Duitse handen. Buitenlandse Zaken en Oorlog waren opgeheven, evenals Koloniën. De belangrijkste beslissingen werden vanzelfsprekend ter *Verwaltung* genomen; in toenemende mate trokken de Duitse ambtenaren het beheer en bestuur van het bezette land naar zich toe.

Op plaatselijk niveau herhaalde deze organisatie zich: elke provincie stond onder het gezag van een militair gouverneur (met de rang van generaal), alsook een voorzitter van de provinciale *Zivilverwaltung*. De bestaande provinciale vergaderingen werd het vergaderrecht ontzegd, tenzij om belastingen goed te keuren. Eén niveau lager bleef, zoals reeds aangemeld, het gemeentelijke gezag min of meer op post, zij het dan onderworpen aan de arrondissementele *Kreischefs* (die de rang van kolonel droegen) en *Zivilkommissare*, en, bij aanwezigheid van een garnizoen, in de grotere gemeentes de *Kommandantur*. De gemeentelijke politiekorpsen waren onder militair gezag gesteld.

Zo was de toestand in het *Okkupationsgebiet*, dat onder het gezag van de gouverneur-generaal stond en driekwart van het Belgische territorium besloeg. De militaire zone, *Etappengebiet* geheten, besloeg West-Vlaanderen, het grootste deel van Oost-Vlaanderen, het westelijke deel van Henegouwen en het uiterste zuiden van Luxemburg. Dit gebied viel onder het oppercommando van het Duitse Vierde Leger en in laatste instantie de *Obere Heeresleitung*. In dit *Etappengebiet* heerste – naar in de tweede helft van de oorlog in nog schrikwekkender mate zou blijken – vrijwel volledig de militaire macht van de *Kommandantüre*. Een derde van de bezette Belgen leefde zo onder een nog harder bezettingsregime dan de rest van het land. (In de eigenlijke frontzone of *Operationsgebiet*, vanwaar men in de hoofdstad 's avonds, als de stadsgeluiden waren verstild, duidelijk het doffe gedreun van de kanonnen horen kon, was het leven volledig aan het oorlogsregime onderworpen; met regelmaat werden jongemannen uit deze streken, die ervan werden verdacht de linies te willen oversteken, naar het achterland afgevoerd.) Tussen het Vierde Leger en het gouvernement-generaal heerste een beperkte mate van samenwerking, maar naarmate de oorlog langer duurde kwam het steeds vaker tot conflicten.

Boven op deze organisatie werden op centraal niveau nieuwe instellingen in het leven geroepen. Al kort na de inval hadden de Brusselaars tot hun ontzetting moeten vaststellen dat het Duitse leger weliswaar de stad doortrok, maar ook een fors sediment achterliet, dat allengs uitdijde: reeds in de eerste dagen van september werd een Duitse 'regering' voor het bezette gebied opgezet. Het had allemaal een verontrustend *permanente* ondertoon. De bezettingsmachine beantwoordde aan de wet van de bureaucratische dynamiek: meer en meer nieuwe *Zentralen* en *Abteilungen* vulden de Brusselse ministeries en gevorderde gebouwen en vroegen om verse *Geheimräte* en *Excellenzen*, die redelijk gerieflijk werden gehuisvest in de geconfisqueerde herenhuizen van de *Porte Louise* en vanaf 1915 ook hun echtgenotes mochten laten overkomen. Uit Duitsland overgebrachte boyscouts werden als manusjes-van-alles ingezet. De salarissen van dit leger ambtenaren kwamen goeddeels uit de Belgische belastingen en boetes: alleen al voor de uit Duitsland geïmporteerde *Sittenpolizei*, die het geslachtelijk vertier van de in de stad ingekwartierde, respectievelijk op doortocht zijnde troepen in banen leidde, moest de stad Brussel 90.000 frank per maand betalen. (In een volgende oorlog zou de militaire administratie oordelen dat de 'aanwezigheidspolitiek' van '14-'18 dan wel het ontmantelen van de Belgische instellingen had vereenvoudigd, maar dat dit onaanvaardbaar veel personeel had geëist, een fout die volstrekt niet herhaald mocht worden. De Duitsers in België vermeden in 1940 dan ook de wonderbaarlijke vermenigvuldiging van soldaat-ambtenaren uit 1914.)

De wildgroei van bureaus werd gestimuleerd door Von Bissings verregaande plannen voor België. Om te beginnen stichtte hij in februari 1915 een *Politische Abteilung bei dem Generalgouverneur*, die belast werd met de delicatere politieke zaken: propaganda, perscensuur, kerkpolitiek, bankcontrole en taalbeleid. Deze afdeling kwam onder leiding van de kosmopolitische voormalige diplomaat Oscar Freiherr von der Lancken Wakenitz te staan. Deze werd al snel een in Berlijn zeer gewaardeerde autoriteit inzake België. Veel belangstelling oogstten zijn rapporten, die onder andere de mogelijkheid opperden om het land langs de taalgrens te verdelen en ook anderszins een eind te maken aan Belgiës 'volkenrechtelijke persoonlijkheid',[183] een en ander om de militaire en economische dienstbaarheid aan Duitsland dieper te verankeren.

Levendig was ook in Duitsland zelf de discussie over de Duitse toekomst van België. Geleerden boden naarstig blauwdrukken aan voor het beheer van de bezette gebieden, vaak in de hoop naar Brussel te worden overgeplaatst. Het leven in de keizerlijke diensten daar gold als aangenamer dan in het gerantsoeneerde Duitsland en het leek er toch een béétje op Parijs. Bovendien kon men zich er nuttig betonen. De socioloog Max Weber liet in een doortimmerd rapport zijn gedachten gaan over het effect dat invoering van de Duitse sociale wetgeving op het concurrentievermogen van de Belgische industrie kon hebben. Zijn inspanningen leverden hem echter niet de verhoopte aanstelling als *Gesamtreferent* in de Brusselse braintrust op. Zijn teleurstelling verbijtend schreef hij in augustus 1915 dat zijn 'Brusselse zaak' toch maar 'een duistere geschiedenis' was geweest, 'eigenlijk meer een voorwendsel' om naar Brussel te kunnen reizen en zelf te kunnen ervaren hoe bevreemdend-akelig ('*gespenstisch*' was het woord dat hij gebruikte) de Duitse heerschappij over deze stad was.[184]

Wie een positie in Brussel had bemachtigd, probeerde gewoonlijk met veel ijver zijn aanstelling te rechtvaardigen, en dat helemaal wanneer aan het front grote offensieven waren aangekondigd. De administrateurs van de *Verwaltung* werkten dan ook zeer hard; in de regel waren ze voor dag en dauw op hun kantoren aanwezig om daar een ontzagwekkende hoeveelheid statistieken, commentaren en rapporten te produceren (grote delen van dit gigantische archief zijn helaas in de Tweede Wereldoorlog verloren gegaan).

Deze regelzucht bracht meermalen de knarsende coëxistentie

van bezetters en Belgen in gevaar. Hoewel de bezettende autoriteiten het principe van de voedselvoorziening aanvaardden, aangezien het hen onthief van de verplichting de Belgen te voeden en de kans op hongeropstanden aanzienlijk verkleinde, lokte de vlijt van de *Verwaltung* meer dan eens incidenten met Comité en *Commission* uit. 'Altijd waren er bijkomstige moeilijkheden,' noteerde Whitlock, 'het werd allemaal wel geregeld, maar zelden op een soepele manier': de geringste klus vergde eindeloos veel moeite en gezeur over passen, afspraken en controles.[185] Het door de oorlogstoestand al half lamgelegde economische leven werd nog extra bemoeilijkt door de stichting van de al snel beruchte *Zentralen*. De in april 1915 opgerichte *Kohlenzentrale* plaatste de mijnen en de kolenhandel onder Duitse controle, exporteerde het gros van de productie, maakte in twee jaar tijd 33 miljoen mark winst, en liet een zeer zuinig contingent over voor Belgische consumptie, hetgeen de transportmoeilijkheden nog verergerde en soms acute tekorten kweekte, zoals in de vreselijke winter van 1916/17 zou blijken. De in België zelf voortgebrachte waren werden alle in *Zentralen* ondergebracht, waardoor, zoals de wrange grap luidde, het gecentraliseerde product prompt van de aardbodem verdween, of het nu om *patatten* ging (de *Kartoffelzentrale*) of om *gazetten* (de *Pressezentrale*). Niet zodra was de boter 'gecentraliseerd' en had een *Butterbetriebsverband* van handelaren het monopolie-onder-toezicht op de boterverkoop verworven, of de boeren begonnen het merendeel achter te houden voor de zwarte markt. De starre en ondoorzichtige organisatie moedigde corruptie en smokkelarij juist aan. De distributie van ingevoerde etenswaren door het Comité werkte alleen in zoverre het leger er de handen van afhield, maar meer dan eens dreigde de hele zaak uiteen te vallen omdat het bezettende gezag, dat het Comité maar een stel recalcitrante heren vond, de organisatie een Duitse controle wilde opdringen, die door de leden prompt werd geweigerd – met het wapen van een staking van Comité en *Commission* als stok achter de deur.

De fragiele, koele modus vivendi dreigde meer dan eens een snelle dood te sterven. De door de *Verwaltung* ingevoerde maatregelen – waarvan sommige, strikt genomen, als verbeteringen konden worden gezien – werden door de Belgen als beledigingen ervaren en konden geenszins de wetenschap verdringen dat de bezettende autoriteit als binnendringster in het land zetelde. Weinigen ontging dat elk beleidspunt, hoe verlicht ook, in laatste instantie de Duitse oorlogsdoelen diende. Aldus werkten de 'langetermijnplannen' voor het bezette land doorgaans averechts. Augustus 1914 en de werkelijkheid van een bezettingsregime weken niet uit het bewustzijn: 'Er vloeit een stroom van bloed tussen de Duitse politiek en de Belgen,' schreef Camille Huysmans vanuit zijn Nederlandse ballingschap.[186] In de geleefde werkelijkheid van de bezetting gold voor beide partijen: provocaties vermijden, en afstand bewaren, vóór alles *afstand*, zo kon deze bezetting (die tenslotte ook voor vele Duitsers een pijnlijke ervaring was) met waardigheid worden doorstaan.

Intussen werden de verlicht-despotische langetermijndoeleinden van het burgerlijke Duitse gezag meer dan eens doorkruist door de brutere kortetermijnnoden van de militairen. Zolang de opmars van de legers had geduurd, opereerden zowel de generaals als de bezettingsambtenaren volgens het principe van de maximale uitbuiting van het land ten behoeve van het leger: om Duitsland te ontlasten, zou België het 'verzorgende' achterland moeten worden voor een groot deel van het zich vormende westelijk front. Het land werd geacht niet alleen voor de kosten van zijn eigen bezetting op te draaien, maar ook voor die van de Duitse troepen en zelfs – zo werd eind augustus 1914 gesuggereerd – voor de hele oorlogvoering in het westen. Voortvarend werd alles opgevorderd wat het leger nodig had – voedsel, uitrusting, paarden – en ook werden zware oorlogsschattingen geheven: zo moest alleen al de bij de doortocht flink gehavende provincie Brabant op 1 september 1914 de reuzensom van 450 miljoen afdragen.

Al snel rees echter aan Duitse zijde onenigheid over de mate waarin België diende te worden 'benut'. Hoewel beide partijen het erover eens waren dat het bezette land tijdens en na de oorlog aan het Rijk dienstbaar moest worden gemaakt, verschilde in de beleidspraktijk de België-visie van de Duitse 'burgers' danig van die van de militairen. Waar de legerleiding recht meende te hebben op onbeperkte dwangheffingen, waarschuwden in Berlijn de kanselier en het ministerie van Binnenlandse Zaken voor hongeropstanden in een blijvend verarmd land. Vanuit Brussel sloeg Von Sandt alarm over de exorbitante heffingen: zo was alleen al van het stadje Waver drie miljoen frank geëist!

Ten slotte werd een vaste maandelijkse heffing van veertig miljoen frank 'afgesproken'. De vorderingen gingen echter onverminderd door; grondstoffen en machines verdwenen in hoog tempo naar Duitsland. Als gevolg daarvan kwam de industrie bijna geheel stil te liggen. Von Bissings al in december 1914 geuite protest dat Duitsland aan een 'leeggeperste citroen' uiteindelijk niets zou hebben, werd door de militaire top terzijde geschoven met het argument dat 'elke druppel die niet uit de Belgische citroen wordt geperst, uit de *Duitse* citroen [...] zou moeten komen',[187] en zo broeide het conflict dat in de herfst en winter van 1916 zijn hoogtepunt zou krijgen. De *Obere Heeresleitung* deelde Bethmanns pessimisme over de militaire resultaten niet, begreep derhalve niet waarom inlijving ondoenlijk was, en zag vooral in het geheel niets in de plannen voor een behoedzame *mentale* verovering van België. De militairen oordeelden dat het bezette land eenvoudigweg ten dienste van de militaire inspanning moest worden gesteld, of dit de Belgen nu tegen de Duitsers innam of niet. Zowel admiraal Von Tirpitz als generaal Von Falkenhayn wezen op de noodzaak van een militaire dictatuur, gegeven, zoals deze laatste het in een brief aan Bethmann van maart 1915 uitdrukte, de fundamenteel 'vijandige, onbetrouwbare en arglistige' gezindheid van de Belgen.[188]

In Brussel kwam het meermalen tot botsingen tussen de militairen en de 'burgers' van *Zivilverwaltung* en *Politische Abteilung*, die door de militairen van harte werden geminacht om hun gebrek aan zwier in uniform en vooral om hun ondoortastende, al te zeer door wakke diplomatieke overwegingen ingegeven houding. Alleen met de grootste moeite kon Von der Lancken in januari 1915 een wel zeer onstrategisch plan voor de arrestatie van de inmiddels wereldberoemde Mercier tegenhouden; vergeefs drong in de herfst van dat jaar de *Politische Abteilung* bij de militaire gouverneur van Brussel aan op strategische clementie voor Edith Cavell. Meer dan eens kwam de voedselhulp door de animositeit tussen *Zivil* en *Militär* in serieuze moeilijkheden: zo weigerden de militairen botweg een eind te maken aan de plunderingen van inlandse voedselwaren door het leger, hetgeen de Britse medewerking aan het ravitaillement telkens weer in gevaar bracht. De onderhandelaars van de *Commission* moesten meermalen vaststellen dat de magische frase 'militaire noodzaak' telkens en telkens weer elke afspraak ontbond en elke regeling tot stilstand bracht, zodat alles weer van voren af aan besproken moest worden.

Vanaf september 1916 verhardde de houding van de militairen duidelijk. Von Hindenburg kwam Von Bissing in Brussel ondoortastendheid verwijten. 'Nu zal België eens leren wat oorlog betekent,' zei een officier.[189] De vordering van inlandse goederen en de versleping ervan naar Duitsland vond nu massaal plaats. Von Tirpitz wilde de onbeperkte duikbootoorlog hervatten; in Berlijn, waar het burgerlijke gezag toch al node door de militairen werd geduld, naderde kanselier Von Bethmann Hollweg zijn politieke einde.

Nog in datzelfde najaar wonnen de militairen het pleit. In Duitsland werden zelfs zestienjarigen en mannen van vijftig voor het front opgeroepen en klonk oorverdovend de eis tot tewerkstelling van de klaplopende Belgen in 's Rijks oorlogsindustrie. Oorlog was oorlog.

En zo begon de exploitatie tot het uiterste van het bezette land. Op 26 oktober begonnen in Quiévrain bij Mons de eerste razzia's op Belgische werklieden. Het was het einde van een tijdperk in de bezetting. Een grens was overschreden: elke hoop, hoe zwak ook, op een verstandhouding met de Belgen vervloog. De nieuwe, hardere lijn viel moeilijk meer te rijmen met de sociale retoriek van de *Verwaltung* in Brussel, die de Duitse vooruitstrevendheid gunstig placht te vergelijken met de hardvochtigheid van het oud-Belgische liberale fetisjisme (en die, om dit argument te onderstrepen, de maatregelen tegen kinderarbeid had verscherpt).

Pijnlijk genoeg kwam de 'langetermijnpartij' precies op dat moment naar voren met een gedurende maanden voorbereid project. Dit project moest het middel bij uitstek worden om bij de bezette bevolking – althans bij een strategisch deel daarvan – loyaliteit ten aanzien van het bezettingsgezag en instemming met de Duitse oorlogsdoelen te kweken. Het betrof de Vlaamse Hogeschool in Gent.

HOOFDSTUK V

'Wij zijn Germanen, geen Latijnen': Vlaamsgezindheid en *Flamenpolitik*, 1914-1916

Naast een industriële oorlog was dit jammerlijke conflict ook een oorlog van propaganda, een oorlog om de rechtvaardiging van de oorlog. Nooit tevoren hadden nationale staten een dergelijk beroep op hun burgers gedaan. Voor het eerst moesten hele volkeren hun loyaliteit aan de natie bewijzen door het brengen van het ultieme offer. Het was daarom van het allergrootste belang dat de burgers doordrongen waren van het besef dat hún land om rechtvaardige redenen deze strijd voerde. Vanaf de eerste weken had dan ook de vraag naar de oorlogsschuld centraal gestaan – de vraag welke partij de *ware* schuld voor de wereldbrand droeg en welke tegenpartij derhalve *terecht* de wapens had opgenomen.

De abstracte notie van 'oorlogsschuld' raakte van meet af aan verbonden met de concrete, pijnlijke en zeer tot de verbeelding sprekende Duitse inval in België. Was dit een barbaarse verkrachting van een klein, onschuldig land, had een schaamteloos oorlogszuchtig rijk zijn woord gebroken? Of was het wettige zelfverdediging van een gezonde, groeiende natie tegen een arglistige wurging door gedegenereerde cynische staten en hun feitelijke satellieten?

Dit vraagstuk was noch een academische kwestie, noch een gezelschapsspel voor diplomaten. Het was retoriek voor het nageslacht, retoriek om de *eer*, waar men in die tijd niet mee spotte. Het was retoriek bestemd voor de neutrale staten, waarvan de havens en het graan en de goede wil broodnodig waren, en die men wellicht kon overhalen om mee te vechten. En meer dan wat ook was het, zoals gezegd, retoriek ter mobilisatie van de eigen burgers. REMEMBER BELGIUM, zeiden de Engelse oorlogsposters. ENLIST TO-DAY!

Dat 'Remember Belgium' was een zeer sterk argument: de aanranding van de Belgische onschuld had verontwaardiging uitgelokt over de hele wereld, van Buenos Aires tot Peking. Zelfs in Duitsland had kanselier Von Bethmann Hollweg het nodig geacht op de dag zelf van de inval tegenover de *Reichstag* zijn spijt te betuigen over de helaas noodzakelijke schending van de Belgische neutraliteit. Diezelfde avond echter voerde de kanselier een lang en bitter telefoongesprek met de Britse ambassadeur, waarin hij Engeland verweet Duitsland de oorlog aan te doen en aldus het Rijk in zijn strijd tegen het boze Oosten in de rug te schieten om niet meer dan een 'snipper papier'.

Hoezeer deze haast wanhopige uitspraak ook paste in de mythische overtuiging dat het Rijk zich slechts verdedigde, ze maakte buitenshuis een verpletterend slechte indruk. (Een jaar later zouden de ingezetenen van de volkswijken van Brussel de eerste verjaardag van de inval 'vieren' door een snipper papier in hun knoopsgat te steken, in plaats van de nu verboden driekleurige kokarde.) En in Engeland werd 'scrap of paper' prompt een gevleugeld woord in de oorlogsretoriek. Bethmanns boutade werd gretig aangegrepen om de burgers voor te houden hoe openlijk het Rijk spotte met internationale verdragen die het zelf ondertekend had: ze gold als het ultieme bewijs van het cynisme waarmee de 'Pruisen' het recht van de sterkste stelden boven datgene waar de *old contemptibles* overzee juist voor streden: het recht zonder meer.

Het was, kortom, een ongelukkige uitspraak, zo werd ook in Berlijn toegegeven. In een interview met de Associated Press van begin 1915 zou de kanselier er dan ook een geheel andere draai aan geven: het waren juist Frankrijk en Engeland geweest die al voor de oorlog door hun geheime afspraken met België het neutraliteitsverdrag tot een 'snipper papier' hadden herleid! Deze uitleg weerspiegelde de verandering die zich inmiddels had voltrokken in de Duitse voorstelling van zaken: de inval in België, aanvankelijk een betreurenswaardige doch uit het oogpunt van zelfverdediging volstrekt noodzakelijke schending van het internationale recht genoemd, werd thans gepresenteerd als een geval van zelfverdediging tout court, waarbij het internationale recht juist aan Duitse zijde stond.

Tegen het verwijt van de vermoorde Belgische onschuld ontketende Duitsland een propaganda-oorlog door deze onschuld zelf in twijfel te trekken. Net zoals 's Rijks manschappen in België in de eerste oorlogsmaanden niet méér hadden gedaan dan zich verdedigen tegen de franc-tireurs, die duistere vijanden die in het geniep naderbij slopen, zo moest ook de gehele Duitse natie, in haar strijd om lijfsbehoud, wel optreden tegen een slechts schijnbaar onzijdige, maar in werkelijkheid met Duitslands vijanden heulende staat. België was helemaal niet het onschuldig landje waar de vijand en de neutralen zo over jammerden! Integendeel, België speelde al sinds de Frans-Pruisische oorlog – zo niet sinds zijn geboorte – onder één hoedje met Frankrijk en Engeland. Het Duitse optreden was derhalve niet meer dan wettige zelfverdediging tegen een sluipende insnoering. Geheime Brits-Belgische verdragen, Franse 'luchtschepen' in Luik, en andere bewijzen voor deze schokkende stelling werden breed uitgemeten in de Duitse pers, in boekwerken en op lezingen, en in de officiële proclamaties van het gouvernement-generaal in Brussel, dat aldus de bevolking wilde laten zien hoezeer zij door haar regering was misleid met de zo doorzichtige leugen van de 'verdediging van 's lands neutraliteit'.

Zo werd België gaandeweg voorgesteld als een *Französische Ostmark*, naar de titel van een lijvig boekwerk uit 1917, een late vrucht van deze collectieve inspanning. Schrijver was de Beierse historicus Pius Dirr, die voor de oorlog archivaris was geweest en nu als officier in Brussel een hoge positie bij de *Politische Abteilung* bekleedde. Dirr herhaalde in dit boek wat hij reeds in artikelen in de Duitse en de collaborerende pers had betoogd: namelijk dat Duitsland in 1914 met de 'Russische stoomwals' in de rug noodgedwongen door België had moeten optrekken, hetgeen in de verste verte geen schending van 's lands neutraliteit betekende – gewetensvol historisch onderzoek toonde immers aan dat België allang een satellietstaat van Frankrijk was geworden. Frankrijks oneigenlijke ingrepen in de diplomatie, het financiële leven, de handel, het schoolwezen en de pers in België werden geestdriftig aanvaard, terwijl elke Duitse toenadering, hoe vrij van bijbedoelingen ook, bot werd afgewezen. De historicus benadrukte een en ander ter attentie van de wereldopinie, die Duitslands 'schuld' aan deze oorlog immers zo graag trachtte te 'bewijzen' door te refereren aan bewijsstuk nummer één – de schending van de Belgische neutraliteit.

Dirr voegde zich hiermee in het koor van ambtenaren, journalisten en hoogleraren die vanaf het begin van de oorlog hun overredingskracht in dienst van de Duitse oorlogspolitiek hadden gesteld. In hun retoriek was niet alleen het aanvechten van de Belgische neutraliteit, maar ook het betwisten van het bestaansrecht van België als natie een overheersend thema. Zo deed Dirr het fin-de-siècle-nationalisme af als een onhandige vermomming van het Frans-Belgische imperialisme – of in het beste geval een door de staat gesubsidieerde inspanning tot het overschreeuwen van een verpletterende realiteit, namelijk dat België uiteindelijk een kunstmatig land was en dat ook altijd zou blijven: dat onder het dunne laagje 'Belg' ware Walen en Vlamingen scholen, en dat ook na tachtig jaar 'Potpourrinië' geen 'Potpourrinische ziel' ontstaan kon.[190]

Erger nog was dat in dit maaksel van de Europese diplomatie, waarmee Frankrijk zich steeds intensiever was gaan bemoeien, de Vlaamse volksstam weerloos aan *verwelschung* blootstond. De essentie van België was immers verfransing – in taal en in nationaliteit – en daar hielpen geen papieren waarborgen, geen parlement en geen taalwetten tegen. Aldus was de verfransing van het Vlaamse volksdeel een klein voorbeeld van wat zich in het groot op het Europese toneel afspeelde, namelijk de omcirkeling en langzame wurging van de Germaanse volkskracht.

Ook met dit Vlaamse thema speelde Dirr feilloos in op de wensen van de Duitse overheid, die al in september 1914 te kennen gegeven had dat de Belgische taalstrijd nuttig gebruikt kon worden. Uit het oogpunt van buitenlandse politiek leek de Vlaamse kwestie een godsgeschenk: zo meenden Duitse politici oorspronkelijk met een

Vlaamsvriendelijk beleid het neutrale Nederland voor de Duitse zaak te kunnen winnen, in de veronderstelling dat het Nederlands in België de Nederlanders nauw aan het hart lag.

Reeds in diezelfde maand september werd in grootindustriële en pan-Germanistische kringen in het geheim voorgesteld België tot een militair protectoraat van het Duitse Rijk te maken: de Belgische staat moest een zogeheten 'zelfbestuurde kolonie' worden, van Antwerpen en Luik ontdaan – en strikt volgens de taalgrens gescheiden. Minder extreme plannen wensten het 'Vlaamse element' te versterken om zo een Duits bruggenhoofd te scheppen, dat na de oorlog het behoud van Duitslands economische en militaire basis in België zou kunnen waarborgen. Ook wanneer tegenvallende oorlogsresultaten Duitsland zouden nopen af te zien van 'harde waarborgen' voor de eigen belangen, zou deze politiek op zijn *allerminst* ertoe dienen om verdeeldheid te zaaien en België blijvend te verzwakken: 'We zullen België wellicht moeten opgeven,' stelde Von Bissing in december 1914 (de legers zaten toen al drie maanden in de modder vast en van 'Kerst in Parijs' droomde geen enkele Duitse generaal meer), 'maar we kunnen het door de Vlamingen vernietigen.'[191]

Ideologisch gesproken voltrok de Vlaamse retoriek een hemels huwelijk tussen de Duitse machtspolitiek en de voorstelling dat Duitsland een *missie* vervulde. Het feit dat de Belgische staat geen echte natie vertegenwoordigde, gaf de inval een heel wat minder misdadig voorkomen en rechtvaardigde bij voorbaat alles wat Duitsland met het bezette land van plan kon zijn: immers, aangezien België toch een maaksel was, kon het zonder morele bezwaren nogmaals worden herschikt. En herschikt conform *werkelijke*, etnische grenzen, waarbij de Vlaamse volksstam eindelijk uit zijn ketenen kon worden bevrijd. Op die manier was de Duitse inval mede een daad van bevrijding van een stamverwant volk, dat in een bittere strijd om zijn voortbestaan was verwikkeld; een strijd die in de laatste decennia steeds uitzichtlozer was geworden, daar de Franstalige bourgeoisie, met haar imperiale ambities en openlijke sympathie voor Frankrijk en Engeland, het pleit definitief leek te zullen winnen, alle papieren concessies in het politieke veld (waar de volkskracht van de Vlamingen hopeloos versnipperd was) ten spijt. Duitslands reddende hand kwam dan ook als geroepen in deze noodtoestand.

De nadruk op de zo urgente Vlaamse *Daseinskampf* paste natuurlijk schitterend bij het retorische gejammer over de Duitse zelfverdediging. Aangezien nu het doorslaggevende argument in de geschiedenis heette te liggen, was het niet alleen van belang de strijd van het Vlaamse volk om zijn bestaan tot de middeleeuwen terug te voeren, maar ook voor de recentere geschiedenis de verderfelijke werking van het Belgische gedrocht te laten zien. Nu was de recente geschiedenis van België vrijwel onbekend, zelfs bij het historisch geschoolde publiek in Duitsland; en voor zover dat publiek al iets van de oudere Belgische geschiedenis wist, was dat door Pirennes *Histoire de Belgique*, dat zijn allereerste druk juist in Duitsland had gekend, en wel dankzij de bemiddeling van Pirennes goede vriend en collega Karl Lamprecht, voor wie de verschijning een persoonlijke triomf had betekend en die het werk had geprezen als een bewijs van het succes van de moderne aanpak in de geschiedschrijving en als een machtige synthese van de geschiedenis van een land dat waarlijk als 'microkosmos van Europa'[192] mocht gelden. Het voor massaconsumptie in de oorlog creëren van een alternatief beeld van België vergde dan ook een zware historische inspanning, een inspanning die het Duitse geschiedkundige gilde met genoegen en trots leverde. Ambitieuze historici konden er carrière mee maken, terwijl de enkeling die over de 'Vlamingen-romantiek' en de doorslaggevende betekenis van de taalkwestie twijfels uitte, van hogerhand op de vingers werd getikt; de historicus Veit Valentin zou mede om deze reden zijn betrekking aan de universiteit van Freiburg verliezen.

De consensus was zo overdonderend, dat zelfs Lamprecht zich bij het koor voegde; zoals zovelen was hij in de eerste oorlogsmaanden geheel overspoeld geraakt door het besef van Duitse zendingsplicht. Sterker nog: Lamprecht, die met zijn modernere sociaal-economische aanpak binnen de Duitse geschiedschrijving altijd enigszins marginaal was gebleven, werd aangegrepen door de drang in plichtsbewustzijn niet voor anderen onder te doen. Dit poogde hij in de herfst van 1914 op tal van manieren waar te maken bij de regering, in eerste instantie echter vruchteloos. De achtenvijftigjarige geleerde gaf niet op en spoorde in december 1914 naar België om Pirenne en andere oude vrienden tot medewerking aan te zetten.

Maar Pirenne was op dat moment door de militaire gouverneur van Gent in gijzeling genomen, niet de ideale omstandigheid voor een goed gesprek; hij weigerde Lamprecht te ontmoeten. Toeschietelijker dan de Gentse hoogleraar bleek een van zijn studenten, de ambitieuze Leo Picard, met wie de Duitse officier Wirth, eveneens een historicus, al vruchtbare betrekkingen had aangeknoopt. 'Ik bid u,' schreef Picard de Duitse professor met oudjaar, 'zegt ons, Germaans voelende Vlamingen, zegt ons onze taak...'[193]

Mede door deze vleiende woorden begon Lamprecht zijn mening over België te herzien: waar hij eind 1914 nog had getwijfeld aan de mogelijkheid tot volkomen integratie van België in het Rijk en had gesteld dat de Belgische identiteit een niet weg te cijferen werkelijkheid was, hield hij op 4 maart 1915 in Dresden een lezing over België waarin hij zijn gehoor op de verschillen tussen de beide in België levende 'stammen' wees – enerzijds de gedrongen Walen, van wie de vrouwen, met hun haakneuzen en heerszuchtige voorkomen, zo weinig op de Duitse vrouwen leken, en anderzijds de rijzige Vlamingen, te midden van wie men zich in het Duitse boerenland wanen kon, met hun rijke cultuurgeschiedenis die niet los mocht worden gezien van de algemeen Germaanse: door de eeuwen heen was immers 'wat hier geschiedde Duits'.[194] Des te schadelijker dus dat de Belgische cultuurpolitiek tachtig jaar lang had beoogd van de Vlamingen Romanen te maken; de Vlamingen die, zo meende Lamprecht uit hun literatuur te ontwaren, hun Duitse stamverwanten reeds in 1870 de heerschappij over de zee van harte hadden gegund... Het mocht duidelijk zijn dat Vlamingen en Duitsers *eigenlijk* bondgenoten waren. Voor zover de Vlamingen nog niet zelf tot dit besef waren gekomen, lag er dus een opvoedende taak in het verschiet. Met pure dwang mocht men hierbij overigens niet te werk gaan. (Dit was verholen kritiek op de Duitse regering, bij wie Lamprecht al maandenlang aan het ijveren was voor het instellen van een dienst voor buitenlandse cultuurpolitiek.) Het leed geen enkele twijfel dat België een forse dosis orde en tucht kon gebruiken. Doch deze diende toegediend met de gestrenge liefde van de opvoeder. Daar lag, kortom, voor een geleerde die voor de dienst te oud was een taak.

Tot Lamprechts genoegen begonnen officiële kringen rond die tijd eindelijk zijn suggesties te waarderen. Zijn tweede reis naar België, in diezelfde maand maart, viel dan ook aanmerkelijk gunstiger uit. Een rondreis langs de slagvelden werd speciaal voor hem georganiseerd, met als hoogtepunt een geleerd geopolitiek gesprek met de keizer zelf, waarin de historicus en de *allerhöchste Kriegsherr* het hartelijk eens waren over de stelling dat de middeleeuwse Duitse keizers het 'tussenland' nooit aan de Fransen hadden mogen overlaten. Vereerd en met aangewakkerde ambitie stuurde Lamprecht Wilhelm de dag na hun onderhoud een uitgewerkt plan voor de Duitse oorlogsdoeleinden, waarin werd gesteld dat het Rijk de Belgische kust in handen moest houden en moest streven naar een Vlaamse staat onder Duitse bescherming. Hoezeer dit in België gewaardeerd zou worden, merkte hij in het land zelf, waar zijn oude vrienden hem zijn verdediging van de Duitse inval bitter verweten. In Brussel verweet de archivist Guillaume Des Marez hem zijn handtekening onder het 'professorenmanifest' van oktober 1914: een manifest waarin de vernietiging van Leuven werd verdedigd als 'de bitterste noodweer' van de Duitse soldaten, die door de 'opgehitste inwoners verraderlijk in hun slaapplaatsen werden aangevallen', en waarin het Duitse militarisme werd geprezen als een noodzakelijk onderdeel van de Duitse *Kultur*.[195] Des Marez deelde Lamprecht mee dat hij zich naar zijn mening over enige Belgische medewerking geen illusies moest maken, en zelfs dat hij zonder de aanwezigheid van Duitse troepen in de stad niet veilig zou zijn. In Gent wachtte Lamprecht een pijnlijker confrontatie. Pirenne, die intussen had vernomen dat zijn zoon

Pierre in de slag om de IJzer was gesneuveld, stuurde hem bij de deur van zijn huis weg. Zo eindigde een vriendschap die een kwart eeuw had geduurd – 'een van de zwaarste ervaringen die ik ooit heb moeten overwinnen,' schreef Lamprecht. Maar de plicht riep. In Brussel werden in gesprekken met Dirr en Von Bissing de vele mogelijkheden van het culturele bezettingsbeleid nog duidelijker, en Lamprecht zag, zoals hij aan zijn vrouw schreef, een grote toekomst voor zich. Prompt ging hij aan het werk en verklaarde in een nota de Belgische nationaliteit een 'lege, vage gedachte, politiek onhoudbaar'. Zijn ideeën reikten nog veel verder: in een blauwdruk schetste de historicus een toekomstige Europese bond van Germaanse staten, een constellatie die naar het oosten toe zou zijn verbonden met Turkije en Egypte, en vooral met China, een bondgenootschap dat Duitsland militair *Übergewalt* over de wereld zou verzekeren. De banden tussen de diverse staten dienden, schreef de professor, door middel van 'culturele uitwisseling van de hoogste rang' onderhouden te worden.[196]

Lamprecht zou zijn post van cultureel ambassadeur nooit bekleden: hij stierf op 10 mei 1915. Zijn nagelaten, voor publicatie bedoelde aantekeningen werden door de militaire censuur tegengehouden wegens hun al te heftig anti-Belgische, al te pan-Germanistische inhoud.

Wat de Duitse plannen met betrekking tot België ook waren en welke precieze rol een Duits-Vlaams beleid daarin ook zou moeten spelen, de overheid oordeelde dat zo'n beleid in elk geval geen kwaad kon. Zo werd de aanvankelijk vage gedachte dat men de Vlamingen voor het Duitse gezag moest zien te winnen voortvarend door het Brusselse militaire bestuur in ambtelijke daden omgezet. De zaken werden voortgestuwd door de aanwezigheid in Brussel van eerzuchtige geesteswetenschappers als Dirr en Wirth, die ten overstaan van de militaire gezagsdragers hun eigen, specifieke kunde voorstelden als onontbeerlijk voor deze uiterst belangrijke – maar o zo *delicate* – culturele taak. Zodoende werden in de herfst van 1914 enkele officieren naar de voornaamste Vlaamse steden gezonden om contacten te leggen met flamingantische kringen. In december drong kanselier Von Bethmann Hollweg bij Von Bissing aan op de wenselijkheid het Duitse Rijk als 'natuurlijke beschermheer en betrouwbare vriend' van de Vlamingen beschouwd te zien.[197] Op 10 januari 1915 stuurde de gouverneur-generaal een brief terug waarin hij de grote lijnen van een bezettingsbeleid ter 'Gewinnung der Vlamen' schetste.[198] De dag daarop werd een aparte sectie voor het Vlaamse beleid gesticht. Binnen deze *Ausschuss für flämische Angelegenheiten* (die naderhand bij de *Politische Abteilung* werd ondergebracht) maakte Dirr al snel met opvallende rapporten carrière.

Nu wilde het geval dat de Vlaamse Beweging voor de oorlog – op enige onbeduidende uitzonderingen na – in het geheel niet pan-Germanistisch *angehaucht* was geweest, wat onwelwillende Franse intellectuelen als Charriaut daar ook over mochten beweren. De eerste – en lange tijd enige – successen van de Duitse *Flamenpolitik* werden dan ook geboekt in marginale kring. Twee weken na de bezetting van Gent ontstond in deze nu vrijwel geheel van de rest van het land afgesneden stad een vereniging die zich ondubbelzinnig vóór samenwerking met de Duitsers en tegen de Belgische overheid uitsprak. De groep, die zich Jong-Vlaanderen zou noemen, onderschreef op haar stichtingsvergadering in oktober 1914 een partijprogramma dat de hoop uitsprak op een 'van Germaans standpunt noodzakelijke aanhechting' van Vlaanderen (én Frans-Vlaanderen) bij Duitsland. Aldus zou 'het Vlaamse volk voortaan bevrijd worden van alle rechtstreekse en onrechtstreekse romaanse invloed'. Jong-Vlaanderen eiste in dit verband de volledige verdwijning van het Frans in Vlaanderen, zelfs als tweede taal op de scholen (de na het Nederlands 'onmiddelijk [sic] bijkomende tweede taal' diende het Duits te zijn). Vlaanderen moest volkomen van Wallonië worden gescheiden, waarbij het hele idee België diende te verdwijnen, tot de 'rampzalige naam' zelf toe. 'Dan eerst en dan alleen zal Vlaanderen, [...] door ontaarding en halfslachtigheid niet langer ondermijnd, integendeel de sterkste dam zijn waardoor alle romaanse invloed voor eeuwig zal worden en blijven gestuit.'[199]

Dit was de wel bijzonder radicale marsorder van een negenkoppige groep jonge, intellectuele flaminganten, waaronder de eerder genoemde Leo Picard. Zij hadden voor de oorlog behoord tot de radicale kring rond de Vlaamsgezinde hoogleraar Biologie Julius MacLeod. Diens Belgisch-patriottische houding ten tijde van de inval en daaropvolgend vertrek naar Engeland hadden hen wat verweesd achtergelaten. Een oude kennis van MacLeod zou de leemte vullen: de merkwaardige Friese dominee Jan Derk Domela Nieuwenhuis Nyegaard (een neef van de socialist), die in 1903 naar Gent was geroepen door bemiddeling van de hoogleraar Geschiedenis Paul Fredericq. De oorlog bood voor de steile dominee, die zich in het werelds aangelegde milieu van het Gentse burgerlijke protestantisme enigszins onbegrepen had gevoeld, de gelegenheid zich in eigen en bredere kring als leider op te werpen. Domela, die niet zozeer 'Vlaams' als wel Groot-Nederlands dacht en de pan-Germanistische beginselen niet ongenegen was, had in augustus de Duitse inval in het muitzieke en katholieke België toegejuicht en het leger prompt zijn diensten aangeboden. Deze werden aanvaard en Domela werd beloond met de hoogst zeldzame gunst in een militaire automobiel stad en land af te mogen reizen als de Duitse 'vertrouwensman voor Vlaamse aangelegenheden', een rol die volmaakt bij zijn verlossersambities paste: 'In Gods kracht greep ik met machtige hand een wegstervend volk aan, en blies in die halfdoden [...] de levenwekkende gedachte van een eigen Staat Vlaanderen,' zo mocht hij later graag zijn eigen rol in die dagen zien.[200]

Op 19 december verklaarde de nieuwe vereniging zichzelf in een (overigens niet ondertekende) brief aan Wilhelm II 'onder de hoge leiding van Uwe Majesteit, trouwe grenswachters van het machtige Germanendom'.[201] In februari 1915 lanceerde de *Pressezentrale* een Jong-Vlaamse krant geheten *De Vlaamsche Post*, die onder Duits toezicht stond (het blad werd gefinancierd met het geld dat de inwoners van Gent moesten neertellen voor hun reispassen, zonder welke ze de stad niet uit mochten). De *Post* verbrak met animo de taalkundige 'godsvrede' door scheldkanonnades tegen de 'franskiljons' te plaatsen en nam ook artikelen uit de Nederlandse pers over die vraagtekens zetten bij de eenheid van België. Van hogerhand werden kosten noch moeite gespaard om het succes van het blad te garanderen. Zo liet eind februari in Geraardsbergen en omstreken de plaatselijke *Kommandantur* via aanplakbiljetten weten dat de burgemeesters hadden te zorgen voor 'de meest mogelijke verspreiding van dit blad', waarvan de lezing hun 'zeer aanbevolen' werd.[202] Het effect van deze wel zeer onhandig aangepakte onderneming was echter naar verwachting desastreus: flamingantisch Vlaanderen deinsde in afgrijzen terug voor deze zo duidelijk Duitse 'Vlaamse Pest'. De deportatie naar Duitsland van twee radicale Vlaamsgezinden uit Gent die de *Post* hadden aangevallen, deed de populariteit ervan niet toenemen, en ondanks de royale subsidie en de onmisbare hulp bij de distributie (en, als speciale gunst, de toestemming om de lijsten met Belgische gesneuvelden te publiceren) daalde de verkoop begin maart 1915 tot duizend exemplaren, waarmee het blad de hekkensluiter van de Gentse pers werd. Het Duitse leger zag zich genoodzaakt daarom het grootste deel van de oplage maar zelf op te kopen: deze exemplaren werden dan maar naar de Vlamingen in Duitse gevangenkampen gestuurd.

Het werd dus al spoedig duidelijk dat de Jong-Vlaamse bijdrage aan de doelen van de *Flamenpolitik* haar begrenzingen had. Jong-Vlaanderen bleek namelijk minder een partij met een potentieel brede achterban te zijn dan een sektarische broederschap der zuiveren, die vooral 'de rechte leer' predikte. De veel nuchterder aangelegde Picard, wie het bij de Jong-Vlaamse activiteit vooral om een krantenredacteurschap te doen was geweest en die geleidelijk afstand nam van Domela's haast religieuze anti-Belgische overtuiging, kreeg van de dominee te horen dat deze vurig bad voor zijn door een 'Pirenne-vergiftiging' aangevreten ziel.[203] (Picard zou ten slotte uit de groep worden gestoten en in september 1915 naar Nederland vertrekken, waar hij tot het eind van de oorlog in Duitse dienst propaganda schreef.) Het duurde dan ook niet lang voor de *Politische Abteilung* besefte dat juist de al te openlijk beleden medewerkingsbereidheid van Jong-Vlaanderen de werking van de hele *Flamenpolitik* op de helling zette. Andere lompe maatregelen bleken eveneens averechts te werken. Een daarvan was de Duitse belofte gevangengezette Vlaamse burgers milder te behandelen dan Waalse; een belofte waartegen Louis Franck (een van de Vlaamsgezinde 'kraaiende hanen'), die nu feitelijk burgemeester van Groot-Antwerpen was, in februari 1915 in een open brief aan Von Bissing scherp protesteerde. Franck stelde dat niets 'noodlottiger zou wezen, in de tragische omstandigheden die het land doorworstelt, dan een politiek die zich zou gronden op beschouwingen van ras en taal'; een dergelijke politiek zou de Vlamingen beledigen in hun 'waardigheid en vaderlandsliefde'. Franck waarschuwde de gouverneur-generaal dat 'zich inbeelden dat onze twee bevolkingen, omdat zij verschillende talen spreken, jegens hun Vaderland [...] niet dezelfde gevoelens en dezelfde hoop zouden koesteren, is zich plaatsen buiten de werkelijkheid en zich bittere ontgoochelingen voorbereiden'.[204]

De Duitse inspanningen vonden, kortom, bij het gros van de adressanten geen warm onthaal. In januari 1915 had Von Bissing de kanselier moeten melden dat alle pogingen tot het leggen van contacten met 'invloedrijke personen in het Vlaamse openbare leven' tot nog toe hadden gefaald.[205] Tegen de zomer van 1915, een jaar na de Duitse inval, stonden de in de *Flamenpolitik* geïnvesteerde moeite en (uit de oorlogsschattingen afkomstige) gelden nog steeds in geen enkele verhouding tot de bij de Vlaamsgezinde opinie gekweekte welwillendheid – noch in termen van kwaliteit, noch in termen van kwantiteit.

Zoals zoveel ambtelijke molens, was ook die van het Vlaamse beleid intussen echter ten behoeve van zichzelf aan het draaien geraakt. De *Flamenpolitische* administratie was haar eigen rechtvaardiging geworden en trok voortdurend meer Duitse academici aan. Voor sommige academisch geschoolde Duitsers betekende het Vlaamse beleid overigens meer dan een carrière-vehikel: de Germaanse broederromantiek was balsem op de ziel voor mensen die er zwaar onder leden dat de halve wereld hen voor 'Hunnen' uitschold en dat ze in een land verbleven waar ze niet welkom waren. Bij de Vlamingen, zo hielden ze zichzelf graag voor, waren ze wél welkom, zelfs méér dan welkom. Zelfs de nuchtere Otto Flake, die over de Duits-Belgische toenadering-in-bezettingstijd verder weinig illusies koesterde, liet zich na een goed diner in een Brusselse brasserie tot enig rooskleurig gemijmer verleiden. 'Eens komt in Europa de tijd dat Duitsland voor de kleinere Germaanse naties [...] de rol van grote broer speelt – de broer die het in de familie het verst heeft gebracht en hun allen zijn [...] cultuur cadeau doet [...]. De Vlamingen zullen toenadering [tot Duitsland] nastreven omdat zij deze nodig zullen hebben.'

'In déze kwestie is het tenminste niet moeilijk een goed beleid te voeren,'[206] meende Flake optimistisch, en vele ambtenaren ter *Abteilung* geloofden het mét hem. Het Vlaamse beleid breidde zich dan ook langzamerhand meer uit. Vlaamsvriendelijk werd de politiek in de krijgsgevangenenkampen in Duitsland (waar in februari 1915 Vlamingen en Walen van elkaar werden gescheiden), evenals in de pers en uiteraard in het onderwijs. In het bezette land opende dit beleid aantrekkelijke posities voor wie bereid was mee te werken als 'vervlaamsingsambtenaar'. Verder begon de *Flamenpolitik* langzaam harten te winnen in de altijd al wat geëxalteerder aangelegde kringen van het meeting-flamingantisme – wat August Vermeylen in 1900 'onze ultra-romantische patriotterij' had genoemd.[207] Zo werd de werving van Nederlandstalige postcensoren in februari 1915 – voor die tijd mocht tijdens de bezetting alleen in het Frans worden gecorrespondeerd – zowaar gepresenteerd als een erkenning van Vlaamse rechten; waarachtig, stelde Karel Van De Woestijne sarcastisch vast, 'deze erkenning [...] dompelt sommige flaminganten in extatische verrukking' en 'vervult sommige Vlamingen met onstelpbare dankbaarheid, alsof het zowaar de meest-benijde gunst moest gelden. En daarbij nemen zij de gelegenheid te baat om allerlei rastwisten op te rakelen...'

Van De Woestijne verwees tegelijk naar 'enkele franskiljons, die met het oude nationale spelletje begonnen zijn'. Inderdaad waren, in de verhitte sfeer van patriottisch opbod die ten tijde van de inval had geheerst, her en der insinuaties geuit betreffende de pan-Germanistische oogmerken van de vooroorlogse Vlaamsgezindheid. De daarop volgende Vlaamsvriendelijkheid van het bezettingsregime had het Nederlands in sommige kringen verdacht gemaakt en had er de blinde vooroorlogse hetze tegen alle taalwetgeving als wezensvreemd aan de 'Belgische vrijheden' krachtig doen herleven. Van De Woestijne riep de Vlaamsgezinden op om dergelijke, door geperverteerde vaderlandsliefde en wellicht ook leedvermaak geïnspireerde pesterijen te negeren: 'in gemoede, gaat het hier niet om onze waardigheid?'[208] Doch in de zich bedreigd voelende flamingantische milieus wist niet iedereen dit op te brengen. Verspreide hatelijkheden werden er tot consistente anti-Vlaamse reactie opgeblazen: 'Na de oorlog zal er geen Vlaams meer gesproken worden!' zo heette het nieuwe franskiljonse credo te luiden. (De precieze herkomst van deze schokkende uitspraak is overigens nergens te achterhalen. Zij is zeker niet afkomstig uit de Franstalige verzetspers, die zich van anti-Vlaams gestook verre hield en haar lezers ertegen waarschuwde: 'Waalse broeders, de Vlamingen zijn fidele lui geweest!' schreef het overigens naar een licht hysterische vorm van patriottisme neigende *Patrie!*[209]).

Wat er aan provocaties van francofone zijde bestond, werd zeer dik door de collaborerende pers aangezet en zo nodig verdraaid, als ze al niet geheel en al voor rekening van de *Politische Abteilung* kwamen. Zo rees de voorstelling van een georkestreerde 'anti-Vlaamse hetze' vanwege *officieel* België, dat in de oorlog een Germaans-Latijnse strijd zou zien, en dus een ideale gelegenheid om het Vlaams eens en voorgoed de nek om te draaien – daarbij de Vlaamsgezinden met verwijzing naar de godsvrede (dat wil zeggen de noodzaak om in oorlogstijd alle binnenlandse twist te staken) elk terecht protest verbiedend. Uitspraken over de Belgische *latinité* werden als bewijs van deze houding gepresenteerd, zoals de stelling van Nobelprijswinnaar Maurice Maeterlinck dat de Belgen met hun verzet tegen de Duitse doortocht op de bres hadden gestaan voor 'de Latijnse beschaving [...], de enige beschaving waarin de meerderheid der mensen wíl en kán leven'.[210] Nu was dit, zoals de historicus Lode Wils heeft onderstreept, in werkelijkheid een vooral strategische uitspraak geweest. De regering in Le Havre had prestigieuze vertegenwoordigers naar de niet-oorlogvoerende landen gestuurd om aldaar de publieke opinie te bewerken, en Maeterlinck had zijn argument eind 1914 gelanceerd in het *Teatro dei Filodrammatici* in Milaan, waarbij hij zijn kunstminnende Italiaanse publiek ook gewezen had op het gevaar dat, nu Leuven in as lag, de schatten van Gent en Brugge bedreigde. Maeterlinck speelde dus voor de galerij. Niettemin werd de uitspraak prompt aangegrepen als bewijs voor de diepgewortelde Vlaamsvijandigheid van officieel België. Het leed geen twijfel of 'die van Le Havre', zo zou Pius Dirr nog jaren later de verontwaardiging levendig houden, deelden Maeterlincks opvatting dat 'de Vlaamse Leeuwen aan de IJzer voor de Latijnse cultuur dansen'.[211]

Veel kwalijker nog was een in februari 1915 verspreid pamflet met de titel *La vérité sur la capitulation d'Anvers*, waarin de Antwerpse vroede vaderen vanwege hun overgave van de forten voor verraders werden uitgemaakt en waarin Antwerpen als vergelding na de oorlog het einde van 'het tijdperk van het flamingantisme' in het vooruitzicht werd gesteld.[212] Het hatelijke schotschrift werd geacht afkomstig te zijn uit franskiljonse kringen en wekte grote woede in de bezette stad, waar Vlaamsgezindheid en wrok tegen 'Brussel' al sinds generaties niet van elkaar te onderscheiden waren.

Historisch onderzoek doet vermoeden dat het hele pamflet van Duitse makelij was. Dit werd ook in 1915 reeds geopperd, met name in flamingantische kringen in Nederland en in de Belgische verzetspers. Het stuk miste echter zijn uitwerking niet. In het zich opgeofferd voelende Antwerpen, met zijn spookachtig stille haven en kapotgeschoten buitenwijken, werd in latere jaren fel geageerd tegen het boosaardige Brussel, het symbool van een verstikkend België en een stad die, althans volgens het pamflet *Vlaanderens economische zelfstandigheid* uit 1917, als metropool 'de ruggegraat diende gebroken' ten bate van Antwerpen.[213]

Aldus groeide in die kringen die ontvankelijk waren voor dit soort propaganda geleidelijk een nieuwe stemming. Deze stemming ontstond onder invloed van de Duitse voorstelling van zaken (die in het bezette land niet openlijk tegengesproken kon worden) en werd mede gevoed door de voortvarendheid van de militaire administratie, die zo scherp contrasteerde met de trage werking van het Belgische parlement inzake de taalwetgeving. De warme – en soms ongeveinsde – aandacht van een grote cultuurnatie voor de Vlaamse literatuur en het Vlaamse streven kweekte verder een sfeer van welwillendheid. In deze nieuwe stemming won een tevoren ondenkbare gedachte langzaam veld, of stuitte althans niet onherroepelijk op verontwaardigde afwijzing: de gedachte van een *voorwaardelijke* loyaliteit aan de Belgische oorlogsdoeleinden.

Deze gedachte werd ook sterk in Nederland ontwikkeld, waar het Duitse gezantschap contact had opgenomen met de christelijk-historische politicus Frederik Carel Gerretson, de dichter Geerten Gossaert, in Berlijn bekend als Duitslands 'Groot-Nederlandse vertrouwensman'.[214] Mede met Duitse gelden had Gerretson zich in mei 1915 ingekocht in het drie maanden oude, noodlijdende exil-dagblad *De Vlaamsche Stem*, dat in Amsterdam verscheen. Onder zijn redactionele invloed week het langzaam van het oorspronkelijke Belgisch patriottische standpunt af en begon het een meer federalistische toon aan te slaan. Dit veroorzaakte hooglopende ruzies in de redactie. Sommige leden zetten zich af tegen de nieuwe denkrichting. Andere raakten onder de indruk van de zienswijze van de briljante en energieke Gerretson, die voor de nieuwe lijn een consistente ideologie en een dwingend geschiedbeeld aanbood: de Vlaamsgezinden die weigerden de taalstrijd tijdens de oorlog te laten rusten, waren in het geheel niet onvaderlandslievend – zij waren juist de ware vaderlanders, zij waren degenen die, als Willem de Zwijger, partij trokken voor hun volk, tegen hun staat. Deze Vlaamsgezinden, die het gevaar roken en ernaar *handelden*, ook al was dat tegen het consigne van een hun wezensvreemde staat in, mochten zichzelf trots kronen met de titel: *activisten*. (Deze term was oorspronkelijk van Zweedse afkomst: 'activistisch' noemde zich de Zweedse oorlogspartij, die het land aan Duitse zijde in de oorlog wilde brengen; 'passivisme' werd de neerbuigende term voor de neutrale houding van de tegenpartij. Deze terminologie, die vanuit Zweden via Nederland gaandeweg in heel Europa in zwang raakte, werd naar andere politieke velden uitgebreid om in zijn algemeenheid een onderscheid tussen 'radicalen' en 'conservatieven' aan te geven.)

Een eretitel was geboren. En daarmee tegelijk een tegentitel: het scheldwoord 'passivisten' voor Vlaamsgezinden die – zoals de activisten het voorstelden – uit naïviteit, uit kleinmoedig traditionalisme of uit de zucht te behoren tot het Belgische establishment, meenden dat het taalvraagstuk een interne kwestie was, die moest wachten tot het herstel van de Belgische onafhankelijkheid. (En die niet konden inzien dat het hier geen taalprobleem, maar een *volks*vraagstuk betrof, en een buitengemeen urgent vraagstuk bovendien.)

Deze activistische retoriek vormde wel een bijzonder heldhaftige voorstelling van zaken. De voordelen van de nieuwe zienswijze bleven bovendien niet tot woorden beperkt. Toen Gerretson in augustus 1915 *De Vlaamsche Stem* in zijn geheel opkocht, verlieten de meeste leden de redactie, waaronder de romancier en toneelschrijver Cyriel Buysse. Wie aanbleef zag zich hiervoor beloond, zoals de leraar en dichter René De Clercq, die het prompt tot hoofdredacteur bracht.

De Clercq had dan ook zijn sporen verdiend. Tijdens een 11-juliherdenking, georganiseerd door het Algemeen Nederlands Verbond in Bussum, had hij namens het gezelschap een telegram naar Albert I gestuurd waarin ter gelegenheid van de Guldensporen-herdenking een beroep werd gedaan op de vorst om 'Vlaanderens volkomen geestelijke vrijwording' te waarborgen.[215]

Albert had zich aanvankelijk niet verwaardigd te reageren op wat hij als een belediging beschouwde. In zijn hoofdkwartier in De Panne achter het front zag hij zich dagelijks geconfronteerd met de zo goed als onmogelijke opdracht het Belgisch leger in de luwte van de moordende geallieerde offensieven te houden zonder bij het Franse opperbevel twijfels aan de Belgische loyaliteit te doen rijzen; de herdenking van een middeleeuwse Franse nederlaag, hoe symbolisch en vrijblijvend ook, gold in deze delicate context als bijzonder onstrategisch en ook ongepast. Een maand later gaf Albert ten slotte toch antwoord: hij dankte de heren voor hun telegram en verzekerde dat de Vlaamse zaak alle aandacht zou krijgen in het *herstelde* Belgische parlement.

De berisping die onder de ijskoude beleefdheid van het antwoord verborgen was, ontging De Clercq niet. Enkele maanden later vatte hij in een vlammend artikel het antwoord samen als de sommatie 'Vlamingen, vecht en zwijgt!'[216] Hijzelf was, zoals al snel zou blijken, noch het een noch het ander van plan.

De 'passieven' – een term die geleidelijk een geuzennaam zou worden – bleven hun vaderlandse trouw onderstrepen. Ter gelegenheid van de Belgische nationale feestdag van 21 juli 1915 publiceerden enkele in Nederland verblijvende Vlaamsgezinden, onder wie de 'kraaiende haan' Frans van Cauwelaert, Cyriel Buysse en de kunsthistoricus Leo Van Puyvelde, een manifest waarin gesteld werd dat de hele Vlaamse geschiedenis één worsteling om onafhankelijkheid was geweest, maar dat het land nog nooit 'zo meinedig, noch zo wreedaardig [was] besprongen als nu'. De ondertekenaars verklaarden stand te zullen houden en drukten hun overtuiging uit dat elke vorm van inlijving van België bij het Duitse rijk de ondergang van de Nederlandse taal en de Vlaamse beschaving zou betekenen – en dat derhalve diegenen die zij de handlangers van het Duitse bestuur noemden de Vlaamse beweging evenzeer afvielen als ze de natie afvielen.[217]

In het bezette land overhandigde een groep Vlaamsgezinden (waaronder Vermeylen, Van De Woestijne, Huysmans, Franck en de schrijver Herman Teirlinck) Von Bissing een verklaring waarin ze nogmaals de Duitse gunsten krachtig afwezen en benadrukten dat 'zekere alhier thans opgeschoten bladen, die onder de dekmantel van Vlaamse taalstrijd andere belangen dienen dan Belgische, geen enkele fractie der Vlaamse Beweging vertegenwoordigen'.[218] (Ze doelden hiermee op de groei van de activistische pers, zowel in Nederland – waar naast de *De Vlaamsche Stem* ook virulenter anti-Belgische en mede door Duitsland gefinancierde bladen als *De Toorts* en *Dietsche Stemmen* verschenen – als in het bezette België, waar August Borms, doctor in de Germaanse filologie en flamingant van naam, met het door de *Pressestelle* gestichte *Vlaamsche Nieuws* in juni 1915 een monopolie op de Antwerpse pers had verkregen.)

De Guldensporen-affaire zorgde voor gemengde gevoelens bij de flaminganten in het bezette land. Sommigen achtten het telegram even grootsprakig als gratuit, en de Vlaamse zaak onwaardig. Twee jaar na dato kon *De Vlaamsche Leeuw*, de Vlaamsgezinde tegenhanger van *La Libre Belgique*, zich nog opwinden over de 'gezien de omstandigheden verbijsterende [...] onbeschoftheid' van deze 'dolle kwajongensstreek'. Terugblikkend wees het blad De Clercq aan als 'de roekeloze bergbeklimmer, die met voorbedachten rade een moordende lawine aan 't rollen had gebracht'.[219]

Maar bij velen had de zaak de bedoelde desperado-indruk gemaakt. Een indruk die nog werd versterkt toen De Clercq in oktober 1915 als leraar uit Belgische rijksdienst werd ontslagen uit hoofde van wat Le Havre zijn 'onvaderlandse activiteiten' noemde. Met deze omschrijving werd bedoeld De Clercqs werkzaamheid bij *De Vlaamsche Stem*, een met Duitse gelden betaald propagandablad, naar intussen bekend was. Minister van Kunsten en Wetenschappen Poullet, die in Den Haag verbleef, had De Clercq al eerder persoonlijk het advies gegeven op te stappen. 'Onvaderlandse activiteiten' werden in activistische kring echter prompt vertaald als 'Vlaamsgezinde actie', zodat het ontslag van de dichter kon worden uitgelegd als een bestraffing van zijn Vlaamse overtuiging.

De Clercq was in één klap een martelaar geworden. Al bleef hij er privé rustig onder (in 1916 schreef hij zijn familie dat de minister hem had verzekerd dat hij zijn benoeming na de oorlog wel weer zou terugkrijgen), in het openbaar wentelde hij zich in zijn nieuwe rol.

Zijn strijdgedicht 'Aan die van Havere' (Havere = Le Havre) sloeg met opzwepende verzen als

> Heren van Havere, weet het goed!
> Wij zijn Germanen, geen Latijnen,
> Opene harten, zuiver bloed![220]

in activistische kring prompt aan. De activistische bladen in het bezette land slaakten schrille kreten over de broodroof van een Vlaamsgezinde. De Clercqs ontslag was olie op een smeulend vuur van verongelijktheid en wakkerde vooral bij jongeren de sympathie voor het activistisme aan: in Antwerpen werd een protestpetitie getekend door een bent van jonge schrijvers, onder wie Willem Elsschot en Paul Van Ostaijen. Deze sympathie voedde zich met een breder ongenoegen. Voor vele jonge intellectuelen in de bezette stad begonnen de clichés van 'verzet' en 'vaderland' sleetse plekken te vertonen en het activisme verscheen in een uitdagend, opwindend, gedurfd daglicht. 'Het aktivisme heeft ons, knus-burgerlijke non-kombattanten in de schaduw van deze geweldig-lelijke tijd een wappering van iets groots doen voelen,' zo zou de twintigjarige schrijver Floris Couteele op 26 oktober 1918 op zijn bezettingservaring terugkijken in een – overigens precies op tijd komend – 'Afscheidswoord aan het aktivisme'.[221] In de naoorlogse roman *Roomdale's Jongelieden in de verzoeking en in de beproeving* (een kroniek van de intellectuele jeugd in een Vlaams dorp in oorlogstijd, geschreven door de activistische sympathisant Arthur Broekaert) werd de Guldensporen-affaire de beslissende gebeurtenis die de strijd tussen 'de gedachte' (het passivisme) en 'het zwaard' (het activisme) beslechtte: 'Het bussumer draadbericht van 11 juli 1915 vloog op als een stofwolk in bloeiende tuin, waaruit de Vlaamse Rebellie wild-fris te voorschijn kwam... [U]it de misten van de lage landen [...] doemde onverschrokkenjeugdig als een Siegfried de lenige gedaante op van het jonge activisme.'[222] Méér dan een politieke keuze werd het activisme een geestesstroming, een levenswijze haast, die een gevoel van heldhaftig handelen bood en zo de passieve sleur van het leven onder een militaire bezetting draaglijk maakte.

Le Havres onverschilligheid jegens de Vlaamsgezinden stak schril af bij de Duitse genegenheid, die onder andere naar voren kwam in het in juli 1916 gestichte Duitse literaire maandblad *Der Belfried*, dat naast veel propagandistische stukken (het blad was voor *Flamenpolitische* doeleinden gecreëerd) ook een paar essays opnam die van oprechte belangstelling voor de Vlaamse cultuur getuigden.

En deze belangstelling zou zelfs in daden resulteren. Rond diezelfde tijd immers hadden, in de *Politische Abteilung*, de plannen vaste vorm aangenomen voor wat de kroon op Von Bissings werk moest worden: de algehele vernederlandsing van de Gentse universiteit – het grote strijdpunt van de vooroorlogse Vlaamse beweging. Een eclatanter bewijs van de Duitse welwillendheid tegenover de Vlaamse strijd was niet denkbaar. Deze welwillendheid zou de Belgische onwil nog meer benadrukken en de Vlaamse bevolking dankbaar stemmen, zo rapporteerde de *Abteilung*. Bovendien: voor het geval dat Duitse aanspraken op België na de oorlog niet gehonoreerd werden, zou een Vlaamse Hogeschool het herstelde Belgische gezag toch voor een probleem stellen. Een gehandhaafde Hogeschool zou immers als een soort Germaans bruggenhoofd blijven functioneren, als luis in de verlatijnste Belgische pels, terwijl een afgeschafte Hogeschool bij de Vlaamsgezinden zeer veel kwaad bloed zou zetten en de Vlaamse beweging een machtige anti-Belgische impuls zou geven. Kortom, het gouvernement-generaal had legio goede redenen om de *kaltgestellte* Belgische parlementaire besluitvorming te forceren ten gunste van 'Gent'. Von Bissing besefte immers terdege dat de universitaire vernederlandsing de *Flamenpolitik* voor het eerst buiten de grenzen van de Belgische wettelijkheid voerde, al werd zij dan naar buiten toe voorgesteld als loutere tenuitvoerbrenging van de al te lang met voeten getreden Belgische taalwetten.

De Gentse universiteit nu, was gesloten sinds het Duitse leger op 12 oktober 1914 de stad had bezet en haar – als hoofdstad van het

Etappengebiet – aan een streng militair regime had onderworpen: de meeste burgers konden Gent in noch uit; tot november 1915 was elke briefwisseling met de rest van het land verboden, en ook daarna bleven de communicatiemogelijkheden uiterst beperkt. De 'Nieuwe Hoogeschool' aan de Plateaustraat diende als Duitse kazerne. Gent was dicht, zoals alle Belgische universiteiten – Luik, Brussel, en het aan puin geschoten Leuven met de verbrande bibliotheek – en vanuit Den Haag had de minister laten weten dat alle hogeschoolcolleges moesten worden opgeschort. En Gent blééf dicht, ook toen de Duitse militaire gouverneur Ecker na de zomervakantie van 1915 pogingen deed de universiteit te laten heropenen. Eind september stemde het voltallige professorencorps tegen heropening, op grond van solidariteit met de frontsoldaten, als teken van burgerlijke ongehoorzaamheid, en omdat hoger onderwijs onder een repressief bezettingsregime ondoenlijk en onwenselijk werd geacht. Het was de Duitse autoriteiten niet ontgaan dat men tot deze stemming had besloten op instigatie van Fredericq en de inmiddels vrijgekomen Pirenne.

Hun verzet betrof overigens de heropening als zodanig, die ze beschouwden als een vorm van verraad tegenover de studenten die aan het IJzerfront stonden, en had niets te maken met de kwestie van de vernederlandsing. Deze had ook niet op Eckers agenda gestaan: zijn bedoeling was geweest met het hervatten van de colleges het herstel van het openbare leven in de bezette stad en het blijvende karakter van de Duitse bezetting te onderstrepen.

Dat Eckers plan niet doorging, kwam Von Bissing intussen goed uit. Zijn *Politische Abteilung* was in de herfst van 1915 reeds begonnen het terrein te effenen. Dat de hoogleraren en docenten van de oude universiteit zo massaal hun medewerking aan de heropening hadden geweigerd, maakte alleen maar de weg vrij voor de vernederlandsing, zo werd gesuggereerd in Jong-Vlaamse kringen, waar het nieuws van de opening van de Poolse universiteit in Warschau van een grootse toekomst dromen deed. Eind november opperde Pius Dirr in een verslag dat de onbaatzuchtige, slechts door motieven van broederlijkheid ingegeven vernederlandsing alle kritiek van

Vlaamse zijde op de Duitse politiek als verkapte Germaanse annexeerdrift zou doen verstommen. En op 31 december 1915 maakte Von Bissing ten slotte zijn vervlaamsingsbesluit officieus bekend. Een 'echt germaans kerstmisgeschenk', juichte de *Vlaamsche Post*.[223]

Al gauw bleek dat slechts weinig Vlaamse geleerden echt verguld waren met hun kerstcadeau. De gesprekken die in januari 1916 met een twintigtal Vlaamsgezinde hoogleraren werden gevoerd, liepen op niets uit. Fredericq, die voor het rectorschap werd aangezocht, weigerde de Duitse afgevaardigde te ontvangen. Samen met Pirenne werd hij in de rapporten dan ook gebrandmerkt als gangmaker van de 'Waalse partij' (wat een merkwaardige kwalificatie mocht heten voor iemand die als voorzitter van de liberale flaminganten van Gent onder zijn collega's de bijnaam *le mouvement flamand* had verworven).

Fredericq liet samen met andere 'passieven' zijn stem horen. Op 8 januari verscheen een *Protest der Vlamingen en Vlaamschgezinden*, waarin de 38 ondertekenaars – onder wie Vermeylen en andere leden van de vooroorlogse hogeschoolcommissie – op morele en juridische gronden en in absolute termen het Duitse 'geschenk' verwierpen, met als argument dat de Vlaamse zaak een volstrekt binnenlands vraagstuk was. Hoewel geen Vlaming eraan dacht om na de oorlog 'de rechten van zijn taal op volledige gelijkheid [...] te laten kleineren', was het de overtuiging van de ondertekenaars dat de gemeenschappelijk doorstane beproeving na de oorlog tot een oplossing van de hangende hogeschoolkwestie zou leiden. De bezetter werd elk recht ontzegd zich in deze kwestie te mengen. Het nut van het oprichten van een hogeschool in het holst van een oorlog, en dan nog midden in het opmarsgebied van het Duitse Vierde Leger, werd betwijfeld, en er werd voorspeld dat de 'beste krachten' zich zeker niet voor deze onderneming beschikbaar zouden stellen. Ten slotte werd gewezen op morele overwegingen: 'Eer en waardigheid zijn ook voor het bezette volk onschatbare goederen. Hoe zou de geschiedenis ons, Vlamingen en Vlaamsgezinden, beoordelen, indien [...] wij uit handen van de veroveraar voordelen, zelfs onder de vorm van rechtsherstel, moesten aanvaarden? Door gans het verleden heeft ons volk er steeds op gestaan zijn eigen zaken, in eigen land zelf te regelen.'[224]

Het manifest werd als strooibiljet verspreid onder de kop 'Geen Vlaamse hogeschool uit Duitse handen'. In de verzetspers raakte bekend dat de meest eminente voorstanders van een Vlaamse universiteit – de drie 'kraaiende hanen' zelf – de bezettingshogeschool onvoorwaardelijk afwezen. Van Duitse zijde werd met machtsargumenten gereageerd. Von Bissing liet Franck en de zijnen persoonlijk weten dat elk verzet tegen de vernederlandsing zwaar bestraft zou worden en herhaalde deze dreiging in de pers. (Franck zou vanwege zijn aanhoudende verzet tegen de *Flamenpolitik* ten slotte op activistisch verzoek in maart 1918 naar Duitsland gedeporteerd worden.) Jong-Vlaanderen reageerde met spot op de 'zwanslijst' van een 'Oud-Vlaenderen' dat de frisse Vlaamse krachten niets meer te zeggen had.[225] Borms' *Vlaamsche Nieuws* drukte Von Bissings reprimande aan Franck af.

In februari werd de Gentse hoogleraren en docenten van hogerhand gevraagd of zij zich 'in staat' (*en mesure*) achtten in het Nederlands te onderwijzen. Doch waar voor de oorlog nog 55 van de 76 leden van het onderwijzend personeel hadden gemeend in het Nederlands te kunnen examineren, werd nu massaal getuigenis van onkunde afgelegd: slechts zes van de tachtig achtten zich in staat tot het geven van Nederlandstalig onderwijs. De rest bekende onkunde, verwees naar de eerdere weigering tot heropening of verklaarde zich 'wel bekwáám, maar niet *in staat*' (*capable, mais pas en mesure*), een formulering die Fredericq had bedacht en die prompt beroemd werd.

Het feit dat de weigeringen zo gelijkluidend waren, sterkte de organisatoren in hun overtuiging dat Fredericq een van de gangmakers was; en de massaliteit van de afwijzing deed uiteindelijk de Duitse adviescommissie besluiten dat het verzet onthoofd moest worden. Op 15 maart vaardigde Von Bissing het officiële vervlaamsingsbesluit uit. Drie dagen daarna werden Pirenne en Fredericq aangehouden en op transport naar Duitsland gesteld. (Aldus werd een oude wens van Jong-Vlaanderen vervuld. In die kring was eind 1914 al het plan opgevat om 'met Duitse hulp de franskiljons te breken'[226] en met name Pirenne te laten deporteren, evenals Fredericq, tegen wie Domela om onduidelijke persoonlijke redenen een diepe wrok koesterde. Nog in februari 1918 zou de dominee Fredericq een 'franskiljon' noemen, een 'belachelijke zogenaamd Vlaamsgezinde', die vooral in Duitsland vastgehouden moest blijven en in geen geval naar Gent terug mocht keren.[227])

Deze brutale machtsmaatregel zorgde voor een groot protest in binnen- en buitenland, en vooral natuurlijk in Gentse kringen. De filoloog Vercoullie, die aanvankelijk positief op de rondvraag had gereageerd, herriep zijn toezegging openlijk en in scherpe termen. Een en ander maakte de nieuwe universiteit er niet populairder op. Steeds duidelijker werd dat als de vervlaamste hogeschool al tot stand zou komen, zij volledig van Duitse bescherming zou afhangen. De Rijksoverheid aarzelde dan ook niet deze bescherming officieel te garanderen: kanselier Von Bethmann Hollweg verklaarde op 5 april 1916 ten overstaan van een applaudisserende *Reichstag* dat het Duitse Rijk de Vlamingen 'nooit meer aan de verfransing (*verwelschung)* zou prijsgeven'.[228] Voor de goede verstaander betekende dit een garantie dat degene die zijn medewerking toezegde, na de oorlog niet in de steek zou worden gelaten. De Jong-Vlamingen stuurden de kanselier een dankbetuiging.

Dezelfde Jong-Vlamingen wilden zich maar al te graag met de nieuwe universiteit vereenzelvigen en hadden zichzelf alvast enige topfuncties toebedacht. De *Politische Abteilung* wilde zich daarentegen van de volslagen geïsoleerde groep distantiëren, en voorkomen dat de nieuwe universiteit een Duits-Jong-Vlaams aura van openlijke collaboratie zou krijgen. Een Jong-Vlaamse verklaring die de vernederlandsing een 'eerste vrucht van onze actie' noemde, werd officieel weerlegd.[229] In april 1916 werd de verschijning van de *Vlaamsche Post* stopgezet.

Intussen had het nieuws van de vernederlandsing ook een bredere flamingantische opinie aangesproken. De vijfendertigjarige jurist Lodewijk Dosfel, die onder katholieke oud-studenten veel gezag genoot, stelde Bethmanns warme belofte tegenover het onbegrip van de Belgische staat. In Antwerpen had Borms enig gehoor gevonden voor een meer 'federalistisch' programma. Zo groeide geleidelijk ook buiten de virulent anti-Belgische kring van de Jong-Vlamingen de sympathie voor het activisme. De gedachte won veld dat er op zichzelf niets verkeerds of onvaderlands school in de aanvaarding van 'Gent': recht was recht, tenslotte, waar het ook vandaan kwam. (Ook was het lang niet zeker of de Duitsers – van wie de gecensureerde bladen de tucht bewonderden, daarbij fijntjes aanstippend dat de geallieerden nog geen enkele overwinning hadden geboekt – deze nu al bijna twee jaar durende oorlog niet zouden winnen, of althans zó in hun voordeel beslechten dat ze bij de vredesonderhandelingen over de toekomst van België konden meebeslissen.)

En zo kwam het dat in de zomer van 1916 ongeveer honderdvijftig militanten van de vooroorlogse Hogeschool-beweging overstag gingen en in het openbaar hun steun betuigden aan de vervlaamste oorlogsuniversiteit, aldus brekend met de onvoorwaardelijk afwijzende lijn van de 'kraaiende hanen'.

Maar tussen het zetten van handtekeningen en het effectief meewerken aan de nieuwe instelling gaapte een kloof van terughoudendheid. De Duitse commissie moest ondervinden dat de Vlaamsgezinde geestdrift voor het bezetten van leerstoelen aan de nieuwe Vlaamse universiteit – een geestdrift die op papier zo vanzelfsprekend had geleken – in werkelijkheid nogal tegenviel. 'Zo blijkt maar,' klaagde voorzitter Dirr in mei, 'hoe lastig het is om het naar verhouding wel erg dunne laagje écht Vlaamsgezinde ontwikkelden in Vlaanderen tot gemeenschappelijke, besliste actie te verenigen.'[230]

Zeker tegen een achtergrond van haat tegen het *Deutschtum*. 'Het volk wil thans België, België bovenal, België los van Duitsland, België vrij,' schreef de voor medewerking aangezochte en zwaar twijfelende Dosfel.[231] Wat de bevolking over de nieuwe universiteit dacht, was duidelijk, en de liefde in de onmiddellijke omgeving nam niet toe na de brute onderdrukking van de hongeropstanden in Gent in juni 1916. Elk verzet tegen de Hogeschool werd draconisch bestraft. De Duitse overheid kwam daarmee tegemoet aan de wensen van Jong-Vlaanderen, dat zich tegenover Von Bissing beklaagde over 'de kuiperijen der Fransgezinden te Gent, die trachten onze Vlaamse Hogeschool [...] bij het volk onmogelijk te maken, en Uwer Excellentie's werk te verhinderen'.[232] Zo werd de auteur van een protestbrochure tot twaalf jaar dwangarbeid veroordeeld; eind juli werd de Vlaamsgezinde Gentse schepen en hoogleraar De Bruyne, een van de ondertekenaars van het anti-Hogeschoolmanifest, vanwege zijn verzet tegen de *Flamenpolitik* naar Duitsland gedeporteerd. Dit deed het afgrijzen toenemen van wat nu algemeen als de *Von-Bissing-universiteit* bekendstond. De werksters, tuinmannen, bibliothecarissen, elektriciens, conciërges en het overige personeel van de universiteit namen tussen juni en oktober in groten getale ontslag. Voor hun inkomen werden uit patriottische en professorale kring gelden beschikbaar gesteld.

Naast morele bezwaren bestonden er ook overwegingen van voorzichtigheid: was het meewerken aan die hogeschool überhaupt wettelijk? Ondanks Duitse verzekeringen en activistische autosuggestie omtrent de feitelijke wettelijkheid van de vervlaamsing waren ook diegenen die hun medewerking hadden toegezegd, er niet helemaal gerust op. Daarom werden de werkwilligen in de zomer van 1916 nog meer garanties in het vooruitzicht gesteld. De salarissen werden met een kwart verhoogd, en de Duitse overheid beloofde doorbetaling van twee derde van het salaris na de oorlog en zelfs bij terugkeer van de Belgische regering... Voor wie het wilde geloven was dit een gouden berg; er werd dan ook druk naar gesolliciteerd in activistische kring, zodat de bezettende overheid de criteria moest verbreden om ook niet-'professorabele' activisten van deze bescherming te laten meegenieten: zo werd de symbolische functie van 'erehoogleraar' in het leven geroepen.

Het kon dan ook niet anders of de nieuwe hogeschool was veel meer gepolitiseerd dan in de bedoeling van de Duitsers had gelegen: aanstellingen bleken vooral beloningen voor inschikkelijkheid. De enkeling wiens medewerking aan de *Flamenpolitik* grotendeels tot 'Gent' beperkt bleef, zoals Dosfel, had zich niet dan na lange aarzeling bereid verklaard mee te werken – in Dosfels geval was enige gerichte familiale chantage hier niet vreemd aan (Dosfels zwager was wegens spionage tot tien jaar gevangenis veroordeeld en was maar ternauwernood aan de kogel ontsnapt), noch de aantrekkingskracht van een prestigieuze leerstoel op de technisch werkloze jurist (Dosfel was voor de oorlog ambtenaar bij de Belgische Spoorwegen geweest, die nu door het Duitse bestuur waren overgenomen).

Alles bij elkaar deed de samenstelling van het docentencorps vermoeden dat de Duitse commissie in haar zoektocht naar medewerkers genoodzaakt was geweest de blik wetenschappelijk gesproken wat lager te richten, politieke benoemingen niet te schuwen, en verder te nemen wat zich aandiende. De Luxemburger Hoffmann, een van de oudgedienden van de vooroorlogse universiteit, werd tot rector benoemd. Weliswaar had hij nog in 1913 verklaard geen Nederlands te kennen, maar in Jong-Vlaamse kring had hij goede contacten. Als beheerder fungeerde de ingenieur Haerens, voor de oorlog een tegenstander van de vernederlandsing, maar zoals Fredericq in zijn dagboek noteerde 'een geldman & niets meer'.[233] De nieuwe benoemingen waren voor een derde uit Jong-Vlaamse kring afkomstig, en ook verder was geput uit het bestand van activisten en hun verwanten. Verschillende hoogleraren kwamen uit Nederland, onder wie de Middelburgse ambtenaar J.H. Labberton, de dichter Th. Van Ameide, die zich had onderscheiden met een in Duitsland goed ontvangen essay over de 'morele rechtvaardiging van de schending van de Belgische neutraliteit', waarin onder andere werd betoogd dat Pruisen de moreel 'gezonde kern' van Europa was, vanwaar de wedergeboorte van een gedegenereerde wereld zou komen.[234]

De *Politische Abteilung* trok één grens: openlijk Duits diende de hogeschool niet te worden. De benoeming van de kunsthistoricus Jolles van de universiteit van Berlijn, die in het Duitse leger aan het westelijk front had gediend, leidde tot enige consternatie. Daarna werden leerstoelen bij voorkeur niet aan Duitsers gegeven, tot groot verdriet van ambitieuze academici als de vierenveertigjarige dr. Konrad Beyerle, die sinds begin 1915 in Duitsland de *Flamenpolitik* in de krijgsgevangenenkampen superviseerde en begin augustus 1916 bij Dirr vergeefs zijn kandidatuur indiende voor een positie als hoogleraar in de rechtsgeschiedenis in Gent: een positie die hij naar eigen oordeel wel had verdiend met zijn inzet in het krijgsgevangenenkamp van Göttingen, waar hij onder andere een bundel met activistische uitlatingen uit soldatenbrieven had samengesteld (naar hij Dirr verzekerde een hoogst ondankbare taak, aangezien hij de enkele bruikbare uittreksels 'uit duizenden onbruikbare brieven' had moeten halen[235]). Dirr moest hem teleurstellen: in zijn antwoord beklaagde hij zich nogmaals over de zo moeizame werking van de Hogeschool. Bij de *Politische Abteilung* groeide het besef dat het verhoopte effect van de vernederlandsing op de Vlaamsgezinden dreigde uit te blijven. Binnenskamers maakte men zich weinig illusies over de belangeloze Vlaamsgezindheid van de participanten of over hun prestige en uitstraling in Vlaanderen: het waren, zoals een sceptische officier in een vertrouwelijke brief schreef, alles bij elkaar niets dan 'Führer ohne Heer'.[236]

En zo begon de oorlogsuniversiteit haar korte bestaan. In de week van de openingsceremonie, die op 24 oktober 1916 werd gehouden, werden de eerste dwangarbeiders uit Gent weggevoerd. Grote woorden klonken over de edele rol van de Hogeschool als kweekplaats van een Vlaamse elite en de 'kop' op het streven naar verheffing van de Vlaamse volkskracht. 'Blinde voorliefde voor een vreemde taal en daardoor voor vreemde zeden spoort slechts aan tot afwijking van de eigen aard, tot ontaarding...' hield rector Hoffmann de studenten voor.[237]

Er waren voorlopig slechts veertige reguliere studenten; het professoren- en docentencorps daarentegen was drieënveertig man sterk. De studentenbevolking zou aan het eind van het eerste jaar aangegroeid zijn tot 138. Dit getal lag nog aanzienlijk beneden het vooroorlogse aantal, ondanks de middelen die ter rekrutering werden gebruikt (zoals de meer dan verdubbelde studiebeurzen en de extra vleesrantsoenen op vertoon van de studentenkaart). Van de 138 ingeschrevenen stonden er 26 als 'vrije' student geregistreerd: het ging hier om jongelieden die weliswaar de middelbare-schoolopleiding nog niet hadden voltooid, maar zich inschreven om te ontsnappen aan de dwangarbeid. Dat zou ten slotte de belangrijkste motivatie worden om zich in te schrijven: nadat in december 1917 de deportaties van jongemannen in het *Etappengebiet* waren opgevoerd, en bovendien bekend was geworden dat in de dwangarbeidersbataljons oedeem heerste, nam het aantal inschrijvingen fors toe – zelfs, naar interne rapporten berichtten, van notoire franskiljons. Eind november 1917 telde de hogeschool 144 'gewone' en 27 'vrije' studenten; een maand later waren daar 64 gewone en 136 vrije inschrijvingen bijgekomen. Toen de universiteit hier van hogerhand opmerkingen over kreeg, stelde rector Hoffmann voor de zo populaire inschrijving als vrij student van de Vlaamsgezindheid van de kandidaat te laten afhangen, maar het spontane Vlaamse bewustzijn leek het plaatselijke militaire gezag een onmeetbaar gegeven. Een en ander stimuleerde de sympathie van de bevolking voor de *gandavenses* niet echt, en de studenten hadden dan ook enige moeite met het vinden van verenigingslokalen. Een intens cultureel studentenleven kon zich in de bezette stad niet ontwikkelen: muziek-, toneel- en discussiekringen leidden een kwijnend bestaan.

Hoewel het studentencorps ook verschillende intelligente en gedreven jongeren telde, viel de overdracht van kennis en inzicht over het algemeen nogal tegen. Deze overdracht diende overigens volgens nieuwe principes te gebeuren. Verlichte seminarie-methodes, zoals die ook aan Duitse universiteiten werden toegepast, moesten het ouderwetse Belgische hoorcollege-en-tentamensysteem vervangen; een 'in België totnogtoe niet bestaande academische studievrijheid' zou 'een grondiger verdieping van de studie' mogelijk maken.[238] De verwerkelijking van dit alles bleek wat moeizamer. De zwaar tegenvallende resultaten van de eerste examens deden vermoeden dat de

Hogeschool als kweekplaats van een Vlaamse elite, nog een lange weg af te leggen had; het peil van de studenten was zo laag, klaagde een docent aan de faculteit Wis- en Natuurkunde, dat het niveau van de opleiding het midden moest houden tussen dat van universiteit en middelbare school.[239] Tijdens het tweede jaar legden slechts 66 studenten examens af.

Mocht de universiteit als universiteit dan geen hoogtepunt zijn, vanuit het oogmerk van de *Flamenpolitik* was zij, hoewel niet het verhoopte eclatante succes, niet helemaal zonder nut. Het 'heerlijk geschenk' had het activisme ook voor sommigen buiten de radicaal anti-Belgische kringen aanvaardbaar gemaakt. Dat was overigens weinig verwonderlijk. De universitaire vernederlandsing was voor de oorlog een centrale eis – dé centrale eis – van de Vlaamse Beweging geweest.

In vergelijking met de eerste stadia van de bezetting betekende 'Gent' dan ook een doorbraak. Maar in vergelijking met de brede, soms zelfs de taalgrens overschrijdende invloed van de vooroorlogse Hogeschoolactie bleef de acceptatie van de oorlogsuniversiteit toch uiterst beperkt. De meerderheid van de Vlaamsgezinden bleef de Duitse instelling afwijzen, en verschillende Vlaamsgezinden distantieerden zich met grote nadruk van de Hogeschool en van haar medewerkers. Ernest Claes beschuldigde Dosfel, die dan nog van alle activisten veruit de meest 'vaderlandse' houding aannam, zonder meer van landverraad. In oktober 1916 hekelde 'kraaiende haan' Camille Huysmans in de Nederlandse pers zeer scherp de baat-het-niet-dan-schaadt-het-niet-redenering van de 'eerlijke "activisten"', een redenering die hij zo 'kinderachtig' achtte dat ze wel moest 'ontstaan zijn in het brein van een oud-gemeenteraadslid van Steenokkerzeel of Zoetenaaie'. Hadden de bezetters een *Walen*politiek gevoerd, schreef Huysmans, dan waren al diegenen die nu activist waren, het erover eens geweest dat geen enkele pro-Waalse hervorming na de oorlog in stand kon worden gehouden, en dan zouden woorden zijn gesproken als vaderlandsliefde, gegeven woord, lafheid, verraad – woorden die nu werden gesproken door de 'passieven', en mét hen door de hele Vlaamse bevolking. 'Want de 99 veeartsen, apothekers en andere intellectuelen die tijdens de oorlog te Gent willen doceren, vertegenwoordigen niet veel en zullen nog veel minder vertegenwoordigen wanneer de legers der Duitse bezetting over de Rijn zullen getrokken zijn.' Geen begrip voor het activisme, dat 'bewust of onbewust, een schakel in de lange keten van het Duitse annexionisme' was: daarvoor was er bij de inval en onder de bezetting té veel gebeurd – 'de partij die met de tragedie van 1914-1916 geen rekening houdt, is verloren voor de toekomst.' Ook Vermeylen gaf in de herfst van 1916 zijn mening te kennen dat 'de flaminganten toch geen kinderen meer zijn' en zette zich scherp tegen de activisten af: wie na de oorlog de Vlaamse zaak wilde opnemen, zou 'zuivere handen' moeten hebben.[240]

Het Antwerpse verzetsblad *De Vlaamsche Wachter* publiceerde in januari 1917 een zeer lange 'Philippica' tegen 'die voor Gent'. 'Gij geeft voor,' zo voer het requisitoir uit, 'door uw bedrijvigheid – en [gij] noemt u "actieven" – het Vlaamse volk te redden, terwijl wij door onze nalatigheid – en gij noemt ons "passieven" – hetzelfde in 't verderf zouden storten.' De activisten vleiden zich met de gedachte dat ze met behulp van de Duitsers een Vlaamse hogeschool hadden opgericht. Dat was op zich al niet te vergoelijken, maar de werkelijkheid was nog erger. 'De Duitsers hebben, met uw hulp en met ons geld, te Gent een hogeschool geopend die zij de "Vlaamse" noemen, maar [...] die geopend werd door de gegalonneerde moordenaars en uitzuigers van ons volk, ook van ons Vlaamse volk.' Het was de redactie bekend dat zulks in activistische kring als 'gevoelsargument' werd afgedaan. Daar werd immers geredeneerd dat de Vlaamse universiteit een *recht* van het Vlaamse volk was, dat zijn recht kon nemen waar het maar wilde. Deze redenering nu, sprak de *Wachter* tegen met het argument dat 'Gent' de vijand in de hand werkte, zoals eenieder kon opmaken uit de Duitse toegeeflijkheid jegens de activisten. 'Zet nu geen verontwaardigd gezicht, met de uitroep: wij hebben slechts om ons recht gevraagd. Neen, Uw recht had ge niet te vragen, dat komt niet uit duitse bron, maar gij hebt gevraagd om een recht te mogen uitoefenen en die gunst heeft de bezetter u toegestaan, omdat hij er belang in zag.' Onder de schreeuwende onrechtvaardigheid van de zo verschrikkelijk begonnen bezetting was het weigeren van alles wat de bezetter aanbood een kwestie van eer en burgerplicht. Wellicht lapten de nieuwe docenten dit soort overwegingen aan hun laars, maar dan dienden ze daar ook voor uit te komen: 'Zegt het dan duidelijk, ook aan het volk, dan [...] zal het uit zijn met uw volksbedrog.'

Het geringe aantal gegadigden toonde overigens afdoende aan dat er midden in de oorlog bepaald geen haast was bij die vervlaamsing. Ook in niet-bezette landen ging het universitaire leven niet zomaar door; in Duitsland stonden vierentachtig van de honderd studenten aan het front. Hoe konden de activisten zo blind zijn voor de realiteit van de om hen heen woedende wereldoorlog? En hoe konden ze zo blind zijn voor Duitslands ware bedoelingen? 'Gij die zo verachtelijk spreekt over "die van Havere" [...], denkt ge soms dat de Duitsers hun tegenwoordige schijnbare welwillendheid zouden voortzetten, als we eenmaal geheel in hun macht waren? Zij die termen vinden om de deportatie van onze werklieden voor te stellen als een weldaad voor ons volk, zouden waarlijk niet verlegen zijn, om onze dankbaarheid te eisen voor onze volledige germanisering. Moest Duitsland dus winnen, dan is 't met onze Vlaamse taal gedaan; dan is die schijnbare redding onzer taal door de Vervlaamsing van Gent, niets anders dan het bedrieglijk blosje op de wangen van een teringlijder.' En in geval van een Duitse nederlaag 'komen de grote ballingen van Gent terug en het gejuich dat ze zal onthalen zal uw vonnis zijn'. Want 'uw werk van dit ogenblik, zal – ja moet vernietigd worden. Wij willen een Vlaamse Hogeschool, maar die niet belast is met een Duitse erfzonde.'[241]

Zo dachten 'passieve' Vlaamsgezinden erover; de Vlaamse bevolking in haar geheel moest niets hebben van de Hogeschool, die steeds meer van het te verheffen 'volk' geïsoleerd raakte... en steeds duidelijker Duits werd. 'Het is geen Duitse Hogeschool die hier moet ontstaan,' had Von Bissing in oktober 1916, bij de overdracht van de Hogeschool aan het hooglerarencorps, zijn gehoor verzekerd. Tegenover een Duits publiek was de dag voordien een heel andere toon aangeslagen: de referent voor onderwijsaangelegenheden Von Dyck prees de Vlaamse universiteit als 'een wacht- en hoektoren [...] gericht tegen de aanstormende Waalse en Franse heerszucht'; in zijn hoeksteenfunctie voor de Vlaamse cultuur was Gent tegelijk 'ook een vaste burcht, een goed weermiddel en wapen voor ons Duitsers, en ook in zijn essentie Duits; Duits, omdat zij [de universiteit] is opgericht met een optimistisch oog op onze toekomst; Duits in de geest en in de werkelijkheid'.[242] Tenslotte was reeds in april van dat jaar uit Bethmanns toespraak voor de *Reichstag* overduidelijk gebleken dat de geopolitieke prioriteiten van het Rijk naadloos samenvielen met het bieden van culturele steun aan het Vlaamse broedervolk. Het in activistische kring geliefde motto *Onverfranst... Onverduitst!* was dan ook niet méér dan een bezweringsformule, want de *Flamenpolitik* zou 'die van Gent' in de twee laatste oorlogsjaren nog tot verregaande collaboratie dwingen.

De schaduw die de Duitse bezettingsmacht over de Vlaamse universiteit wierp, bleek uit allerlei details. De Hogeschool besloot in maart 1917 Von Bissing een luxueus herdenkingsboek van haar openingsplechtigheid aan te bieden. Bij die gelegenheid rees in de academische senaat onenigheid over de begeleidende dankbrief, waarin de zinsnede 'met eerbiedige dankbaarheid' vooral Dosfel tegenstond, die bleef volhouden dat het hier een *recht* en geen *gunst* gold. De commissie kon het niet eens worden. Von Bissing stierf gelukkig net op tijd, zodat het boek slechts als 'dankbare hulde' naar zijn weduwe verstuurd hoefde te worden.[243] Dit incident daargelaten, kon het niet anders of het universitaire corps kwam onder steeds strengere controle van de bezetter te staan. Zo kreeg de Raad van Beheer een jaar later een Duitse afgevaardigde opgedrongen – dit teneinde, zoals de *Politische Abteilung* verklaarde, de universiteit 'op de richtige [sic] Vlaamse baan te houden en alle anti-Vlaamse strekkingen te verhinderen'.[244] In welke kronkels de 'verweerschriften' van het gematigde activisme zich ook draaiden, de Hogeschool was en bleef een product van het bezettingsregime.

En toch had intussen, elders in het land, het Gentse zaad wortel geschoten.

Want de Belgische regering deed maar geen vaste beloften voor vernederlandsing na de oorlog. Maar wél vaardigde zij (bij Koninklijk Besluit van 10 oktober 1916) straffen uit voor de medewerkers aan de bezettingshogeschool. Deze straffen waren even streng als de beloften vaag: het stemde bitter. Minister Poullet had eigenmachtig vernederlandsing in het vooruitzicht gesteld, maar had dat na tussenkomst van andere kabinetsleden moeten afzwakken tot de toezegging de kwestie na de oorlog parlementair aan de orde te zullen stellen. Dit incident deed veel flaminganten – zonder nostalgie – terugdenken aan de moeizame tijden van de vooroorlogse 'oud-Belgische' besluitvorming. Aan het front toonden de jonge Vlaamsgezinde universitairen zich zeer gegriefd door de vrijblijvendheid van Le Havre. In de modder van de IJzer borrelden de bronnen van bitterheid steeds talrijker op.

HOOFDSTUK VI

De IJzer: het Belgische front in de stellingoorlog (november 1914 – september 1918)

Het was de derde winter van de oorlog. Verspreid over het Belgische front weerklonk grimmige instemming met 'die van Gent'. Steeds meer waren Vlaamse studenten zich gaan ergeren aan de hyperpatriottische ballingenpers, die de activisten voor verraders uitmaakte. Zo kon iedereen zichzelf wel een aura van vaderlandsliefde aanmeten, oordeelden zij die aan de IJzer stonden. Was het niet aan de soldaten om te oordelen en te veroordelen?

Deze ergernis wortelde in een diepere onvrede. Ruim twee jaar duurde de stellingoorlog nu. De derde oorlogswinter was de strengste winter in een kwart eeuw tijd. En nog steeds was er geen uitzicht op vrede. Hoe lang nog zou de ondergelopen vlakte de enige horizon blijven voor de honderdvijftigduizend man van het Belgische veldleger?

Na de IJzerslag waren, in november 1914, beide legers in de Westhoek vastgelopen. Zo kwam de bewegingsoorlog krakend tot stilstand – geen dag te vroeg voor het Belgische leger, dat volledig aan het einde van zijn kunnen was. De IJzerslag had nog eens 3500 doden en 15.000 gewonden gekost aan de door de Antwerpse uitvallen en de ellendige terugtocht toch al fors uitgedunde strijdmacht. Van de 117.500 man die het veldleger op 4 augustus 1914 had geteld, waren er op 10 november 1914 52.000 overgebleven, en die kleine troep bevond zich in een miserabele staat. Aan alles was gebrek. Het kader telde op zijn minst 2000 officieren te weinig, de munitie was op, de artillerie tot schroot verworden, en de soldaten liepen in gescheurd tenue en op klompen rond. Velen waren te uitgeput om nog een geweer vast te houden, laat staan raak te schieten. Het moreel was door het uitblijven van enig nieuws uit het nu bijna geheel bezette land tot een dieptepunt gezakt.

Dankzij een veto van het Belgische opperbevel werd het leger na de IJzerslag niet langer ingezet aan de zijde van de grote geallieerde offensieven. In de relatieve rust van het IJzerfront werd het effectief maar langzaam hersteld. In maart 1915 vervoegden de rekruten van de jongste lichting (de lichting die in september 1914 in de toen nog niet-bezette streken was opgeheven) zich vanuit opleidingskampen in Frankrijk bij het front, samen met de 20.000 vrijwilligers uit de augustusdagen. In de loop van de stellingenoorlog zouden daar nog eens 32.000 via Nederland gesmokkelde vrijwilligers uit het bezette land bijkomen, plus zes militielichtingen uit de Belgische bevolking in het buitenland. In totaal kwamen er meer dan 130.000 nieuwe soldaten bij. Aldus zou het Belgische leger zijn sterkte van de begindagen terugwinnen en zelfs overtreffen: op 28 september 1918, bij het begin van het bevrijdingsoffensief, was het veldleger 168.000 man sterk (het totale leger 221.000 man). (In totaal hebben ongeveer 350.000 Belgen deelgenomen aan de loopgravenoorlog, van wie twee van de drie ook werkelijk aan het front. Het Belgische leger zette overigens geen koloniale troepen in, aangezien het van hogerhand niet opportuun werd geacht de 'kinderlijke naïefheid' van de Congolezen met het Europese leven te confronteren.[245])

Aan de overkant lagen, in steeds dieper gebetonneerde loopgraven, de Duitse divisies van het Vierde Leger. Het IJzerfront gold voor de Duitse strategen niet als een front waar doorstoten mogelijk of wenselijk was. In 1916 en 1917 werden de jongere divisies naar de grote Franse slachtingen aan de Somme en bij Verdun gestuurd en vervangen door mannen van middelbare leeftijd van de *Landwehr*, die enkel de positie bezet dienden te houden.

Van bezuiden Nieuwpoort tot tien kilometer voor Ieper hadden de Belgen stellingen ingenomen over een lengte van dertig kilometer, het zogenaamde 'IJzerfront'. (Het front liep overigens maar gedeeltelijk langs de IJzer en het waren de Duitsers en niet de Belgen die zich aan de rivier hadden ingegraven.) De meest noordelijke sector, Nieuwpoort, werd door geallieerde eenheden bezet tot in het voorjaar van 1918; toen namen de Belgen de verdediging van het stukgeschoten stadje, waar de kelders van de huizen met elkaar waren verbonden tot loopgraven, ten slotte over. Het sluizencomplex, dat de inundatie van de IJzervlakte regelde, werd door de Belgische genie onderhouden. Tussen Nieuwpoort en Diksmuide waren de legers door de brede inundatie gescheiden. De Belgen zaten verschanst achter de dijk van de spoorweg Nieuwpoort-Diksmuide, de Duitsers op de rechteroever van de rivier. In deze twee sectoren, Ramskapelle en Pervijze, opereerden aan beide zijden vooruitgeschoven posten in de deels overstroomde, deels zompige vlakte. Bij Diksmuide (dat in Duitse handen was, en tot één immense bunker was omgevormd) kwamen de linies, voor een deel slechts door de IJzer zelf gescheiden, op niet meer dan dertig meter afstand van elkaar samen: deze sector was dan ook de gevaarlijkste van het hele front. Zuidelijker was de inundatie dan weer kilometers breed; deze sector, naar het dorpje achter de linies Lo geheten, werd om zijn relatieve rust 'de sector voor huisvaders' genoemd. De sector Steenstraat ten zuiden van Lo, waar de Belgen dekking zochten achter de dijk van het onooglijke riviertje de Ieperlee, grensde aan het Britse front en was beduidend gevaarlijker. Maar zo moordend als de Britse *Ypres salient* in het zuiden, het terrein van de catastrofale offensieven van 1915 en 1917, was het IJzerfront nooit.

De drassige vlakte was dan ook zeer ongunstig aanvalsterrein. De inundatie vormde een immens gebied van honderden hectaren ondergelopen weilanden en zompig land, doorsneden door diepere vaarten. Hier en daar lagen kapotgeschoten gehuchten, boerderijen, schuren, waarvan sommige dienden als vooruitgeschoven posten, die men moeizaam bereikte over mijlenlange, wiebelende plankiers, waarover de soldaten in lange rijen achter elkaar moesten lopen. Was het IJzerfront relatief rustig, met zijn klamme kilte, die werd verergerd door het alomtegenwoordige water, gold het als uiterst onaangenaam – voor beide partijen. 'Ik vervloek de eeuwige regen die de Vlaamse lucht op ons neerstort,' schreef een Duitse onderofficier in 1915, daarmee de gevoelens van vele landgenoten verwoordend.[246]

De eerste oorlogswinter was een bij voorbaat verloren gevecht tegen het water geweest. De soldaten hadden zich verschanst achter de dijken, die de weinige vaste aarde vormden die de drassige en hopeloos vlakke streek kon bieden, en schuilden verder in arren moede achter omgevallen molens en alles wat er aan muren overeind was blijven staan. Maar de muren werden tot puin geschoten, de dijken sijpelden vol en brokkelden af. Ingraven kon men zich in een dergelijk landschap niet: bij begrafenissen van gesneuvelden verzonk de schop van de doodgravers reeds na vijftig centimeter in opborrelend water. Een loopgraaf was nog niet gegraven of hij veranderde prompt in een beek ten gevolge van de stortregens van die winter, die de slijmerige klei van de poldergrond doorweekten. Er moest dus opgehoopt worden: in de eerste winter werden tienduizenden zakken aarde aangevoerd, 'het vaderland in zakskens', zoals de soldaten zeiden. Het IJzerfront zou worden opgetrokken uit 3,5 miljoen kubieke meter 'vaderlanderkens'.

De Duitse divisies aan de overzijde beperkten zich tijdens de eerste oorlogswinter (op vergeefse beschietingen van het sluizencomplex na) tot het uitrusten van hun stelling – gelukkig voor het Belgische leger, dat zich in deze eerste maanden maar ternauwernood achter de watervlakte kon ingraven. De eerste loopgraven waren niet meer dan nauwe doorgangen tussen de opgestapelde zandzakken, waar de soepdienst en de brancardiers zich slechts moeizaam doorheen wurmden, waar schildwachten zich zo goed als ze konden beschermden achter de – met de goorste vuilnis en zelfs met lijken uit de IJzerslag opgehoopte – borstwering, terwijl andere soldaten zich schuilhielden in benauwde holen, zo goed en zo kwaad als dat ging in de wanden uitgegraven, met lappen tentzeil bedekt en gestut door schuurdeuren, luiken, biertonnen zonder bodem en wat er verder ook uit de verlaten dorpen was aangesleept bij wijze van frontmeubilair.

Maar vanaf de lente van 1915 begonnen de *tranchees* ergens op te lijken. Ze werden in de diepte en in de hoogte uitgegraven en aangeaard, en van een planken bodem voorzien. Achter de voorste linie groeven de soldaten een netwerk van dwarse doorgangen, tweede en derde loopgraven, hulp- en verzamelposten. Gehinderd door beschietingen, verzakkingen en regen, bouwden de Belgische soldaten gaandeweg een verbazend complex stellingensysteem: op de dertig kilometer Belgisch front bedroeg de totale lengte van de aangelegde loopgraven, zigzaggend en wel, vierhonderd kilometer! Zo netjes als op de afbeeldingen in de naoorlogse geïllustreerde huldeboeken, waar ze wel boulevards lijken voor een ordelijke, weldoordachte oorlogvoering, werden de loopgraven echter nooit. En de grondigheid van de driedubbele barrière, met de tot tien meter diepe gebetonneerde loopgraven van de Brandenburgers en Hannoveranen aan de overkant werd al evenmin bereikt. Maar toch zou, naarmate de oorlog langer duurde en er meer zakjes aarde werden aangesleept, de wanhopige, wanordelijke noodoplossing die de loopgravenstelling was een steeds permanentere aanblik geven.

Terwijl met zandzakken en prikkeldraad een mager soort ordentelijkheid bij elkaar werd gekrabd, brokkelde het bekende landschap steeds verder af. De toren van Oud-Stuivekenskerke, in de lente van 1915 nog als observatiepost gebruikt, was op een dag geheel verdwenen. Een voltreffer. En zo verging het ook de *statie* van Kaaskerke, de kerk van Lampernisse en het gehucht Steenstrate: voorgoed verdwenen, en met hen bomen, kasteeltjes, stallen, wegen. De stalen storm van de industriële oorlog herschiep het in eeuwen van vlijt gevormde cultuurlandschap in een storthoop. Verwilderde huisdieren doolden rond in het niemandsland tussen de linies, dat in de lente openbarstte in de kleurenpracht van wilde bloemen: een schrale troost, want in de regentijd – en in dit gebied was het altijd regentijd – bedekte de modder alles, de half ingestorte muren van de boerderijen, de twijgen van de schriele heggen, de kleren en de onderkomens van de soldaten. 'O, de modder!' schreef de legerarts en oorlogsvrijwilliger Maurice Duwez (onder het pseudoniem Max Deauville zou hij na de oorlog zijn aantekeningen tot een boek verwerken met de toepasselijke titel *La boue des Flandres*). 'De verschrikkelijke modder, het ergste wat er is, die modder waarin een leger rondkruipt, waarin paarden, mannen, kanonnen, wagens eruitzien als met vuilnis bespat ongedierte; bloederig ettervocht dat de Vlaamse grond bedekt en wegvreet, dat zich invreet in het landschap, het lijdende landschap dat alleen nog hier en daar zijn frisse groen, zijn blauwe hemel en de rode daken van zijn huizen toont.'[247]

De Westhoek was in vroeger tijden een moerassige malariastreek geweest, en werd nu onheilzamer dan ooit. Het water van de inundatie was buiten alle proporties goor, verpest door ontbindende lijken en de rottende, opgezwollen krengen van koeien en varkens. 'Luguber is het te zien wat hier alzo komt aandrijven,' noteerde een Nederlands journalist. 'Langs heel dit gebied raakt er hoe langer hoe meer los uit de zware kleigrond. Lijken en voorwerpen worden langzaam door de modder losgelaten, en voor zover het kan drijven, komt het aan de oppervlakte. Dag aan dag, wanneer het water door een stevige wind in beweging wordt gebracht, spoelen langs de dijken die de inundatie begrenzen, lijken aan.'[248] De weeë geur van vergaand vlees hing overal. Op de bodem van de loopgraven, onder de planken, sijpelde dik water, waarin ondanks het telkens herhaalde bevel het afval achter de eerste linie te begraven, lege blikken dreven, beschimmelde stukken brood en andere vuiligheid. In het warme seizoen stegen muggen als kolommen rook van de watervlakte op en hingen, dik als dekens, wolken van vliegen boven de levenden en de doden. Water was er overal, maar drinken kon men het niet. Hier en daar deden soldaten het toch. In de eerste oorlogswinter stierven er honderden aan de tyfus.

Hierna werden de soldaten systematisch ingeënt, 'met dosissen als voor paarden' (zoals een oudstrijder schreef [249]), waaraan zelfs enkelen stierven, maar waardoor de epidemie een halt werd toegeroepen. Toch bleef het Belgische front het ongezondste van het hele westen. Gemiddeld honderdvijftigduizend man zat er opeengepakt in de buurt van een plas rottend water, te midden van ratten en insecten. Zuiver drinkwater was schaars en schoon waswater al helemaal. Behalve in de sector Lo waren nergens latrines gegraven, zodat mannen op zoek naar enige privacy dan maar in de achterste loopgraven *hun sentinellen placeerden* (zoals de uitdrukking luidde), hetgeen de algehele hygiëne ook niet ten goede kwam. Officieren en manschappen werden in de loopgraven in gelijke mate geteisterd door luizen en vlooien. Vrijwel weerloos waren de soldaten tegen de weersomstandigheden. Elk seizoen bracht zijn eigen taaie ongemak. In de zomer wentelde men zich in muffe dekens om aan de muggen te ontkomen. De regen, die vooral in 1915 overvloedig viel, deed de schuilplaatsen overstromen en ontnam zo het laatste restje comfort aan de doorweekte *piotten* (infanteristen), die soms tot aan hun middel in het water stonden als ze de wacht hielden, en wier zware kapotjas er dagen over deed om weer droog te worden. (Per compagnie – zo'n tweehonderd man – beschikten de vaderlandse strijdkrachten over goed tien paar rubberlaarzen.) In de winters, die vooral in de tweede oorlogshelft bitter koud waren, kropen de soldaten kleumend bij elkaar in hun onverwarmde schuilplaatsen, terwijl menig schildwacht in zijn slaap half doodvroor. Een derde van de ongeveer 20.000 doden aan het IJzerfront is dan ook aan ziekte bezweken: tyfus, dysenterie, bronchitis, longontsteking of gewoon griep, opgelopen in het vuil van de loopgraven en het brakke water, tijdens nachtenlange wachtdiensten in doorweekte kleren.

Wel nam vanaf de lente van 1915 de aandacht voor de verzorging toe. Het corps brancardiers werd uitgebreid (per compagnie had het veldleger twee à drie ziekenbroeders), de medische hulpposten vermenigvuldigden zich. In De Panne opereerde sinds december 1914 een groots opgezet en technisch hoogstaand militair hospitaal, en te velde werden fronthospitalen en dispensaria geopend. Meer in het algemeen begon de legertop de stellingoorlog stelselmatiger aan te pakken. De voedselvoorziening, die tijdens de IJzerslag dermate onvoldoende was geweest dat de uitgehongerde soldaten bij de boeren eten hadden moeten stelen, werd adequater geregeld. 'Gezond, smakelijk en overvloedig,' zoals de officiële *Legerbode* zijn sceptische lezers trachtte te verzekeren, werd de legerprak echter nimmer. Het bewijs daarvan vormen tientallen soldatenuitdrukkingen, verwijzend naar onsmakelijke zaken als draderig soepvlees ('rabat de col' geheten, naar het paardenhaar in kraagvullingen) en zwarte bonen ('boerentenen'). Ook werden in de eerste maanden zure Franse broden uitgereikt, door de soldaten 'Joffres' genoemd, die zo vies waren – bijna tachtig jaar na de oorlog walgde een oudstrijder er nog van – dat ze tot algemene tevredenheid al snel werden vervangen door Belgisch brood uit de legerbakkerijen. (De door de Belgische soldaten 'Alberts' genoemde wittebroden vonden tevens enthousiaste afnemers bij de op beschuit aangewezen Britten, zodat een *bread for jam*-ruilhandeltje ontstond.[250]) Eindelijk werd iets gedaan aan de kleding, die uit de meest barokke, haveloze tenues bestond, soms nog met de gedeukte hoge hoed van het oude uniform. Vanaf de lente van 1915 werden de manschappen voorzien van helmen, schoenen, en nette uniformen – kaki, zoals de Engelsen. Ook wapens, munitie, transport, telegrafie et cetera werden onder handen genomen. Het leger was bij het eindoffensief dan ook aanmerkelijk strijdvaardiger dan het bij de Duitse inval was geweest.

Bij alle grootse reorganisatieprogramma's bleef echter het feit dat België zijn verdediging op de pof moest voeren. De overheid bleef gedurende de hele oorlog vooral afhankelijk van financiële hulp uit het buitenland en particuliere giften, en probeerde dan ook zo zuinig mogelijk met de beschikbare middelen om te gaan. Bijzonder indrukwekkend werden de parafernalia van het Belgische leger dan ook nooit; als standaardmop werd de inscriptie 'Armée belge' op kisten en vrachtwagens vertaald als 'Armen Belz' door de Belgische soldaten,[251] wie de eigen positie als 'arme verwanten' niet ontging – ze hoefden zich maar met de Engelsen te vergelijken, die zwieriger in het uniform staken, achter de linies in legertrammetjes werden rondgereden en in de kantonnementen en *kabberdoeskes* (kroegen van bedenkelijk allooi) met hun hogere soldij grager geziene gasten waren dan de weinig solvabele Belgen.

Maar evenmin ontgingen hun de grote verliezen in de monsterlijke offensieven bij Ieper. De Belgische stellingoorlog bleef doorgaans gespaard van dat soort uitvallen. Het opperbevel was zuinig op geld maar ook op levens, na de korte maar moordende periode van de 'bewegingsoorlog', die het Belgische leger zoveel doden had gekost. (De helft van de in totaal 26.000 gesneuvelden van de oorlog viel in deze eerste fase.) In de bijna 47 maanden tussen IJzerslag en bevrijdingsoffensief zouden de Belgen er zich voornamelijk toe beperken hun positie te consolideren.

De meeste doden van de loopgraventijd vielen in de eerste maanden, toen de nog niet uitgebouwde stellingen weinig bescherming boden. Verder werd in die tijd nog op een doorbreken van de patstelling door middel van krachtige offensieven gehoopt. Dat, althans, was de tot dogma verheven mening van de uiterst autoritaire Franse opperbevelhebber Joffre, die van de 'petits Belges', zoals men hen op het Franse hoofdkwartier noemde (met de term 'mon petit Belge' duidden de Franse *poilus* trouwens ook hun geslachtsdeel aan[252]), die men tenslotte financieel en anderszins ondersteunde en hartelijk in eigen huis opgenomen had, dankbaarheid en loyale medewerking eiste. In de eerste oorlogslente, enkele dagen na de Duitse chloorgasaanval bij Ieper, was het zover. Tegen mei 1915 was een groot Frans-Brits offensief rond Atrecht (Arras) in Frans-Vlaanderen gepland. Van het Belgische leger werd dan ook een flinke operatie ter ondersteuning verwacht: de Duitsers 'vasthouden' ten noorden van Diksmuide, Duitse posities innemen ten zuiden, enfin, iets dergelijks – een en ander 'zonder zich om de verliezen te bekommeren', zoals de *généralissime* zich een aanval graag mocht voorstellen.[253]

De Belgische generale staf had wel oren naar de Franse *offensive souveraine*-kreet. De opperbevelhebber van het leger zag dat anders. Albert, evenals zijn militaire raadgever Galet, geloofde wat minder vast in de kracht van het positieve denken en meende, gegeven het feit dat het Duitse front intussen van de zee tot aan Zwitserland één massief fort was geworden, dat het geallieerde offensief tot mislukken was gedoemd.

En dat was het ook. Met honderdduizenden Franse en Engelse, koloniale en Canadese doden en enige miezerige mijlen terreinwinst zou de 'doorbraak' eindigen, hetgeen Joffre er niet van weerhouden zou deze monsterlijke strategie telkens weer te herhalen (tot hij eind 1916 uiteindelijk van zijn taak werd ontheven).

Helemaal had het Belgische leger zich niet kunnen onttrekken aan het mei-offensief. Ondanks de heftige tegenwerpingen van de divisiehoofden, officieren en soldaten ter plekke, werden ter attentie van de Fransen enige plaatselijke *demonstraties* verordonneerd: een bruggenhoofd hier, een voorpost daar – het gaf niet wat precies, als het maar met de nodige doortastendheid werd uitgevoerd. Zo werd aan enige eenheden van de derde divisie te verstaan gegeven dat de generale staf zijn zinnen had gezet op de petroleumtanks die, twee kilometer ten noorden van Diksmuide, door de Duitsers als vooruitgeschoven post werden gebruikt. Het terrein was drassig, de tanks van nul en generlei waarde, het verdedigen ervan daarentegen ridicuul gemakkelijk, doch dit soort platvloerse bezwaren mocht een elan van frisse agressie niet tegenhouden en zo werd in de zeer koude nacht van 9 op 10 mei 1915 een aanval ingezet. Helaas begon het beloofde dekkingsvuur na een uur wat trager te sputteren (er was niet genoeg munitie voorhanden), kwamen de mannen, tot aan de buik door het donkere water ploeterend, maar langzaam vooruit (men was op de generale staf amper met het sponzige terrein bekend), en schoten de Duitsers terug (hetgeen evenmin was voorzien). Draden doorknippend en loopplanken leggend bereikten de Belgen inderdaad de tanks, maar moesten de stijd toen staken. De volgende nacht werd de aanval echter herhaald. En de nacht daarna weer. Toen werden op hoog bevel alle aanvallen stopgezet. Deze en andere mei-'demonstraties' hadden de Belgen 135 doden gekost. Het was weliswaar niet de hecatombe van de geallieerden, maar voor loos vertoon waren het 135 doden te veel. Het was de eerste en de laatste knieval voor internationaal prestige. Nooit meer, werd van hogerhand geoordeeld. Men grave zich in en verroere zich niet. Wat de Fransen deden, moesten ze maar zelf weten.

Het IJzerfront was dus *relatief* rustig, en de Belgische frontbladen boden hun lezers niet de gedetailleerde beschrijvingen van bloederige taferelen waarmee de Franse en Britse frontbladen, in een vertoon van branie, de angst bezwoeren. Maar ook aan de IJzer dreunde het artillerievuur met droefgeestige vasthoudendheid en ook aan de IJzer werden elke dag soldaten doodgeschoten, aan stukken gereten door obussen, levend bedolven in hun schuilplaatsen, inderhaast op brancards naar lazaretten gebracht waar ze alsnog doodbloedden. 'De dood maait hier met kleine halen,' was het gevoel.[254] Lijken dreven in het water; men zag ze liggen in hun uniformen in het niemandsland tussen de linies, in zo verregaande staat van ontbinding dat men 'pap in hun karkasse roeren' kon, zoals de plastische West-Vlaamse uitdrukking luidde; en zoals reeds vermeld werden hier en daar borstweringen met dode lichamen opgehoogd, als het snel moest gaan. Op de akkers achter de loopgraven en later op de kleine kerkhoven in de dorpen groeide het aantal aarden hoopjes met een houten kruis gestaag.

De angst waarde rond: angst voor de dood, en misschien meer nog voor verminking – de gedachte een hand, een arm, een been te verliezen was des te ondraaglijker voor de vele soldaten die in het burgerleven lichamelijk werk deden – en voor de pijn. 'Om de dood zelve waren ze niet benauwd,' beschreef later een oorlogsroman, 'maar om de wijze van sterven, 't urenlange vechten tegen de dood, wijl 't bloed uit rauwe wonden vloeit.'[255] Vele soldaten en officieren van de infanterie kregen na herhaalde dienst aan het front datgene wat men in *de troep* 'la kloppe/de klop' noemde, een vorm van *shellshock* waarbij men ineengedoken schichtig door de loopgraaf schuifelde of stijf van angst onbeweeglijk op zijn brits bleef liggen. 'Flinke jongens hebben hun geest voelen bezwijken onder het oorlogsgeweld [...]. Zij waren voorbeschikt om een rol te spelen in het leven [...]. Nu liggen zij hier, en slechts uitwendig schijnen ze nog mensen. [...] [H]ier ligt een jongen, wiens lichaam aanhoudend trilt onder geweldige zenuwschokken. Daar is er een met wijd opengespalkte ogen: hij kijkt in het vage weg [...] en blijft roerloos liggen. Er zijn er ook, die rondwandelen: plots blijven zij in de meest vreemde houdingen staan, alsof ze op iets bijzonders peinsden [...] ofwel komen ze naar u toe, steken hun handen schuchter uit, en uiten de meest onsamenhangende woorden.' Aldus een getuigenis uit het hospitaal.[256]

Wel nam de kans om in de voorste linies de dood te vinden na het eerste oorlogsjaar af: in de drie daaropvolgende jaren vielen er minder doden dan in het éne jaar 1914. Verder werd de angst als het ware geritmeerd doordat zware bombardementen werden gevolgd door rustiger 'leven en laten leven'-periodes, en ook was er de regelmatige wisseling van wacht tussen sectoren, van het gevreesde Diksmuide met zijn 'dodengang', een sector waar in periodes van verhevigde beschietingen vanuit de vestingachtige *minoterie* (bloemmolen) aan de overzijde tot zeven doden per maand vielen, tot het veel rustiger Lo waar de boeren van de streek tot in de voorste linie hun waar kwamen slijten.

De macht van de vanzelfsprekendheid nam bezit van de geesten. De loden routine van het oorlogswerk – graven, spitten, aarde dragen, *vaderlanders* vullen, prikkeldraad spannen, loopplanken leggen, mijlenlange marsen in het donker van en naar de *tranchées*, allerhande corvees – hield de soldaten, en zeker de infanteristen, in een voortdurende staat van uitputting. In de eerste oorlogsmaanden waren de mannen dermate afgemat en was het werk in de nog slechts gedeeltelijk voltooide loopgraven zo zwaar dat de eenheden bijna dagelijks werden afgelost. In de loop van 1915 werd de duur van de dienst opgevoerd. Tot vier dagen duurde de *eerstelijnsdienst*, waarbij de mannen om beurten de wacht hielden. In de voorste linie, vooral op de gevaarlijkste plekken die constant onder mitrailleur- en kanonvuur lagen, geschiedde alle werk en alle beweging 's nachts: patrouilles, verkenningstochten, ravitaillering en levering van munitie, alles moest 's nachts gebeuren, in weer en wind. Overdag hield men zich schuil. 'Vier dagen brengen wij in dat schuilhol door,' schreef Deauville over het in de spoorwegdijk gegraven hol van stro en zandzakken in de sector Diksmuide – de sector waar men in de weiden tussen de linies nog steeds de rode broeken van de Franse gesneuvelden van de IJzerslag kon zien liggen – waar in november 1915 zijn hulppost was ondergebracht. 'Tijdens die vier dagen dienst in de voorste linie waakt iedereen de hele nacht door, sommigen in de loopgraaf, anderen op de voorposten. Dáár blijven de schildwachten acht uur lang op post, staande in de koude modder. Bij het aflossen moeten ze vaak weggedragen worden omdat hun voeten bevroren zijn.' Wanneer de etensploeg in het donker werd beschoten, verdwaalde of in het water viel, had de eenheid een dag lang geen eten. Vaak kwam iemand niet terug van zijn corvee. Bij bombardementen met zware obussen vielen velen in de loopgraaf zelf, 'aan stukken gehakt door de ontploffingen, geplet in de schuilplaatsen, verstikt onder de grond'.[257] En dan waren er nog de uitkijkposten verderop in de inundatie, doelwitten van de Duitse scherpschutters.

Deze eerstelijnsdienst werd gevolgd door vier dagen *piket* (reservedienst) achter de linies, waar (na kilometerslange marsen) diverse onderhoudswerken aan de loopgraven in de tweede en derde linie moesten worden verricht. Ook daar werd 's nachts gewerkt, want ook de achterste loopgraven lagen onder vuur (zij het in minder hevige mate). In het holst van de nacht duwden de mannen de materiaalwagentjes van het fronttreintje naar hun bestemming, laadden uit, vulden zakken, aardden verzakte borst- en rugweringen aan – een Danaïdentaak waarbij het werk van verschillende nachten meermalen in één dag door de beschietingen, het water van de inundatie of de regen werd vernietigd.

Daarna volgden vier dagen van 'rust' in de kantonnementen, waar sommige overijverige officieren de soldaten naast het niet-aflatende graafwerk uren lieten exerceren – hetgeen *de troep* als hoogst zinloos ervoer, met name het in rechte lijn marcheren, terwijl er aan het eigenlijke front geen vijf meter rechte lijn wás –, waarna men zijn toevlucht mocht nemen tot, zoals een neerslachtige onderofficier het beschreef, 'de troost van slecht bier, slechte tabak' en 'de ledigheid – armzalig eten, slapen, wandelen in de regen, in stinkende herbergen gaan, kibbelen.'[258] Daarna begon alles weer van voren af aan. Om de drie weken verwisselde het regiment van sector.

Volgens beschikbare getuigenissen werd het regime naarmate de oorlog langer duurde minder uitputtend en ook wat minder gevaarlijk. In de loop van 1916 waren de verdedigingswerken zover gevorderd dat de bezetting van de eerste linie tot het minimum beperkt kon worden en de mannen zo min mogelijk aan het vuur werden blootgesteld. Mankracht werd overgeplaatst naar de achterste zone om de verdediging in de diepte te verstevigen. Door de komst van de nieuwe lichtingen nam de efficiëntie toe en werd het regime gunstiger: het aantal dagen rust in verhouding tot de frontdienst kon zo opgevoerd worden en steeds geregelder (om de drie tot zes maanden) konden de soldaten voor enkele weken achter het front 'op grote rust'. De regimenten bleven langer in dezelfde sector en konden er voor zichzelf enig minimaal comfort organiseren, dat ongaarne aan een aflossend regiment werd afgestaan, behalve natuurlijk als het om de linie bij Diksmuide ging.

Men hield zich staande, niet met de frasen van de professionele vaderlandslievenden, maar met meligheid en galgenhumor, geloof en bijgeloof – gipsen heiligenbeelden uit de kapotte kerken van de frontdorpen sierden de *abris* en onder hun uniform droegen vele soldaten konijnenpoten als amulet. In de rustiger sectoren werden de schuilholen keurig uitgebouwd, bij Ramskapelle zelfs met bakstenen uit de steenfabriek. Naar analogie met de popperige villaatjes in De Panne kregen de mooiste behuizingen namen als 'Villa Germaine' of, wranger, 'Villa misère' mee. Her en der legden de soldaten achter de loopgraaf tuintjes met bloemen, groenten en zelfs sierheesters aan. Met overgave visten soldaten in het palingrijke inundatiemeer hun eigen avondeten bij elkaar; soms gebruikten ze hierbij granaten, hoewel dit streng verboden was. Wie handig was, vijlde uit het losse metaal in de loopgraven ringen, *bibelots* en andere 'souvenirs de tranchée' om aan de Engelse soldaten te verkopen: zelfs de oorlogsmachine kreeg de waardigheid van de *homo faber* niet kapot. De lange dagen van ledigheid werden verder doorgebracht met roken, luizen vangen, schuine moppen vertellen, harmonica spelen en vooral met urenlang *kleurenwiezen*. Na de IJzerslag waren veel bewoners naar de streek teruggekeerd en in de dorpen achter het front openden zij niet alleen onooglijke cafés, maar ook winkeltjes waar snoep, confituur, tabak, ondeugende plaatjes, kwakzalversmiddeltjes en nog veel meer onnoembaars en aantrekkelijks te koop was, dat velen voor de oorlog nog nooit hadden gezien. In De Panne, waar de meeste restaurants voor de slecht betaalde *piotten* te duur waren, verrees achter de duinen een 'frietboulevard', waar aan houten kraampjes gebakken vis, wafels en frieten werden verkocht. Eind 1915 werden in diverse compagnies kerst-revues georganiseerd, met schuine liedjes, soldaten die officieren imiteerden en anderen in travestie. Zo werd in de schaduw van de dood een volks campingcultuurtje geïmproviseerd.

Men hield zich vast aan de anderen: het frontleven kende een verbazingwekkende graad van noodgedwongen huiselijkheid, waarin 'gezinnen' werden gevormd met een 'vader', die zijn slapie, met wie hij brood en dekens deelde, 'wûf' noemde, wijf dus (naar het West-Vlaamse dialect, waarvan de sappigste uitdrukkingen weldra overal ingang vonden, zelfs bij vele Franstaligen). Verder sloop er een toon van volgehouden ironie in de soldatentaal: mortieren waren 'kiekens', het Engelse ymca werd als 'Y a-t-il moyen de coucher avec' vertaald, de *Belgische Standaard* (zie hieronder) heette de 'Stinkaard' en verbouwereerde nieuwe rekruten werden met cryptische uitdrukkingen uit het onuitputtelijke anaal-seksuele frontjargon om de oren geslagen.

Verheffend was al deze frontcultuur nauwelijks en zij was ook zeer particularistisch. De belangstelling voor internationale berichtgeving was zelfs bij de officieren zeer gering, en de meeste soldaten interesseerde alleen het nieuws uit de eigen streek. Soldaten deden veel moeite om kennissen van vroeger en dorpsgenoten in andere eenheden op te zoeken en zo even het idee te krijgen dat ze thuis waren. Naar het getuigenis van oorlogsvrijwilliger Florent Van Den Berghe uit Wetteren: 'Dag en nacht om zo te zeggen dacht ik aan [mijn ouders en familie] en toch moesten wij dat dikwijls uit ons hoofd steken of men zou zichzelf in het ongeluk gestort hebben. Op die ogenblikken is alles te veel of te kort en dan moet men nog inzien dat men bij het leger is, waar geen tegenspraak wordt geduld en al wat men U beveelt, stipt moet uitgevoerd worden. Vandaar ook dat ons liefste vermaak was om met vrienden van huis te spreken, te vertellen wat wij gezien en gedaan hadden in het dorp, het dorp waar wij geboren en opgegroeid waren, en dat allemaal werd meer dan eens verteld.'[259]

Drank hielp. Zelfs bij de braafsten. 'Ik begin het te lusten, God vergeve mij,' schreef in het voorjaar van 1915 de dichter Louis Boumal, inmiddels korporaal geworden, in zijn oorlogsdagboek.[260]

Zoals zoveel gelovige, geleerde en gevoelige jongemannen leed Boumal, die helemaal aan het eind van de oorlog op zijn achtentwintigste in een militair hospitaal zou sterven, bovenmatig onder het leven aan het front. In zijn schriftjes schreef hij zijn bitterheid neer over de in routineuze verspilling vastgelopen stellingoorlog, zijn afschuw van de barre bruutheid van de legercultuur, het knusse leven van de generale staf, die nauwelijks een idee had van hoe het er in de frontlinies aan toe ging (een ressentiment dat door zeer vele soldaten en officieren werd gedeeld) en de botte arrogantie van sommige in het kazerneleven verharde beroepsofficieren (het van glamour gespeende Belgische leger had voor de oorlog niet direct het gedroomde perspectief voor jonge intellectuelen geboden, en er was een groot gebrek aan geschoolde reserve-officieren). Niet alle officieren waren harteloze bruten, maar vele behoorden tot 'dat slag van oude officieren van bij ons, die al rondhangend in de kazerne en in de kroeg een tweede natuur hebben ontwikkeld, brutaal en drankzuchtig. Voor hen is de soldaat niet meer dan een registratienummer, een handzaam dienstplichtig ding. Ze kunnen zich niet voorstellen dat een grof woord evenveel pijn kan doen als een verwonding. Ze kennen geen welwillendheid. Brute starheid is voor hen het enige duidelijke teken van gezag en discipline,' schreef Boumal in januari 1915.[261] Zijn hart ging uit naar de *piot*, die achteloos werd vernederd. Hij verging van heimwee naar zijn vroegere leven, naar zijn vrouw, zijn studie en zijn streek; om zichzelf te troosten schreef hij uitdrukkingen neer in vertrouwde Waalse dialecten, en vertaalde de *Imitatio Christi* in het Luiks.

Hij foeterde op het patriottisme van hogerhand. En hij niet alleen. In de loopgraven groeide de afkeer van de officiële retoriek van het Belgische legerblad, dat door de francofonen 'le bourreur de crânes' en door de Nederlandstaligen 'de Leugenbode' werd genoemd. De intellectuelen die de katholieke Belgische *Vingtième siècle* (nu in Frankrijk uitgegeven) lazen, verfoeiden het vrijblijvende *jusqu'au-boutisme* van de francofielen van deze krant, met name dat van hoofdredacteur Fernand Neuray, die vanuit zijn comfortabele kantoor de geestdrift der geallieerde generalen voor het 'bevrijdende offensief' deelde. De vijfentwintigjarige Jozef De Cuyper, hulpgeneesheer in de eerste divisie, noteerde in zijn oorlogsdagboek dat dit enthousiasme in het begin van het oorlogsjaar 1916 zoveel afkeer opriep, dat men zich in zijn omgeving openlijk begon af te vragen waarom België de oorlog voortzette. 'Het leger is van lieverlede volkomen berustend geworden en rekent op nog een *lange* oorlog,' zo schreef hij. 'Maar van geestdrift is geen sprake. Wat elke soldaat vraagt, afsmeekt, is: vrede.'[262]

De Vlaamsgezinden, of zij die dat aan het front zouden worden, hadden voldoende redenen voor wrok. Er was de ergernis over de Fransgezinde Belgische pers, met name de *Vingtième*, waarvoor Vlaamsgezindheid slechts één stap verwijderd was van germanofilie (ironisch genoeg was de krant, die overigens mede was gesticht door de flamingantische minister Helleputte, voor de oorlog door de Franse militaire attaché zélf van Duitsgezindheid verdacht). De beruchte uitspraak 'la Belgique de demain sera latine ou ne sera rien' werd met afgrijzen geciteerd en voor het credo van de Belgische ultra-patriotten gehouden. (Zoals Lode Wils heeft aangetoond, was de uitspraak in werkelijkheid in 1915 gedaan door de wallingant Colleye, die ervoor van hogerhand op de vingers was getikt; de verkoop van zijn blad *L'opinion wallonne* was aan het front verboden. Colleye zou trouwens geleidelijk hartelijke betrekkingen aanknopen met de Vlaamse frontbeweging in het leger.[263])

Naast deze ergernis was er de botte eentaligheid van het Belgische leger, die onuitroeibaar leek, en des te schandelijker was daar de meerderheid van de soldaten aan het front Vlamingen waren.

Over die meerderheid is veel geschreven, en telkens weer is met verontwaardiging het cijfer 80 procent naar voren geschoven (soms werd zelfs gewag gemaakt van 90 procent Vlamingen in de frontlinie). Wij weten nu dat dit cijfer, dat in maart 1917 voor het eerst verscheen in Borms' *Vlaamsche Nieuws*, en merkwaardigerwijs prompt door premier De Broqueville werd overgenomen, niet klopt. Recent onderzoek heeft uitgewezen dat het aantal mannen in het Belgische leger dat in het Vlaamse landsdeel was geboren in werkelijkheid rond de 65 procent lag. Aangezien volgens de volkstelling van 1910 de Vlamingen 55 procent van de Belgische bevolking uitmaakten, was er dus wel degelijk een forse oververtegenwoordiging van Vlamingen in het leger. Deze was voornamelijk op de omstandigheden van de rekrutering terug te voeren. De lichting van 1914 dateerde van september van dat jaar, toen grote delen van Wallonië al bezet waren; de daaropvolgende lichtingen kwamen uit de onbezette Vlaamse Westhoek en verder uit de 'tiende provincie' van Belgen in ballingschap, waarvan er verhoudingsgewijs veel meer uit Vlaanderen afkomstig waren. (Voorts werkten er ook meer Vlaamse gastarbeiders in Noord-Frankrijk.)

De discrepantie van een feitelijk francofoon leger met een meerderheid van Vlamingen mag duidelijk zijn. Wat dit in de praktijk van het frontleven betekende, is moeilijker te omschrijven. In ieder geval is de aantijging dat Vlaamse soldaten sneuvelden omdat ze de Franse bevelen niet begrepen – een verhaal dat niet onder de Vlaamsgezinden aan het front is ontstaan maar in de activistische propaganda, en dat na de oorlog werd verspreid door onder anderen de volksschrijver Abraham Hans – onjuist. De Vlaamse soldaten kenden in de praktijk van het frontleven, onder meer door hun verblijf in Franse opleidingskampen en hospitalen, voldoende Frans om waarschuwingen als 'Danger de mort' terdege te begrijpen, zoals oud-strijders later getuigden; en de bevelen werden doorgaans door onderofficieren vertaald. Franse legeruitdrukkingen maakten verder vanzelfsprekend deel uit van de lingua franca die de honderd dialecten overspannende soldatentaal was. Bovendien was het standaard-Nederlands voor de Vlaamse soldaten al evenzeer, zo niet nog meer, een vreemde taal: de Vlaamsgezinde oversten slaagden er maar niet in woorden als 'eetketeltje' en 'drinkbus' ingang te doen vinden. Die dingen heetten toch gewoon *gamel* en *gourde*!

Hoewel de gelijkheid van de landstalen aan het front ver – zeer ver – te zoeken was, bestond er dus wel een feitelijke tweetaligheid. Het was echter de tweetaligheid van het ancien régime, waarin ten aanzien van de *streektalen* van de *piotten*, of het nu plat Hasselts of plat Luiks was, enige bereidwilligheid werd getoond: de sergeant vertaalde, goed bedoelende officieren wierpen er enige woorden *patois* bij, en voilà. En dat nu was onduldbaar voor die geletterde Vlamingen die naar volksverheffing in de eigen taal streefden en met bitterheid die taal als een dialect behandeld zagen worden. Wie geen Frans kende, ging daarbij al snel door voor dommer en trager. Kennis van het Frans was zonder meer noodzakelijk voor promotie. Zoals de latere premier Achille Van Acker in zijn oorlogsherinneringen getuigde: 'een Fransonkundig gegradeerde bestond niet in die tijd.'[264] Als gevolg daarvan was slechts de helft van de onderofficieren van Vlaamse afkomst. Naar een geijkte uitdrukking kon men in het Belgische leger 'generaal worden zonder Vlaams te kunnen, maar niet eens korporaal zonder Frans'.[265] De geringe scholing van veel Vlaamse soldaten ontzegde hun de toegang tot de geletterdheid veronderstellende en ook technisch veeleisende diensten in artillerie en achterste linies, zodat ze tot de infanterie en de voorste linies veroordeeld bleven, waar de meeste doden vielen. (In 1918 telde de infanterie 69 procent Vlamingen, de administratie maar 60 procent.) In die zin wreekte de vooroorlogse achterstand van 'Arm Vlaanderen' zich. De francofonie van het leger was een erfstuk uit een tijd van militaire onverschilligheid, waarin het leger in veel opzichten de ontwikkelingen niet had kunnen bijbenen. Reeds voor de oorlog werd in Vlaamsgezinde kring met vreze over deze toestand bericht, vooral in de katholieke wereld, die de veralgemening van het dienstplicht als een aanslag van de lekenstaat op de ziel van het jongelingschap zag. Als vanzelfsprekend werd in deze retoriek Franstaligheid in één adem genoemd met verval van de zeden. Het gevaar dat de Vlaamse boerenzonen in de garnizoenen wachtte, was tweeledig: verfransing in *taal* zowel als in *ziel*, zoals onder andere de Katholieke Vlaamse Landsbond het in 1912 zijn leden voorhield.

Nu viel het vergeleken bij het Franse leger met de Belgische zedenverwildering tijdens de oorlog nog aardig mee. Zo had het Belgische leger, in tegenstelling tot de Franse en Britse bondgenoten en het Duitse leger, geen officieel bordeel – ongetwijfeld uit zuinigheidsoverwegingen. Niet-officiële oorden van vertier tierden echter ook aan het IJzerfront welig, zoals een legendarische *staminee* in het dorp Beveren die 'De Veertien Billekens' werd genoemd omdat het etablissement zeven werkneemsters telde. Zeker vanaf 1916 werd alarm geslagen over de toenemende liederlijkheid van de frontcultuur. Schuine liedjes werden zeer populair, vloeken knetterden als geweervuur, oh-là-là-kleurenplaatjes uit de *Vie Parisienne* (een voor de oorlog in België verboden erotisch blad) gingen van hand tot hand en de kerkgang nam schrikbarend af – al in 1916 verzaakten de *piotten* massaal hun paasplicht. Het religieus en zedelijk verval scheen, kortom, alomtegenwoordig; de ergste voorspellingen van voor de oorlog leken bewaarheid te zijn geworden.

Verontruste Vlaamsgezinden vonden hier een taak. De actieve Vlaamsgezindheid aan het front was in hoge mate een zaak van katholieke intellectuelen, waarin godsdienstig en flamingantisch apostolaat aanvankelijk niet van elkaar te onderscheiden waren. Het verwilderde leger was een missiegebied, de zedelijke en Vlaamse verheffing ervan een zelfgekozen opdracht voor de aalmoezeniers en brancardiers en de voormalige studentenleiders die het kader vormden van wat later de 'frontbeweging' zou gaan heten.

De Vlaamse actie aan het front was in zekere zin de voortzetting van de vooroorlogse katholieke Vlaamsgezinde studentenbeweging. Cyriel Verschaeve, in de woorden van de historicus Elias 'de afgod van de katolieke Vlaamse jeugd voor 1914',[266] verbleef heel de oorlog als kapelaan in het plaatsje Alveringem achter het front. Alveringem was een kantonnement van 'grote rust', waar de mannen na hun frontdienst kwamen recupereren, hetgeen niet steeds in de gewenste stichtelijke sfeer verliep: zoals overal in de frontstreek telde het dorpje winkeltjes met frivole waar en cafeetjes waar herbergiersdochters hun gezelschap veil boden. Ernstiger jongemannen zochten te midden van dit rauwe vertier in geestelijke nood hun toevlucht tot de pastorie, die voor enkelen van hen al in vredestijd een bedevaartsoord was geweest; zij vonden troost in lange gesprekken met 'onze Liefste Grote', zoals zij Verschaeve onderling noemden.[267]

Van Verschaeve kwam reeds begin 1915 het idee om Vlaamse gebedenbonden en studiekringen op te richten – zoals die ook al voor de oorlog onder katholiek patronaat hadden bestaan – als arena's van discussie en uitvalsbases voor een zedelijkheidsoffensief, dat, nu het ernaar uitzag dat de stellingoorlog nog wel enige tijd zou duren, een aangewezen onderneming leek. Meteen was studentenleider Hilaire Gravez begonnen met de stichting van 'Heilige-Hartbonden' onder de brancardiers. In het daaropvolgende jaar ontstonden steeds meer studiekringen. De gynaecoloog Frans Daels richtte in 1916 het *Secretariaat der Katholieke Vlaamse Hogeschoolstudenten* op, dat de morele werking krachtig aanzwengelde met brochures als *Volksfierheid* en *Voor onze vrouwen*.

Deze campagne voor wat toen *zedenadel* heette, werd ook buiten het front gevoerd. Vanuit de villa *Ma Coquille* in De Panne richtte de kapucijnerpater Ildefons Peeters samen met de Vlaamsgezinde *grande dame* Marie-Elisabeth Belpaire in januari 1915 de *Belgische Standaard* op, die in een geest van vaderlandslievend flamingantisme ijverde voor 'verheffing' op alle fronten. Het blad riep begin 1916 op tot aansluiting bij een 'Bond der deftige lieden', waarvan de leden zich tot een volstrekt kuise levensstijl en de propagatie daarvan dienden te verbinden. Deze Bond bundelde echter vooral de toch reeds overtuigden, te weten de katholieke intellectuelen die Belpaires literaire en politieke salon in de villa *Swiss Cottage* bezochten (daar waren overigens ook Franstaligen bij, zoals Boumal, die er onder veel bijval passages uit zijn tot roman verwerkte *carnets* voorlas); het gros van *de troep* kon de actie aanzienlijk minder waarderen.

In 1915 waren de eerste frontblaadjes opgericht, veelal gestencilde krantjes, gemiddeld in zo'n honderd exemplaren verspreid, die de manschappen nieuws uit het bezette land en de nodige opbeuring verschaften. Vanaf 1916 werden deze blaadjes een ware rage voor geletterden die hun stencilmachine tot in de voorste linies meezeulden; in totaal bestonden er 278 titels, waarvan er achttien tweetalig waren – de rest was gelijkelijk over de beide talen verdeeld. De meeste van deze blaadjes waren lokaal, brachten lokaal nieuws en richtten zich tot een lokaal publiek, zoals het Luikse *Amon nos autres*, het Antwerpse *Ons Sinjorenblad*, en dorpsere varianten zoals *De G'zet van Daai van Loun* (Borgloon) of het humoristische *Enn c'est ni co Frameries*. Maar bij alle plaatselijke eigenaardigheden weerspiegelden zich in de frontpers ook verschillen in confessionele cultuur tussen de beide landsgedeelten. Zowel de francofone als de Vlaamse frontbladen werden voornamelijk door aalmoezeniers en brancardiers geredigeerd (zij genoten een grotere bewegingsvrijheid en hoefden geen dienst in de frontlinie te doen), maar ook door katholieke leken. Niettemin beroerde de Vlaamse frontpers een wat nadrukkelijker stichtelijke snaar. Onvermoeibaar wezen *Onze Temschenaars*, *De Dorpsklok*, *Hemixem-Reeth* en soortgelijke titels op de plicht tot driftbeteugeling. 'Wanneer ge in de grootstad de statie verlaat,' waarschuwde *De Leeuwenaar* in december 1917, 'dan ziet ge hier en daar in de omtrek een soort modepoppen die u wel eens met zoete ogen schijnen aan te kijken, doch die het veeleer op uw geldbeurs dan op uw oorlogskruis gemunt hebben. 't Zijn verachterlijke [sic] wezens die ge moet haten gelijk Duitsers [...]. 't Is jammer dat men geen kanon kan meebrengen om dit ondeugend volkje met pak en zak de lucht in te schieten. [...] En blijft niet overal staan waar vuile beelden en gezichtskaarten zijn uitgestald. Daar zijn er die driften aanhitsen en de ondeugd openlijk aanprediken.'[268] Ook de 'jonkheid van Aalst' werd in de tot haar gerichte frontpers aangemaand het deftig te houden en bijvoorbeeld de (gesubsidieerde) 'grote congés' niet in Parijs door te brengen doch in Lourdes op de bergen, een oord dat de ziel verhief en waar men bovendien zo verkwikkend wandelen kon.[269]

Deze herhaalde zedenpreken waren toch niet even dwingend als de vrome Vlaamse samenleving in vredestijd. Als enigen van alle belligerenten aan het westelijke front konden de Belgische militairen nooit naar huis, niet één keer in meer dan vier jaren oorlog, en correspondentie was uiterst moeizaam, wat de problemen er niet eenvoudiger op maakte. Hoofdaalmoezenier Marinis zag zich in januari 1917 verplicht om de stelling dat alwie het vaderland verdedigde de hemel verdiende (hetgeen Mercier in zijn patriottische oproepen had betoogd) als 'ketterij' af te wijzen – een en ander zou al te licht kunnen worden opgevat als een vrijbrief voor losbandigheid. Steeds meer soldaten kwamen met een *Rhume de Vénus* van hun verlof terug; legerartsen constateerden in 1917 dat 7 procent van de Belgische militairen aan een geslachtsziekte leed, een verdubbeling tegenover het jaar daarvoor. 'No Paris goan' was onder de West-Vlamingen de standaarduitdrukking voor geslachtsverkeer. Ongewenste contacten met de burgerbevolking achter het front waren schering en inslag. Er zijn hier geen *jeunes filles* meer, noteerde Boumal droefgeestig bij het zien van de zoveelste zwangere vijftienjarige, een schraal onvolgroeid lijfje met een wanstaltig dikke buik. Op 26 maart 1918 werd in Veurne achter het front een soldaat terechtgesteld die een jong meisje had verkracht en vermoord: het was de laatste keer dat in België de guillotine werd gebruikt.

Ondanks de oproepen tot de Vlaamse soldaten hun 'ware Vlaamse aard' – die naar men veronderstelde kuis was – niet te verliezen, bleef in de Westhoek het aantal noodhuwelijken met minderjarige meisjes hand over hand toenemen en vonden achter het front en *op congé* militairen en berooide vluchtelingen elkaar in de betaalde liefde, voor zover de Belgen al niet hun toevlucht zochten tot het grote officiële bordeel dat de Franse autoriteiten in het kamp van Mailly (Somme) hadden ingericht en dat door de Walen 'le casbah' en door de Vlamingen 'de kasbak' werd genoemd. De daar gebruikelijke uitdrukkingen – 'à poil', 'baiser' et cetera – vonden vlot ingang in het Vlaamse soldatenjargon.

De zuivere aard van 'onze Vlaamse volksjongens' leek steeds verder in de verderfelijke nieuwerwetsheid van de Belgische leger- en de Franse canaillecultuur te verzinken. De hierover verontruste kringen konden niet inzien wat seksuele troost betekende voor de tienduizenden jongemannen die met het spookbeeld van dood en verminking moesten leven. Het was eenvoudiger de toenemende 'ontzedelijking' terug te voeren tot *ontvlaamsing*. Zo kroop in de zedenpreken gaandeweg een niet te miskennen anti-Belgische retoriek. De naar Londen uitgeweken dominicaan Juul Callewaert verschafte zedelijke raad in menige geïllustreerde brochure, waarin bedekte banvloeken over zelfbevlekking weerklonken, de aanmaning 'Houdt U fier, houdt U rein!' schalde, en de soldaten deze vaderlijke raad werd toegevoegd: 'Jongens, vloekt niet, maar gedenkt moeders kruisken.'[270] De bezorgde pater ontwaarde gaandeweg de dreiging voor de Vlaamse ziel op vele fronten. ''k Kan België, zelfs spijts de oorlog, niet gaarne zien, zolang België Vlaanderen niet gaarne ziet,' schreef hij in februari 1916, en tegen het einde van de oorlog fulmineerde hij openlijk tegen de 'tegennatuurlijke staat België', die *als zodanig* een gevaar voor de ziel en het volksbestaan der Vlamingen vormde.[271] Op deze wijze oefende hij een radicaliserende werking uit op de intellectuelen aan het front, voor wie hij in het vluchtelingenblad *De stem uit België*, dat aan het front werd verspreid, vanaf 1916 een eigen studentenrubriek verzorgde.

Voorheen geestdriftig patriottische flaminganten begonnen hun prioriteiten scherper te stellen. In augustus 1916 werd de stichting *Heldenhulde* opgericht door 'Studenten, Oud-Studenten, Hoogstudenten en Oud-Hoogstudenten', teneinde een zerkje met het opschrift AVV-VVK. ('Alles voor Vlaanderen/Vlaanderen voor Kristus', een vooroorlogs credo uit het katholiek-flamingantische studentenmilieu) aan te brengen op de graven van gesneuvelde medestudenten en wellicht, 'zo de geldmiddelen het ons toelaten', zoals stond in de brochure waarmee men fondsen probeerde te verwerven, ook op die van 'onze eenvoudige volksjongens'.[272] (Het betonnen zerkje, in de vorm van een Keltisch kruis, werd ontworpen door de Ierse Vlaming Joe English, die dienst deed bij de Kunstafdeling van het leger, in 1916 opgericht om verdienstelijke beeldende kunstenaars van het front weg te houden. Vier- tot zeshonderd zerkjes werden in de loop van de oorlog opgericht.) Een nieuwe godsdienstig-nationale herdenkingsliturgie groeide, een liturgie waarin Vlaanderen gaandeweg de plaats innam van België als het vaderland waarvoor de Vlaamse doden waren gevallen.

De loyaliteit aan dit Vlaanderen werd als het ware een nieuwe godsdienst, uit de belijdenis waarvan de Vlaamsgezinden kracht putten voor hun eigen zedelijke standvastigheid, en troost voor het gevoel als gelovige geleerden ballingen te zijn in een cynische militaire wereld. (Over het mythische Wallonië hing een rood waas, wat verhinderde dat de Waalse katholieke intellectuelen een vergelijkbare burcht ter beschikking stond. Zij waren dan ook gewóón ongelukkig. De franciscaan Martial Lekeux maakte van zijn hele oorlog een mystieke ervaring, die hij na de oorlog zou beschrijven in de beststeller *Mes Cloîtres dans la tempête*, maar dat talent voor exaltatie was niet allen gegeven. De zeer rechtse, zeer paapse *Action française* van Charles Maurras bood wel enige troost, maar, zoals Boumal in juni 1915 na een verlof in Parijs mistroostig in zijn dagboek noteerde: 'Maurras wordt oud.'[273])

Het Vlaamse credo was krachtig en troostrijk, het bood identiteit, zekerheid, en een missie. 'Goed willende doen aan onze Vlaamse jongens,' zo vertrouwde de brancardier Jozef Ulens in juli 1916 aan zijn dagboek toe, 'op taalgebied met hunne taal te doen kennen en op zedelijk gebied als op godsdienstig met onder hen de ontuchtige liederen willen te verbannen, en tegenkanting ontmoetende zo vanwege officieren als onderofficieren en soldaten heb ik voor den duur des oorlog deze levensregel hier neergeschreven en aangenomen: "Alles voor Vlaanderen, Vlaanderen voor Christus.""[274] Het AVV-VVK-credo trok ook jongemannen aan die voor de oorlog niet Vlaamsgezind waren geweest, zoals de eerder genoemde Jozef De Cuyper, die onder invloed van zijn groeiende Vlaamsgezindheid voor het schrijven van zijn oorlogsdagboek op het Nederlands overging. Het resultaat was echter zo onbeholpen dat hij na korte tijd weer het Frans opzocht, een taal die hem wezensvreemd heette te zijn, maar waarin hij zijn geestelijke vorming had ontvangen en waarin hij aan het front verheffing zocht. De Cuyper was niet de enige francofone Vlaming die zich tijdens de oorlog tot de Vlaamsnationalistische identiteit bekeerde. (Niet voor niets is de radicale Fronter 'Florimond' in de oorlogsroman *Eer Vlaanderen vergaat* van de Kempische Heimatschrijver en veteraan Jozef Simons – een boek dat in 1927 verscheen en een groot succes kende – een francofone grootgrondbezitterszoon.) En De Cuyper was ook niet de enige voor wie dit eerder een bewuste keuze dan een 'natuurlijk' gegeven was. Kenmerkend is het geval van korporaal Karel De Schaepdryver (een verre verwant van schrijfster dezes), die als zelf aangesteld ambassadeur van de frontbeweging in april 1918 naar de Duitse linies overstak, daarvoor ter dood werd veroordeeld, en na de oorlog naar Nederland vluchtte. Hij promoveerde daar jaren later aan de Universiteit van Amsterdam tot doctor in de letteren en wijsbegeerte, en wel op een *Essai sur l'unité de la pensée* over de filosoof en historicus Hippolyte Taine, dat geheel in het Frans was gesteld.[275]

Van de verbeelde gemeenschap 'Vlaanderen' zagen de Vlaamsgezinden aan het front zichzelf als de natuurlijke leiders. Ze verheelden niet dat ze na de oorlog als universitairen en oud-strijders een prominente positie wensten te bekleden in België in het algemeen en het katholieke Vlaamse universum in het bijzonder. Het moment was gekomen voor een nieuwe generatie, die van de studentenbeweging, om haar recht op medezeggenschap op te eisen. Zo werd het eind september 1916 gesteld op een vergadering van Vlaamsgezinden uit de tweede legerdivisie, waar Daels en Gravez het woord voerden, samen met infanteriekorporaal Adiel Debeuckelaere, in het burgerleven leraar, die de taak op zich nam de gelijkgestemde krachten aan het front nader te bundelen. Van de zo ontstane groepering, die na de oorlog de Frontbeweging zou worden genoemd, werd hijzelf met enige vanzelfsprekendheid de leider, of, in het middeleeuwse vocabulaire van deze kringen, *ruwaard*. De intellectuelen aan het front claimden qualitate qua steeds nadrukkelijker een centrale rol in de Vlaamse Beweging. Het *Limburgsch Studentenblaadje voor Oorlogstijd* van aalmoezenier Paul Vandermeulen publiceerde in oktober 1916 een artikel van de hand van Verschaeve, dat onder de titel 'Wat de Vlaamse studenten kunnen doen voor de zaak die de hunne was en zal blijven' de Vlaamse intellectuelen in het leger opriep de gewone man voor de zaak te winnen, en te denken aan het overwicht in den lande dat de oud-strijders na de oorlog zou toekomen.

Het kon haast niet anders of vanuit deze hoek werd steun betuigd aan de activisten in het bezette land die zich achter de *Von-Bissing-universiteit* hadden geschaard. In zijn briefwisseling met Dosfel evolueerde Verschaeve naar het 'Gentse' standpunt. Vandermeulens *Studentenblaadje* oordeelde dat bij ontstentenis van beloften van de regering de ondertekenaars van het hogeschoolmanifest geen blaam kon treffen.

Nu hadden binnen het Belgische kabinet diverse ministers plus de premier hun steun toegezegd aan een Nederlandstalige universiteit in Gent. Omdat echter deze steun niet officieel was en nog steeds van het oude standpunt van een *tweetalige* hogeschool leek uit te gaan, kon hij de frontgemoederen niet geruststellen. Nu was de regering in afwezigheid van de volksvertegenwoordiging niet bij machte zich vast te leggen op de afschaffing van de francofone Hogeschool; deze onmacht leek echter verdacht veel op onwil en zorgde voor zeer veel ongenoegen, waarbij de dreiging met straffen voor de medewerkende activisten nog olie op het vuur wierp. Steeds nadrukkelijker toonden Vlaamse frontbladen begrip voor het activistische standpunt.

Intussen was de opstandigheid ook in andere hoeken aan het toenemen. Groot misnoegen was ontstaan over de voedselschaarste, die in de eerste maanden van 1917 bijzonder ernstig was. Brood was weer eens zeldzaam en de soldaten kregen vrijwel alleen taaie rijstbollen, vlees uit blik en bonen te eten. Onder de militaire arbeiders in de Belgische artilleriefabriek bij Le Havre brak in februari 1917 een staking uit: ze protesteerden tegen hun lage loon en het karige voedsel (drie aardappelen en een haring bij wijze van avondeten); de overheid dwong hen het werk te hervatten, ondanks een tussenkomst van Vandervelde.

Binnen de legerleiding ontstond lichte nervositeit over de toenemende agitatie, ook al doordat de acties van de Fronters, die met stijgend wantrouwen werden geregistreerd door de Franse militaire attaché (die tussen Vlaams- en Duitsgezindheid geen verschil kon of wilde zien), de Franse wrok over het Belgische gebrek aan aanvalslust nog extra versterkten. Een wisseling van de wacht binnen de Belgische generale staf bezorgde de haviken een overwicht. Prompt volgde een verbod op de bijeenkomsten van de studiekringen, die als haarden van gestook werden beschouwd. Deze draconische maatregel wekte hevige verontwaardiging. 'Als dat zo voortgaat wordt het tijd dat we onze vaderlandsliefde gaan herzien,' schreef iemand.[276] (Een geluid dat rond dezelfde tijd ook elders aan het westelijke front te horen was. '*Truly*,' schreef een Brits officier bitter, refererend aan het zoveelste mislukte zelfmoordoffensief, '*has patriotism worn very very threadbare*.'[277])

Als gevolg van het verbod dook de Frontbeweging onder, wat haar hiërarchische karakter nog versterkte. In de praktijk werd de politiek gevoerd door een driemanschap bestaande uit Debeuckelaere en twee secretarissen of *geheimschrijvers*, de recentelijk aan het front gearriveerde artilleristen Filip De Pillecyn (de romancier) en Hendrik Borginon. Nog meer dan voorheen werd de Frontbeweging een beweging van ingewijden, die in steeds nauwere samenhang de activiteiten verder opvoerden.

Op 11 juli 1917 trad het geheimzinnige broederschap eclatant in de openbaarheid met de anonieme, in duizend exemplaren gestencilde *Open brief aan de Koning van België, Albert I*, die krachtig de grieventrommel beroerde, variërend van de achterstelling van de Vlamingen sinds 1830 – 'In België is voor de Walen alles, voor de Vlamingen niets' – tot de haattirades van de *Vingtième*, het misprijzen van de officieren tegen de Vlaamsgezinden en de afschaffing van de studiekringen. De activisten in het bezette land konden op de sympathie van de schrijvers rekenen. 'Door de schuld van onze regering,' voer de brief uit, 'hebben de Duitsers een Vlaamse hogeschool te Gent kunnen inrichten. De Vlamingen hebben aangenomen, zij hebben wel gedaan.' En wat de inmiddels opgerichte Raad van Vlaanderen betrof (waarover later meer): 'Wat er te veroordelen valt, zullen wij wel best weten.' De schrijvers eisten een officiële belofte dat de Vlamingen onmiddellijk na de oorlog 'volle gelijkheid, volle recht' zou worden gegeven en richtten zich daarbij met opzet tot Albert, want 'in u alleen, O Koning, geloven we nog': oversten en regering werden in gelijke mate gewantrouwd.[278]

Het wantrouwen tegenover de Belgische overheid nam stormachtig toe toen een maand later de affaire rond Paul Vandermeulen losbarstte. Deze had op 1 april 1917 in zijn *Studentenblaadje* een artikel geschreven over dezelfde Raad van Vlaanderen, waarin samenwerking met de bezetter werd afgekeurd, maar tevens werd opgemerkt dat waar de Belgische belangen met de Vlaamse botsten, deze laatste dienden voor te gaan. Immers, 'wij zijn éérst Vlaming en dan Belg; Vlaming zijn wij door de natuur en van Godswege, Belg zijn we enkel door een politiek verband. Waar hoofdbelangen van de Belgische natie het vergen, willen wij voorzeker bijkomende Vlaamse belangen slachtofferen, doch moest het blijken dat onze levensbelangen als Vlaming niet overeen te brengen zijn met het Belgisch belang, dan zou ons Vlaams belang voorgaan, en een omwenteling ware, zo alle andere middelen nutteloos bleven, in dit geval gewettigd.'[279] Het artikel was door de militaire censor ongemoeid gelaten. Maar de daaropvolgende gretige overname ervan door de Duitse propaganda vestigde de aandacht van de legeroverheid op de aalmoezenier, die uit zijn functie werd ontheven en voor drie maanden naar een strafcompagnie op het Bretonse eiland Cézembre werd overgebracht. Deze absurde sanctie – Vandermeulen kon moeilijk verantwoordelijk worden gesteld voor het misbruik van zijn stuk – zorgde in frontkringen voor extreme beroering. De *Politische Abteilung* benutte de kans om de affaire breed uit te meten, niet alleen bij het publiek in het bezette land maar ook in de frontpropaganda: een van de naar de Belgische linies geschoten pakketten bevatte een prent met de titel *Een Martelaar voor Vlaanderens Vrijheid!*, voorstellende de zwartgerokte balling aan wie, tot ontzetting van zijn bewakers, de geest van Jacob van Artevelde verscheen. Onder aan de uitleg: 'Priester Dr. Paul Van der Meulen, aalmoezenier in het Belgisch leger, werd naar de tuchtcompagnie op de kale, eenzame franse rots Cézembre verbannen, omdat hij het recht van zijn Vlaamse jongens verdedigt [sic] heeft.'[280]

Het aldus geschapen beeld van een *en bloc* Vlaamsvijandige Belgische overheid kwam niet geheel met de werkelijkheid overeen. De troïka van de Frontbeweging onderhield goede betrekkingen met diverse regeringsleden. Het papier voor de *Open brief* en voor andere manifesten werd in een auto bezorgd door de secretaris van minister Helleputte, die de Frontleiding nauwgezet inlichtte over de recentste ministeriële besprekingen. Een en ander paste in Helleputtes strategie om de Vlaamsgezinde achterban nader te mobiliseren als tegenwicht tegen de niet-katholieke nieuwkomers in de regering. *Belgian politics as usual* dus, waarin de Frontbeweging een welbepaalde, strategische rol werd toebedeeld.

Van dit herenakkoord tussen de Frontleiding en de Vlaamse ministers wist de dienst Militaire Veiligheid niets, zodat gewone leden van de beweging werden getroffen door diverse vormen van repressie. Dit kon overplaatsing betekenen maar ook het voor de Krijgsraad moeten verschijnen – in het beruchtste proces van allemaal werden, begin 1918, de deelnemers aan een 'vliegtocht' (een nachtelijke propagandamars waarbij men leuzen schilderde als 'Hier ons bloed, wanneer ons recht') veroordeeld tot straffen variërend van vier dagen tot tien maanden. De verontwaardiging hierover was groot. Bleef de Krijgsraad doorgaans nog betrekkelijk redelijk, de Militaire Veiligheid maakte zich zonder meer schuldig aan vervolging en willekeur. De dienst hield zelfs een systeem van fiches bij: soldaten die Vlaamse liederen zongen – ook al stonden die in het officiële *Liederboek van den Belgischen Soldaat* – werden als 'twijfelachtig uit vaderlands oogpunt' beschouwd.[281] In enkele gevallen werden Fronters die door de Krijgsraad waren vrijgesproken door de Veiligheid alsnog naar strafcompagnies gezonden: in een later berucht geworden incident werden enkele studenten naar een werkkamp in de bossen van de Orne gestuurd, waar ze onder een streng regime hout moesten hakken.

Intussen echter werd *Ons Vaderland*, het blad van de Frontbeweging, relatief licht gecensureerd en werd de Frontleiding de hand boven het hoofd gehouden, zelfs bij acties die als flagrante insubordinatie golden; Borginon zou een halve eeuw later toegeven dat sommige van die acties in het Franse of Duitse leger wellicht de kogel hadden betekend. In plaats daarvan werd Debeuckelaere begin 1918 door minister Poullet naar Le Havre geroepen, waar de zoveelste breuk was ontstaan tussen de Vlaamse ministers en hun collega's; hij werd er naar eigen zeggen 'als simpele piot vorstelijk ontvangen', bleef er drie weken en nam aan levendige discussies deel.[282]

Veel was er de Fronters aan gelegen om, nu politieke erkenning binnen handbereik leek, afstand te nemen van rivalen in het Vlaams-katholieke politieke veld. Bij deze plaatsbepaling hoorde omgekeerd een toenadering tot het gematigde activisme. In *Vlaanderen's dageraad aan den IJzer*, een manifest uit oktober 1917, dat geschreven was door de ambitieuze Borginon, werd het Frontstandpunt omschreven als buiten de partijpolitiek staand en aanzienlijk verder gevorderd dan dat van de parlementaire, 'passivistische' Vlaamsgezindheid. De volksverheffende *Belgische Standaard*-kring werd verachtelijk terzijde geschoven als 'enige toevallige flaminganten', en steun werd betuigd aan de activistische eis van zelfbestuur.

Hierbij verwees Borginon goedkeurend naar Gerretsons *Vlaamsche Stem* en sprak zijn respect uit voor de Raad van Vlaanderen, die immers bestond uit overtuigde, integere Vlamingen.[283]

Intussen waren er in Alveringem nog veel extremere geluiden te horen. Verschaeve, die de Frontbeweging als zijn werk beschouwde, was niet van plan het ideologische voortouw uit handen te geven. De drieënveertigjarige geestelijke was bovendien van nature al geneigd zichzelf te zien als een soort Messias omringd door jonge getrouwen – een trek die hij gemeen had met Domela. (In een volgende wereldoorlog zou Verschaeve de Vlaamse collegejeugd met overgave de SS-Vlaanderen in prediken.) Zodoende zou hij de Frontbeweging in radicalisme voorbijstreven. Dit gebeurde met name in maart 1918, toen hij buiten medeweten van de Frontleiding zijn *Catechismus der Vlaamsche Beweging* liet verspreiden. In dit explosieve manifest, dat hij nadrukkelijk adresseerde aan 'de Vlaamse leiders in het leger', vergoelijkte Verschaeve de activistische aanvaarding van Duitse hulp, omdat alleen die hulp datgene bieden kon wat voor het Vlaamse bestaan noodzakelijk was. Het Vlaanderen-éérst-principe van de activisten was navolgenswaardig, en het activistische principe van Vlaams zelfbestuur het enig juiste – immers, 'zelfbestuur in een bondsstaat België zal het Vlaamse volk zeker geleidelijk en binnen de kortste duur gaaf en gezond maken'. Hierbij merkte Verschaeve een cruciaal keerpunt in de Vlaamse Beweging op. Wat Vermeylen en anderen ook beweren mochten, het doel van deze beweging was niet de ontwikkeling van Vlaanderen. Veeleer gold: 'Die ontwikkeling is 't Vlaams leven zelf; Vlaamse Beweging is de strijd om dit leven helemaal mogelijk te maken en te doen Vlaams kultuurwerk zijn en niet alleen kultuurwerk tegenover Vlaanderen gedaan.'[284] Verschaeve stelde, met andere woorden, tegenover Vermeylens 'Vlaming zijn om Europeeër te worden' een streven naar het Vlaming zijn om... Vlaming te zijn. Identiteit had de plaats ingenomen van emancipatie; vervlaamsing als zodanig die van verheffing.

Verschaeve, die van hogerhand niet lastig werd gevallen (hij stond op goede voet met minister Van De Vyvere) versterkte met deze *Catechismus* een radicalere vleugel binnen de Frontbeweging, die het activisme enthousiaster aanvaardde dan de leiding zelf, en er ook verder meer extreme opvattingen op nahield. Uit woede over Vlaamsvijandige provocaties (zo hadden onbekende grafschenders in februari 1918 de opschriften op enkele Heldenhuldezerkjes met cement dichtgesmeerd) ontstond in deze hoek zelfs even het wilde plan Albert te gijzelen.

Dit soort waanzinnige gedachten werd de al te geestdriftige militanten uit het hoofd gepraat. Intussen waren Debeuckelaere en de zijnen echter hevig gepikeerd geraakt over de houding van de regering, die hen na een veelbelovend begin buiten de discussies leek te willen houden. Op de Kroonraad van 1 februari 1918 was gepleit voor het instellen van eentalige regimenten, de centrale eis van de Frontbeweging. De minister van Oorlog – de door het voltallige leger als 'Grune Pier' gehate en ook bij zijn collega's niet geliefde De Ceuninck – had deze hervorming echter afgewezen: zij zou niet uitvoerbaar zijn in oorlogstijd. Premier De Broqueville stelde een omvangrijk programma voor, waarin de afschaffing van de tweetaligheid van Vlaanderen naast andere flamingantische eisen prijkte; een weids plan dat echter zonder het Belgische parlement volstrekt niet kon worden uitgevoerd, en dat moeilijk bij decreet kon worden opgelegd. Tot overmaat van frustratie had minister Hymans de protestbeweging als 'plaatselijk' en 'niet echt ernstig' afgedaan en de oorzaak ervan gezocht bij algehele oorlogsmoeheid.[285] Op de ministerraad van 20 maart deed stafchef Ruquoy de frontbeweging af als 'kunstmatig' en 'uitsluitend het werk van een paar intellectuelen', hetgeen minister Van De Vyvere beledigd deed protesteren dat de beweging integendeel 'in de diepste gevoelens van het [Vlaamse] ras' wortelde.[286] Vandervelde, Hymans en de koning merkten op dat de Vlamingen in het leger enige culturele genoegdoening moest geschonken worden. De premier sprak zijn leedwezen uit over het schokkende zerkjesvandalisme en over de schande van de Franse toespraken bij begrafenissen van Vlamingen; besloten werd tot de stichting van een Vlaamse school voor officieren. Maar eentalige regimenten kwamen niet langer ter sprake. Een serie Duitse aanvallen had twee dagen eerder de Belgen 1100 doden en gewonden gekost, en van hoog tot laag werd een gigantisch Duits offensief verwacht. 'Er bestaat geen enkel actieplan en de Duitsers beginnen in beweging te komen,' noteerde Albert op 21 maart.[287] En inderdaad barstte diezelfde dag op het Picardische front het Duitse lente-offensief los. De Britten werd vrijwel onmiddellijk een enorme slag toegebracht. Nooit eerder leken de Duitsers zo dicht bij de overwinning te staan.

Beklemd zagen legeroverheid en regering deze vreeswekkende ontwikkeling aan. 'De kracht is aan de Duitse kant,' had Alberts militaire raadgever Galet al enkele dagen tevoren opgemerkt, 'Duitsland zal ons helemaal uit België verjagen wanneer het maar wil. Zo staan de zaken.'[288] Het leger werd intensiever ingezet. Op 28 maart moesten Belgische regimenten de door bomkraters gepokte sector Langemark in het zuiden overnemen van een inderhaast naar de Somme gestuurde Britse divisie. Slechts met de grootste moeite weerde de legertop de orders van Haig om het Belgische leger nu eindelijk en zonder oponthoud onder geallieerd bevel te stellen af, hetgeen een bijzonder slechte indruk maakte op het Franse opperbevel. Maar de lopende kwesties bleven lopen en op diezelfde 28ste maart kwam de beloofde commissie voor de bestudering van het Vlaamse vraagstuk voor het eerst samen. Echter, ondanks Borginons eis tot participatie – 'Wij zijn de sterkste georganiseerde Vlaamse strijdkracht, vertegenwoordigen een zelfstandige richting, en kunnen niet aanvaarden dat de hele zaak buiten ons om worde geregeld'[289] – nam geen van de Fronters plaats in de nieuwe commissie: openlijke onderhandelingen gingen de perken van het herenakkoord te buiten. Katholiek volksvertegenwoordiger en 'passivistisch' voorman Frans Van Cauwelaert was wél lid en ondernam in die hoedanigheid zelfs een studiereis naar Zwitserland.

De Fronters vergaven Van Cauwelaert, die net als zij uit de Vlaamse studentenbeweging kwam, maar die tien jaar ouder was, zijn centrale rol niet. De stemming was dan ook, toen hij eind april *chez* Verschaeve de Frontleiding ontmoette, verre van vriendschappelijk. De Duitsers waren intussen in het zuiden verder doorgestoten, de strategisch belangrijke Kemmelberg was bereikt en de weg naar Boulogne en Calais leek open. Afgemeten deelde Van Cauwelaert, die Borginons *Dageraad* eerder een 'domheid' had genoemd, de aanwezigen mee dat hij hen weliswaar altijd verdedigen zou, maar hun standpunt en acties geenszins kon goedkeuren.[290]

De breuk tussen de generaties was onmiskenbaar. Wat de volksvertegenwoordiger niet wist, was dat de *ruwaard* toen allang had besloten door het niemandsland heen een missie naar de Duitse linies te zenden.

Intussen was de vaderlandse geestdrift tot een zeer laag peil gezonken. Al ten tijde van de bitter koude winter van 1916/1917 (een winter zo koud dat de Noordzee bij De Panne bevroor) bleek de 'geest van 1914' zo goed als uitgedoofd – zoals in alle legers, het Duitse, het Franse, het Britse, het Italiaanse en het Russische. Naarmate de oorlog verder aansleepte, werd de opstandigheid aan beide zijden groter. In het Franse leger brak in 1917 muiterij uit. De Russen gaven het domweg op en verlieten massaal het front: naar huis.

Ook bij de Belgen breidde het *malcontentement* in de tweede oorlogshelft zich uit. De censoren van de Militaire Veiligheid mochten in de zomer van 1917 uit de brieven van de soldaten dan wel opmaken dat het moreel van de troepen nog steeds uitstekend was, er werd in diezelfde hete zomer her en der heftig amok gemaakt. De Franse militaire attaché rapporteerde op 2 juli 1917 dat de populariteit van vaderlandse boegbeelden als Mercier onverminderd was, maar dat tegelijk de geest van 'opstandigheid' in het leger toenam.[291] Ook de neerslachtigheid in de rangen nam toe: de Belgische soldaten leden massaal aan 'le cafard/den cafard'. Troost van thuis was hartverscheurend schaars. Zou men zo, tussen vreemden in een vreemde streek, moeten doodgaan? Hield dit nooit op? 'Ziet ons hier nu zitten' en 'dat *ons moeder* dat moest weten' werden vaste uitdrukkingen van mistroostigheid in de loopgraven. Pijnlijk voelden de intellectuelen zich afstompen. Fritz Francken liet zijn oorlogsroman *De blijde kruisvaart*, waarin de Belgische oorlog als een heldhaftig, *zinvol* avontuur werd afgeschilderd, in 1916 eindigen. Francken mocht zich als oorlogsvrijwilliger tooien met het schildje v.d.g. (*Volontaire de Guerre*), door het gros van *de troep* gaandeweg smalend in *Volontaire de Gamelle* herdoopt: die vrijwilligers, wat zou het – die hadden zich toch maar aangemeld voor de gratis prak, of ze waren geschift. Boumal hield zijn oorlogsdagboek maar niet meer bij; wat viel er verder nog te schrijven? Als de hond van het kantonnement een rok droeg en enige conversatie had, schreef Deauville in oktober 1917, welnu dan zouden we thee gaan drinken met de hond van het kantonnement, zó greep het heersende *niets* hem naar de keel, en de wanhoop van jonge levens die in deze druilerige uithoek in *basso continuo* vergleden. In de naoorlogse roman *Hanji* van de latere Nieuwe-Ordejournalist Robert Poulet komen twee officieren voor, die zich in een uitkijkpost zo angstaanjagend vervelen, dat ze een mythische vrouw bijeenfantaseren over wie ze vervolgens moorddadig ruzie maken. Diverse frontromans beschrijven met klinische precisie hoe zelfs het heimwee naar huis en zelfs de erotische gedachten vervaagden en hoe iedere levensvreugde verzonk in de alles bedekkende blubber. Tegen de vernederingen van het frontleven, de bevelen, het in gek makend domme routine verglijden van de dagen, en de alomtegenwoordige dood, was apathie het enige wapen. 'Het enige wat ons van zinneloosheid kan redden, is te leven zonder zorgen! Daarom laten wij de gruwelen van de oorlog tegen het schild onzer verharde onverschilligheid te pletter vliegen,' zo beschreef oud-strijder Jan-Gom Gheuens het later in zijn roman *De miskenden*.[292] In september 1917 schreef een student aan het front een brief aan een voormalige klasgenoot in de Westhoek om te zeggen dat als hij deze ellende overleven zou, niemand nog van hem verwachten moest dat hij zich zou inspannen om, zoals dat heette, *iemand te worden* – het liefst trok hij naar het zuiden om schapen te fokken en in de zon te liggen en nooit meer deze kou en nattigheid te hoeven meemaken... Zonder de minste vreugde stelde de Waalse student Hubert Lefèvre zich de terugkeer naar zijn oude leven voor: na de frontjaren nog studeren? Wat konden boeken in 's hemelsnaam nog bieden? 'Een vrolijke thuiskomst zal het niet worden, helemaal niet.'[293] (Hij zou het niet meemaken: in juni 1918 sneuvelde hij, 21 jaar oud.)

De geestdodende slavernij van de oorlog schiep werktuiglijkheid. Onze gedachten zélf ontbinden en vergaan, onze zo dierbare gedachten die voor ons de wereld vulden, schreef Deauville in augustus 1918. Zijn *La boue des Flandres* werd na de oorlog her en der met gefrons ontvangen, onder andere wegens uitroepen als 'Oh! Vervloekt zij de modder van de IJzer waarin onze heldhaftigheid, onze geestdrift en onze vaderlandse trouw uitdoven, de modder waarin de Belgische eer ligt te bederven samen met de honderdvijftigduizend onnozelaars die haar verdedigen.'[294] Naoorlogse huldeboeken mochten graag de nadruk leggen op de ook na vier oorlogswinters niet-aflatende taaiheid en strijdlust van de *piot*, die gunstig bij de Franse wankelmoedigheid en de Engelse oorlogsmoeheid afstak. Maar zoals in alle legers werd ook in het Belgische de vaderlandse retoriek steeds ongeloofwaardiger. Waar streed men eigenlijk voor? Voor kroon of kruitfabriek?

Zoals gezegd was nieuws van thuis schaars, en het weinige dat doorsijpelde stemde angstig: aan het front werden verontrustende verhalen verteld over de ontzettende voedseltekorten in het bezette land. Steeds openlijker vroegen vele soldaten zich af of hun plaats niet thuis was en waarom ze zich nog langer zouden opofferen. Was het in 1916 1203 keer voorgekomen dat een militair langer dan drie dagen zonder permissie wegbleef (zo luidde de officiële definitie van desertie), in het daaropvolgende jaar steeg dit cijfer tot 5630. Soldaten uit de Westhoek gingen gewoon naar huis. Ook de bevolking van de Westhoek, waar in het jaar 1917 de wrede regen van obussen en bommen wel bijzonder hard neerviel, raakte steeds vertwijfelder: ''t Volk is volledig moedeloos,' noteerde een gemeente-ambtenaar uit Poperinge op 1 november 1917 in zijn dagboek, 'en velen hebben weer de vluchtziekte.'[295]

Vanaf de vierde oorlogswinter begon de frontdienst weer zwaarder te wegen: de Belgen hadden de sector Nieuwpoort overgenomen en verdedigden nu een front van 38 kilometer breed – en de verdediging moest verder in de diepte worden uitgebouwd omdat een Duits offensief zich aankondigde. Het uitputtende werk, de eindeloosheid van de oorlog, de Britse en de Franse ontmoediging en de vrees voor een aanval deden de wanhoop toenemen: in december 1917, de koudste maand in dertig jaar, kwamen er 1007 gevallen van desertie voor, in de maand daarop 718. Van februari tot en met mei 1918 kwamen er daar nog eens 2002 bij. De militaire overheid en de regering trokken zich van de soldaten niets aan, was de mening in veel compagnies: als slaven werden ze afgebeuld, gravend, marcherend, exercerend, zonder dat men hun rust gunde. 'Men kan wel zeggen dat de Belgische soldaat van alle geallieerde strijdkrachten het vuilste karwei moet opknappen,' zo deelde de drieëntwintigjarige Cubaan Oscar de la Torre y Reiné (bij het uitbreken van de oorlog studeerde hij in Brussel; hij had vrijwillig dienst genomen in het Belgische leger) zijn landgenoten mee.[296]

De overzijde speelde op de onlustgevoelens in met over de linies heen geworpen propaganda. Pamfletten hielden de Belgen voor dat ze alleen voor Frankrijk de dood riskeerden; plaatjes met uitgeteerde vrouwen en kinderen wakkerden de toch al stijgende ongerustheid over de gezinnen in het bezette gebied danig aan. Net als in bezet België was veel van deze propaganda op de Vlamingen afgestemd, die in één sector tot overgave werden genood met een bord waarop stond: vlaamen komt maar over – de duitsche schieten niet.[297]

In juni 1918 kwamen er ook gevallen van collectieve overgave voor, naar de Militaire Veiligheid rapporteerde onder invloed van de Antwerpse pacifist en anarchist Antoon Pira: alleen al uit het vijfde regiment infanterie trokken tientallen – volgens één schatting meer dan tachtig – onderofficieren en soldaten de linies over. Wat de deserteurs betreft, daarvan werd het merendeel gearresteerd, al bleven er tot het einde van de oorlog nog zo'n tweeduizend spoorloos.

Gearresteerde deserteurs werden aanvankelijk naar strafkampen in Frankrijk gestuurd; vanaf eind juni 1918 werden ze in strafcompagnies in de eerste linie ingezet. Gevangen overlopers kwamen voor de Krijgsraad. Waar er in de hele periode van 1914 tot 1917 maar 28 mannen werden veroordeeld wegens poging tot overgave, liep dit aantal, veelzeggend genoeg, in 1918 op tot 190. De doodstraf werd daarbij overigens zelden uitgesproken. Alles bij elkaar werden gedurende de hele oorlog achttien Belgische militairen wegens desertie of criminele feiten geëxecuteerd, dertien daarvan in het eerste oorlogsjaar (een paar daarvan waren jongens geweest die in de hel van de bewegingsoorlog in paniek gevlucht waren). De repressie in het Belgische leger was over het algemeen minder cru dan in het Franse leger en vooral in het Britse, waar een in koloniale oorlogen verhard kader een vaak onmenselijke tucht handhaafde, compleet met lijfstraffen. Het Belgische leger was, ondanks alle hiërarchie, in essentie een burgermansleger, waar geen martiale kadaverdiscipline heerste. Wie dacht dat men dat leger een even rigoureuze tucht kon opleggen als de geallieerde strijdkrachten, zag het verkeerd, zoals Albert in maart 1918 de ministerraad voorhield.

Het Belgische frontregime was minder hard, de reactie ertegen derhalve ook minder extreem. Al namen scepsis en neerslachtigheid toe en gaven sommigen het gewoon op, massale muiterijen zoals in het Franse leger kwamen niet voor in het IJzerleger – dat dan ook niet, het zij nogmaals herhaald, in vergeefse stormoffensieven werd vermalen. De geest van balsturigheid was daarbij aan schommelingen onderhevig: reeds in augustus 1917 meldde de Franse militaire attaché dat de legerstemming sterk verbeterd was ten opzichte van juli. Eind februari 1918 achtte hij de stemming 'zeer gunstig'; en zelfs de deserties van juni 1918 deed hij als 'voorlopig niet onrustwekkend' af.[298] De gebleken mislukking van het Duitse offensief deed in juli het optimisme ook weer wat toenemen.

Diverse ondernemingen probeerden de geestelijke en materiële misère van het front wat te verlichten, soms met enig succes. Vrijwillige 'oorlogsmeters' (*marraines de guerre*) in Frankrijk en Engeland stuurden de verweesde IJzerhelden ansichten en pakjes met gebreide sokken en bouillonblokjes, wat althans een kleine troost betekende. *Le livre du soldat belge/Het boek van de Belgische soldaat*, een door Vandervelde opgerichte stichting, zond aangevraagde boeken, naslagwerken en tijdschriften naar het front en bracht aldus, zoals een soldaat schreef, toch wat intelligentie en geestelijke vreugde in 'het banale, het ongerijmde, het brutale van het oorlogsleven'.[299] Naarmate de stellingoorlog meer en meer zonder einde leek, werd het belangrijker geacht dat de *piotten* hun tijd niet enkel kaartend en zand scheppend doorbrachten, en dat geschoolden hun geest moesten blijven scherpen. Vanaf mei 1916 organiseerden Vlaamse en Waalse aalmoezeniers klasjes. Bibliotheken en leeszalen achter de linies namen in aantal sterk toe. In januari 1917 was de *Belgische Standaard* een grote campagne begonnen ten behoeve van onderwijs aan de soldaten. Duizenden *piotten* verwierven zo alsnog de lagere-schoolkennis die hun in vredestijd ontzegd was gebleven. Ongeletterden leerden lezen en schrijven, Vlamingen leerden Frans, een handvol Waalse militairen zelfs Nederlands; verder werden enig rudimentair Engels (nuttig voor de omgang met de Britse troepen), geschiedenis en wiskunde gedoceerd. Voor universiteitsstudenten zette het ministerie in augustus 1917 schriftelijke cursussen op. Zelfs de legeroverheid liet haar cynisme varen en moedigde tekenwedstrijden, muziekconcours en fronttoneel aan.

En er was de occasionele permissie. Wie geluk had, mocht zelfs voor niets naar Parijs, naar het 'soldatenhome' (*foyer des soldats*) aldaar. Op die manier zagen vele soldaten die nooit buiten hun streek waren geweest, toch nog iets van de wereld. Zo herinnerde zich in januari 1996 in een gesprek met schrijfster dezes de honderddriejarige Omer Berckmans, infanteriesoldaat in het zesde linieregiment, met plezier zijn enige reis over de grens – de Arc de Triomphe, de Hallen et cetera – niet de *staminés*, daar was geen geld voor, en ook niet de cinema met patriottisch program: 'Wat verstaat ge daarvan? Voor ons was dat niks!' Gevraagd naar de stemming in het leger was het antwoord simpel: 'Ge deedt gij voort, nietwaar.' Al was het dan niet van harte, men hield vol – 'elkeen heeft zijn eigen content gesteld.'[300] Met groot verlof in Parijs, begin 1918, werd Deauville gevraagd hoe het kwam dat de soldaten nog steeds zo'n sterk moreel hadden. Ja, hoe kwam dat, bedacht hij schamper op de terugweg. 'Vanwaar dat moreel? Het rechtvaardige van onze zaak? Het vaderland? De haat tegen de vijand? Tegen de overweldiger? Laat ons niet lachen, broeders. [...] Het moreel, dat is zichzelve toegeven dat men nu eenmaal niet anders kan. In zijn hoogste vorm betekent het: dit te begrijpen, te erkennen, en verder zijn mond te houden.'[301]

Bij *de troep* overheerste, ondanks alles, een morrende loyaliteit, gevormd door solidariteit met de andere soldaten en een onglorieus doch onwrikbaar besef van de waarde van de begrippen 'geboortegrond' en 'bevrijding', begrippen die voor soldaten uit een bezet land meer waren dan clichés. '*Den Duits* was hier meester van alles,' en men moest thuis weer 'liber' (sic) worden, zo stelde het tachtig jaar na dato de oud-strijder. Temidden van de grootste ellende hielden de soldaten stand, meer uit 'koppige boerentrouw' dan uit patriottisme en meer uit fatalisme dan uit heldhaftigheid, zoals een schoolmeester uit Alveringem het in september 1918, enkele dagen voor het begin van het bevrijdingsoffensief, omschreef; ze vochten blindelings door in het vaste geloof dat dáár hun plicht lag, zoals ze ook in hun gewone leven hun zware en eentonige werk hadden gedaan, hadden geploegd, getimmerd, of wat dan ook.[302] 'De gewone soldaten kennen pretentie noch chauvinisme,' schreef in diezelfde maand De Cuyper, wie dit volstrekt bombarieloze idee van *plicht* tot tranen toe ontroerde (zelf zou hij dertien dagen later sneuvelen). 'Het lijkt wel of dit voor hen allen altijd al hun gewone werk is geweest; niet de minste aanstellerij, niet het minste geklaag.'[303]

Ondanks alle wrok tegen de veilig achter de linies verblijvende generale staf werd stug standgehouden. 'Wat kost ge doen? [...] 't Is neig dangereus om verschil te maken.'[304] Bovendien, België was de oorlog niet begonnen en verdedigde zich slechts; het leger sprong zuiniger dan de andere legers met mensenlevens om, hetgeen vooral te danken was aan de hoogste legerleider, Albert, wiens morele gezag immens bleef. Albert en Elisabeth deelden inderdaad niet in de weerzin die tegen de officiële patriottische schreeuwers werd gevoeld. Dit was ook terecht: Albert koesterde een intense afkeer van het soort chauvinistische hanigheid waar bijvoorbeeld Clemenceau in grossierde. 'De soldaat draait er voor op,' zoals hij in maart 1918 voor de zoveelste maal onderstreepte: 'de vergissingen van de leiders komen onveranderlijk op hém en op het volk terecht.'[305] Bovendien, Albert en Elisabeth 'deelden het leven van de troepen', zoals dat eerbiedig heette, in hun kale gestrenge villa in De Panne, waar ook zij leefden onder het nooit eindigende gedreun van de kanonnen, in uniform, met een haast militaire discipline. Beiden toonden zich in hun sombere ernst hun publieke rol waardig.

Van Albert werd tevens verteld dat hij vooral de Vlaamse soldaten welgezind was, wat dezen van Waalse zijde de spotnaam 'les *godverdom* du roi Albert' opleverde (hun gevloek was spreekwoordelijk). Zelfs ging het verhaal dat de koning, in tegenstelling tot zijn generale staf, veel sympathie had voor de Vlaamsgezindheid in het leger, een verhaal dat naderhand overdreven is gebleken, maar waarin toen vast werd geloofd. De Frontbeweging was, zoals uit haar Open Brieven bleek, zeer koningsgezind. Zelf predikte zij dan ook geenszins het defaitisme. De Frontleiders zouden later zelfs stellen dat zij het Belgisch leger eigenlijk hadden gered door hun aanhang tot standhouden te bewegen. Hiermee overdreven ze hun rol enigszins: in werkelijkheid had de beweging op de stemming onder de Vlaamse soldaten maar een zeer beperkte invloed. Het was per slot van rekening een clandestiene beweging van ingewijden, met een gering aantal direct betrokkenen. Debeuckelaere zelf schatte dat de beweging op haar hoogtepunt zo'n vijfduizend Vlamingen telde.[306] Het Vlaams ontwaken bij de soldaten moest vooral niet overdreven worden, schreef Borginon in maart 1917. Wél wekte de *Open Brief* van 11 juli 1917 met zijn simpele, krachtige taal een diffuse indruk van ontzaglijk onrecht; de Militaire Veiligheid stelde in augustus 1917 vast dat de 'Vlaamse propaganda' tot de bredere massa van de soldaten aan het doordringen was. Het lijdt geen twijfel of de hautaine eentaligheid van zoveel officieren onderstreepte voor veel Vlaamse soldaten nog extra de starre hiërarchie tussen de leiding en *de troep*. (Hiërarchie die bij alle soldaten, ongeacht hun taal, steeds meer als oneigenlijk werd ervaren. '*Il est soldat contre la guerre. / Il obéit, mais à demi. / Le chef est son grand ennemi / Et l'ordre donné l'exaspère*,' dichtte de oorlogsvrijwilliger Georges Haumont.[307] Groot was in de rangen de sympathie voor de revolutionairen in Rusland, die het hoger gezag aan hun laars lapten.) Het blijft een open vraag hoe diepgeworteld het 'eigenlijk Vlaamse' in de groter wordende onvrede was; de vraag blijft of het bij de groeiende aanhang van de Frontbeweging ging om Vlaams ontwaken, dan wel om een bredere oorlogsmalaise die zich in dit geval in de rijke protestretoriek van het aloude flamingantisme uitte.

Na de oorlog zou de Frontbeweging uitgroeien tot de alles beheersende realiteit van het IJzerfront, tot *IJzer* synoniem werd met *Vlaamse Dageraad*. Maar in de werkelijkheid was 'Vlaanderen' niet de Alfa en de Omega van de Vlaamse oorlogservaring. Veel oorlogsdagboeken en herinneringen maken er geen gewag van, en in de Vlaamse – en bijna altijd Vlaamsgezinde – oud-strijdersliteratuur is de Frontbeweging geen overheersend thema. Sommige flaminganten begonnen zelf te twijfelen of het hele Vlaamse volk wel bestond. De Vlaamse retoriek leek hetzelfde lot beschoren als de officiële vaderlandsliefde: onverschilligheid. De soldaat die in september 1917 naar het zuiden wilde, schreef in diezelfde brief aan zijn vriend achter het front dat deze nu wel met slogans als 'zedelijk volk, groot volk' kon dwepen, zoals hijzelf trouwens ook had gedaan toen hij nog op het college zat, maar dat hij het Vlaamse volk of gewoon *het* volk helemaal niet kende – dat Vlaamse volk bestond *für sich* niet en de Vlaamse zaak kon dit 'volk' ook weinig schelen, het enige dat de ploeteraars in de modder interesseerde was overleven, hetgeen al bij al nog de beste reden was om stand te houden. Hij vertelde over de opstandigheid, het vloeken en de betaalde liefde, en bekende dat alles nu veel beter te begrijpen. Hij waarschuwde zijn vriend, die vanwege zijn zwakke gezondheid niet in dienst hoefde en nog illusies koesterde, voor elk idealisme, en vertelde hem dat hij 'Gravez of Daels of Verschaeve' maar eens moest vertellen – liefst wel zonder zijn bron te noemen – dat dít de ware stemming was aan het front.[308] Het 'Vlaamse volk' bleek kortom even vaag en platonisch als '*la femme-illusion*' uit de roman van Poulet en bood uiteindelijk even weinig houvast in bange dagen. Maar het kon, net als die verzonnen vrouw, bij de gelovigen wel tot wanhoopsdaden leiden.

Want intussen was de leiding van de geheime beweging tot een besluit gekomen. De vertegenwoordiging die zij naar de overkant stuurde, zou uit naam van de Frontbeweging in verbinding treden met de gematigde activisten. De gezanten dienden de beweging in den lande enige naamsbekendheid te verschaffen en vanaf de overzijde de Vlaamse invloed op het Belgische leger te vergroten.

En zo staken – onder nog steeds onopgehelderde omstandigheden en met een 'mandaat' op zak waarvan de precieze draagwijdte wellicht voor altijd duister zal blijven – in de nacht van 30 april op 1 mei 1918 drie Vlaamse soldaten en twee korporaals (onder wie de voornoemde De Schaepdryver) het niemandsland over in de richting van de Duitse loopgraven. Enkele dagen later werden zij gevolgd door de dominicaanse novice Carlos Van Sante, in het leger brancardier, die als eenmansmissie door Verschaeve was gestuurd.

De zes zouden na de oorlog in Vlaamsgezinde kring 'sublieme deserteurs' worden genoemd; dit om hen te onderscheiden van vulgaire *vaandelvluchtigen*. Ze waren nog maar net in bezet België, of ze vielen onherroepelijk in de klauwen van de Duitse propaganda. Of ze dit hadden kunnen voorzien, valt niet te zeggen. Wat ze in elk geval niet hadden voorzien, was de diepe verbittering van het land waarnaar ze terugkeerden.

HOOFDSTUK VII

‘Triomf der brutale macht’? De bezetting in de tweede helft van de oorlog

De ‘gezanten’ van het Vlaamse front vonden in het voorjaar van 1918 een van de buitenwereld afgesloten land terug, dat zwaar was getekend door de lange jaren van een militaire bezetting die steeds zwaarder was gaan wegen, vooral sinds de derde oorlogswinter.

Gedurende de laatste maanden van het jaar 1916 was een nieuw aangetreden gezag in het Rijk begonnen een veel harder beleid ten aanzien van het veroverde gebied te voeren. Eind augustus 1916 had de Keizer de in 1914 aan het Oostfront gelauwerde veldmaarschalk Von Hindenburg aangesteld als stafchef. De held van Tannenberg verkreeg aldus, samen met zijn rechterhand generaal Ludendorff (die tot kwartiermeester-generaal werd benoemd) de macht over de *Obere Heeresleitung* en daarmee over de gehele oorlogvoering. Hindenburg werd als Duitslands redder bijna vereerd. (In Berlijn was een metershoog houten standbeeld voor hem opgericht, en onder burgers en Junkers ontstond het aan oud-Germaanse rituelen herinnerende gebruik koperen of zelfs zilveren spijkers in dit standbeeld te slaan om de oorlogskrachten gunstig te stemmen.) De nieuwe concentratie van militaire macht had prompt gevolgen gehad voor het politieke gezag. Regering en *Reichstag* zagen hun macht over de Duitse politiek wegsmelten. Kanselier Von Bethmann Hollweg werd ten slotte in juli 1917 afgezet om plaats te maken voor de gezeglijker Michaelis.

Het nu vrijwel geheel en al militair georiënteerde Duitsland, dat met man en macht een stellingoorlog moest voeren en een fenomenale kanonnenproductie onderhouden, begon tekenen van uitputting te vertonen. De Britse blokkade en de logge economische centralisering maakten de schaarste steeds nijpender. Al in de winter van 1916-1917 aten de Duitsers rapen in plaats van aardappelen, en in het daaropvolgende jaar braken broodrellen en stakingen uit.

De nieuwe generale staf besloot in de herfst van 1916 alles op alles te zetten om de ultieme overwinning te behalen en kondigde een hardere oorlogvoering in. Begin 1917 verklaarde het Rijk de Entente de onbeperkte onderzeese oorlog.

Wat België betrof, betekende dit dat de omzichtige langetermijnplannen van de bezettende macht plaats moesten maken voor een beleid van onmiddellijk resultaat. Hindenburg en Ludendorff duldden geen uitstel. Zonder tijd te verliezen diende het Duitse gezag in Brussel het veroverde land ten dienste te stellen van de oorlog.

De bezwaren van de 'politici' legden geen gewicht in de schaal. Vergeefs voerden Berlijn en Brussel aan dat een harder beleid ten aanzien van dit land, waarvan de verovering indertijd zo'n storm van verontwaardiging had verwekt, de neutrale publieke opinie zeer tegen het Rijk zou innemen, de binnenlandse scepsis en oorlogsmoeheid zou aanwakkeren (de meerderheid van de Duitse burgers had men immers wijsgemaakt dat de oorlog een *defensieve* onderneming was) en in bezet België de moeizame modus vivendi zou vernietigen en de zorgvuldig gekweekte bereidheid tot medewerking zou doen desintegreren of althans nog meer in het isolement dringen. Het nieuwe beleid zette alle inspanningen om een duurzame Duitse invloed in België te waarborgen op de helling, zo protesteerde (in bedekte termen) Von Bissing. Niet zonder irritatie schoof de militaire top alle politieke bezwaren terzijde en dwong Brussel tot medewerking. België was barstensvol bruikbaar materiaal en mankracht, dus waar wachtte men nog op? Waar diende een veroverd gebied anders voor?

In het bezette land voerde verordening na verordening de inbeslagneming van zo ongeveer alles op: rubber, leer, tin, paarden, trekossen et cetera. Bomen werden met hele parken en lanen tegelijk door het leger omgehakt, eigenmachtig sprokkelende burgers door patrouillerende soldaten neergeschoten. En vanaf de herfst van 1916 waren ook de sacrosancte Belgische huizen niet langer voor inspectie en opeising veilig. Vindingrijke burgers probeerden de opgeëiste goederen – vooral koper en wol, waar de kwartiermeesters een niet te stelpen behoefte aan bleken te hebben – te verstoppen in tuinen, onder vloeren, in kelders, maar dat had alleen maar tot gevolg dat de Duitse soldaten nog grondiger de binnengedrongen huizen doorzochten, de parketvloeren openbraken en de bakstenen loswrikten. Op 18 oktober 1917 noteerde Streuvels dat de eerste vraag op ieders lippen luidde: 'Hoe doet ge het met uw wol?'[309] Koperen pannen, deurklinken en kandelaars, kroonluchters, waterkranen, matrassen, kussens en haardkleden verdwenen met brutale systematiek richting *Heer*. Niet zelden sloegen soldaten en officieren voor eigen rekening aan het opvorderen en namen daarbij ook weleens, zoals de militaire autoriteiten moesten vaststellen, geld en zilverwerk uit de burgerhuizen mee.

Weinigen was nog toegestaan te vergeten dat het oorlog was. Karel Van De Woestijne gaf begin 1917 zijn berichtgeving aan de *Rotterdamsche Courant* op: niets van wat de moeite waard was om geschreven te worden, mocht nog geschreven worden. Pas eind juli 1918 begon hij weer te corresponderen en berichtte op de volgehouden badinerende toon die de enige was die door de censuur mocht, over de schaarste: de Belgen, schreef hij, hadden nu 'afgezien van het epicurisme der wollen matrassen. Wij slapen op hygiënisch stro, of veerkrachtige oude kranten, of dienstwillige houtskrollen, en zelfs op het merkwaardige gewas dat men zeegras noemt. Al deze grondstoffen hebben trouwens duizelingwekkende prijzen bereikt, hetgeen ze ons dierbaarder maakt, zo niet zachter.'[310] Persoonlijk comfort en privédomein waren op het altaar van andermans oorlog geofferd. Publieke goederen verdwenen eveneens: bierbrouwerijen moesten hun soms tweehonderd jaar oude ketels afgeven, in honderden gemeenten raakte *het muziek* zijn trompetten kwijt, en nog in augustus 1918 werd de bronzen Klokke Roeland uit het belfort van Gent gehaald en gesmolten. Het fijnmazige net van de buurtspoorwegen, 's lands trots, raakte systematisch ontmanteld: locomotieven, wagens en sporen werden in hoog tempo naar het Franse en het Russische front overgebracht.

Onafwendbaar was de Belgische economie door het tekort aan materiaal gewurgd. Al in het eerste jaar van de oorlog waren die fabrieken waar de grondstoffen ontbraken, stilgezet. Het werk in de Vlaamse spinnerijen was in de zomer van 1915 beëindigd. Bijna alle hoogovens lagen stil. De machinebouw was stopgezet. De industrieën waarvan de productie de Duitse oorlogsinspanning direct ten goede komen zou, hadden het werk neergelegd, bijvoorbeeld de steengroeven van Brabant en Henegouwen en de metaalfabrieken. In de lente van 1915 hadden de veertigduizend arbeiders van de *fabrique d'armes* in het Luikse het werk neergelegd; eind mei van datzelfde jaar staakten de arbeiders van het spoorwegarsenaal in Mechelen. De conservenfabriek Marie Thumas, die zich had verzet tegen de opeisingen van de productie door het leger, werd manu militari gesloten.

Ook industrieën die 'neutraal' waren, leden onder de oorlog, zelfs zij die minder met grondstofgebrek te kampen hadden. Duitse ondernemers intervenieerden bij de gouverneur-generaal om de productie in concurrentiële industrieën, zoals de cementindustrie, niet te laten hervatten. Dat was Von Bissing echter wel van plan: zoals hij meermalen onderstreepte, had het Rijk aan een armlastig protectoraat in het geheel niets. Eerder tijdens de bezetting, in juni 1915, had hij een economische conferentie in Brussel belegd om Duitse industriëlen warm te maken voor investeringen in België – alles met het oogmerk het land *op de lange termijn* voor Duitsland van nut te laten zijn. Maar voor de grote Duitse ondernemers was het hemd nader dan de rok gebleken: ze toonden meer belangstelling voor de onmiddellijke exploitatiepolitiek zoals die door de militairen werd voorgestaan.

Steeds minder gehinderd door publieke controle gingen de grote industrie en legertop in het Rijk een *Wahlverwandtschaft* aan, waarvan de Belgische nijverheid het slachtoffer werd. Aangezien het land zich niet in de Duitse oorlogseconomie voegde, de laboratoria niet voor gasproductie beschikbaar stelde noch de machinebouwwerkplaatsen voor munitiefabricage, kon het beschikbare materieel evengoed nuttiger worden gebruikt. En zo werd in februari 1917 bepaald dat de grotere industrieën – de fabrieken en werkplaatsen met meer dan twaalf arbeiders – alleen nog met Duitse toestemming mochten blijven werken. Veel fabrieken weigerden dit. Andere werden onder Duits toezicht gesteld. De maatregel herleidde feitelijk de zwaardere Belgische industrie tot een tak van de Duitse. Waar nog werd gewerkt, diende de productie in steeds belangrijker mate de Duitse vraag (zo bijvoorbeeld de kolenmijnen, waarvan het product onmiddellijk naar de *Kohlenzentrale* ging); de stilgevallen fabrieken vielen aan systematische afbraak ten prooi. Bij het ministerie van Oorlog in Berlijn organiseerden twee diensten onder de welluidende namen *Wumba* (*Waffen- und Munitionenbeschaffungsamt*) en *Rohma* (*Rohmaterialbeschaffungsamt*) de liquidatie ten behoeve van de legerlogistiek en de Duitse industrie. Ze werden door ondernemers overspoeld met aanvragen voor Belgische machines, motoren, verwarmingsketels, outillage en metaal allerhande. Een consortium van firma's, *Abbaugruppe* geheten, liet Russische krijgsgevangenen fabriekshallen en hoogovens ontmantelen. De *Gruppe* zou haar winstgevende werk voortzetten tot in de laatste weken van de oorlog (toen elke *militaire* reden hiervoor allang was verdwenen) en de metaalnijverheid van Luik en van Charleroi leeggeplunderd achterlaten.

Intussen was de schaarste almaar toegenomen en leden steeds meer Belgen gebrek. Honger en kou breidden zich uit ondanks de voedsel-, kolen- en kledingdistributie van het Comité, ondanks de 'Melkdruppel' voor zuigelingen, de 'Noenmalen der Zwakke Kinderen', de 'Bescheiden Hulp' voor de kleine burgers, en wat er verder nog allemaal aan caritas bestond. Van al deze vormen van steun werd trouwens steeds veelvuldiger gebruik gemaakt. (Eind 1917 stond naar schatting 40 procent van de Belgen in de rij voor soep, en in de steden lag dat percentage nog veel hoger: in de lente van 1917 waren de rijen in Antwerpen zo lang dat de mensen om vier uur 's ochtends al stonden te wachten om pas rond elf uur hun kom soep en stuk brood te krijgen.) De toch al ontoereikende eigen landbouwproductie was nog verminderd door het vertrek van vele mannen, de vernieling van velden en de opvordering van karren en paarden; de ondoorzichtige centralisering van het beschikbare en de alomtegenwoordige woekerzucht deden de rest. De *Commission* kon niet altijd invoeren wat er nodig was. De Engelsen lieten hun gestrenge restricties op de voedselimport niet los. De onbeperkte onderzeese oorlog kostte duizenden levens op zee en een steeds toenemend tonnage aan naar de zeebodem getorpedeerd eten voor België, ondanks de wanhopig waarschuwende vlaggen op de *Relief for Belgium*-schepen.

Vanaf de derde oorlogswinter werd het gebrek nijpend. In 1917 kon de Commissie van de verhoopte 1200 kilocalorieën per persoon per dag die zij als 'voedingssupplement' aan behoeftigen hoopte te kunnen uitdelen, maar 54 procent daadwerkelijk uitreiken. Daar kwam bij dat het hulppakket beperkt was: vooral brood, veel maïs, erwten en rijst... maar de Belgen lustten geen rijst. Rijst was geen *eten*. Aardappelen – dát was eten. Doch die waren in 1917 driemaal zoveel gaan kosten als in 1914; in sommige steden waren ze alleen nog maar op de zwarte markt te verkrijgen. De veelvuldige verordeningen (een decreet van februari 1916 bijvoorbeeld verbood de restaurants geschilde aardappelen te serveren) en de ijver van de *Kartoffelzentrale* verhaastten slechts de verdwijning van de bona fide *patate*. Boter en koffie waren, zoals alle vooroorlogse luxe, uitsluitend nog zwart te koop. En de prijzen op de zwarte markt waren exorbitant. Tegen juni 1916 was alles wat men daar verkrijgen kon drie keer zo duur geworden als voor de oorlog; in de vreselijke maand januari 1917 vijf keer zo duur; en het jaar daarna meer dan tien keer. In 1918 kostte een kilo boter in Brussel 52 frank, terwijl een mijnwerker per dag zo'n 5 frank 71 verdiende. En het van steun afhankelijke publiek in Brussel verdiende doorgaans minder dan een voltijds werkende, volwassen mijnwerker: dat publiek bestond uit weduwen met een schraal pensioen, werkloze stukadoors, typografen en metselaars, zo nu en dan aan de kost komende naaisters en strijksters, nooddruftige renteniertjes en ambtenaren zonder ambt. In september 1917 aten de Brusselse werklozen naar schatting gemiddeld een kleine 1400 kilocalorieën per dag – en de werkenden misschien 1500.

Plots bleek weer de fragiliteit van het stadsleven, waar niets van wat men tot zich nam meer vanzelf sprak, brood, boter, melk, vlees, niets. 'Nederige dingen als eten kregen opnieuw hun gewijde betekenis.'[311] De misère breidde zich naar boven uit en voor de meerderheid van de bevolking was zelfs de geringste luxe verdwenen. In veel burgerhuizen werd nog maar in één kamer gestookt: zoals het voedsel en de kolen was ook het gas gerantsoeneerd. De mensen zagen er steeds sjofeler uit. Niemand had nog iets nieuws aan. Leer en laken waren spoorloos verdwenen en zelfs deftige lieden liep op kapotte schoenen en in gekeerde jassen. 'Het tijdperk der laarsjes is ten einde,' meldde eind juli 1917 een Brussels journalist.[312] Men maakte pantoffels van oude tapijten. Zeep was onbetaalbaar. Vele gezinnen dronken alleen nog op kerstavond koffie, met gepaste eerbied het goddelijk brouwsel degusterend of het champagne was. Linnen voor ondergoed of handdoeken was nergens meer te krijgen. In de Brusselse hotels waar de Duitse officieren logeerden, werden tafelkleden als lakens gebruikt. Tegen maart 1918 maakten zelfs de adellijke dames van de hoofdstad jurken van gordijnen. In de volkswijken verspreidden ziekten zich sneller dan vroeger doordat beddengoed, washandjes en luiers zo versleten waren dat men ze nauwelijks meer durfde te wassen.

Het gebrek werd van kwaad tot erger. In Kortrijk, Aalst en andere steden van het *Etappengebiet* hadden de vrouwen al in de lente van 1916 hongerbetogingen gehouden. Men zag de kinderen 'verkwijnen bij gebrek aan voedsel' en oude mensen 'in 't putteke van de winter, bij een kille stoof verstijven', noteerde een getuige in januari 1918.[313] De honger waarde overal rond, geobsedeerde gesprekken gingen over niets dan ravitaillering, komiteitswinkels en voedselprijzen. Gemeentebesturen meldden bezorgd dat steeds meer mensen op straat flauwvielen. In de twee laatste oorlogswinters bezweken vele bejaarden vóór hun tijd aan de ontberingen of stierven letterlijk van de kou. Difterie en tuberculose braken uit onder de verzwakte bevolking. Het was in sommige buurten even erg geworden als tijdens de hongersnoden van de jaren 1840, zei men in de lokale Comités. Zelfs onder de haute bourgeoisie heerste schaarste: reeds vanaf circa mei 1916 was het in gegoede kringen gebruikelijk geworden elkaar zakjes aardappelen cadeau te doen, zoals men vroeger pralines meebracht.

En de arbeiders aten in de winter van 1916-1917 weer even slecht als ze hadden gegeten in 1860: niets dan aardappelen met uiensaus en snel rottend brood gemaakt van aardappelmeel. Vlees haast nooit meer, behalve af en toe wat spek uit de *komiteitsdistributie*, 'Amerikaans spek', zoals men zei. En net zoals in het donkere verleden besteedden arbeidersgezinnen het gros van hun geld aan het pure overleven. De levensstandaard van de arbeiders was sinds het midden van de negentiende eeuw gestaag verbeterd, maar daar kwam nu abrupt een einde aan. De nieuwe armoede zou tot na de oorlog duren: in 1919 ging van elke 100 frank die in een mijnwerkersgezin werd uitgegeven er 85 naar eten. 'Slecht gekleed, slecht gedekt, en daarbij zonder vuur, zo was het in alle werkersgezinnen,' getuigde na de oorlog een Aalsters stadsambtenaar over de toestand vanaf de herfst van 1917.[314] De kinderen werden bloedarmoedig, bleek, suf en zwak. Na de oorlog zou men het ze aanzien dat ze in bezettingstijd waren opgegroeid. De vrouwen konden hun pasgeborenen maar kort melk geven. Ze waren zelf ondervoed. Steeds minder kinderen werden geboren, vooral in de steden en in de industriestreken, waar het aantal geboorten tot de helft daalde. De tijden waren te onzeker om meer kinderen op de wereld te zetten – de steden en fabrieken boden steeds minder werk.

Het langzame afsterven van veel industrie veranderde voor honderdduizenden het dagelijks leven. Ongeveer 650.000 mensen gemiddeld zaten per jaar zonder werk: de helft van de industrie-arbeiders. In november 1916 telde het land naar schatting twee miljoen behoeftigen, de meeste daarvan door gebrek aan werk; velen zaten zonder inkomsten en zelfs wie enig spaargeld had, moest dat langzaam opeten. 'Hulpbanken' leenden tegen een lage rente geld aan bezitters van huizen of spaarboekjes, maar tegen de winter van 1917-1918 waren de kosten van levensonderhoud zo gestegen dat de kleine burgerman wiens spaargeld op was bij de onderstand moest aankloppen.

Enige hulp kwam van het Comité, van gemeenten, van arbeidersfondsen en van privéliefdadigheid. Het weggevallen of ingekrompen loon werd met voedsel-, kleding- en kolenbonnen enigszins gecompenseerd. Grond voor volkstuintjes, vijfduizend hectare in totaal, werd ter beschikking van behoeftige gezinnen gesteld. (Zo gaf de Brusselse gemeente Schaarbeek in juli 1917 de Lambermontlaan vrij voor het kweken van aardappelen en kolen.) In de eerste helft van de oorlog hadden de gemeenten (waarop nu de hele verantwoordelijkheid rustte voor wat er aan 'Belgisch' publiek leven onder de bezetting over was gebleven) diverse openbare werken georganiseerd om de werklozen van arbeid te voorzien. Aldus werd de oude stadswal van Edingen (Enghien) uitgebaggerd en met boulevards omzoomd; een legertje werklieden legde op een drassig terrein aan de rand van Aalst een stadspark met vijvers, bruggetjes en exotische bomen aan; in Gent groef men nieuwe havenbassins, terwijl werkloze vaklieden (ook de bouw lag stil) monumenten restaureerden; en in de Ardennen werden kleinere wegen verhard (opzettelijk niet de grote, die voor het transport van de Duitse troepen konden dienen) en moerassen drooggelegd.

Gezien het feit dat de Duitse regering noch de bezettende overheid belang had bij onrust, hadden zij dit paternalistische steunsysteem in eerste instantie niets in de weg gelegd. Maar toen meer en meer geschoolde Duitse arbeiders naar de slagvelden van Noord-Frankrijk marcheerden en de *Materialschlacht* om Verdun sneller munitie begon te vreten dan de fabrieken konden voortbrengen, gleed de blik naar het werkloos rondhangende arbeidersleger van het veroverde België.

Al sinds eind 1915 had het *Deutsche Industriebüro* de werving van technisch onderlegde werklieden voor de fabrieken van het Rijk georganiseerd. Kantoren in Brussel, Antwerpen, Luik, Bergen en Namen stelden hoge salarissen en steun aan de families in het vooruitzicht. De collaborerende pers publiceerde brieven van Duitslandgangers met gloedvolle beschrijvingen van het goede leven aldaar. Doch van de teruggekeerde politieke gevangenen wist men dat de Duitsers zelf gebrek leden. Velen stond de aanmelding voor arbeid ten dienste van het Rijk zeer tegen. (En degenen wie het aan een voldoende krachtige patriottische reflex ontbreken mocht, konden zich slecht onttrekken aan de alomtegenwoordige sociale druk om het passieve verzet vol te houden: een druk die uitging van de omgeving, van vakbonden en parochies, alsook van lokale Comités, die zich het recht voorbehielden steun te ontzeggen.) Tegen maart 1916 waren slechts twaalfduizend mannen naar Duitsland getrokken, terwijl er daar honderdduizenden nodig waren voor de op volle toeren draaiende oorlogsindustrie. Om de zaken wat te bespoedigen, verbood Von Bissing in mei 1916 de openbare werkverschaffing van de gemeenten.

Von Bissing was hiertoe aangezet door de generale staf. Daar voltrok zich in de daaropvolgende maanden de hierboven beschreven machtswisseling, die de Duitse politiek veel meer dan voorheen aan militaire prioriteiten ondergeschikt zou maken. Sterker dan ooit spoorde de annexionistische belangstelling van de grote industrie met de toekomstvisie van de legertop en werd het Duitse Rijk een autoritaire staat.

Voor het bezette gebied in het westen waren de plannen groots. Blauwdrukken uit pan-Germanistische en grootindustriële kring voorzagen na de oorlog een permanente bezetting van België door het Duitse leger, afschaffing van het Belgische leger en van elke zelfstandige Belgische buitenlandse politiek, Duitse zeggenschap over de kust en de forten, Duitse eigendom van de spoorwegen en een algehele onderschikking van de Belgische industrie aan de Duitse, met bijzondere interesse voor het Luikse industriebassin en voor de verleidelijke, nog onontgonnen rijkdommen onder de Kempische bodem, waar staalmagnaat Hugo Stinnes generaal Ludendorff graag over mocht onderhouden.

Doch deze buit veronderstelde voor Duitsland een overwinningsvrede, en met de voortwoedende slagen rond Verdun en aan de

Somme sprak deze niet vanzelf. De oorlogsinspanning diende nog verder opgevoerd. Het gebrek aan mankracht was probleem nummer één, wat Berlijn ook mocht vinden. De scepsis van de kanselier werd als bureaucratisch gefemel afgedaan door industrie en *Militär*, die in het arbeidsvraagstuk het 'kernpunt' van de Duitse oorlogsinspanning ontwaarden en in de dwangarbeid de pijnlijke doch logische consequentie. De oplossing lag voor de hand, of liever, naast de deur: 'Opent u toch dat grote mensenreservoir in België!' voegde Carl Duisburg, woordvoerder van de machtige chemische industrie, de minister van Oorlog toe op een vergadering in september 1916. Rathenau van AEG, het genie van de *Kriegsrohstoffabteilung*, gaf als zijn mening te kennen dat Belgische dwangarbeid de Duitse industrie tot zevenhonderdduizend man kon opleveren: een ronkend cijfer, dat bezwaren in verband met het internationale imago van Duitsland gevoeglijk in de schaduw stelde.[315]

Twee weken later decreteerde Hindenburg dat de mankracht van het *Etappengebiet* op transport kon worden gesteld. Op de muren van Gent verscheen een verordening van hertog Albrecht van Württemberg (generaalchef van het *Etappengebiet*) met de tekst: 'Personen die in staat zijn te werken, kunnen tot werken [...] gedwongen worden, zover zij tengevolge van spel, dronkenschap, ledigheid, vrijwillige of onvrijwillige werkeloosheid, voor hun onderhoud [...] vreemde hulp verkrijgen of vragen.'[316] Door de bizarre formulering heen schemerde onmiskenbaar de bedoeling.

Een week daarna ging ook Von Bissing overstag en stelde de arbeiders van het gouvernement generaal ter beschikking. De totale oorlog was totalitair geworden.

De jacht op 'ledige en werkeloze' Belgen was open. Maar het bleek lastig te bepalen wie tot deze categorie behoorde. De lijsten met arbeidslozen waren in het bezit van gemeenten en plaatselijke Comités, die weigerden ze ter beschikking te stellen. Waar mogelijk, nam de bezettende overheid deze lijsten manu militari in beslag; waar ze waren verstopt of vernietigd, gebruikten de Duitsers de bevolkingsregisters, hun eigen lijsten met weerbare mannen, of de lijsten met werkzoekenden die ze bij de plaatselijke arbeidsbeurzen opeisten. Her en der werden eenvoudigweg alle mannen van boven de zeventien ter *Kommandantur* ontboden.

Bot botste het militaire gezag op de plaatselijke overheid. De gemeenteraad van Doornik, die werd gesommeerd een lijst van driehonderd arbeiders te leveren, antwoordde met een officiële weigering. Dit was, stelde de resolutie waardig, geen kwestie van onzinnige bravado: Doornik had twee jaar bezetting en inkwartiering met kalmte ondergaan. Maar de gemeente kon en mocht 'tegen haar eigen kinderen' geen wapens leveren. Dit was een patriottische en een erekwestie, en de gemeenteraad sprak zijn vertrouwen uit dat Duitse officieren daarvoor begrip zouden hebben. De plaatselijke militaire bevelvoerder zag dat anders en voer in zijn antwoord uit tegen de 'ongehoorde arrogantie' van de gemeente. 'In oorlogstijd,' hield hij de vroede vaderen voor, 'is de stand van zaken eenvoudig. Het militaire gezag beveelt. De stad gehoorzaamt.'[317] De bezette stad werd gereduceerd tot een wingewest, dat in oude autocratische stijl naar believen dienst- en schatplichtig was. Doornik werd tot 200.000 mark boete veroordeeld. Een schepen en drie gemeenteraadsleden werden naar Duitsland gedeporteerd, en in het wilde weg begonnen ulanen honderden mannen in te rekenen. In Dendermonde, dat er sinds de verwoestingen van 1914 nog steeds als een puinhoop bij lag en waar de overgebleven bewoners in bittere armoede in barakken en kelders leefden, werden meermalen mannen brutaal opgepakt.

Ging de bezettende macht in het *Etappengebiet* wel bijzonder hardhandig te werk, ook in het gouvernement-generaal werd het opvorderen van mankracht voortvarend uitgevoerd. Het administratieve dossier van de deportaties van oktober en november in de *Kreis* Nijvel – een van de zeer weinige Duitse stukken die na de oorlog in België zijn gebleven en zo aan de bombardementen op Berlijn in de Tweede Wereldoorlog zijn ontsnapt – geeft inzicht in de verbazende nauwkeurigheid van de operatie. Niets werd aan het toeval overgelaten. De *Landsturm* bewaakte de verzamelplaatsen voor de opgeroepen mannen. De cavalerie sperde van tevoren de uitvalswegen uit de dorpen af (men vreesde dat mannen na de oproep de streek zouden ontvluchten). Strikt vastgelegd was de interne orde bij de selectie van degenen die van dwangarbeid waren vrijgesteld (oude mannen, zieken, arbeiders in nutsbedrijven zoals de gasfabriek, ambtenaren, artsen en boeren) en de anderen. Een overzicht van door de Duitse administratie verzamelde gegevens was voorhanden om te controleren of niemand zich ten onrechte voor vrijgesteld uitgaf. Zelfs had een officier de gang van zaken in het selectiebureau bij voorbaat gechoreografeerd: de afgekeurde mannen dienden naar rechts en direct naar buiten te worden afgemarcheerd, de anderen moesten naar een gang links. De omgeving werd voor alle burgerverkeer afgezet. Gemeente-autoriteiten dienden zoveel mogelijk te worden geweerd, pottenkijkers van de *Commission* al helemaal. Inktkussens voor de duizenden stempels, carbonpapier voor de formulieren, lunches voor de selecterende ambtenaren, munitie voor de *Landsturm*, het uurrooster van het spoorwegtransport: alles, maar dan ook alles was *einkalküliert*.

En zo werden op woensdag 8 november, om 8 uur 's ochtends precies, alle mannen van Nijvel samengebracht op het Sint-Paulsplein; daarop voegden zich bij hen, begeleid door hun burgemeesters, de mannen van Ittre, Baulers, Virginal en de andere gemeentes van de *Kreis*. Om kwart over acht begon het appel, gehouden door officieren met een tolk. De Nijvelaars moesten zich het eerst melden, in volgorde van leeftijd, de oude mannen voorop: onder een stromende regen defileerden de oudjes van het gesticht voor de officieren die stempels op identiteitskaarten zetten. Ze werden daarna vrijgelaten. De anderen werden, in leeftijdsgroepen ingedeeld, afgemarcheerd naar de gebarricadeerde papierfabriek van Delcroix, waar de selectie plaatsvond. In de fabriek moesten de zieken zich bij een dokter melden. De anderen werden na ondervraging op geschiktheid geselecteerd. Wie het geluk had te mogen blijven, werd onder militair escorte tot buiten de omheining gebracht. De geschikt bevonden mannen moesten hun identiteitskaart afgeven. Ze kregen een nummer en werden naar een aparte zaal gevoerd, waar hun alsnog de keuze werd gelaten een 'vrijwillig' arbeidscontract te tekenen. De meesten weigerden. Vergeefs beriepen velen zich op het feit dat ze werk hadden, dat ze boer waren, dat ze thuis niet gemist konden worden. Om halftien werd de eerste groep ingeladen in een treinwagon die tot voor de fabriek was gereden. De deuren van de compartimenten gingen op slot. Velen hadden niet geweten dat ze direct zouden vertrekken en hadden eten noch kleren bij zich. In de stad en de omliggende dorpen heerste wanhoop. De vrijgestelden waren de families van de meegevoerden op de hoogte gaan stellen en de vrouwen maakten inderhaast pakjes klaar met eten, schoenen, sokken, dekens, en liepen er mee naar het station. Laat in de middag waren ten slotte alle opgeroepenen geselecteerd. De trein telde 32 wagens en alleen uit Nijvel al waren duizend mannen aan boord. Om halfzes vertrok de trein richting Ottignies voor de lange reis naar het 'verdeelkamp' van Soltau, een afgelegen plek op de Lüneburger heide. Getuigen vertelden dat de opgesloten mannen de *Brabançonne* en de *Marseillaise* aanhieven om zichzelf, en de mensen die langs het spoorwegtalud stonden, moed te geven.

Het wegvoeren van dwangarbeiders verwekte in het hele land een golf van paniek. In Nijlen, Putte, Wiekevorst en andere Kempische dorpen verscholen de mannen zich in de bossen, waar Duitse soldaten – overigens zonder veel geestdrift – jacht op ze maakten. De burgemeesters van de dorpen werden gearresteerd en de dorpelingen kregen vanaf drie uur 's middags huisarrest opgelegd. Het was, zo zei men bij het Comité in Brussel, een nieuwe Boerenkrijg.

En het bracht de vernedering van de bezetting dichterbij dan ooit. Zeker valt de deportatie van Belgische arbeidskrachten in 1916-1918 in het niet bij wat de Russische krijgsgevangenen werd aangedaan, en al helemaal bij wat een nieuw Rijk in een volgende oorlog zou aanrichten – zoals ook de repressie en het leed van de Grote Oorlog verbleken bij de massamoorden, de Gestapo-terreur en de honger van de Tweede Wereldoorlog. Voor de vreedzame bevolking van een de vooruitgang zeer toegewijd land was het echter een eerste, vreeswekkende confrontatie met een twintigste eeuw waarvan zij zich iets heel anders had voorgesteld. Soms werden de opgepakte mannen na het summiere medisch onderzoek – als beesten werden we gekeurd, zouden ze later getuigen – naar huis gestuurd om snel hun boeltje te pakken; elders werden zij meteen, zonder hun familie nog te hebben gezien, afgevoerd. In Brugge joegen soldaten de huilende vrouwen en kinderen van voor de kazerne weg. In Antwerpen, Bergen en andere steden werd de met pakjes eten en kleren aan de stations verzamelde gezinnen een afscheid geweigerd. In onverwarmde veewagens, zonder water of sanitair, werden de dwangarbeiders weggevoerd. Sommigen slaagden erin berichten uit de trein te gooien: 'Wij zijn allen van Aalst en gaan naar Duitsland. Wij zijn moedige Belgen en zullen niet tekenen of werken. Leve Vaderland! (sic)' luidde een bij het station van Vorst (Brussel) gevonden briefje.[318] In de Borinage verzamelden gezinnen en buren van gedeporteerden zich huilend en op de soldaten scheldend langs de spoorlijn om de treinen te zien voorbijrijden.

Voor sommigen zou het de laatste glimp zijn. En velen zouden hun echtgenoot, zoon of vader als een vroeg oud wrak terugkrijgen.

Na drie dagen en nachten reizen kwamen de gedeporteerden aan in de zogeheten *Verteilungsstellen*: deels geëvacueerde krijgsgevangenkampen in afgelegen streken in Noord- en Oost-Duitsland, zwaar bewaakt en omgeven met hoge barrières van prikkeldraad. Ze werden ondergebracht in onverwarmde barakken op strozakken. De eerste winter van de deportaties vroor het geregeld 20 graden. Per dag kregen de gevangenen een kwart kilo brood, een liter rapensoep en enige mokken koffiesurrogaat. Na verloop van tijd werden sommigen geselecteerd om te gaan werken. Al snel ondervonden deze mannen dat de arbeidsomstandigheden niet waren wat de collaborerende pers had voorgespiegeld. Ze waren ondervoed en slecht behuisd, hadden geen zeep, en werden dagelijks geconfronteerd met de Duitse schaarste en de harde discipline van de oorlogsindustrie. Felix Van Ophem uit de Brusselse voorstad Sint-Jans-Molenbeek, die eenentwintig was toen hij in januari 1917 in het Zuidstation op transport werd gesteld, werd na twee maanden in een kamp naar een scheepswerf aan de Baltische zee vervoerd, waar hij kanonnen en machinegeweren moest lossen: bijzonder zwaar werk dat nog werd verzwaard door de slagen, het slapen in de vochtige kazematten van een fort, en door het eten, dat niet verschilde van het kampvoer – brood, koolrapensoep en lauw bruin vocht. Onder de ondervoede dwangarbeiders bij Krupp in Magdeburg heerste tuberculose. De tewerkgestelden op een Hamburgse werf lieten in de lente van 1917 op luide toon weten dat ze van de zo zeer geprezen Duitse sociale wetgeving weinig gemerkt hadden.

Zij die voor het zware werk ongeschikt werden bevonden (omdat ze niet geschoold, te zwak of niet aan handenarbeid gewend waren) moesten in het kamp blijven, evenals diegenen die alle werk bleven weigeren. Deze laatsten werden stelselmatig mishandeld, en kregen nauwelijks te eten; als beesten stortten sommigen zich op het weinige eten, vertelden teruggekeerden later. Anderen stalen het eten van de varkens, hoewel de bewakers met scherp schoten. Om de weerstand te breken, werden de gevangenen tewerkgesteld in arbeidscommando's of afgevoerd naar strafkampen, waar ze zonder eten in benauwde cellen werden opgesloten of uren in de sneeuw moesten staan. De bewakers waren genadeloos; wie zich voor dit werk te 'week' betoonde, werd immers onherroepelijk naar het front gestuurd. Na de oorlog zou Jules Drèse uit Suarlée bij Namen tegenover de vrederechter over zijn ervaringen in een strafkamp getuigen: 'Met een groep van vierhonderd man hebben ze ons in de kou op een heuvel laten staan, om ons te dwingen te werken. Na uren zijn velen van de honger en de kou naar beneden gegaan en hebben zich overgegeven. Ik ben blijven staan samen met nog drieëntwintig anderen. Uren later werd ons bevolen naar beneden te komen. Daar moesten we over een bank knielen en hebben ze onze jas opgeschort en ons met de paardenzweep geslagen. Toen moesten we weer naar boven, waar we nog uren hebben gestaan. Toen konden we niet meer en hebben we het opgegeven.'[319]

Sommige gedeporteerden stierven bijna onmiddellijk na aankomst. Anderen bezweken in het kamp. De zieken en gebrekkigen, die het Rijk slechts ten laste waren, werden gerepatrieerd in schrikbarende staat. Verontrust telegrafeerde de *Politische Abteilung* in Brussel op 14 januari 1917 de regering in Berlijn dat de terugkeer van de gedeporteerden een zo mogelijk nog abominabeler indruk maakte dan hun deportatie – in 'jammerlijke' toestand zag men ze aankomen, ziek en half verhongerd. Het telegram verzocht Berlijn dringend de al te gehavende repatrianten voortaan op de terugreis te verzorgen om schokkende taferelen te vermijden.[320]

Die verontrusting had een gegronde reden. Het gouvernement-generaal was onder een spervuur van protestbetuigingen komen te liggen; vele instellingen en vooraanstaanden in het land hadden vehement hun verontwaardiging geuit. In zijn 'Alarmkreet' van 7 november 1916 noemde Mercier de dwangarbeid openlijk slavernij ten dienste van de Duitse oorlogsdoelen: 'de naakte waarheid is dat elke gedeporteerde arbeider [...] de plaats innemen zal van een Duitse arbeider die naar het leger zal moeten'.[321] Strooibriefjes riepen op zich te verzetten tegen de vrijwillige arbeidsdienst: 'Weigeren wij alle medewerking aan den vijand voor zijn afschuwelijk werk. zij zullen ons niet temmen.' En: 'Moed, Belgen! Uw waardige houding en uw krachtdadig verzet hebben grote indruk gemaakt op de neutrale volkeren. Waarom is het, dat de vreemde dagbladen niet meer doorkomen? Omdat zij alle de snode aanslag op uwe vrijheid streng veroordelen. [...] Wij gaan ons niet aanmelden! Wij laten ons niet wegvoeren! Leve ons vaderland!'[322]

In de publieke opinie was de verslapte verzetsgeest met een schok weer tot leven gekomen. Dat was niet de bedoeling: de nieuwe lijn in de België-politiek was mede ontmoedigend beoogd. De nieuwe, hardere aanpak (verhoogde oorlogstributen, ontmanteling van het industriële apparaat, deportaties) moest ertoe leiden, zo verklaarde

Ludendorff in februari 1917, 'dat België de lasten van de oorlog in zo aanzienlijke mate meedraagt dat in het land de wens naar vrede met geweld losbarst en het land na de oorlog [...] zoveel mogelijk is verzwakt'.[323]

De neutrale publieke opinie was over die cynische *Nutzbarmachung* hevig verontwaardigd. De Nederlandse regering verweet Berlijn de in 1914 gegeven verzekering dat de gevluchte Belgen veilig naar huis konden terugkeren, wat velen toen ook hadden gedaan. Von Bissing had het zien aankomen en vreesde voor opstanden en internationale schande. Hij wist Berlijn ten slotte te overtuigen en kreeg van Mercier gedaan dat de Belgische protesten werden ingeslikt ten voordele van een smeekbrief aan Wilhelm. Dit liet de keizer toe zonder gezichtsverlies de maatregel genadiglijk op te schorten, en zo mochten vanaf maart 1917 de uit het gouvernement-generaal gedeporteerden weer naar huis terugkeren.

Werden de deportaties uit het gouvernement-generaal naar Duitsland gestopt, transporten naar de frontstreek bleven voorkomen: zo werd nog in mei 1917 een contingent Brusselse arbeiders naar de streek van Neufchâteau in Luxemburg gedeporteerd om aan de Duitse defensie te werken. En in het *Etappengebiet* bleef het leger mordicus aan zijn prerogatief vasthouden en gingen de massale deportaties onverminderd door. In juli 1918 zouden ze nog worden opgevoerd, met razzia's op jongemannen in de cafés en de trams van Gent, alsook in de dorpen van Luxemburg, waar in sommige gemeenten bijna de voltallige mannelijke bevolking werd opgepakt en gedeporteerd naar de munitiefabrieken van het Groothertogdom. Ware klopjachten woedden. Her en der kwamen soldaten 's nachts huiszoekingen houden, gezinsleden meenemend als ze niet wilden vertellen waar de mannen zich hadden verstopt. Zo werd in de nacht van 30 juli 1918 Frans Cleemput, landbouwer van beroep, thuis aan de Moorselbaan in Aalst van zijn bed gelicht en op de *Kommandantur* opgesloten. Vandaar werd hij op 11 augustus om halftwaalf 's middags met andere mannen naar de trein gebracht. Op het Stationsplein probeerde hij te ontsnappen. Een bewaker schoot hem ter plekke dood. In West-Vlaanderen moesten vrouwen wegen helpen repareren aan het Duitse IJzerfront. Plannen rijpten om ook vrouwen te deporteren: de Weense sociaal-democrate Adele Schreiber-Krieger, in Brussel werkzaam als *Hilfsreferentin für flämische Frauenfragen*, probeerde nog in september 1918 lijsten te laten opstellen van alleenstaande vrouwen in de werkzame leeftijd.

De in het *Etappengebiet* gevormde *Zivilarbeiterbataillone* (zestigduizend man in totaal) werden naar het Duitse front in Noord-Frankrijk of aan de IJzer gestuurd, waar ze loopgraven en onderaardse schuilplaatsen groeven. De omstandigheden waren volgens alle getuigenissen nog erger dan in Duitsland. Daar kwam het nog weleens voor dat burgercommissies de kampen bezochten; in de hel van het *Operationsgebiet* was het leger oppermachtig. De gevangenen werden mishandeld, kregen te weinig eten en konden zich maandenlang nauwelijks wassen. Ze werkten aan de Hindenburg-verdedigingslijn achter het front, vaak binnen bereik van de geallieerde artillerie; het was hun verboden voor obussen en bombardementen te schuilen. Gepakte vluchtelingen werden met een grote 'F' voor 'Flieher' op de rug in strafkampen opgesloten, evenals de werkonwilligen. Velen getuigden later dat ze vooral door officieren vaak werden geslagen.

Aldus betekende de afschaffing van de deportaties naar Duitsland geenszins het einde van de dwangarbeid over de grens. In de provincie Luxemburg werden de uit Duitsland gerepatrieerden onmiddellijk weer op transport naar Frankrijk gezet. En tot het einde gingen de deportaties door: het dorpje Wichelen bij Dendermonde moest nog eind oktober mannen leveren, toen de Duitsers zich al over de Schelde hadden teruggetrokken.

Had Hindenburgs generale staf op vele honderdduizenden arbeiders gehoopt, in totaal werden er slechts 120 655 opgepakt in *Etappen-* en *Okkupationsgebiet* samen. Van de weggevoerde Belgen kwamen er tijdens de dwangarbeid 2614 om (van wie 1316 in Duitsland en de rest in de *Zivilarbeiterbataillone* aan het front), ten gevolge van ondervoeding, koude, besmettelijke ziekten, beschietingen in de frontzone of ongelukken in de wapenfabrieken; sommige gedeporteerden werden door een bewaker doodgeschoten. Van de 119 weggevoerden uit de arbeiderswijken van Aalst (een stad met dertigduizend inwoners) stierven er 23 in gevangenschap en 17 kort na hun terugkomst. Op de stations kwamen groepjes broodmagere mannen aan, schurftig en stinkend en met hun zwart uitgeslagen voeten in klompen. Ze waren gehuld in lompen waarop allerlei onheilspellende cijfers en kruisen waren gekalkt. Ze wankelden op hun gezwollen benen, afgestompt en schichtig tegelijk door de ondervoeding en mishandeling, naar getuigen meldden. Sommigen hallucineerden en snikten onophoudelijk. Van honderden jongemannen – bijna negenduizend gedeporteerden waren nog geen achttien jaar oud toen zij werden weggevoerd – was de gezondheid geknakt. Mannen van dertig kwamen als ziekelijke oudjes terug. De wonden van obussen of bajonetten genazen door de ondervoeding zeer traag. Bevroren voeten en vingers moesten worden geamputeerd. 'Zal ik nog kunnen werken?' vroeg in Luik een man wiens beide voeten waren bevroren in tranen aan de behandelende dokter. 'Ik heb drie kinderen.'[324] Sommigen liepen krom van de acute reuma, anderen hadden een hartkwaal of een open longontsteking opgelopen. Alleen al in de provincie Namen, waar twaalfduizend man was gedeporteerd (van wie er 256 in Duitsland waren gestorven), overleden er in de vier jaren na hun terugkomst meer dan driehonderd aan de directe gevolgen van de deportatie, en bleven tweeduizend mannen voor het leven gebrekkig. Uit Lokeren in het Waasland waren 650 mannen naar de *Zivilarbeiterbataillone* afgevoerd; 250 kwamen invalide terug – twee waren een oog kwijt, één was doof geworden. Enkelen wogen niet meer dan 35 kilo.

De dwangarbeid bracht de Duitse oorlogsindustrie alles welbeschouwd maar weinig op. Van de 60.000 naar het Rijk gevoerden konden er maar zo'n 12.000 daadwerkelijk in de industrie worden ingezet. De rapporten toonden zich uiterst ontevreden over de als werkonwillig en vluchtziek bekendstaande Belgen.

Helemaal zonder nut was de maatregel echter niet. Uit angst voor deportatie – met name in het *Etappengebiet* heerste gaandeweg een sfeer van pure terreur – meldden steeds meer arbeiders zich dan toch maar bij de fabrieken aan die rechtstreeks voor Duitsland werkten; andere gingen vrijwillig de grens over. Tienduizenden arbeiders tekenden Duitse contracten. De schaarste dwong velen tot toegeven. Het loon in Duitsland was behoorlijk, de gezinnen van de Belgische 'gastarbeiders' kregen wat extra geld, en zijzelf werden niet in kampen, doch bij burgers ondergebracht, waardoor ze voor het eerst in jaren de beperkingen van de militaire bezetting niet meer in hun dagelijks leven voelden. Hoe dan ook was het een zware beslissing, ingegeven door de noodzaak voor vrouw en kinderen te zorgen in omstandigheden van steeds grotere schaarste – en uit vrees anders gedeporteerd te worden.

Terwijl de massale militaire deportaties alleen maar het Belgische verzet aanwakkerden, sorteerde de combinatie van schaarste en een vriendelijker 'gastarbeiders'-politiek uiteindelijk een meer wenselijk effect. De oorlog duurde lang, te lang. Bisschop Heylen van Namen stuurde de Belgische ambassadeur in Rome in november 1917 een rapport over het vertrouwen in het herstel van het land: 'De overtuigingen verzwakken. Ik zie veel werklieden die gedwongen door de ellende dan toch maar besluiten naar Duitsland te gaan...'[325]

Vaderlands verzet, werd gemaand in de lokale Comités. Lafaards! kreet de verzetspers. En: schande! In december 1917 betreurde de *Vlaamsche Leeuw* in een voorpagina-artikel onder de titel 'De Ware Trouw' dat de vaderlandsliefde bij sommige Belgen overstemd was geraakt door eigenbelang. Het blad laakte oorlogsprofiteurs, landbouwers die tegen woekerprijzen aan 'smokkelaars of Duitse knechten' leverden – en de werklieden die vrijwillig naar Duitsland togen. Maar dat was gemakkelijk gezegd voor burgers wie het bij alle schaarste wellicht nog niet helemaal ontbrak aan spaargeld voor boter en eieren, die niet zonder werk waren komen te zitten, en die hoe dan ook geen dwangarbeid riskeerden (ambtenaren, leraren, studenten, priesters, advocaten, ondernemers en andere leden van de burgerij werden doorgaans niet opgeroepen, al kwamen vaak 'vergissingen' voor). Patriottische praat bracht geen vlees op tafel, en dus gingen mijnwerkers, geschoolde staalarbeiders en andere werklieden de grens over – wellicht niet zonder wrok. Wrok die door de *Politische Abteilung* gecultiveerd werd: dwangarbeiders werd verteld dat ze waren aangeduid door hun eigen burgemeesters, die zich zelfs tegen hun terugkeer verzetten om steun van het Comité uit te sparen. De collaborerende pers betoogde dat de Belgische arbeiders hun bittere lot slechts te wijten hadden aan de in zelfzuchtige koppigheid volhardende Belgische elites.

Zoals in alle in de oorlog betrokken landen ontstond ook in bezet België, zoals leidinggevende kringen verontrust meldden, een zeer verbitterde stemming onder de arbeiders. De Kerkhiërarchie vreesde in het najaar van 1917 zware sociale onlusten na een eventuele terugtocht van de Duitse troepen. En de arbeiders waren niet de enigen die zich in onevenredige mate getroffen achtten door de oorlogstoestand. Ook de kleine burgerij had reden tot klagen: zij was nu vernederd tot de rangen der bedeelden, en dat kweekte veel bitterheid. Kleine spaarders, renteniers en aandeelhouders zagen door de inflatie hun inkomsten tot minder dan de helft terugvallen en voelden zich gedupeerd. De om zich heen grijpende verarming bracht, kortom, acute gevoelens van klasseressentiment naar boven.

Alomtegenwoordig was in de collectieve verbeelding het *profitariaat*, de groep van sociale profiteurs. Inderdaad werden forse oorlogswinsten gemaakt door de grote en kleine 'zeepbaronnen' die Ernest Claes na de oorlog in *Charelke Dop* zou portretteren. Zwartemarkthandelaren en speculerende types allerhande deden gouden zaken. In de grote steden zaten cafés, restaurants en theaters vol. De verzetspers, die de verdwijning van de vaderlandse eensgezindheid ten voordele van de winst luidruchtig betreurde, maakte de algemeen verafschuwde oorlogswoekeraars voor 'schaamteloze geldhonden' en 'ellendige bloedzuigers' uit.

De stedelingen verweten de boeren – zoals ook in Duitsland en

Frankrijk gebeurde – gebrek aan patriottische zin en spraken schande van de oorlogswinsten van het platteland. Het Waals-Brabantse frontblad *Int'nous autes* meldde op basis van correspondentie uit het bezette land dat in de steden de rijk geworden boeren intens werden gehaat, en dat hun werd verweten dat ze hun landgenoten de oorlog hadden verklaard. Bij wijze van represaille kwamen stedelingen 's nachts het gewas vertrappen of staken de dieren in de weiden dood. De wrok zou zich tot lang na de oorlog uiten in moppen over welgedane boerinnen die *twaalf* zilveren suikertangetjes voor het nieuwe servies bestelden en opulente boeren die maar meteen *twee* piano's kochten voor aan weerszijden van de schoorsteen. Maar hoewel het platteland relatief het minst onder de schaarste leed en veel landbouwbedrijven zich inderdaad gedurende de oorlog verrijkten (zij het lang niet allemaal), kregen de Belgische boeren toch ook hun deel van de zware tijden. Vanaf 1917 troffen zeer zware vorderingen de nog niet zo erg door gebrek geteisterde plattelandsgebieden als de streek rond Bastenaken. Veel boeren voelden zich door de stad dan ook ten onrechte met een scheef oog bekeken.

Een en ander droeg niet bij tot de vaderlandse eensgezindheid. Baron Von Falkenhausen, een voormalig bevelhebber van het Zesde Leger, die de in april 1917 gestorven Von Bissing opvolgde en veel meer dan zijn voorganger de keuze van de militairen was, vermeldde in een verslag dat de Belgen tegen de zomer van 1917 de Duitsers weliswaar onverminderd haatten, maar dat intussen België innerlijk was verscheurd. De arbeider haat wie bezit heeft, meldde Falkenhausens rapport; de stedeling verbergt zijn afkeer van de plattelander niet… wie in het land is gebleven minacht de vluchtelingen, en rond de activistische Vlamingen woedt een verbeten strijd.

Overal, verzekerden de bezette Belgen elkaar, waren er wel lui die een slaatje uit de oorlog sloegen. Bijna anderhalf miljoen mensen ontvingen steun in welke vorm dan ook. Daar moest toch misbruik bij zitten. Het kon niet anders of sommigen deden zich behoeftiger voor dan ze waren om aan extra kolen of dekens of broodbonnen te geraken – ten nadele van eerlijker volk, uiteraard. Vaderlands volhouden in de schaarste, het was allemaal goed en wel, maar waarom waren het altijd dezelfden die de kar moesten trekken?

Zo was het onderlinge vertrouwen aan slijtage onderhevig. Steeds nadrukkelijker moesten *La Vérité* en andere verzetsbladen waarschuwen tegen de almaar venijniger vluchtelingenhetze. Steeds vernietigender werd het oordeel over de overheid in Le Havre, die deze ellende niet had kunnen voorkómen en het land zonder noodzaak – zo kwam het de bezette bevolking voor – had verlaten. Albert, die vanuit bezet België steeds dringender noodkreten ontving, legde de schuld van de hongersnood nadrukkelijk bij de regering, die niet daadkrachtiger tegen de Britse tegenwerking inging. 'We kunnen onszelf de ernst van de toestand niet langer verhelen,' schreef hij op 14 juni 1917 aan minister van Buitenlandse Zaken Hymans. 'We mogen er op rekenen dat het land ons een hongersnood nooit zal vergeven [...]. Ik durf zelfs te stellen dat noch u, noch uw collega's, noch ikzelf ooit nog naar Brussel zullen terugkeren indien de toestand waarover men ons bericht blijft voortduren. En wat zou het een geweldig argument voor de revolutionairen vormen: de koninklijke Belgische regering die haar stem niet kan verheffen om zeven miljoen landgenoten – voor wie zij, ondanks de inval, verantwoordelijk blijft – te redden!'[326]

'Wat een geweldig argument voor de revolutionairen': de Belgische koning wist goed genoeg dat de tijden voor gekroonde hoofden niet gunstig waren. In Rusland was er een eind gekomen aan eeuwen van tsarendom. Over heel Europa verloren machthebbers krediet bij de zwaar beproefde bevolking. Terwijl de regering in Le Havre zich in de herfst van 1917 nog kon vleien met de hoop dat de Belgische arbeiders na de oorlog genoegen zouden nemen met een toch nog enigszins *getemperd* kiesrecht – te weten, algemeen enkelvoudig stemrecht voor mannen plus een dubbele stem voor huisvaders – stuurde de partijraad van de BWP in het bezette land in mei 1918 duidelijke eisen naar voorzitter Vandervelde: één man, één stem, zonder palavers, en voorts stakingsrechten en vakbondsvrijheid. De raad liet weten dat het ongenoegen bij de achterban hand over hand toenam. (Na het mislukken van het Duitse lenteoffensief en de relatief overvloedige oogst van de zomer nam het acute ongenoegen overigens weer af.)

Enkele socialisten echter scheurden zich van het Belgische oorlogsstandpunt van de partij geheel los. Het ging om een kleine groep rond Jef Van Extergem, de Antwerpse secretaris van de Socialistische Jonge Wacht, die in december 1916 (hij was toen achttien), in Antwerpen de *Vlaamsche sociaaldemocratische Arbeidersgemeenschap* stichtte. Deze omschreef hij als actief Vlaamsgezind, pacifistisch en consequent marxistisch, in tegenstelling tot de Werkliedenpartij, die de godsvrede onderschreef, het oorlogsstandpunt van de regering steunde en door de burgerij zou zijn ingepalmd. Deze uitlatingen pasten uiteraard precies in het Duitse verdeel-en-heersbeleid. Niettemin bleef Van Extergem een relatief grote afstand tot het bezettingsregime bewaren en deed hij in zijn kritiek op het 'Pruisische militarisme' niet onder voor de verzetspers (onder de volgende bezetting zou hij als communist in het verzet gaan en in 1945 in het concentratiekamp Elrich omkomen). Hoewel de *Politische Abteilung* zijn werkzaamheden ruim honoreerde, trok zij dan ook voor dit 'linkse activisme', dat veeleer pacifistisch dan activistisch was, minder gelden uit.

Bleef deze anti-Belgische dissidentie tot een zeer kleine groep beperkt, toch ontvouwde zich gaandeweg in de Werkliedenpartij een waaier van opvattingen omtrent de oorlog. Meer en meer kwamen bijvoorbeeld de president en de secretaris van de Socialistische Internationale, twee kopstukken van de partij, twee goede vrienden ook, tegenover elkaar te staan. Voorzitter Vandervelde, die als minister in Le Havre verbleef en vaak naar Londen reisde, stond dichter bij het standpunt van de Britse en Franse socialisten, die van geen verzoening met hun Duitse broeders wilden weten. Secretaris Camille Huysmans in Nederland zag zijn plannen voor een internationale socialistische conferentie telkens weer verijdeld. Niet minder geschokt door de Duitse inval dan ieder ander meende Huysmans toch dat het de taak van de Internationale was een positie in te nemen die onafhankelijk was van de elkaar bestrijdende legers. Vandervelde geloofde dat vóór alles het Duitse militarisme diende te worden overwonnen, daar een vrede met een niet-overwonnen Duitsland gedoemd was van korte duur te zijn. (Al stipte hij ten bate van Clemenceau en Cie wel fijntjes aan – in de *Humanité* van 27 mei 1916 – dat élk militarisme moest worden bestreden.)

Ondanks hun meningsverschil bleven de beide socialisten elkaar lange brieven schrijven, voor zover correspondentie mogelijk was. Toch trad een verkoeling op, die werd verergerd door externe omstandigheden. De 'breuk' werd breed uitgemeten in onder Duitse controle staande bladen als *La Belgique*. Vertekende berichten in de Nederlandse pers en patriottisch gestook van andere BWP'ers deden de zaak geen goed. De partij zou de onenigheid wel overleven, maar de oorlog had zijn effect gehad.

En dat gold voor het gehele publieke leven in België. De verlamming van de communicatiemogelijkheden – reizen was uiterst lastig, vervoer schaars, briefwisseling traag en gehinderd door censuur, berichtgeving onbetrouwbaar – maakte dat haast iedereen gevangen zat in een 'microklimaat', of het nu de bedompte querulantensfeer in de salons van Le Havre was (waarover iemand in juli 1917 schreef dat 'de stemming van haat, nijd, roddelpraat en vuilspuiterij hier niet voorstelbaar is. Het is om te wanhopen aan de toekomst van ons land'[327]), of de toenemende walg van het front, dan wel de stuursheid van 's konings kring in De Panne, de geëxalteerde offerstemming in Parijs, de koelheid van het neutrale Nederland, of de zware druk van de militaire bezetting (die de bezette Belgen ook al niet bepaald tot eensgezindheid stemde). De collaborerende pers in België liet niet na de verschillen en geschillen breed uit te meten, en in de internationale pers speelden wantrouwen en welbegrepen eigenbelang hun rol.

In bezet België werden onderling wantrouwen, verbittering en een gevoel van verlatenheid aangewakkerd door het gegeven dat het land bijna volledig van de wereld was afgesloten, en dat binnen deze gemeenschappelijke gevangenis de bevolking steeds meer bewegingsvrijheid werd ontnomen. Vanaf januari 1917 moesten alle mannen tussen de zeventien en de vijfenvijftig jaar zich maandelijks melden bij de *Meldeämter*, waar vergunningen voor langere reizen, verhuizingen of seizoensarbeid dienden te worden aangevraagd. (En vaak werden verboden, vooral in het *Etappengebiet*.) De bedoeling van deze controles was te voorkómen dat weerbare mannen de Nederlandse grens overstaken om zich bij het IJzerleger te vervoegen. Want de vluchtpogingen bleven doorgaan, ondanks de elektrische bedrading die langs de grens was gespannen. Deze versperring maakte van België nog meer één grote gevangenis, waar nauwelijks nieuws in doordrong, buiten wat *Het Woord van de Soldaat* aan berichten wist binnen te smokkelen, wat de religieus van hand tot hand gaande verzetspers wist te verzamelen uit clandestien ingevoerde Ententebladen, wat men kon opmaken uit de buitenlandse pers die het land in mocht, of wat men tussen de regels door meende te lezen in de gecensureerde pers.

Het binnenlandse verkeer werd zo mogelijk nog moeizamer dan het in de eerste oorlogshelft was geweest. Men had paspoorten nodig om van het gouvernement-generaal naar het *Etappengebiet* te mogen en omgekeerd, wat het gewone verkeer in vele streken geheel ontregelde. Zo bijvoorbeeld in Zuid-Oost-Vlaanderen: wie van Ninove naar het naburige Teralfene wilde, dat zoals men in die dagen zei 'over de grens' lag, moest soms weken op permissie wachten. Wanneer de Keizer of de heren van de *Obere Heeresleitung* in Spa resideerden, was de hele streek voor alle verkeer gesloten. Tot overmaat van druk werd in het *Etappengebiet* in 1917 de avondklok ingesteld, en in één moeite door werd heel bezet België verplicht te verduisteren. Op zondag zaten de mensen vanaf vier uur 's middags in hun huizen opgesloten, een toestand die door het gebrek aan nieuws en de schaarste aan kolen, kranten en koffie zeer tot de algehele ontmoediging bijdroeg. 's Nachts waren de steden inktzwart. 'Veel mensen waren zenuwlijders geworden,' memoreerde een naoorlogs verslag over de herfst van 1917. 'Men hoorde van talrijke plotselinge sterfgevallen, van hartkwalen die hun oorsprong vonden in de druk, de ontbering, de ongerustheid omtrent geliefde wezens, waarvan men niets hoorde...'[328]

Post werd ontmoedigend zeldzaam en het meeste nieuws was waardeloos. De militaire berichtgeving stemde zelden vrolijk. Geallieerde vliegtuigen hadden in briefjes aan ballonnetjes de blijde mare van de oorlogsverklaring van Roemenië aan Oostenrijk-Hongarije uitgeworpen, wat de op veronderstellingen en geruchten terende burgers in één klap van de donkerste neerslachtigheid in een stemming van zonnig vertrouwen had gebracht, maar lang had het niet mogen duren. Roemenië werd binnen de kortste keren geheel onder de voet gelopen, wat breed werd uitgemeten in de 'Duitse' pers en de Belgen weer diep bedrukte. Telkens en telkens weer, getuigde een aantekening in een poëzie-album van eind december 1916, werd alle hoop de bodem ingeslagen – Italië, Roemenië... En dan was er het persoonlijke oorlogsleed: 'De rouw om dierbaren. En de lijsten met gewonden – bekenden of onbekenden – die ons zo ontmoedigen. En de arrestaties van geliefden. En het fusilleren van mensen die men persoonlijk heeft gekend. Dát soort dagen doorleven wij nu al twee jaren lang.'[329] In bedrukte stilte schreef men de militaire communiqués op de straathoeken over. Het was gevaarlijk hardop commentaar te leveren. (In elke menigte bevonden zich Duitse agenten.) Men hield zijn opmerkingen dus voor zich. Het gul geafficheerde miljoenentonnage aan gezonken Britse schepen ontmoedigde diep. Voor 15 juni 1917 was de terugkeer van alle gedeporteerde arbeiders uit het *Etappengebiet* aangekondigd, maar dat bleek valse hoop, die de zwarte wanhoop verdiepte.

Wat het moreel ook niet opvijzelde: de formidabele voorbereidingen van de steeds nadrukkelijker aanwezige Duitse legers. In de opleidingskampen van Beverlo, Brasschaat en Tongeren exerceerden elitecompagnies. Steeds meer zware artillerie werd naar het front gesleept: in maart 1917 stonden aan het IJzerfront 430 Duitse kanonnen, in september 800. Met behulp van dwangarbeiders uit de streek, Russische krijgsgevangenen en Belgische politieke gevangenen was het Duitse front in West-Vlaanderen tot een vreeswekkende, driedubbele barrière versterkt: Diksmuide, waarvan de Grote Markt in een gebetonneerde loopgraaf was herschapen, was een onneembare bunker geworden. De kust was de voornaamste uitvalsbasis van de onbeperkte duikbootoorlog in de Noordzee: in de landinwaarts gelegen dokken van Brugge, waar enorme hangars van gewapend beton de destroyers en torpedo's tegen de Engelse bommenwerpers uit Duinkerken beschermden, werkten duizenden mecaniciens van de Duitse marine; de duinen tussen Oostende en Zeebrugge waren één lange, met kanonnen en granaatwerpers versterkte vesting geworden. Ook in het zuiden rustte de hand van het *Heer* zwaar op het moeizaam doorgaande leven: het stadje Virton in het uiterste zuiden van het land, op enkele tientallen kilometers van het front bij Verdun, herbergde in september 1917 driehonderd Duitse officieren, meer dan negenhonderd soldaten, en vierhonderdvijftig Duitse ambtenaren die de spoorwegen en het postwezen regelden, administratieve taken voor het leger verrichtten en de nodige veldhospitalen beheerden. In januari 1918 werd het dorpje Havay aan de Franse grens geëvacueerd en gebruikt als testgebied voor nieuwe wapens. Na de oorlog werd op de plek waar het dorpsplein had gelegen nog slechts een immense bomkrater teruggevonden.

In het begin van het jaar 1918 werd duidelijk dat de Duitse generale staf een groot offensief aan het westelijk front voorbereidde. Divisies werden opgesteld, artillerie aangesleept. Met een ontzaglijk spervuur op het Picardische front begon op 21 maart de zorgvuldig voorbereide *Kaiserschlacht*.

Het was een mokerslag. Drie weken later was de Kemmelberg ingenomen en had de aanval een grote deuk geslagen in het Britse front – én in het moreel van de Entente. De stemming in België was wanhopig. Sommige mensen, zo kon men na de oorlog in een verslag lezen, waren in die dagen 'van lieverlede pessimist geworden en [zagen] geen andere uitkomst meer dan de triomf der brutale macht, de verdwijning van ons België als Onafhankelijke Staat'.[330]

Het binnenkomende nieuws maakte de stemming er niet beter op. Van de Nederlandse dagbladen die het land in mochten, werd de *Nieuwe Rotterdamsche Courant* nog het minst gewantrouwd, omdat dit blad door de censuur het vaakst werd verboden. Dat het tijdens het succesvolle lente-offensief ongehinderd België binnen mocht, was een veeg teken. En dan waren er de andere bladen: *Het Vaderland* gold als het meest Duitsgezind, vooral de 'militaire brieven' van generaal H.P. Staal, die de Duitse successen bejubelde en die van de Entente als plaatselijke voordeeltjes afdeed en aldus de lezers in België nog meer ontmoedigde en op elke hoop telkens weer een domper zette. Ook was er de gecensureerde pers in België zelf, die met zorgvuldig geselecteerde militaire berichtgeving steeds sterkere twijfels aan een geallieerde overwinning zaaide en het succesvolle lente-offensief danig in de verf zette. (Op de dag van de wapenstilstand stonden dan ook in alle Belgische steden de krantenkiosken in lichterlaaie.)

Aldus verspreidde zich in het bezette land de mistroostige zienswijze van de Duitse onoverwinnelijkheid. Zelfs wie daar niet in geloofde, verloor gaandeweg de hoop op een spoedig einde van de oorlog. De gedachte aan nóg een oorlogswinter stemde menigeen wanhopig. Velen vroegen zich af waarom de overheden niet eenvoudig vrede konden sluiten. In september 1917 constateerde Von der Lancken dat een diepere *Friedenssehnsucht* bij de Belgen merkbaar werd, die de *Politische Abteilung* met 'vredesmanifestaties' tot antigeallieerde hoogten poogde op te zwepen, en die vooral, zo waarschuwde hij Berlijn, niet mocht worden gesmoord in hatelijke militaire maatregelen. De briljante en polyglotte baron was druk doende geheime vredesonderhandelingen aan te knopen. Daar bestond van Belgische zijde veel belangstelling voor, met name in de hoogste kringen. Albert zag geen enkel heil in het voortzetten van de oorlog en achtte zich tegenover de geallieerden volstrekt niet tot enig *jusqu'auboutisme* verplicht: hij was op zichzelf niet bijzonder geïnteresseerd in een Duitse 'nederlaag' of een geallieerde 'overwinning', wat die termen na een monsterlijke oorlog als deze ook mochten inhouden.

De Belgische onafhankelijkheid moest hersteld worden; om méér voerde België de oorlog niet. De onderhandelingen mislukten omdat Berlijn niet bereid was af te zien van verregaande aanspraken op België. De finesses van deze besprekingen waren in het bezette land uiteraard niet bekend; wél liet de gecensureerde berichtgeving doorschemeren dat alle redelijke voorstellen van Duitse zijde telkens weer botsten op de stugheid van de geallieerden, die eigen prioriteiten hadden – waar België aan werd opgeofferd. Bisschop Heylen meldde in november 1917 dat men allerwegen de vraag stelde: 'Waarom toch [...] doorgaan met nutteloos bloedvergieten?'[331]

Her en der rees de ongemakkelijke vraag wie eigenlijk was gediend met al dat kranige volhouden. De schone zekerheden van 1914 waren nu voorgoed verdwenen. Voor sommigen werd álles bedenkelijk, niet alleen de oorlog zelf, niet alleen het Duitse militarisme, maar ook de houding van de Belgen in de oorlog, de sacrosancte Vaderlandse Onverzettelijkheid, zoals gepredikt in al te sonore, al te ronkende, al te *vaderlijke* termen. Zoals de jongemannen in de loopgraven aan beide zijden van het niemandsland hardop droomden van een alternatieve oorlog, waarin de *zonen* hun *vaders* onder het schallen van heldhaftige retoriek naar het front stuurden, zo groeide ook de rebellie onder de geletterde jongelieden in het bezette België, waar ze zich bij gebrek aan geestelijke import voelden verstikken. Hun positie was niet gemakkelijk: afkeurend werden zij vergeleken met anderen uit dezelfde stad, van dezelfde leeftijd, van dezelfde klasse, die vrijwillig aan het front stonden of de grens waren overgestoken. Maar was het hun oorlog wel? Wat moesten zij met de afkeurende blik van middelbare zeloten? Wat moesten scherpzinnige jongelieden met de herderlijke missiven van de kardinaal, met de oude *kaloten* (klerikalen) van de *Libre*, met de Belgisch-patriottische folklore van, begot, de *Gard Sivik* (zoals Paul Van Ostaijen de Burgerwacht noemde)? Wat moesten zij met het volstrekte verbod op 'familiariteit' met de Duitsers, waar lui tussen zaten die iets te vertellen hadden? Een verbod dat, retrograde als het was, vrouwen onevenredig trof: de geringste blik, het onnozelste gesprek heette de eer van het vaderland te bekladden – juffrouwen van goeden huize onderstreepten dan ook graag hun voorbeeldige gedrag door nuffige blijkjes van verzet. Wat moesten kritische geesten met deze 'trust der vaderlandsliefde' (nog een uitdrukking van Van Ostaijen)?

Groepjes jonge intellectuelen begonnen de hegemonie van het vaderlandse vertoog af te wijzen. In Brussel raakte de eenendertigjarige graficus en dichter Clément Pansaers bevriend met de even oude schrijver van expressionistische 'anti-romans' Carl Einstein (die als vrijwilliger de oorlog was ingegaan, bij de *Zivilverwaltung* werkte, als 'Dr. Einstein' in november 1918 spreker van de Revolutionaire Soldatenraad in Brussel zou worden, en in juli 1940, op de vlucht voor de nazi's, zelfmoord zou plegen). Pansaers was ook huisleraar van de kinderen van Carl Sternheim, die voor de oorlog de Wilhelminische goegemeente in Beieren met zijn toneelstukken had gechoqueerd en al in 1913 'Deutschlands Tingeltangel' voor villa *Clairecolline* in La Hulpe bij Brussel had verruild. Pansaers' tijdschrift *Résurrection* (1917-1918) was dada avant la lettre, nam Duitse expressionistische en Franse humanistische stukken op – plus zijn eigen *Apologie de la Paresse* – en betoonde zich zonder omhaal pacifistisch: het eerste nummer was opgedragen aan Romain Rolland. In Antwerpen smeet een oneerbiedige expressionistische avant-garde de handschoen in het gezicht van de weldenkendheid; in het centrum van de beweging stond de in 1918 tweeëntwintigjarige Paul Van Ostaijen, die in rode cape en met een *porte-cigarettes* in de hand door de lege straten van de bezette stad flaneerde. Hij was bij het uitbreken van de oorlog op dansles gegaan – een van moed getuigende daad van surrealistisch verzet, in die dagen van oorlogsvrijwilligerschap en offerdrang – en had onder meer een circusaffiche ontworpen dat het optreden aankondigde van het drietal 'godsdienst & vorst & staat!', beter bekend als 'het wereldberoemde trio luimige Knock-abouts!!!'[332] (Van Ostaijen, die in 1917 had meegedaan aan een activistische demonstratie tegen Mercier, zou na de wapenstilstand de anti-activistische reactie in België ontvluchten en samen met zijn van 'Duitsvriendelijkheid' beschuldigde vriendin naar het minder zelfgenoegzame Berlijn vertrekken, waar hij tot 1921 zou blijven.)

Doch zoals het een modernistische avant-garde betaamt, bleef ook deze modernistische avant-garde een minderheid. Zóveel om tegenaan te schoppen was er nu ook weer niet. De Belgische vaderlandsliefde was – de oubollige stijl en enkele twijfelachtige autoritaire implicaties daargelaten – bepaald minder verontrustend dan het vervaarlijke *Alldeutsche* imperialisme, de van *gloire* doordrenkte hysterie in Parijs en het homofobische jingoïsme in Londen. Zeker bestond in het Belgische nationalisme een stroming die het op Zeeuws-Vlaanderen en Luxemburg had voorzien en daarbij verdacht veel *Action française*-termen bezigde. Dit annexionisme kreeg in Belgische kringen in Parijs steeds meer aanhangers. In België zelf vond het echter weinig weerklank; het kreeg nauwelijks gehoor bij de vaderlandse drievuldigheid – de kardinaal, de *patron* van de Werkliedenpartij, en de koning – en het maakte geen deel uit van de *endurance patriotique*-retoriek. De retoriek van de 'Belgische onverzettelijkheid' bleef doorgaans minimalistisch. Nu schotelden uiteraard álle belligerenten hun publiek de oorlog als een zaak van zelfverdediging voor; wat België betrof, was deze claim echter geloofwaardiger dan waar ook. Het ging om 's lands herstel en een eind aan de militaire bezetting, en daar viel, alles welbeschouwd, weinig tegenin te brengen.

Daarbij hoefden geen gruwelen over de *boches* te worden opgedist. Men lééfde immers onder de bezetting, die alles bij elkaar nog altijd veel minder erg was dan in de wansmakelijke verbeelding van de geallieerde propagandisten. Sadistische *Stosstruppen* spietsten geen Belgische baby's op hun bajonetten, noch liepen er in de straten van de vernielde steden overal kleuters zonder handjes rond. En ondanks sommige excessen waren de Duitsers in België geen bloeddronken Hunnen, die jonge meisjes met wagonladingen tegelijk voor hun bacchanalen lieten aanrukken.

Veel bezetters bleken redelijke mensen, die er tenslotte ook niet om hadden gevraagd. Maar het bleef wél een militaire bezetting. De gedachte dat zij altijd zou blijven duren, was haast onverdraaglijk. En: de bezetting werd naarmate de oorlog langer duurde, steeds harder en hatelijker. 'Als de bezetter niet de flater beging – een wrede flater, dat dient gezegd – ons te doen lijden en onze wonden opnieuw te openen telkens als ze aan het helen zijn, dan was geloof ik de vaderlandse onverzettelijkheid die U zo bewondert, dezelfde niet,' schreef Mercier samenvattend in december 1917 aan de Broqueville.[333] Gaf de kardinaal daarmee duidelijk te verstaan dat de 'vaderlandse onverzettelijkheid' in de geest van 1914 niet meer geheel vanzelf sprak, even duidelijk was dat een permanente Duitse aanwezigheid nooit als een normale toestand kon worden ervaren, en des te minder nu het land steeds onverbiddelijker aan de Duitse oorlogsinspanning onderworpen werd.

Het actieve verzet bleef dan ook in allerlei vormen doorgaan. Frontbrieven werden de grens over gesmokkeld, informatie over de Duitse troepen aan de overzijde doorgegeven, de verboden pers circuleerde, Belgische soldaten-in-spe gingen de grens over, spoorwegmaterieel werd gesaboteerd. Militaire affiches berichtten met monotone regelmaat over executies. De verzetspers publiceerde opzwepende verslagen. In juni 1918 plaatste de *Vlaamsche Leeuw* de laatste brief van pastoor Felix Moons, die in maart als hoofd van een inlichtingendienst in Antwerpen was gefusilleerd, samen met vier anderen, die alle vier 'huisvader' waren, zoals het blad vol afschuw benadrukte. (Meer dan driehonderd leden van inlichtingen- of ontsnappingsdiensten werden tijdens de bezetting geëxecuteerd, een verhoudingsgewijs misschien gering aantal maar zo zagen de bezette Belgen het niet. Diegenen die in de gevangenis of bij het oversteken van de grens omkwamen, zijn hier niet bijgeteld.[334])

De verzetspers poogde op alle mogelijke wijzen de moed er bij de medeburgers in te houden. De *Libre*, de *Wachter*, *L'antiprussien*, *De Patriot* en alle andere sluikbladen betoogden onvermoeibaar dat berichten over Duitse overwinningen alleen dienden om de oorlogsleningen voltekend te krijgen. Breed maten zij de Amerikaanse intree in de oorlog uit en overdreven daarbij weleens het effectief: wel tien miljoen Amerikanen stonden aan het westelijke front, verzekerde de Luikse verzetspers in augustus 1918 zijn lezers. Defaitisten werden terechtgewezen met het argument dat iedereen weliswaar vrede wilde, maar dat alleen een duurzame vrede de moeite waard was om na te streven; onder de Duitse vredesvoorstellen school slechts hebzucht ten aanzien van België. Kortzichtigheid noch ongeduld, sprak de *Vlaamsche Leeuw* van december 1917 streng, mocht de Belgen afhouden van datgene waar hun zonen voor sneuvelden, te weten 'het uitroeien van het wereldteisterend militarisme'.

Zo bleef, ondanks alles, een geest van verzet bestaan, ook – ondanks alle spanningen – bij de socialisten, die nochtans de meeste vraagtekens mochten zetten bij het herstel van het vooroorlogse openbare leven in België als ultieme wensdroom. De Duitse propaganda, die de superieure sociale voorzieningen in het Rijk benadrukte, iets waarvoor bijvoorbeeld Anseele zich in het begin van de oorlog niet geheel onontvankelijk had betoond, werd in de tweede oorlogshelft geheel ontkracht door de deportaties. Het patriottisme van de BWP vond een breed gehoor bij de achterban, mede door het ook daar heersende prestige van Albert, en ook doordat de Belgische oorlogvoering duidelijke en minimale doelen had en minder mensenlevens kostte: de IJzer was, zoals de historicus Jean Stengers heeft geschreven, Verdun niet.

De Kerk bleef symbolisch verzet bieden met missen voor de gesneuvelden en Brabançonnes op het orgel. Vanaf de kansel werd opgeroepen tot volharding en gewaarschuwd voor een vrede die de invallers rechten over het land zou geven. Telkens als de oorlog zich sterker deed gevoelen, nam de kerkgang toe: zoals ten tijde van de inval werd ook ten tijde van de deportaties bij Mariabeelden bescherming afgesmeekt. Ook wie zulks voor de oorlog zelden deed, toog nu af en toe naar de mis: in het *Etappengebiet* de enige 'samenscholing' die niet verboden was. Zo kwam men nog eens onder de mensen: er was al zoveel weggevallen. Een en ander wijst niet op een diepgaande wijziging in de religieuze praktijk of overtuiging, eerder op een behoefte aan een plechtige bevestiging van orde in sombere tijden en aan een soort rituele gemeenschappelijkheid. Die gemeenschappelijkheid vond men ook elders: wie kon ging naar de cinema, waar vooroorlogse comedies werden vertoond, alsook drama's met de Deense diva Asta Nielsen, en naar het eind van de oorlog toe Duitse luxe producties zoals het uitbundige *Carmen* van Ernst Lubitsch. (Bezet België, het Duitse front incluis, telde eind 1917 wel anderhalfduizend bioscopen.) Of men ging naar toneel of music-hall, die niet alleen door zeepbaronnen werden bezocht – men moest wat. Wie geen geld had, voetbalde. Op gedempte toon bespraken groepjes oude mannen op bankjes in parken – de generale staven, zoals men zei – de oorlogstoestand, daarbij beschikkend over meer opinie dan informatie.

Veel meer dan vroeger zetten de Belgen zich aan het lezen, een ontwikkeling die na de oorlog zou doorzetten en waar Comité en *Commission* met forse subsidies aan bibliotheken het hunne toe bijdroegen. Van hogerhand werden al deze initiatieven krachtig tegengewerkt: de 'volksscholen' van het Comité dienden in november 1915 op bevel van Von Bissing te worden gesloten, zodat er tussen werk ten dienste van Duitsland en volstrekte ledigheid niets overbleef. Vanaf 1917 werden vele scholen tijdelijk of permanent gesloten; de *Politische Abteilung* wist welk effect scholen en leeszalen op de publieke opinie hadden. Als reactie op deze tegenwerkingen werd her en der clandestien onderwijs georganiseerd.

Ondanks stijgende irritatie, onderling wantrouwen, moedeloosheid en wrok tegen Le Havre, bleef een zeer minimaal doch onwrikbaar vertrouwen in het herstel van België leven. Bij het Solvay-instituut in Brussel werkten geleerden, politici en ambtenaren in illegale studiegroepen onverdroten voort aan de voorbereiding van de naoorlogse sociale en economische wederopbouw. Comités en gemeenten zwengelden voor zover het in hun macht lag dit geloof in 's lands herstel aan. In 1919 zou de sociaal-democraat Heinrich Waentig, die tijdens de bezetting bij de *Politische Abteilung* werkte en daarna een leerstoel in Halle-Wittenberg bekleedde, opmerken dat de Kerk in België een niet te kraken tegenstander was geweest, en meer nog het Comité, dat uit de meest geslepen lieden in het bezette land bestond, 'een waarlijk geniale politieke creatie', even onvatbaar als de zo vijandige Kerk, alleen nog gevaarlijker. Het hele bezettingsregime was een mislukking geweest, concludeerde hij: 'De systematische vernietiging van de economische en bestuurstechnische uitrusting van de Belgische staat, de steeds verder gaande ontwrichting van het hele openbare leven, die uiteindelijk culmineerde in de algehele verlamming van de burgerlijke en strafrechtspleging – dát waren de politieke vruchten van het Duitse bestuur in België. En dat allemaal zonder dat we er ook maar in het minst in geslaagd zijn, het taaie weerstandsvermogen te breken van dit volk, dat door de Kerk moreel, door het *Comité National* economisch was aaneengesmeed en dat, stug de verlossing verbeidend, gehoorzaam alle bevelen opvolgde die het clandestien van zijn regering in den vreemde kreeg.'[335] (De occulte macht van Le Havre overdreef hij wellicht bewust om zich als bezettingsambtenaar tegenover zijn universitaire publiek een houding te geven.)

En hoe ontzagwekkend de militaire voorbereidingen ook werden opgevoerd, het moreel van het Duitse leger zakte snel en dat ontging de bezette bevolking niet. Het effect van de mislukking van Verdun was zichtbaar. Begin 1917 raakte bekend dat het leger gebrek aan soldaten had, dat steeds meer weerbare mannen uit de fabrieken werden gehaald en de burgerlijke dienstplicht in het Rijk was ingevoerd. Steeds meer zelfmoorden kwamen in de Duitse garnizoenen voor. Officieren huurden hotelkamers waar ze zich 's nachts verhingen. Vanaf de herfst van 1917 begon de algehele discipline in het leger te verslappen. Troepjes militairen eisten voor eigen rekening goederen op of overvielen in de avondschemering afgelegen boerderijen. Men sprak van soldaten die waren gevlucht, die deserteerden, die werden terechtgesteld door hun oversten. De soldaten werden nu strenger bewaakt, men zag ze in de steden alleen nog maar in het gelid, contact met de bevolking was verboden. Wie op een onbewaakt moment met ze praatte, vertelde verder dat geen Duitse soldaat er meer in geloofde. Van het front terugkerende regimenten zagen er haveloos en verslagen uit. Tegen de lente van 1918 was de bezetting sterk uitgedund: alle beschikbare mankracht was naar het front afgevoerd. In mei 1918 ging ondergronds het verhaal dat Britse eenheden met een precisie-operatie de duikbootbasissen van Zeebrugge en Oostende zouden hebben platgelegd. Steeds vaker werd de *Nieuwe Rotterdamsche Courant* door de censuur tegengehouden. Inderdaad had de Duitse generale staf zijn hand overspeeld. Het lente-offensief viel onherroepelijk stil – het moreel bij het *Heer* was tot een zodanig dieptepunt gezonken dat historici vandaag spreken over een feitelijke militaire staking. Verdere offensieven in mei en juli liepen stuk op de geallieerde diepteverdediging en de Amerikaanse versterkingen. En op 8 augustus begon het Britse leger het verloren gebied te heroveren. De generale staf bleek niet langer bij machte iets aan de rampzalige toestand te doen. In het diepste geheim deelde Ludendorff de keizer mee dat de oorlog verloren was. In België verkochten de Duitse soldaten hun kapotjassen en laarzen. 'Het Duits kraam stond op 't instorten. Men zag 't; men hoorde 't. Bij de vijand was de illusie weg.'[336]

Naast vreugde om het nakende instorten van 'het Duits kraam', heerste ook vrees voor de gevolgen van het offensief dat de Duitsers moest verdrijven. In het jaar daarvoor waren tienduizenden mensen uit het *Operationsgebiet* in Noord-Frankrijk en West-Vlaanderen naar het bezette achterland geëvacueerd om de Duitse legers meer armslag te geven. Deze 'verplaatsten' hadden verteld dat er in de West-Vlaamse frontstreek geen steen meer op de andere stond en dat de boeren van het heuvelland voor Verdun niet eens meer konden aanwijzen waar hun verdwenen dorpen hadden gelegen. De angst voor een verwoestende veldtocht werd in hogere kringen gedeeld. Mercier probeerde te bemiddelen om, nu Duitsland toch aan de verliezende hand was, onmiddellijk een wapenstilstand te sluiten en zodoende levens en steden te sparen. Zijn inspanningen waren vergeefs. Albert, achter de IJzer, vreesde eveneens het ergste, maar werd dit keer gedwongen tot geallieerde medewerking aan wat het laatste offensief zou worden.

En zo werden in een kille herfstnacht 120.000 man en duizend kanonnen in de voorste linies van het Belgische front opgesteld. Om halfdrie in de ochtend van de 28ste september 1918 werd bij Boezinge een lichtsignaal afgevuurd, en prompt barstte van Niewpoort tot Ieper een spervuur los. Kleumend in de modder, met één hand aan het geweer en de andere aan het gasmasker, ondergingen de infanteristen het drie uur lang durende onweer. Toen klonk het signaal tot de aanval. Twee uur later hadden de Belgen de eerste Duitse stellingen ingenomen, ondanks de stortregen en het chaotische terrein vol obusputten. En op de avond van de eerste dag waren de negen infanteriedivisies acht kilometer naar voren opgeschoven. Het was een doorbraak: een echte. Het moreel in de voorste Duitse linies, waar slechts zes vermoeide divisies tegenover de Belgen stonden, was laag. Een slag bij het dorpje Merkem in de sector Steenstraat in april van dat jaar, waar acht Belgische bataljons een Duitse overmacht hadden tegengehouden, had aangetoond dat de Belgische rangen en kaders in de jaren van voorbereiding redelijk waren aangesterkt. 'Iedere soldaat wil zich eens wreken op de vijand, het is precies of wij hebben allemaal hetzelfde gedacht, zo gaan wij er op los...' had milicien Van Den Berghe uit Wetteren, die doorgaans niet bijzonder bloeddorstig was aangelegd, na afloop van die slag in zijn dagboek geschreven.[337]

De Belgische generale staf daarentegen was er in de stellingoorlog niet wendbaarder op geworden, zoals in de volgende dagen zou blijken, toen de aanval op het klimmende terrein vertraagde en werd gekenmerkt door monsterlijke opstoppingen tussen de oprukkende wagens en de naar achter gevoerde Duitse krijgsgevangenen, bevelen die elkaar tegenspraken, munitie die de kanonnen niet bereikte, voedsel dat niet aankwam, zodat soldaten van ellende de dode paarden begonnen op te eten, ambulancewagens die de gewonden (in de eerste drie dagen alleen al vielen er naar schatting tienduizend) niet konden bereiken. Met veel moeite en verliezen werd op de avond van de 30ste september de Vlaamse heuvelrug bereikt. Doch daarachter lag de *Flandern Stellung I*, het noordelijke einde van de Hindenburglijn en een formidabele verdedigingswal van machinegeweren, beton en prikkeldraad. (Nog was de streek niet ontruimd, de mensen scholen er in hun kelders.) Na een mislukt offensief lukte het Albert de Franse eis tot onmiddellijke aanval tegen te houden en het leger hield halt, verbond de gewonden en borg de doden. Op 14 oktober zetten de geallieerden onder een gordijn van rookbommen een nieuw offensief in. Drie dagen later was Oostende ingenomen en op de 19de was de Duitse terugtocht algemeen. In Brussel zag men kolonnes hologige infanteristen naar het oosten trekken, toegesnauwd door sergeanten, uit het opgegeven gebied nog levende have meenemend: geiten, konijnen in hokken, en wat niet al.

Op 2 november bereikten de Belgen de Leie bij Drongen, vóór Gent, waar Duitse eenheden een 'Leie-stelling' hadden geïmproviseerd. Nieuwe voorbereidingen voor een verder doorstoten begonnen.

Het zou niet meer nodig zijn. Oostenrijk-Hongarije en Turkije capituleerden. Het tot een kwart miljoen man aangegroeide Amerikaanse leger nam de Argonne in. Op 5 november gaven alle Duitse troepen tussen Schelde en Samber het vechten zo goed als op.

In het gouvernement-generaal waren de eerste politieke gevangenen op 21 oktober vrijgelaten. Mercier had vanaf de kansels de algehele amnestie laten afkondigen. Dit op verzoek van Von der Lancken, voor wie de kardinaal, zoals hij het in zijn verzoekbrief uitdrukte, 'bezet België belichaamde', een natie die de baron in zijn vier jaren temidden van de Belgen was gaan hoogachten en waarvan hij de vaderlandsliefde zeer eerbiedigde.[338] Als steeds wist Von der Lancken terdege uit welke hoek de wind waaide.

Tot zijn afgrijzen moest de baron eens te meer vaststellen dat elk mogelijk verzoenend effect van de amnestiemaatregel teniet werd gedaan door de houding van de militairen, die de vrijlating van gevangenen uit het *Etappengebiet* en uit Duitsland tot het einde toe tegenhielden, tot op het laatst werklieden deporteerden, en niet verhinderden dat het leger plunderend en stelend de terugtocht aanvatte, en passant ook nog de Waalse mijnen vakkundig vernielend. Tot op het laatste moment werden fabrieken ontmanteld en werd meegesleept wat nog meegesleept kon worden. Met karren tegelijk voerde men meubels, serviezen, oude munten, tapijten en schilderijen uit de musea weg. Van verzoening met de bevolking was dan ook geen sprake. Wél legde niemand het Duitse leger op zijn terugtocht een strobreed in de weg.

Dat leger had zich overigens in Brussel tegen zijn kaders gekeerd, zoals het dat ook in Duitsland zelf zou doen, waar teruggekeerde soldaten en arbeiders zich in Berlijn, München en elders in revolutionaire raden zouden verenigen voor een tot mislukken gedoemde rode opstand. Overal in Brussel waren kleine rode affiches verschenen met daarop maar één woord: hunger![339] Op 9 november 1918 nam een Revolutionaire Soldatenraad in Brussel de *Zivilverwaltung* over. Officieren werden de epauletten afgerukt; Oscar Freiherr Von der Lancken Wakenitz werd zonder verdere plichtplegingen als 'Lancken!' toegesnauwd. In bedrukte stilte zat een overwonnen gezelschap op 10 november bij elkaar in de residentie van de baron naast het Paleis der Academiën: Von der Lancken zelf, de hoofden van de Vlaamse en Waalse *Verwaltungen* en andere hoge gezagsdragers van het bezettingsregime, allen wat onwennig in *Zivil* (om niet door de soldaten herkend te worden); verder Francqui, Villalobar en Van Vollenhoven. De stilte werd verbroken door de binnenkomst van Carl Einstein. Met een verband om het hoofd trad de afgevaardigde van de Soldatenraad de salon binnen, keek fronsend het gezelschap rond en zei vervolgens in magnifiek Frans het keizerrijk de dienst op. 'Dit schandelijke keizerlijke regime is ten einde. De arbeiders- en soldatenraad wenst de onderdrukking en tirannie die zo lang op België hebben gewogen te vervangen door een bestel van menselijkheid en broederlijkheid'...[340]

Van een verlicht nieuw bestel kwam echter niets in huis. Het bezettingsregime verdween en meer niet. In vliegende haast en zonder enige plichtpleging kwam er een eind aan de Duitse aanwezigheid in België. De Duitse vlaggen die sinds 1914 aan de openbare gebouwen hadden gehangen, werden ijlings opgerold. Archieven werden in zeven haasten ingepakt of in het park verbrand. De diensten sloten, de kantoren gingen dicht en zonder verder nog orders af te wachten vertrokken duizenden ambtenaren uit Brussel terug naar huis. Op 14 november 1918 verlieten de laatste dienaren van de *Zivilverwaltung* de stad. Zij waren wél in uniform: te elfder ure hadden ze hun burgerkleding juist ingeruild voor een militaire uitrusting. Het was, zoals Karel Van De Woestijne had geregistreerd, een 'laatste triumph van het militarisme', en het maakte alsnog enige indruk, 'in de eerste plaats op het activisme dat zijn smart in hun boezem uitschreien komt. Want wat men thans het meest in Duitse büro's ziet, zijn: inpakkisten en activisten.'[341]

Niet voor niets waarden deze laatsten hulpzoekend in de 'Duitse büro's' rond. Slechts weinig activisten konden nog in ernst volhouden dat zij níet hadden meegewerkt aan de Duitse oorlogsinspanning. Sinds de opening van de *Von-Bissing-universiteit* was er namelijk veel gebeurd.

HOOFDSTUK VIII

'Een hellend vlak': activisme en collaboratie, 1916-1918

Zoals het activisme in de Vlaamsgezinde retoriek een grens trok tussen België en Vlaanderen, 'twee vaderlanden, voor ons tot dan toe identiek', zoals de in 1917 twintigjarige schrijver Gerard Walschap later zou getuigen,[342] zo scheidde het ook het Vlaamsgezinde universum zelf. Het al of niet ingaan op de avances van de *Flamenpolitik* deed een kloof ontstaan tussen de 'passieven' en de anderen; zelfs tussen een terughoudend activist als Lodewijk Dosfel en de 'passieve' opinie was de afstand, althans in oorlogstijd, onoverbrugbaar. Jarenlange banden werden zo verbroken. Bitter was het 'te moeten scheiden van een vriend, zoals gij waart', schreef de *Vlaamsche Wachter* in januari 1917, aan het begin van wat het donkerste jaar uit de bezetting zou worden, in een open brief aan de voorheen zo bewonderde Dosfel. Uitgerekend hém nu in het andere kamp te moeten zien – dat was wel het ergste wat 's lands overweldiger had aangericht: 'want ook dit is ten slotte zijn werk.'

En: 'Hebt gij trouwens niet bemerkt dat gij op een hellend vlak staat?'[343]

'Een hellend vlak': rond deze tijd zette de Duitse overheid het mes in de Belgische instellingen en deelde het land bestuurlijk in tweeën. Deze hervorming luidde een extremere fase van de *Flamenpolitik* in, die nu openlijk de structuren van het veroverde land naar eigen goeddunken omboog.

In de zomer van 1916 was de sceptische Von Bissing tot dit resolutere beleid overgehaald, mede onder invloed van Von Bethmann Hollweg. Was het beroep op de Germaanse broederband niet gelukt? Dan dienden de Vlamingen *van hogerhand* aan elke verfransende invloed ontrukt: hun onwil tot medewerking was immers enkel op die invloed terug te voeren. Door 'gerichte bevoordeling' van het Vlaamse volksdeel moest het toch zeker mogelijk zijn 'nog tijdens de oorlog de Duitse invloed in België te verankeren op een ook ná de oorlog nog doeltreffende wijze', zoals de kanselier in de lente van 1916 aan de gouverneur-generaal schreef. Hoe vaster een 'overtuigd' (lees: activistisch) Vlaams ambtenaarschap zich onder de Duitse bezetting verankeren zou, hoe lastiger een hersteld Belgisch gezag het geschapene weer zou kunnen afschaffen in 'Franse' zin. Mocht de Belgische staat terugkeren, in het allerslechtste geval dus, dan nóg zou hij in de nieuwe Vlaamse instellingen een onaangenaam erfenis van de bezettingstijd vinden.[344] Van de bestuurlijke scheiding verwachtte de kanselier vanzelf het naar voren komen van deze overtuigde Vlaamse ambtenarij, zoals hij ook van de vervlaamste Hogeschool van Gent de automatische bloei van de Vlaamse elite verwachtte.

Vanuit Berlijn was dat overigens gemakkelijk gezegd. Brussel, dat de ware invloed van het activisme kende, oordeelde cynischer. Von der Lancken was zeer geporteerd voor een 'zuiver Vlaamse' administratie, maar dan niet zozeer om inhoudelijke redenen: hij achtte het van secundair belang of de meewerkende Vlamingen 'in eerste instantie op het eigenlijk bestuurlijke vlak voldoende presteren of niet'; het echt belangrijke bestuurswerk werd toch in de Duitse kantoren verricht. Het ging veeleer hierom: de vervlaamsing van de administratie zou ter versteviging dienen van wat Von der Lancken de 'Vlaamse partij' noemde – het nog immer kwakkelende activisme, waarvan Von Bissing de levensvatbaarheid bleef betwijfelen.[345] Ook activistische kringen drongen op bestuurlijke scheiding aan, mede in de hoop door politiek dienstbetoon een achterban te winnen. Niet iedereen was er overigens zo zeker van of een voortvarender beleid niet juist een averechts effect bij de publieke opinie zou kunnen hebben. 'Het tempo hier,' schreef een officier van de *Politische Abteilung* in een vertrouwelijke brief van 18 augustus 1916, 'is mij iets te [...] overhaast. De Belgische volksaard, óók de

Vlaamse, stelt het [Duitse] bestuur voor ontzaglijke moeilijkheden.' Niettemin werd volgens de vertrouwde formule alles op alles gezet om te bewijzen dat de gedachte van de bestuurlijke scheiding altijd al een integrerend onderdeel van het Vlaamsgezinde streven had uitgemaakt. De officier liet weten dat hij reeds bij de negentiende-eeuwse Vlaamse voorman Jan-Frans Willems uitlatingen in die zin had teruggevonden.[346]

Het gedwongen terugvallen op historisch collagewerk was een veeg teken; inderdaad was 'de kwestie van de bestuurlijke scheiding niet bij uitstek Belgisch', zoals Van De Woestijne, die het uit de activistische pers al zag aankomen, eind februari 1916 had gesteld, en 'zij telt bij ons zeer zeker minder aanhangers dan in [andere] landen'.[347] Maar om aanhangers ging het dan ook niet. De bestuurlijke scheiding was een operatie van bovenaf, vergelijkbaar met wat er gebeurde in het kamp in Göttingen, waar ijverige oversten de krijgsgevangen Vlamingen door isolatie in een Vlaamse omgeving tot Vlaams bewustzijn wilden brengen.

Bovendien bleek door de wending van de oorlogsgebeurtenissen tegen het einde van het jaar 1916 dat de bestuurlijke scheiding ook geopolitiek haar nut had. Verschillende Duitse leiders waren tot de conclusie gekomen dat een beslissende overwinning wellicht niet mogelijk zou zijn, noch dat Berlijn kon rekenen op een vrede op eigen termen. Zo drong zich het besluit op het land geruisloos in tweeën te delen, teneinde in een verscheurd naoorlogs België politieke invloed en wellicht zelfs militaire waarborgen te behouden.

De militaire leiding van haar kant bleef geloven in de mogelijke overwinning en zag het land daarom liever voor de onmiddellijke oorlogsdoeleinden *benut* dan uit langetermijnoverwegingen *bewerkt*. Niettemin lieten de militairen zich vooralsnog ompraten. Belgiës lot hing vanzelfsprekend in laatste instantie van de eindzege der wapenen af, schreef Von Bethmann Hollweg op 7 maart 1917 aan Von Hindenburg; maar hoe dan ook zou een België waar de staatshuishouding was verdeeld en de Vlamingen van Franse invloed bevrijd, voor Duitsland altijd nuttiger zijn dan de bestaande

Belgische staat. Von Hindenburg verklaarde zich daarop bereid zijn plannen voor een zo volledig mogelijke *Nutzbarmachung* tijdelijk te laten rusten. Wel bleef hij benadrukken dat de Belgen de economische last van de oorlog meer moesten voelen dan het Duitse volk, en ook weigerde hij het verzoek de status van Gent te wijzigen, zodat het officieel niet langer in het *Etappengebiet* zou liggen (hetgeen de *Abteilung* zeer verdroot, aangezien dit de *Flamenpolitische* werking in de universiteitsstad zou hebben vergemakkelijkt).

Ook in propagandistisch opzicht tekenden zich de voordelen van de bestuurlijke scheiding af. In een nota van 10 januari 1917 hadden de geallieerden, in de hoop de Verenigde Staten over te halen aan de oorlog deel te nemen, het wereldconflict een ideologische draai gegeven en verklaard de oorlog te voeren om het beginsel van het 'zelfbeschikkingsrecht der volkeren'. Nu paste de bestuurlijke scheiding van België met enige goede wil geheel in dat principe. Met zijn steun aan de Vlamingen kon Duitsland dan ook 'de Entente met haar frasen over de bevrijding van de kleine volkeren ad absurdum voeren', zoals Wilhelm op 8 februari 1917 verklaarde. 's Keizers woorden gaven de doorslag. Eind februari werd bij een bespreking met Bethmann nogmaals vastgelegd dat 'door een scheiding tussen het Vlamenland en Wallonië een voldongen feit geschapen [wordt], aangezien daardoor de Duitse invloed over België onder alle omstandigheden wordt versterkt, welke vorm de toekomst van het land ook aanneemt'.[348]

En zo werd op 21 maart 1917 de bestuurlijke scheiding van Vlaanderen en Wallonië uitgeroepen. De taalgrens werd een bestuurlijke grens; Brussel werd bij Vlaanderen gevoegd. Namen werd de hoofdstad van de nieuwe eenheid Wallonië. Beide landsdelen bezaten voortaan slechts de Duitse overheid als gemeenschappelijke instelling; 'betrekkingen' tussen beide waren nergens geregeld, hetgeen uiteraard de deur naar een verdere scheiding openzette. In de daaropvolgende maanden werden de nog functionerende centrale ministeries een voor een gesplitst. Het gevolg was een uittocht van diensthoofden, van wie er enkele ter afschrikking naar Duitsland werden afgevoerd. In mei liet de regering in Le Havre clandestien doorgeven dat de hogere ambtenaren wellicht beter op hun post konden blijven, teneinde tegenwicht te blijven bieden aan de 'separatisten'. Dit was een in de praktijk moeilijk te verwerkelijken instructie, die dan ook niet algemeen werd opgevolgd. Verreweg de meeste ambtenaren en bedienden die voor de Naamse dienst waren opgeroepen, namen ontslag.

Er waren dan ook veel plaatsen op te vullen bij de nieuwe Waalse administratie, die eigenlijk niet meer was dan een restcategorie van de vooral op Vlaanderen afgestemde bestuurlijke scheiding. Moederziel alleen, slechts bijgestaan door één secretaresse, één bode, één typiste en één telefoniste nam op 11 juli 1917 de Waalse *Verwaltungschef* Von Haniel bezit van de lege kantoren in een Naamse kazerne. Hulp diende zich aan in de gedaante van de tweeënvijftigjarige Arthur Limet, een arts uit Huy, die zich al sinds januari 1915 anoniem verdienstelijk had gemaakt met het schrijven van pamfletten die de Duitse inval in België verdedigden, en die nu het ronselen van personeel voor het Waalse bestuur op zich nam. Met de Waalse beweging had Limet – die voornamelijk eerzuchtig was, openlijk te kennen gaf het tot 'een groot man' te willen brengen en na de oorlog tijdens zijn proces zou stellen dat hij onder 'de bedwelming van de macht' had gehandeld[349] – niets te maken: wat hij aan wallingantische argumenten naar voren bracht, was zuivere oorlogspropaganda.

In het algemeen stelde het verband tussen activisme en vooroorlogse beweging in het Waalse geval nog minder voor dan in het Vlaamse, een enkele uitzondering uit de *Ligue wallonne* daargelaten. Wél streefden de Duitse bureaus, in een prijzenswaardige drang naar volledigheid, ook een *Waals* activisme na. Het literair-politieke propagandatijdschrift *Der Belfried* plaatste doortimmerde stukken over Waalse streektalen, gebruiken en *Volksgeist*. Bladen als *L'avenir wallon* en *L'écho de Sambre et Meuse* (in Brussel volgeschreven, maar voor de vorm in Charleroi of Namen gepubliceerd) ruzieden keurig met de Vlaamse activistische pers over meeslepende onderwerpen als het vooroorlogse Vlaamse 'overwicht' in de Congo – beide periodieken was overigens maar een kort leven beschoren. Pamfletten haalden het argument van het aan een kerks en conservatief Vlaanderen geketend democratisch Wallonië van stal. Helemaal zonder effect bleef dit alles niet: een negenkoppig *Comité de défense de la Wallonie* zou in maart 1918 in een manifest de Walen zelfs oproepen tot de verdediging van de 'belangen van hun ras' tegen de Vlaamse dominantie.[350] De verpletterende kunstmatigheid van de hele onderneming kon echter niemand ontgaan en zo bleef de ideologische onderbouw van de Waalse collaboratie alles bij elkaar nog wankeler dan die van de Vlaamse. De ongeveer driehonderd rekruten van het schimmige Naamse bestuur, onder wie vele non-valeurs uit het onder bezettingen altijd welig tierende informantendom, zouden zich na de oorlog dan ook voornamelijk verdedigen met het argument van 'de harde tijden' – de 'belangen van het Waalse volk' stonden hun als apologie niet ter beschikking.

Tegelijkertijd kwamen uit alle hoeken en gaten van het Vlaamse land gegadigden naar voren die zich in Vlaamse of activistische zin meenden te hebben onderscheiden en zich nu bij het kersverse Vlaamse bestuur in Brussel aandienden voor een positie in het zo wonderbaarlijk in hun voordeel vermenigvuldigde staatsapparaat. Kort voor zijn dood voorspelde Von Bissing in een brief aan de keizer dat het gouvernement-generaal onder de Vlamingen moeilijk tot medewerking bereide mensen zou kunnen vinden die 'door hun opleiding en politieke vorming bekwaam [zouden] zijn om een leidende plaats te bekleden',[351] en hij kreeg gelijk. Een competente Vlaamse elite diende zich niet aan, al helemaal niet nadat in april 1917 bekend was geworden dat vorst en regering 'het moedwillig dienen van de politiek van de vijand', met andere woorden het meewerken aan de bestuurlijke scheiding, na de oorlog zwaar zouden bestraffen. Ach, 'men moet niet kwaad worden op de Vlamingen, die allemaal zo graag de kat uit de boom kijken', werd de *Abteilung* in maart 1917 vergoelijkend gemeld door een activistisch correspondent in het krijgsgevangenenkamp in Göttingen. In dat kamp ging de Vlaamse activiteit onverminderd door, maar met twijfelachtige resultaten: bij de kleine minderheid waar ze doel trof, bleek ze ook onmiddellijk in het extreme en dus onbruikbare om te slaan. Maar ja, 'onze jongens verliezen hier zo gemakkelijk het hoofd. Men moet maar bedenken dat ze zo ver van hun moeder zijn...'[352]

Ook vele activisten in het bezette land, die zich met hun eigen grootspraak en de Duitse belangstelling en bescherming bedwelmden, verloren 'gemakkelijk het hoofd'. Een nieuwe fase in de Vlaamse strijd heette aangebroken te zijn, met de activisten als Vlaanderens nieuwe voorhoede. Nog voor de bestuurlijke scheiding was uitgevaardigd, werd reeds een radicaler einddoel in het vooruitzicht gesteld en verklaarden de Jong-Vlamingen zich voorstanders van *zelfbestuur* voor Vlaanderen (daarin op enige afstand gevolgd door de gematigder activisten). Dit 'zelfbestuur' was een uiterst vaag begrip, waarvan vooralsnog slechts kon worden vermoed dat het tot verdere ingrepen in de Belgische grondwet zou moeten leiden. Immers, zo betoogde eind 1916 de voormalige leraar, activist van het eerste uur en tot hoogleraar in Gent gepromoveerde Josué De Decker (volgens zijn medestanders 'een der geleerdste mannen van België'): 'Wat is nu *Zelfbestuur*? Is het *bestuurlijke scheiding*? Zo ja, dan zie ik een oneindige taalstrijd in 't verschiet, meer ingewikkeld nog dan vroeger, een jammerlijk misdrijf van de Fransgezinden om ons te foppen. [...] Met enkel *bestuurlijke scheiding*, krijgen wij fataal een Fransgezinde wetgevende macht en Fransgezinde ministers, die ons zullen tergen, omdat wij nu eenmaal Germanen zijn.'[353]

'Omdat wij nu eenmaal Germanen zijn': tegen de achtergrond van deze wel zeer dwingende voorstelling van zaken onstond de collaborerende Vlaamse 'overheid', die zichzelf *Raad van Vlaanderen* zou noemen en de taak op zich nam de Vlaamse autonomie nader gestalte te geven.

Overigens was de instelling van zo'n Raad reeds lang voorgesteld. Eind 1915 had de groep rond Gerretson von Bethmann Hollweg geopperd een comité met Vlaamse voormannen in het leven te roepen, dat 'door een deel van het volk erkend en steunend op de tegenwoordige Duitse machtspositie in België, met dictatoriaal gezag het hele bestuursapparaat in België in de geest van de tot principe verheven vervlaamsing kan beïnvloeden'.[354] Uit dat comité zou dan een Duitsvriendelijke Vlaamse regering kunnen ontstaan. De kanselier had dit voorstel geestdriftig begroet. Zijn plechtige verklaring tegenover de *Reichstag* van april 1916, dat Duitsland de Vlamingen steeds zou steunen, was dan ook mede bedoeld om de activisten tot meer actie aan te zetten. De verklaring was verder overigens rijkelijk vaag gehouden; wat Bethmanns *nie wieder der verwelschung preisgeben...* aan concrete naoorlogse garanties inhield, bleef diplomatiek in het midden. De formulering werd niettemin in medewerkingsbereide milieus als een mantra herhaald.

En zo gebeurde het dat 'eens de weg van het verderf opgegaan, de wagen, door dwazen gevoerd, voorgoed aan 't rollen [is] geraakt tot in de Duitse modder, waaruit hij nimmer los te halen is', zoals de *Vlaamsche Wachter* in de zomer van 1917 zou oordelen.[355] Aan het begin van dat bezettingsjaar leek een hecht activistisch front gevormd: op 7 januari 1917 kwamen 46 'Vertrauensleute' van diverse organisaties in Brussel samen om eenstemmig te verklaren dat het centralistische Belgische bestel nooit meer hersteld mocht worden, maar dat in plaats daarvan voor het Vlaamse volk een 'zo groot mogelijke onafhankelijkheid' moest worden nagestreefd. Ook de gematigde activisten stemden daarmee in en spraken zich tegen de Belgische *status quo ante bellum* uit. 'De leiders van de activistische beweging hebben hiermee het kader van de Belgische grondwet verlaten' en waren het erover eens geworden dat zij alleen met Duitse steun hun doel konden bereiken en ook in de toekomst economische en politieke toenadering tot het Rijk moesten zoeken, zo meldde een tevreden Von der Lancken, die de vergadering had bijgewoond, zijn superieuren.[356]

De stap naar de collaboratie was gezet, zij het niet openlijk: de activisten trachtten buiten schot te blijven door hun handelen zo veel mogelijk geheim te houden. De meeste artikelen in de collaborerende pers verschenen onder pseudoniem. Betaling geschiedde onder een of andere dekmantel. De Duitse autoriteiten kregen hun informatiebrieven en felicitatietelegrammen ongetekend bezorgd, zoals de Jong-Vlaamse uiting van 'hoogste vreugde en geestdrift' die Hindenburg op 7 december 1916 bij de val van Boekarest had mogen ontvangen.[357] (Consequent genoeg om wél hun handtekening te zetten waren slechts de radicaalste activisten, zoals Domela, voor wie de Germaanse toenadering dan ook geen strategie maar een positieve identificatie was.) Ook uitingen van activistische overtuiging bleven bij voorkeur anoniem. Zo werden voor een hulde aan Borms, wiens ster in het activisme onafwendbaar begon te rijzen, eind december 1916 handtekeningen uit Göttingen geronseld. 'Ook aan onze Broeders uit de Kampen moet gelegenheid verschaft worden om uiting te geven aan hun verering voor Prof. Borms! [...] Wij zijn overtuigd dat niemand der overtuigden zal achterwege blijven!' luidde de uitnodigende brief, er ter geruststelling aan voegend: 'Deze namen dienen niet tot openbaarmaking.'[358]

Het was dan ook in het grootste geheim dat een vijftigkoppige groep activisten zichzelf tot *Raad van Vlaanderen* uitriep, zoals het verbijsterde publiek naderhand mocht vernemen. Een en ander zou hebben plaatsgevonden tijdens een vertrouwelijke bijeenkomst van 128 genodigden in het *Vlaamsch Huis* op de Grote Markt in Brussel. Deze Raad, naar welks samenstelling men alleen kon gissen, had zelfs een anonieme 'Oproep aan het Vlaamse Volk' uitgevaardigd, die aan Bethmanns Rijksdagsrede van april 1916 herinnerde en stelde: 'Wij hebben het recht en zelfs de plicht voor het aanschijn der wereld, op te komen voor onze sedert bijna een eeuw verdrukte nationaliteit, voor onze miskende en vernederde Vlaamse broeders, deze van hier zowel als die van Frans-Vlaanderen. De Vlamingen moeten hun nationale bevrijding veroveren. Bewust van de vaderlandse plicht die op ons rust, op te komen voor het recht van Vlaanderen, onze moeder, eisen de Vlamingen, vergaderd in de Vlaamse nationale landdag, te Brussel, de vierde februari 1917, alle waarborgen die aan Vlaanderen zijn volledige nationale ontwikkeling en welvaart in zijn eigen taal en naar zijn eigen wezen verzekeren.'[359]

In het bezette Vlaanderen maakte de verbijstering al snel plaats voor woede, zeker toen bekend werd dat de geheimzinnige Raad naar Berlijn was gereisd om openlijk Duitse hulp in te roepen.

Inderdaad waren Borms, Raadsvoorzitter Pieter Tack (voorheen 'vervlaamsingsambtenaar' voor de Brusselse scholen) en nog een paar andere Raadsleden op 3 maart door de kanselier ontvangen, in uitvoering van een eerder door Von der Lancken vastgesteld plan. In Berlijn was echter hun al zo vage eis tot 'zelfbestuur' met nog vagere beloften over 'vrije ontwikkeling voor het Vlaamse volk' afgescheept: een mager resultaat. Wel buitte de Duitse propaganda de reis uit om de wereld te laten zien dat de Vlamingen zélf om bescherming vroegen; aldus verscheen in de Duitse pers een foto van de club in militair gezelschap, met de vermelding dat de Vlaamse delegatie zich een 'Bier-Abend' met de begeleidende officieren had laten smaken. Paste het openbaar-maken van de spontane Vlaamse kreet-om-hulp in de Duitse strategie, voor de Raad was het een ramp. Het bezoek was op het slechtst denkbare scenario uitgedraaid: het had niets opgeleverd... én het was niet geheim gebleven. Prompt verscheen de beruchte foto in de *Libre Belgique*, die ook in Vlaanderen van hand tot hand ging; tevens lekten de namen van de Raadsleden uit. De reis veroorzaakte dan ook langdurige deining in activistische kring. De inderhaast toegeschoten Duitse officier Beyerle, die van het kamp in Göttingen naar België was overgeplaatst omdat zijn katholieke achtergrond bij de contacten met Vlaamsgezinden van groot nut werd geacht, kon de gematigden maar ternauwernood in de rangen houden.

Bracht de blamage geen openlijke breuk in de activistische rangen teweeg, van een verbreding van de aanhang mocht niet meer gedroomd worden. In een aan de gouverneur-generaal gericht manifest van 10 maart 1917 veroordeelden 77 'Vlaamse notabelen' uit het bezette land (onder wie Franck, Vermeylen, Van De Woestijne en Teirlinck) het 'lichaam zich noemende Raad van Vlaanderen, maar hier in den lande onbekend', dat in de officiële pers ten onrechte werd voorgesteld als zijnde 'samengesteld uit mannen van invloed en autoriteit', terwijl 'de ongenoemde Heren, die het op zich hebben genomen in volle oorlog aan de Duitse Regering hun medewerking aan te bieden om hun land tegen zich zelve te verdelen en zijn bestuurlijke inrichting ten gronde toe te veranderen, niet het minste recht [hebben] namens het Vlaamse Volk te spreken en noch zijn wensen, noch zijn strekking [vertegenwoordigen]'. Een in omstandigheden van monddode discussie en deportatiedreiging ontstane 'Raad' kon onmogelijk enige algemene mening verkondigen. Zo werd van Vlaamse zijde een eis gesteld die geen eis was; met nadruk stelden de manifestanten: '*De bestuurlijke scheiding behoort niet tot het programma van de Vlaamse Beweging.*' Nogmaals werd buitenlandse inmenging krachtig afgewezen. 'De Vlaamse Belgen zijn niet een, tegen zijn wil, bij een groot rijk ingelijfde volksstam, zij zijn vrije vennoten in een vrij gemenebest; zij hebben hoofdzakelijk hun recht in eigen hand en zij hebben niet gewacht op vreemde hulp om hun taalgrieven te doen herstellen.' Wat derhalve tijdens de oorlog was verricht 'door decreten van de bezettende macht, daarover onderwijst het Recht dat het met het eindigen der bezetting in het niet verzinkt'. Op de Duitse belofte tot bescherming van de Vlaamse volksstam, die uiteraard geheel in 'de lijn van *Uw* politiek' lag, was maar één reactie mogelijk: 'Een vrede waarbij het aan Uw Regering of aan *welke vreemde staat* ook zou toegelaten zijn zich in onze binnenlandse zaken te mengen, zullen wij *nooit* aanvaarden.' De ondertekenaars verklaarden zich nooit te zullen neerleggen bij minder dan het volledige herstel van de Belgische onafhankelijkheid, hetgeen naar hun overtuiging ook de mening van de hele bevolking was: mocht de 'belemmering die nu op woord en schrift drukt' worden opgeheven, dan zou 'van de Ardennen tot de zee [...] de houding der separatisten diep worden afgekeurd en heel ons volk getuigen dat wij allen, Vlamingen en Walen, in deze tijden slechts één wens, één gedachte hebben: *het vrije en onverdeelbare Belgische vaderland*'.[360]

Dit was geen overdrijving. Hoezeer oorlogsmoeheid na drie jaren van bezetting ook terrein had gewonnen, de haat tegenover de bezetter bleef onverminderd. Het activisme kon zich niet aan het stigma van het aanschurken tegen de Duitse overmacht onttrekken, welk apologetisch gedraai de gematigde activisten ook tentoonspreidden – die gematigden over wie Pius Dirr al in mei 1916 aan Beyerle had geschreven dat ze uiteindelijk wel de een of andere vorm van 'politieke en economische afhankelijkheid van Duitsland' in het achterhoofd hadden, maar daarbij wel hun Belgische loyaliteit bleven onderstrepen 'omdat ze rekening moeten houden met de grote Vlaamse massa'. Men moest hun, aldus *Hauptmann* Dirr, deze tactiek gunnen. ('Graag vertrouwelijk behandelen' stond bij deze opmerkingen in de marge.)[361]

'De grote Vlaamse massa' was echter dagelijks getuige van de naadloze versmelting van activistisch streven en bezettingsregime. De doorvoering van de bestuurlijke scheiding, met alle ontslagen, deportaties, promoties, bijbaantjes en dienstbetoon van dien, maakte een zeer slechte indruk. Vervloekt werden diegenen die uit naam van het 'Vlaamse volk' samenwerkten met een militair regime dat datzelfde volk de matrassen onder het lijf vandaan stal en zijn zonen als dwangarbeider naar Duitsland zond. Alleen al het *woord* 'Vlaams', zo werd in de lente van 1917 in Limburg door een lid van het Vlaamsgezinde (en 'passivistische') *Davidsfonds* vastgesteld, 'verbitterde reeds het volk'.[362]

Het postume 'politieke testament' van Von Bissing, dat in mei 1917 verspreid raakte, wierp een scheller licht op de Duitse machinaties. Het ging hier om een verzameling teksten die de (op 18 april 1917 in het kasteel Trois-Fontaines bij Vilvoorde gestorven) gouverneur-generaal in de jaren 1915-1917 had opgesteld en waarin hij met kracht enige forse aanspraken op het veroverde land verdedigde. Uit militair oogpunt volstond het bezit van de Maasforten niet: de Duitse grens moest tot aan de Belgische kust worden vooruitgeschoven. Ook economisch diende het buurland aan de Duitse belangen ondergeschikt te worden. In het algemeen moest het land aan het Duitse gezag worden onderworpen en volledig verduitst. Daartoe moest ook 'gedurende jaren nog [...] het thans bestaande dictatuurschap' gehandhaafd worden; 'De Vlamingen zullen zich in een dergelijk overgangsstadium van de Welsche [sic] dwingelandij bevrijden en zich weer tot hun Nederduitse – hoewel niet licht te bewerken – aard laten terugvoeren. De Walen kunnen en moeten in de loop van dit tijdstip beslissen of zij zich willen aanpassen bij de gewijzigde definitieve toestanden, dan wel verkiezen België te verlaten. Wie in het land blijft, moet zich naar Duitsland keren en na afzienbare tijd ook het "Deutschtum" aankleven.' In geen geval mocht het Duitse Rijk zich ten aanzien van België zo 'week' betonen als voor de oorlog in de Elzas: de bevolking moest er met geweld worden verduitst. Wie dit niet zinde, diende zonder omhaal onteigend en verdreven te worden.[363]

Deze teksten, die door *Alldeutsche* politici in de openbaarheid waren gebracht om de oorlogsmoeheid in Duitsland tegen te gaan, raakten via Nederland in handen van medewerkers van het Belgische *Publiciteitsbureel* in Le Havre, die ze in handige pamfletvorm en in Nederlandse en Franse vertaling massaal in de geallieerde en neutrale landen en onder de Belgen in ballingschap verspreidde. Via clandestiene weg kwamen ze ook in het bezette land terecht, waar de reactie – zoals verwacht – heftig was. Wie na het lezen van deze 'hemel-tergende uiting van verwaandheid, geweldenarij, roofzucht, moordenaarsprinciepen en eerloosheid' niet met het activisme brak, schreef de *Vlaamsche Leeuw*, mocht er geen aanspraak op maken te goeder trouw te hebben gehandeld, 'onbewust van 't ploertige en platte, onzinnige en onzalige, dat [door het activisme] bevorderd wordt', en doopte zichzelf willens en wetens 'tot verderver van Vlaanderen'.[364] De Werkliedenpartij hekelde in augustus 1917 in een memorandum de 'enkele gezagloze, eerloze en in schulden stekende kerels' die de Duitse 'vuige geschenken' hadden aangenomen uit naam van een Vlaamse Beweging waar deze 'schurftige schapen' hoegenaamd niets mee te maken hadden. 'Wij denken soms met ontzetting aan de dag waarop, eens de natie bevrijd, heel de vloed van ongerechtigheden, lijden en wee, ellende, puinen, euveldaden en hoon, waarmede de natie werd overstelpt, in het licht zal opduiken met een nasleep van haatgevoelens, welke de geschiedenis nooit heeft gekend.'[365]

Tegen deze achtergrond van – op zijn zachtst gezegd – extreme impopulariteit probeerden de activisten zich voor hun gecompromitteerd-zijn schadeloos te stellen met status en zekerheid. De geschiedenis van het activisme is mede de geschiedenis van een stormloop op posities. 'Een gemene plaatskensjagerij,' schreef Ernest Claes in de zomer van 1917, 'zulke dingen walgen mij, walgen mij dat ik het niet zeggen kan.'[366] Raadslid Lambrichts, een zakenman uit het Brusselse, verklaarde op een bijeenkomst van mei 1917: 'Wij willen van onze voormannen ridders, *welstellende lieden* in de Vlaamse beweging maken' – na deze woorden, schreef de *Vlaamsche Wachter* in een afkeurend verslag, bleef het opvallend stil 'in de anders geestdrift-zwoele zaal. Zelfs de over-hitte [...] jongelui wie de voortvarendheid eigen is en 't onbezonnen gedoe niet al te kwalijk mag genomen, vonden het wat al te grof.'[367]

Van alle aantrekkelijke posities die de Duitse vervlaamsing bood, waren, zoals al eerder vermeld, de Gentse professoraten het meest in trek. Tegen de zomer van 1918 was het aantal universitaire docenten dan ook van 43 tot 74 geleerden gestegen (waaronder dertien Nederlanders, drie docenten met een dubbele, Nederlands-Duitse nationaliteit, en vier Duitsers). Steeds intenser werd binnen het activisme de competitie rond 'Gent': zo verzocht de oogarts Evarist Stocké, lid van Jong-Vlaanderen, de *Politische Abteilung* in mei 1917 dringend om een leerstoel. En wel hierom: patiënten waren hem om zijn activistische inzet gaan mijden. Bijgevolg was nu 'de vrede in mijn zo geliefd huishouden [...] in gevaar, aangezien mijn huisgezin natuurlijk de verantwoordelijkheid op mij legt van de toestand waarin wij ons bevinden: "alles opgeofferd te hebben zonder enige vergoeding!"' Met een positie bij de Raad of bij een Brussels ministerie verklaarde Stocké geen genoegen te zullen nemen, omdat hij zijn praktijk niet helemáál wilde zien leeglopen. Veelzeggend genoeg adstrueerde Stocké deze academische kandidatuur met een verwijzing naar wat hij zijn 'Vlaams-Duitse politieke werking' noemde, waarbij hij breed uitweidde over zijn onschatbare hulp aan de Duitse geheime politie bij de uitroeiing van Gentse sluikbladen die tegen de Hogeschool ageerden en bij de arrestatie van auteurs en uitgevers van deze verzetspers ('gekende en rijke franskiljons').[368]

Onder deze, langzamerhand tot een duistere overmacht opgeblazen 'franskiljons' werden voor het gemak ook de 'passieven' gerekend, tegen wie collaborerende bladen als *Het Vlaamsche Nieuws* en de *Gazet van Brussel* heftig van leer trokken. De activistische bewering dat men namens Vlaanderen sprak, werd immers danig verzwakt door het bestaan van een omvangrijke Vlaamsgezinde opinie die elke samenwerking met de bezetter afwees, en door de argumenten die in manifesten, verzetsbladen en in de pers in ballingschap voor deze afwijzing werden gebruikt.

Zowel de 'passivistische' argumentatie als het besef van isolatie binnen Vlaanderen schiepen in activistische kring gaandeweg een bepaalde defensieve retoriek. Hierin werden oproepen tot het gedenken van de gebeurtenissen van 1914 als sentimenteel afgedaan. 'Heb ik geen recht, ik heb geen land': deze beroemde versregels van De Clercq verwierpen elk beroep op patriottische gevoelens. Het voortzetten van de taalpolitiek onder een militair regime rechtvaardigde men door te verwijzen naar de Vlaamse rechten, die zwaarder dienden te wegen dan abstracte noties als burgerzin. Dat het Duitse rijk bij de inval van België precies dezelfde retoriek van zelfverdediging en van nemen-wat-men-krijgen-kan had gehanteerd, heette irrelevant voor de Vlaamse zaak te zijn: voor 'gevoelsargumenten' was in tijden van bittere noodzaak geen plaats. Dat dit conflict in de Duitse kraam paste, moest bovendien juist een *reden* tot handelen vormen: dat was juist een gelegenheid om eindelijk een eind te maken aan het schreeuwende onrecht dat het Vlaamse volk al zo lang aangedaan was. In plaats van stromannen van het *Reich* waren de activisten juist diplomaten, die handig van de internationale situatie gebruik maakten ten voordele van hun volk. (Was de kwade trouw van het Duitse Rijk trouwens bewezen? Engeland – dát was pas een kwaadaardig *empire*, welks gedrag tegenover de Boeren en de Ieren immers van weinig respect voor de rechten van kleine volkeren getuigde.)

In het licht van de aanspraken op leiderschap in Vlaanderen stáken de verwijten van passieve zijde dat haast niemand van de nieuwe voormannen zich voor de oorlog in flamingantische zin onderscheiden had. Zoals gebruikelijk veranderde men ook dit verwijt in zijn tegendeel en werden de activisten tot de ware Vlaamsgezinden uitgeroepen, waarbij de passieven als crypto-franskiljons werden ontmaskerd: 'Ik wens mij,' zoals de Jong-Vlaming Willem De Vreese, briljant filoloog en bibliothecaris aan de Gentse universiteit al in 1915 had geschreven, 'geen wetten te laten voorschrijven door mensen die wél flaminganten zijn, maar geen Vlamingen, als Fredericq, Franck, Vermeylen, wier gezin en leven Frans is.'[369]

De activistische microcultuur zwolg dan ook in rituele bevestigingen van de Vlaamse identiteit. In het kamp in Göttingen werden krijgsgevangen soldaten regelmatig vergast op Vlaamse liederenavonden waarop ballades werden uitgevoerd als 'O mijn Kempen', 'Mijn Moedertaal heb ik lief', 'Groeningergrootheid' en 'Mijn Vlaandren heb ik hartlijk lief'. Activistische ouderavonden programmeerden stukken als het neo-middeleeuwse drama *Iwein van Aelst* en de stichtelijke tweespraak *De Franse 'monsieur' en het Vlaamse meisje*. Oude volksliederen – 'Het Loze Visserken', ''t Haasken' – waren in Gentse studentenkring razend populair. Een en ander deed, zoals de passivist-in-ballingschap Leo Van Puyvelde in zijn messcherpe essays in *De Gids* schreef, de uit de vooroorlogse tijd zo bekende zelfbedwelmende retoriek uit de meetingcultuur herleven. ('Is er op de wereld een groep mensen, die zich zozeer dronken zuipt aan eigen veel- en welsprekendheid als de taalstrijders onder de Vlamingen?'[370]) Net als de meetingretoriek hing de activistische retoriek van de galmende woorden – 'verknechting van het Vlaamse volk', 'ontvoogding van Vlaanderen' – aan elkaar; van grote woorden zélf, schreef Van Puyvelde, werd alle heil verwacht. Want 'van de concrete betekenis van die woorden geven [de activisten] zich geen rekenschap; zij blijven onder de doezelende bekoring van de vage denkbeelden, die er door worden opgewekt.'[371]

Het dient gezegd dat deze retoriek merkwaardige gelijkenissen vertoonde met het luidruchtige patriottisme dat in sommige kringen voor burgermoed doorging. De bard van het activisme, René De Clercq, was zijn poëtische oorlogsactiviteit indertijd zelf begonnen met vaderlandse verzen als 'Een lied van trouw' ('Eerbiedig opgedragen aan hunne Majesteiten Koning Albert en Koningin Elisabeth van België') en het mystiek-patriottische 'Als de Heiland', waarin de Messiaanse metafoor niet geschuwd werd in verzen als

> Jong en schoon,
> Hebt ge u zelf aan 't kruis doen spijkeren,
> Voor het heil der wereld.
> Uw zuiver straalbloed perelt
> In uw zwarte doornenkroon,
> O België, Gods liefste zoon [...].[372]

Ten tijde van het Gooise telegram had de dichter een scherpe politieke bocht gemaakt. Zijn religieus-romantische poëtica was bij die ommezwaai echter consistent gebleven – alleen heette voortaan *Vlaanderen* de gekruisigde Heiland. Hoe hij zijn nieuwe rol opvatte, bleek uit liederen als 'Zweeg uw dichter, Vlaanderen, ach, wie zou getuigen?'[373]

De Clercq was in 1917 vanuit Nederland naar België teruggekeerd, waar zijn lyriek en martelaarschap op meetings werden uitgespeeld. In de steden verschenen langwerpige affiches met daarop in grote letters slechts de zin: RENÉ DE CLERCQ KOMT. De activistische pers berichtte over de 'verering' die de dichter bij deze manifestaties ten deel viel ('De menigte in de zaal is als een woelige zee, en de ovatie klinkt geweldig.'[374]) Daar werd bij de passieven, die deze meetingpraat met stijgende ergernis aanhoorden, anders over gedacht. De *Vlaamsche Leeuw* voer heftig uit tegen De Clercqs toespraak op het Guldensporen-feest van 1917, een toespraak waarvan het publiek een uitleg van het activistische standpunt had verwacht. 'helaas! Helaas, hoe [...] erbarmelijk onbeduidend, die gretig verwachte verrechtvaardiging van de groot gewaande leider. Als toespraak op een studentenvergaderingske van voor vijftig jaar, kon 't er nog door, misschien. Maar nu we, met onze bruisende gedachten voortgezweept in een landen en werelddelen herschapende draaikolk, als volk met andere volkeren kenteren naar een nieuwe tijd, nu was 't meer dan een teleurstelling. Het leek haast een voor de gek houden, onduldbaar.' Een verdediging van het activistische standpunt bleek De Clercq niet in huis te hebben. 'Want zelfs de u vierenden waren [...] danig teleurgesteld. Uw variante op 't oude thema was toch zo eentonig tingeltangelend!' Ook De Clercqs wenteling in het eigen martelaarschap wekte ergernis. 'Een gemeend offer wordt nochtans in stilte [...] gebracht. Indien ge u waarlijk martelaar waant voor een grote zaak, klim dan toch niet telkens op een voetstuk van eigen maaksel, om tot de samengetrompette scharen u zelve aan te wijzen als de te huldigen afgod! Denkt ge soms, dat de aanwezigen het snulachtig geloofden, toen ge volhield maar "een eenvoudige jongen, een zanger uit en van 't volk" te zijn? Och kom! [...] Al dat aanstellerige, dat zich opdringende, dat zich uitstallende, 't blijft onverdraaglijk gezwets.' Bovendien: 'Haast drie jaar lang vond De Clercq, dat in Vlaanderen de boel wel zonder hem kon beredderd. In Holland was [...] minder onmiddellijk lijfsgevaar, dan in 't land van de Leie, hem wel dierbaar, maar op afstand. Toen had hij nochtans de beste gelegenheid, om te verwezenlijken wat hij thans zo holvatig verdondert: "Als 't kogels regent, wil ik er bij zijn." Wel ja! Maar als vrijwilliger bij de Belgen, bij de 70 of 80 ten honderd nu door hem over 't hoofd geziene Vlamingen, hadden de echte loden kogels hem wellicht kunnen treffen, daar ze niets afwisten van de voornaamheid en onmisbaarheid van zijn persoontje. [...] Doch zie! Daar kreeg hij de plaats van conservator in 't Wiertzmuseum. Aanstonds snelt hij erbij. Nu voelt hij zich opeens hier broodnodig. Wat ging er van Vlaanderen geworden, zonder hem! Sporend naar Antwerpen, berekende hij zeker in de trein nogmaals, half ingedut: zoveel duizenden jaarwedde, mooie vrije woon met allerhande bijkomstigheden, en wie weet wat nog al, want de Duitsers zijn joviaal... En in de zaal, vóór de onnozelen die hem geloofden en de ontwikkelden die hem wantrouwden, sloeg hij driest de enormiteit eruit: "Vlamingen, ik kom, omdat ge mij geroepen hebt. Ik voel me hier thuis. Gij hebt mij geroepen: hier ben ik!" Wie had u geroepen, kerel? De Duitsen! Voor wat kwaamt ge? Voor 't geld! Wat komt ge doen? Uw land, uw volk verkopen!'[375]

Dit soort pijnlijke beschuldigingen van burgerlijk *verraad* werden bezworen met verwijzingen naar de urgentie van de Vlaamse *zelfverdediging*: een geliefd activistisch argument, dat echter enigszins op de helling werd gezet door het nauwelijks te loochenen feit dat de gekozen volksleiders op alles steunden behalve de wil van datzelfde Vlaamse volk, wiens voorkeur massaal naar het oude bestel scheen uit te gaan. De door een militair regiem opgedrongen vervlaamsing verminderde bovendien danig de sympathie van de bevolking voor het Vlaamse streven. Zo kreeg in Gent het idee van het zich opwerken door middel van de volkstaal, toch al voor de 'grotendeels Fransgezinde' arbeiders van deze stad een enigszins abstracte gedachte, door de vervlaamsing-in-bezettingstijd 'een harde stoot, misschien wel de genadestoot', zoals de romancière Virginie Loveling opmerkte. 'Hoe wilt ge, dat de bevolking zich door de vijand laat opdringen, wat de vriend niet of slechts met bijna onoverkomelijke moeite bewerkstelligen kon!'[376] In Brussel hadden de activisten 'door hun heulen met de vijand, [...] voor al wat Vlaams is, een afkerigheid doen ontstaan', zodat de vraag naar Nederlandstalig onderwijs geheel was verdwenen. Als reactie hierop was het plan opgevat schoolkinderen gedwongen in Vlaamse klassen in te delen, een maatregel waaraan medewerking was geweigerd, óók door Vlaamsgezinde onderwijzers, wier werk júist door de activistische inmenging zwaarder was geworden, zo berichtte de *Vlaamsche Leeuw* in november 1917.[377] Geërgerd wees het blad twee maanden later op de dommige anti-Vlaamse houding van enkele 'Fransdolle heethoofden', die op sommige scholen voor vaderlands verzet doorging en uiteraard weer olie op het activistische vuur was.[378]

Want inderdaad was de 'taalvrijheid' – het gebruik van het Frans in Vlaanderen en Brussel dus – van lieverlede omgeven met een aura van verzet tegen de alle burgerlijke vrijheden vertrappende Pruisische laars. Nadat op 9 augustus 1917 het Nederlands tot enige ambtelijke taal in Vlaanderen was uitgeroepen, gebruikten burgers bij wijze van protest voor hun betrekkingen met de gemeentelijke overheden alleen nog de Franstalige formulieren, die clandestien werden bijgedrukt.

Deze onwil voedde in activistische kring juist de overtuiging dat de vervlaamsing van Vlaanderen alleen onder dwang te verwerkelijken was. 'De les van de Sporenslag is de les van 't geweld,' stelde een spraakmakend 11-juli-editoriaal in *Het Vlaamsche Nieuws*, dat de Raad van Vlaanderen tot meer 'diktatoriaal optreden' aanspoorde.[379] Het verzet tegen de onder de bezetting opgelegde vervlaamsing sterkte de activistische achtervolgingswaanzin. België, zo luidde al snel het credo, haatte de activisten *alleen omdat zij Vlaams wilden zijn*. Sterker: België haatte alles wat Vlaams was. 'Al wat de Belgische Regering doet, [is] er op gericht ons volk te ontmannen en machteloos te maken', zo verzekerde de activistische pers zijn lezers.[380] Zo groeide geleidelijk een voorstelling van zaken, waarin 'Vlaanderen' door het boosaardige 'België' naar het leven werd gestaan. Oprechte Vlamingen dienden om die reden tijdens de oorlog nog de door de bezetter uitgestoken hand aan te nemen – als laatste redmiddel voor het bedreigde Vlaamse volk.

Over het staatkundige einddoel van dit alles bestond geen eensgezindheid, eerder een baaierd aan meningen, waarbij de zogeheten 'Unionisten' zich in hun verdediging van een althans federaal bestel fel kantten tegen de Jong-Vlaamse extremisten, die hun heil eerder zagen in een soort Vlaanderen-als-Duitse-bondsstaat. Allen waren het er echter over eens dat de Duitse hulp onontbeerlijk was. Zo kwam het dan ook dat de meningsverschillen over België niet tot een breuk in het activisme leidden. En uiteindelijk moest het gematigde pragmatisme het afleggen tegen de visie waarin de activistische premissen – de rechtvaardiging van de samenwerking met de bezetter onder verwijzing naar de inherente Vlaamsvijandigheid van België, de 'rechten van het Vlaamse volk' als overweging waarvoor al het andere wijken moest – tot hun uiterste ideologische consequentie waren doorgetrokken.

De zich in het activistische denken onontkoombaar opdringende gedachte van de absolute Vlaams-Belgische tegenstelling was, zoals te verwachten, onverenigbaar met de louter *bestuurlijke* scheiding als einddoel. De Raad boog zich in zijn tweemaandelijkse, door de *Abteilung* bijeengeroepen vergaderingen dan ook meermalen over projecten voor politieke zelfstandigheid. Zo bood Tack medio augustus 1917 een uitgewerkte blauwdruk aan voor een 'staat Vlaanderen', in een tolunie verenigd met de 'Middenmachten' Duitsland en Oostenrijk-Hongarije. Deze Vlaamse staat zou onder Duits militair gezag en onder een Duitse 'stadhouder' komen te staan. Immers: 'De Nationale Vlaamse Partij, die in de jonge Staat Vlaanderen de macht in handen krijgt, moet tegenover zijn buitenlandse en vooral zijn binnenlandse tegenstanders krachtdadig beschermd worden.' Daar stond tegenover dat het 'Vlaamse volk', dat 'door zijn vruchtbaarheid een natuurrecht op kolonisatie' kon laten gelden, rijke landbouwgebieden in het kinderarme Walenland en Noord-Frankrijk mocht verwachten.[381]

Een verregaand plan, waarvan de bespreking echter verzonk in een incident tussen Tack en de Domela-aanhanger Eggen, die uit de Raad werd gezet en daarop een deurwaarder naar de voorzitter stuurde, het zoveelste incident in het niet-aflatende geruzie dat de Raad van het begin tot het einde van zijn bestaan kenmerkte. Het queruleren werd danig versterkt door de volkomen machteloosheid van de Raad, die van de Duitse overheid slechts dienst mocht doen als 'raadgever' van de bevoegde Duitse *Kommission*, die de eigenlijke wetgevende arbeid verrichtte. De Raad had, kortom, in het geheel niets te zeggen en moest bovendien lijdzaam toezien hoe vanuit Berlijn de steun weer leek af te nemen in vergelijking met de mooie dagen van het *nie wieder verwelschung*.

Het burgerlijke gezag in Duitsland wenste inderdaad in toenemende mate de Vlaamse boot af te houden, nu het zijn oorlogsdoeleinden steeds minimalistischer omschreef: op 19 juli 1917 stemde een meerderheid in de Rijksdag voor het nastreven van een vrede zonder annexaties. De in diezelfde maand aangetreden kanselier Michaelis ontving op doortocht in Brussel op 29 augustus wel een delegatie van de Raad, waarbij voorzitter Tack de hoop uitdrukte dat 'Duitsland zijn recht op bestaan moge veroveren en de vrede moge bekomen welke het wenst', daarbij benadrukkend dat 'de nationale vrijmaking van het Vlaamse volk en zijn aansluiting bij Duitsland volkomen in overeenstemming zouden zijn met het door de Rijksdag gestemde voorstel tegen elke annexatie; de aansluiting van Vlaanderen bij Duitsland zou juist het einde betekenen van een annexatie waaraan het Vlaamse volk onderworpen is sedert de stichting van de Belgische staat.' De kanselier sprak zijn 'grote geestdrift' over de Vlaamse sympathie voor Duitsland uit, maar beloofde in het geheel niets.[382]

In het algemeen waren steeds meer Duitse burgers de oorlog hartgrondig beu en zetten vraagtekens bij de Duitse oorlogsdoeleinden – waaronder de *Flamenpolitik*. Onafhankelijk links formuleerde deze kritiek openlijk: op 14 september 1917 gaf Karl Kautsky in de *Neue Zeit* als zijn mening te kennen dat de Vlamingen desgevraagd met verpletterende meerderheid zouden kiezen voor de Belgische staat, die deze demografische meerderheid nooit enige politieke rechten of burgerlijke vrijheden had ontzegd – zodat alle gepraat over 'buitenlandse bescherming van de rechten van minderheden' in het Vlaamse geval volstrekt niet opging.

De audiëntie bij Michaelis was georkestreerd door het gouvernement-generaal en de *Politische Abteilung*, die Berlijn tot nadere toeschietelijkheid aanspoorden uit vrees de *Flamenpolitik* geheel te zien mislukken. De *Flamenpolitik* zelf werd intussen ijverig voortgezet. De nieuwe gouverneur-generaal Von Falkenhausen was vanaf zijn aantreden geporteerd geweest voor een politieke scheiding van België, dit in tegenstelling tot zijn voorganger, die eerder een vorm van inlijving had voorgestaan en het land dan ook niet door scheiding had willen verzwakken. Was Von Bissing van mening geweest dat de 'vermenging' van het *Deutschtum* met zeven à acht miljoen Belgen geen bezwaar hoefde te vormen als het land, dat door Germaanse stammen bevolkt was – tenslotte waren ook de Walen Germanen, etnohistorisch gezien – maar krachtig genoeg van 'Duitse geest en Duitse wilskracht' doordrongen raakte,[383] Von Falkenhausen van zijn kant moest aan de verwatering van diezelfde Duitse kracht met dit 'van tucht gespeende en aan het genotsleven verslaafde volk, dat ten enen male wars was van krijgszin' – zoals hij de Belgen in zijn memoires beschreef – werkelijk niet denken.[384] Veeleer zocht hij de oplossing in een zelfstandige Vlaamse satellietstaat, een oplossing die alle voordelen – Antwerpen, de kust, de Kempische kolenmijnen – en geen van de nadelen – miljoenen katholieke of socialistische kiezers erbij – van een verbintenis in zich verenigde. Falkenhausens *Kommission zur Ausbau der Selbstverwaltung* boog zich dan ook deskundig over de kwestie van de Vlaamse verzelfstandiging. Zelfs werd een grondwet opgesteld door de Leipziger hoogleraar Richard Schmidt.

Dat de activistische collaborateurs een soortgelijke constructie wensten, noteerde Von Falkenhausen met instemming. Begin november 1917 liet hij de keizer weten dat de idee 'nu of nooit moet Vlaanderen zijn recht krijgen, nu of nooit moet Vlaanderen zelfstandig worden en van Waalse en Franse overheersing en onderdrukking worden bevrijd' thans algemeen onderschreven werd, en wel vooral dankzij 'het met de militaire gebeurtenissen meegegroeide vertrouwen van het Vlaamse volk in de Duitse steun, alsook door de discrete maar gestage bemoeienis van de Duitse autoriteiten'.[385]

(De 'militaire gebeurtenissen' verliepen voor Duitsland inderdaad gunstig: de Italianen hadden een verpletterende nederlaag geleden, de positie in Frankrijk was sterker dan aan het begin van het jaar, in de onderzeese oorlog waren grote successen geboekt en de *Heeresleitung* was van de last van de tweefrontenoorlog bevrijd.)

'Nu of nooit' was ook de algemene opvatting in de Raad, waar het plan ontstond met een krachtige verklaring het vrijblijvende Berlijn tot toezeggingen te dwingen. En zo stemde de Raad op 22 december 1917 een motie die 'de politieke zelfstandigheid van Vlaanderen' uitriep. 'De staat Vlaanderen is geboren!' jubelde de proclamatietekst.[386]

Von Falkenhausen, door al deze voortvarendheid toch nog enigszins overrompeld, kon zich vinden in de proclamatie. Wél eiste hij dat de Raad zou instemmen met verkiezingen, dit om de wereld, en vooral de Duitse publieke opinie, te laten zien dat het activisme wel degelijk over een achterban beschikte. Het verzoek van de Raad een vaste commissie te benoemen die als een soort regering onder de bezettingsmacht zou kunnen fungeren, werd ingewilligd, al behield de gouverneur-generaal zich wel het recht voor deze commissie bijeen te roepen en reserveerde hij voor het bezettingsgezag tevens alles wat 'van militair belang' was, met andere woorden alles wat van belang was. Niettemin werd de vorming van deze 'Commissie van Gevolmachtigden' – de benaming 'ministers' klonk de *Zivilverwaltung* wat al te eigengereid in de oren – als een triomf ontvangen in de Raad, waar de militaire bezetting nu als een 'vreedzame bezetting' werd begroet. De elf Gevolmachtigden waren oudgedienden van het activisme en combineerden hun nieuwe waardigheid bijna allemaal met een Von-Bissing-leerstoel en een betrekking als hoge ambtenaar op een van de 'vervlaamste' ministeries.

In radicale Gentse kringen werd niet op officiële Duitse toestemming gewacht om de mare van de politieke zelfstandigheid onder gelijkgezinden te verspreiden; weer werd gesproken van een 'heerlijk kerstgeschenk'.[387] Elders in het land echter kregen de Gevolmachtigden pas op 19 januari 1918 van de *Zivilverwaltung* het groene licht om tot proclamatie over te gaan, zij het dan proclamatie van een zeer afgezwakte tekst. Nadat in Berlijn namelijk bekend was geworden wat in Brussel gebeurde, had Von Falkenhausen een woedend telegram ontvangen met daarin het bevel deze onzinnige proclamatie – die de Duitse buitenlandse politiek aanzienlijk kon hinderen – in geen geval in de door de Raad gestemde vorm te openbaren. Het plan verdween prompt van tafel. 'U moet weten,' zo werd de ter *Zivilverwaltung* ontboden Commissie kortaf meegedeeld, 'dat uw politiek slechts een onderdeel is van onze wereldpolitiek.'[388] Wél mocht de Raad bekendmaken dat ze in ieder geval naar zelfstandigheid van Vlaanderen strééfde: de legertop en Von Falkenhausen hoopten dat deze verklaring een demoraliserend effect op het Belgische leger zou hebben.

Afgezwakt of niet, de proclamatie lokte van alle kanten protest uit. Op 30 januari 1918 verscheen een manifest, door alle bekende 'passieven' ondertekend, dat nogmaals verzet aantekende tegen de politiek van de 'zogenaamde Raad van Vlaanderen', die zich onrechtmatig als de tolk van de Vlaamsgezinde opinie had aangesteld en die 'onze hoogste staatkundige en economische belangen [...] door die onzinnige plannen' bedreigde. België als 'organisch geheel' en daardoor 'vredesmacht van eerste rang' mocht niet kunstmatig verdeeld worden. 'Het enge en bekrompen particularisme, dat in heden en verleden zoveel kwaads stichtte, zou hoogtij vieren!' De Vlamingen waren binnen België geen 'verdrukte natie'. De Vlaamse Beweging had zich altijd verzet tegen de opvatting dat Franse eentaligheid nu eenmaal de prijs was voor Belgische eenheid, 'een verderfelijke dwaling [...] die officieel door onze wetgeving werd verloochend en waarvan de opleving na deze oorlog een bespottelijk anachronisme zou zijn'. Dáár lag de taak van de Vlaamsgezinden. En dat was een taak waarvoor zij bepaald geen hulp van buitenaf nodig hadden. 'En wat de leer betreft, dat alle middelen goed zijn om rechtsherstel te bereiken, die verwerpen wij als onzedelijk en onwaardig van ons volk.' Daarom protesteerden de ondertekenaars 'uitdrukkelijk en krachtdadig' tegen de proclamatie en ontzegden de Raad 'elk recht om namens [...] onze Vlaamse bevolking te spreken en op te treden'.[389]

Deze ontzegging was, naar al gauw zou blijken, algemeen. De Raad ontkende niet dat zijn aanhang in het bezette Vlaanderen miniem was. Hij zag dan ook de door het Duitse gezag opgelegde verkiezingen met angst en beven tegemoet. In de *Kommission zur Ausbau der Selbstverwaltung* meldde de rapporterende *Justizgeheimrat* eind november 1917 dat activisten van alle strekkingen hem hadden verzekerd dat 'verkiezingen op basis van algemeen stemrecht zonder enige twijfel een aan de Vlamingen [lees: de activisten] vijandig parlement zouden doen ontstaan, dat ogenblikkelijk alle Vlaamse veroveringen, tijdens en dankzij de oorlog verkregen, teniet zou doen. Vlaanderen, zo zeggen de Vlaamse leiders, is een ziek land, dat men eerst genezen moet alvorens aan de bevolking het recht tot deelname aan de wetgeving toe te vertrouwen [...]'[390]

De 'verkiezingen' bleven dan ook tot zorgvuldig georkestreerde vertoningen beperkt. Enkel de uitgenodigde kiezers, die tevoren een akte van toetreding tot de politiek van de Raad hadden getekend, werden tot de 'volksraadplegingen' toegelaten. Een stembusgang werd niet opportuun geacht. De kandidaten zouden bij 'volksacclamaties' worden aangeduid, 'opdat het volk niet zou weten met hoevele kiezers zij zijn', zoals René De Clercq suggereerde.[391] 'Van het ogenblik dat wij zeggen: "wij zijn met een mandaat voorzien", dan zal men ons ook geen inlichtingen meer vragen omtrent het getal kiezers, of er ook niet meer over spreken,' meende Borms. En 'in de buitenwereld zal het gaan, alsof wij door een groot gedeelte van Vlaanderen verkozen waren.'[392]

Helaas draaide de operatie door de massale tegendemonstraties op een debacle uit. 'Dat ze die bandietenbende samen met de Duitsers ophangen,' zei men in Gent.[393] De aldaar massaal aanwezige militaire macht kon al te luidruchtige tegendemonstraties tegenhouden; in Brussel was de hele zaak wijselijk binnenskamers gehouden, meer bepaald tijdens een bijeenkomst van 20 januari in de *Alhambra*-

schouwburg, door twee- à drieduizend man bijgewoond. In Antwerpen daarentegen, dat als de meest Vlaamsgezinde stad van Vlaanderen bekendstond, werd de voorzichtigheid overboord gegooid. De 'volksacclamatie' van 3 februari 1918 geschiedde er openlijk, compleet met een optocht door de straten. Het werd een verschrikking. 'Antwerpen, maar dan ook heel Antwerpen', zou de activistische onderwijzer Ger Schmook later in zijn memoires schrijven, was uitgelopen om tegen te betogen. 'Een orkaan van huilende koppen, niet te overschouwen, vergastte het paar honderd flaminganten bij de uittocht op smadelijk geroep.'[394] Stenen vlogen door de lucht, vlaggen scheurden, slagen vielen. In Lokeren en Leuven moesten de 'acclamaties' voortijdig worden beëindigd, in Mechelen en Tienen werden de activisten uit de zaal verdreven. De Rijksleiding en de Duitse publieke opinie beseften dat de operatie mislukt was. Von Falkenhausen ontving 641 protestmoties. Op 24 februari 1918 zette hij abrupt de volksraadpleging stop. Naar activistische tellingen had zij op 153 bijeenkomsten 49 578 'kiezers' getrokken. (De Raad schatte het totale getal van zijn actieve sympathisanten in Vlaanderen op 125.000; uit zijn eigen documenten blijkt dat het er ongeveer 20.000 waren.)

In deze maand februari steeg de haat tegen de activisten ten top. Op 8 februari 1918 had een Brussels rechter Borms en Tack laten aanhouden op beschuldiging van het plegen van een aanslag op de staatsveiligheid; dit volgens de Belgische wet, die strikt genomen nog steeds van kracht was. Beide arrestanten werden onmiddellijk door de Duitsers vrijgelaten. De Raad nam wraak door verschillende magistraten naar Duitsland te laten deporteren, waarna de gehele rechterlijke macht het werk neerlegde: elk verder functioneren zou immers collaboratie zijn. Het bezettende gezag was bijzonder verlegen met deze open breuk in de Belgische modus vivendi. De kampcensuur in Göttingen moest brieven tegenhouden waarin over de volkswoede werd bericht. 'Berlijn mag niet weten wat hier geschiedt,' meldde eind februari 1918 een Raadslid aan zijn contactpersoon in de *Reichstag*. 'Al wat ik Ued. kan zeggen, is dat de toestand hier *nooit slechter* geweest is...'[395]

In het beklemmend kleine en angstig geïsoleerde universum van het activisme raasden de ruzies. Domela, die zich buitengesloten wist – 'Ik, de vader van de Staat Vlaanderen'[396] – dreigde meermalen zijn nogal compromitterende archief openbaar te maken. In de Raad werden de Gevolmachtigden gewantrouwd en liep ook onderling de gal over. Raadsleden beschuldigden elkaar van corruptie en hielenlikkerij. De volkshaat voedde als vanouds de paranoia. De 'passieve' verzetspers had het over Vlaamsgezinden 'die op meetingen dierven tegenspreken en die zij [de activisten] in 't gevang deden steken'.[397] De activistische pers stelde onomwonden dat te veel discussie schadelijk was voor het Vlaamse streven. 'Wie zichzelf geen tucht kan opleggen, moet tucht worden opgelegd,' schreef *Ons Land*, een Antwerps blad van Jong-Vlaamse strekking, en verklaarde categorisch: 'Wij verlangen geen franc-tireurs in onze Vlaamse strijd.'[398] Borms, die sinds zijn arrestatie met 'bloediger tegenmaatregelen' placht te dreigen,[399] ontwierp als 'Gevolmachtigde voor Landsverdediging' blauwdrukken voor een 'Vlaams verweerkorps' en een geheime politie met rekruten uit het Göttinger kamp. 'We zouden moeten hebben een politieke politie, we zouden moeten hebben geheime agenten, die ons uit alle hoeken des lands inlichtingen brengen,' zo meldde hij de Raad.[400]

De zelf aangestelde leiders zochten hun verdediging in anti-democratische richting. Het zelfbestemmingsrecht van volkeren ging niet zozeer de meerderheid aan als wel 'een kleine schaar ontwikkelden die weet waar de belangen van een volk liggen', meende Raadslid Plancquaert (een advocaat die voor de oorlog Daensist was geweest).[401] Het Vlaamse Volk mocht wel als embleem dienen, maar moest verder vooral zijn natuurlijke leiders te erkennen. Dat ditzelfde, reëel bestaande volk intussen massaal de Duitse oorlogsindustrie in werd gedeporteerd, mocht uit het oogpunt van Vlaanderens toekomst dan ook niet meetellen. Wel weerklonken dienaangaande activistische protesten: zo was reeds in mei 1917 in de Raad voorgesteld de Duitsers te verzoeken om althans de mannen van boven de veertig te sparen. Dit voorstel had Borms echter afgewezen met het argument dat de activisten niet te veel eisen moesten stellen: 'De Duitsers moeten zegevieren en hebben daartoe veel volk nodig. Van de Duitse overwinning hangt ook het lot van Vlaanderen af. Wij kunnen eisen dat ons volk goed behandeld worde; verkrijgen wij dat, dan hebben wij reeds veel bereikt.'[402] Ook daarna rezen nog activistische stemmen tegen de deportatie. Nooit echter leidde de dwangarbeid tot het definitieve opzeggen van medewerking; integendeel, diverse Raadsleden lieten zich inhuren voor sussende lezingentournees onder de Vlaamse arbeiders in Duitsland, zich tevredenstellend met Von Falkenhausens cynische verklaring dat ten slotte 'elke Vlaming die aldus opgeroepen wordt om handenarbeid te verrichten, tevens medewerkt aan de verlossing van Vlaanderen'.[403]

De *Führer ohne Heer* hoedden zich er terdege voor zich te verzetten tegen de werkelijke machthebbers. 'Welaan, leeuwen uit de Raad van Vlaanderen, waar blijft gij?' hoonde de *Vlaamsche Leeuw*. 'Wanneer komt gij met ons op tegen het onrecht, tegen de verdrukking? Mannen lijk gij, die zo heldhaftig voor het recht durft optreden in herbergen en theaters...?'[404] De bezettende autoriteiten, die vertrouwden op het succes van het lente-offensief, namen een steeds agressievere houding aan, die ook niet geschikt was om de vriendschappelijke gevoelens jegens de Duitsers en hun medewerkers te stimuleren. Op 28 maart 1918 trad in Gent de Duitse kapitein Künzer als burgemeester aan; de dag daarop werd burgemeester Braun gedeporteerd, zoals door de lokale activisten was gevraagd. Het college nam uit protest ontslag en activisten bezetten de leegstaande schepenzetels. Beter een Duitser dan een franskiljon, schreef de activische pers. Toch meden de burgers voortaan hun stadhuis. Künzer verborg zijn minachting niet: op de dag van zijn aantreden verscheen hij in militair uniform en stuurde het schepencollege naar huis. De hele operatie geschiedde zonder dat de Gevolmachtigden erin werden gekend. In Brussel werd steeds duidelijker dat de militairen genoeg hadden van de zelfverkozen Raad, evenals van het vage langetermijnbeleid van de *Flamenpolitik*.

De militairen namen de zaken zelf in handen. Het was per slot van rekening *oorlog*. Een 'zes-punten-resolutie' van de Raad (waarin herstel van de Belgische *status quo ante* werd afgewezen en de verdwijning van de naam België nagestreefd, en waarin voorts werd gesteld dat Vlaanderen zijn vrijheid en toekomst van Duitslands steun verwachtte) moest op bevel van Von Falkenhausen herroepen worden. Raadsleden en Gevolmachtigden, wier aanhang en kwaliteit binnen de *Verwaltung* weinig vleiend werden beoordeeld, werden gaandeweg minder in het Vlaamse beleid gekend en verkregen steeds moeilijker reispassen en andere gunsten. De Gentse hoogleraren werden zelfs op hun voedingsvoordelen gekort, hetgeen verontwaardiging wekte. 'De goede voeding maakt toch deel uit van de voorwaarden tot aanvaarding voor verschillende leden van het onderwijzend personeel, bijvoorbeeld ook voor mij,' schreef De Decker kwaad naar rector Hoffmann.[405] Bij de openingsreceptie van het Gentse studentenhuis in juni hield Von Falkenhausen de aanwezigen voor dat het feest slechts mogelijk was dankzij de Duitse jeugd die aan het front was. Duitse officieren stonden niet langer op wanneer bij activistische bijeenkomsten het Wilhelmus werd gespeeld. Toen in juli 1918 de deportaties in het *Etappengebiet* werden opgevoerd, werden activistische protesten hiertegen genegeerd.

Het enige dat het activisme overbleef waren... woorden. Op volle toeren draaide de propagandamachine, de enige aanwijsbare activiteit van Raad en Commissie. Gestaag won de propagandadienst van de Raad aan uitbreiding. Tegen mei 1918 had hij in 411 Vlaamse steden en gemeenten een comité of correspondent; het 'Middenbureel' in Brussel centraliseerde de inlichtingen van verklikkers, algemene informatie over de stemming onder de bevolking en verzoeken om dienstbetoon (die overigens alleen nog werden behandeld als de indiener vooraf een 'toetredingsverklaring' tot de politiek van de Raad ondertekende, wat de zaak naar schatting vierduizend rekruten extra opleverde). De dienst telde aparte secties voor Documentatie, Verweer, 'Propagandaschriften' en Openbare Vergaderingen; vanaf januari 1918 was hem een maandelijkse toelage van 150.000 frank toegekend (een som die in september was opgelopen tot 185.000), wat de uitdijende activiteit bevorderde.[406] Van januari tot en met september 1918 werd het Vlaamse landsdeel overspoeld met tweeënhalf miljoen activistische pamfletten en brochures. Alleen al in het eerste trimester van het jaar werden er 469 activistische bijeenkomsten belegd.

Naar uit de in archieven bewaarde stukken blijkt, werden deze manifestaties – bijeenkomsten, volksvergaderingen, liederavonden, kunstfeesten – zeer professioneel aangepakt. Lokale propagandabureaus deelden de centrale dienst in Brussel vooraf mee welk type spreker, zanger of onderwerp zij verlangden. Zo diende men, zoals een Limburgs onderwijzer gewaarschuwd had, voor de propaganda in de dorpen geen sprekers uit de stad in te huren, want 'de dorpsbewoners wanneer ze voor stedelingen staan [zijn] zeer schuw'. Op het platteland gold tevens: 'in geen geval de steeds op 't dorp verblijvende kasteelheren en machtigen vergeten te bezoeken, met voorafgaandelijke eregroet.'[407] Verder gaven de lokale bureaus het Middenbureel vooraf informatie over de sociale samenstelling van de gemeente of wijk en het gemiddelde dagloon aldaar. Ook gaven zij aan hoe de plaats 'reeds bewerkt' werd en welke verdere brochures het enthousiasme vooraf dienden aan te zwengelen ('400 exemplaren van *Vlaanderens Weezang*' et cetera).[408] Een interne nota stipuleerde dat activistische openbare vergaderingen weliswaar 'voor alle Vlaamsgezinden' openstonden, maar dat dezen slechts vragen mochten stellen '*over het behandelde onderwerp*'. Zo werd het niet op prijs gesteld als mensen zouden vragen waar de vreeswekkende uitspraak 'na de oorlog zal er geen Vlaams meer gesproken worden' toch vandaan mocht komen.[409]

De geestdrift in eigen activistische kring werd onderhouden in besloten avonden. Zo hield het propagandabureau van Sint-Niklaas in juni 1918 een liederenavond met een lezing van de voormalige Gentse onderwijzer Richard De Cneudt (nu Raadslid en bijzonder inspecteur voor het onderwijs in Brussel) over het onderwerp 'De Oude Vlamingen waren de voorlopers van het huidige activisme'. De spreker, zo deelde de uitnodiging mee, was 'een der strijders van het eerste uur en [heeft] door zijn lange omgang met ons volk, dezes ellende in gans haar omvang leren kennen. Hartroerend zijn de zangen die de alom geroemde dichter aan ons Vlaanderen heeft gewijd. Hele scharen heeft hij begeesterd in den strijd gevoerd. Zijn laatste werk "De Vervlaamsing van het lager onderwijs in Groot-Brussel" is de grootste aanklacht die tegen onze vroegere regeerders kan uitgebracht worden. Er wordt in betoond, hoe stelselmatig ons Volk werd vermoord [...]'[410]

In juli waren ook de 'sublieme deserteurs' op bijeenkomsten verschenen, waar zij vele nieuwsgierigen trokken. Met kracht werd bij die gelegenheden betoogd dat zodra Vlaanderen geheel zelfstandig was, de soldaten, die niet de minste vijandschap tegen de Duitsers koesterden, prompt de wapens zouden neerleggen. Karel De Schaepdryver hield beschuldigende vertogen over 'De Moord op Onze Soldaten Gepleegd' en fulmineerde tegen de Belgische generale staf, waarbij vooral de antiflamingantische generaal Bernheim het moest ontgelden: 'gij kleinzoon van een Duitse Jood, die beter past in een concentratiekamp dan wel aan het hoofd van een legerafdeling [...].'[411] Hatelijke taal, in pamfletvorm verspreid in de door de *Zivilverwaltung* gepubliceerde *IJzerreeks* en in pakketten over de frontlinies heen geworpen of geschoten. De zes soldaten waren, kortom, met huid en haar ingeschakeld in de Duitse propaganda. Ze werden dan ook niet overal met open armen ontvangen. Het leven was na zijn terugkomst 'een hel' geworden, schreef Carlos Van Sante treurig aan zijn biechtvader. Familie en vrienden maakten hem vanwege zijn activistische actie uit voor verrader. Zijn broers en zussen hadden zelfs zijn naam weggelaten op het doodsprentje van hun vader, die kort na zijn aankomst was gestorven. Alle oude banden waren zo verbroken. Als enige troost bleef Van Sante 'de liefde van Cyriel [Verschaeve] en van u [...]. Gij zijt nu mijn vader en mijn broeder [...].'[412]

Eenzaam in eigen land, hadden de activisten gaandeweg ook steeds minder garanties uit Berlijn gekregen, hoe dringend ook de noodkreten weerklonken. Reinier Ysabie, een jonge discipel van Domela en oprichter van een militie die *Jong-Vlaamsche Wacht* heette, stiet zelfs een op rijm gezette kreet om hulp uit, getiteld *Aan het Duitse Volk* (met als ondertitel 'Bij een Duitse wapenschouwing vererend opgedragen aan zijn Siegfried, Hindenburg'):

Machtig, krachtig, prachtig Volk,
Volk uit mijn stam! – Volk als mijn Volk!
Rotsen-trots op Uw sterke Staat!
Volk van één wil! – Volk van één daad!

De slotverzen luidden:

Red er, red, o jeugd, door uw dóód
Uw en *mijn* volk, beide uit hun nood...[413]

In een *Oproep tot het Duitse Volk* van 20 juni (aan de vooravond van het grote Duitse offensief in de Champagne) verbond de activistische top nu openlijk zijn lot met dat van het Rijk. 'De voordelen door de Duitse wapenens [...] behaald, brengen ook hen, die totnogtoe twijfelden, tot het besef dat de uiteindelijke zege van Duitsland nabij is. Wij hebben van het begin af vertrouwen gehad in de Duitse stamgenoten en wenden ons nu tot dit broedervolk met de overtuiging dat het [...] het stamverwante volk van Vlaanderen niet zal vergeten. [...] De rol waartoe in de wereldoorlog het Duitse Rijk door zijn tegenstrevers werd gedwongen, heeft Duitsland genoodzaakt als vijand de bodem van ons land te betreden. In de loop van de oorlog echter hebben de Vlamingen [...] erkend dat niet het Duitse Rijk hun werkelijke vijand is, maar wel de Belgische Regering. [...] In het volle bewustzijn onzer verantwoordelijkheid tegenover ons volk, geloven wij daarom, dat Vlaanderens bevrijding van elke verfransende macht ook Duitslands bevrijding van vijandelijke bedreiging in het Westen betekent. Stamgemeenschap, geschiedenis, zelfbehoud verwijzen Duitsland en Vlaanderen naar hetzelfde doel: EEN VRIJ EN ZELFSTANDIG VLAANDEREN.'[414]

Deze wanhopige *Oproep* maakte een zeer slechte indruk in binnen- en buitenland, en zelfs in Duitsland, waar Bernstein het in de Rijksdag had over het 'Verraad van Vlaanderen'. De loyaliteitsverklaring was, kortom, even zinloos als catastrofaal.

De Guldensporen-feesten van 1918 verliepen dan ook nogal in mineur. Van de ontketende efebe op het feestaffiche, het jonge zelfstandige Vlaanderen voorstellende, werd in Brussel spottend gezegd dat 'die met zijn zwembroek' de ophanden zijnde duikeling van het activisme treffend uitbeeldde.[415] Vergeefs betoogde een spreker op de viering in Gent: 'België is een uitvindsel van diplomaten! Vlaanderen is het werk van God! God's werk zal leven! Onze grote Germaanse broeder, die wij met de lijken onzer gevallen voorouders beschermden, moet ons nu redden...!!'[416] De grote Germaanse broeder was dat namelijk steeds minder van plan. Het was algemeen bekend dat zolang Duitsland aanspraken op België maakte, de oorlog niet eindigen kon; en precies op dat punt gooide Duitsland officieel de handdoek in de ring. Uitgerekend op 11 juli 1918 verklaarde kanselier Von Hertling tegenover de Rijksdag dat Duitsland het herstel van België als zelfstandige staat zou garanderen. Het was nu officieel: de politieke leiding trok de handen van het activisme af.

De ontzette Raad voelde zich misbruikt. Raadslid Hyppoliet Meert trok zich met klank terug uit deze 'dupenhistorie'[417] en felle ruzies barstten los tussen Jong-Vlamingen en Unionisten, die elkaar wederzijds voor *verkocht* scholden. Het Groot-Nederlandse ideaal dook als alternatief op. Om anti-Duitse kreten te smoren, legde Von Falkenhausen de Raad drie weken lang een vergaderverbod op. Nog bleef, tegen beter weten in, de Vlaamse 'overheid' aan, hopend op steun van de gouverneur-generaal en de rest van de nog lang niet oorlogsmoede legertop. In juli en augustus werden de activistische top privé-audiënties toegestaan bij Von Hertling in Spa (waar het

Duitse militaire hoofdkwartier voor de duur van het grote offensief gevestigd was). De activistische hoop werd de bodem ingeslagen. Vriendelijk beloofde de kanselier zijn bezoekers dat ze, wat Duitsland betrof, na de oorlog in elk geval konden rekenen op... een verzoek tot amnestie. Duitsland zou, zo verzekerde hij hun, de Vlamingen nooit geheel loslaten. (Na het vertrek van de delegatie gaf de kanselier aan zijn ondergeschikten door geen woord meer over het Vlaamse beleid te willen horen.)

Nog reisden Jong-Vlamingen op en neer naar Duitsland in wanhopige pogingen om bij de Rijksoverheden beloftes van bescherming te krijgen. Ze mobiliseerden daartoe de contacten die ze in Berlijn hadden bij wat Domela 'het echte Kern-Duitsland' noemde: de militaire top en de *Vaterlandspartei*, die noch de oorlog noch de Belgische aanspraken wilden opgeven. Duits extreem-rechts probeerde de regering tot een laatste inspanning te bewegen omtrent het Vlaamse beleid, dat, naar ook in deze kring werd erkend, in Vlaanderen zelf ernstig werd geschaad door de inzet van Vlaamse dwangarbeiders bij de levensgevaarlijke loopgravenarbeid. Zou men niet beter, schreef Rijksdagslid Mumm op 29 juli 1918 aan het ministerie van Oorlog, voor de *Arbeitseinsatz* aan het front Walen gebruiken 'in plaats van de ons stamverwante Vlamingen, voor wie toch Germaanse bezwaren mogen gelden'?[418]

Maar tegelijkertijd werd aan datzelfde front het lot van het activisme bezegeld. Want eind juli 1918 bleek het lente-offensief definitief mislukt.

Duitsland had de oorlog verloren.

Enkele weken later reisde Beyerle geruisloos terug naar Duitsland, waar hem een leerstoel wachtte als dank voor zijn inzet bij het Vlaamse beleid, dat, naar algemeen werd aangevoeld, het verhoopte effect niet had bereikt. Duidelijker gezegd: de *Flamenpolitik* was mislukt.

De voortbrengsels van deze *Politik* rafelden in snel tempo uiteen. Paniek overheerste de zittingen van de Raad, die uiteindelijk op 26 september door de *Politische Abteilung* werd ontbonden. Ook de Gevolmachtigden kregen hun congé; het activistische 'parlement' en de 'regering' waren daarmee opgeheven. Op de valreep benoemde Von Falkenhausen een negenkoppige 'Commissie van Zaakgelastigden' (*Beirat*), waarin onder anderen Borms en De Decker zitting hadden en die als opdracht kreeg na de oorlog de activistische inspanningen voort te zetten. Nog hielden de zieltogende instellingen de schijn op van staatshervormende activiteit, onder meer met de verklaring dat het zelfstandige Vlaanderen de Belgische staatsschuld volledig afwees, wat ook niet meer dan billijk was, aangezien in het voormalige België de Walen naar de mening van de activisten steeds waren voorgetrokken. Nog opende, op 15 augustus, de Gentse Hogeschool haar deuren.

Maar de universiteit ging drie dagen later op Duits bevel weer dicht. Ad valvas lazen de *gandavenses* de vertrektijden van de treinen. De ambtenaren van het Waalse ministerie werden afgedankt en kregen van Von Haniel in een korte toespraak – 'De zaken zijn niet gegaan zoals wij hadden gehoopt...'[419] – te horen dat het hun vrijstond naar Duitsland te vertrekken. In de Duitse kantoren in Brussel werden de betalingen aan activisten uit de boeken geschrapt. Het archief van de Raad van Vlaanderen werd in kisten naar Duitsland afgevoerd. Het werd op korte afstand gevolgd door een tweehonderdtal activisten en hun gezinnen.

HOOFDSTUK IX

'Een gemeenschappelijk erfdeel'? België na de Groote Oorlog

De gevluchte activisten werden door behulpzame zielen ondergebracht in leegstaande villa's in het kleine, koude kuuroord Bad Salzuflen bij Bielefeld – met het welgemeende advies liever naar Nederland te vluchten of in godsnaam maar naar huis terug te keren. Men zag ze liever gaan dan komen, levende bewijzen als ze waren van de zo snel mogelijk te vergeten nederlaag van het Duitse *ancien régime.*

Een *ancien régime* dat in de eerste week van november donderend was ingestort in de loopgraven van het westelijk front, in Kiel, de burcht van de *Hochseeflotte*, in de andere steden van het Rijk, en in de hoofdstad van het gouvernement-generaal van het bezette België. De *Brüsseler Stimmung* was aanvankelijk vooral feestelijk geweest. Zwaaiend met Belgische, Franse en rode vlaggen en onder het slaken van luide kreten van 'Es lebe Belgien!' hadden Duitse soldaten verbroederd met Brusselaars. De Elzassers zongen op hun terugtocht de Marseillaise. Dat was allemaal aardig en wel, doch de combinatie van drank en wapens en een ziedende, opstandige sfeer verontrustte. Op de avond van zondag 10 november in Brussel – de *Kaiser* was naar Nederland gevlucht, op de *Kommandantur* hing de rode vlag uit, Budapest en Wenen brandden en zelfs in Nederland en Zwitserland werd betoogd – besloten de heren van de Werkliedenpartij en van het Comité dat de naoorlogse periode *nu* diende te beginnen.

En zo vertrok in de ochtend van maandag 11 november een auto richting Brugge met daarin de liberaal Janson en het hoofd van de *Commission*, Saura. In Gent pikten de gezanten Anseele op, en zo ging het langs de terugtrekkende Duitse kolonnes naar het kasteel van Loppem bij Brugge, waar Albert zijn hoofdwartier had opgeslagen.

En daar eindigde ook het Belgische *ancien régime*. De oligarchie had definitief haar tijd gehad. Het werd, zo meenden algemeen de verlichte kringen, hoog tijd het algemeen enkelvoudig stemrecht onder ogen te zien. De socialisten waren lieden met wie te praten viel, zeker geen revolutionairen; ze waren integendeel het behoud van de *sociale orde* zeer toegewijd, zoals ze ook vastbesloten waren deel te nemen aan het naoorlogse transitiekabinet. Tegelijk stelden ze hun voorwaarden, dat wel, doch voorwaarden die niet meer dan billijk waren. Zonder de terugkeer naar Brussel af te wachten, trok het oude 'Haverse' kabinet zich terug. Het maakte plaats voor een nieuwe regering 'van nationale eenheid': twaalf man, onder wie drie socialisten. Fors was de inbreng van het Comité, dat zo zijn positie als feitelijke autoriteit ook na de bezetting consolideerde. Het eind van de enge partijbelangen moest de nieuwe politiek worden; het begin van een tijdperk van vooruitziend beleid in 's lands belang!

Zo werd Belgiës politieke toekomst voortvarend uitgestippeld door het selecte gezelschap in de kleine, kale vorstelijke werkkamer – terwijl verder niets geregeld en niets besloten was, de Duitsers nog in het land waren en de oude elites hun stad niet uit konden en van elk nieuws verstoken waren. De buitengesloten conservatieve opinie zou nog jarenlang verbitterd verwijzen naar de 'staatsgreep van Loppem'.

Intussen verliep in de hoofdstad de dag van de wapenstilstand bepaald in mineur. Bij het Noordstation was een vuurgevecht ontstaan tussen opstandige soldaten en officieren; verdwaalde kogels hadden daarbij een Brusselse agent en een jongen van veertien gedood. Her en der schoten plunderende soldaten op de menigte. Men hield zich dan ook gedeisd en verre van de afrekeningen in het *Heer*.

In het Belgische leger, dat sinds 2 november een linie tussen Zelzate en Mons had gevormd, was het einde van de oorlog met uitzinnige vreugde begroet. Eén gedachte overheerste: zo snel mogelijk naar huis. Officieren kwamen handen te kort om verloven uit te schrijven. Talloze soldaten wachtten hun briefje niet af en gingen zonder.

Tegelijk was vanuit het bezette land een voettocht naar de Belgische linies op gang gekomen. Hele dorpen liepen uit. Overal op de weg van Brussel naar Gent liepen paasbest geklede families. Als bij mirakel waren sommige hun soldaat al tegengekomen: ze liepen eerbiedig zwijgend naast hem, als was het een wezen van een hogere orde. In Brussel werden beduusde infanteristen door de menigte op de schouders gehesen, omhelsd en met sigaretten overladen. 'Vergeldt hen! Juicht hen toe! Strooit lauweren voor hen heen!/Een vrijer volk dan wij, voortaan bestaat er geen!' dichtte de *Vlaamsche Leeuw*.[420] In bomvolle plattelandscafés speelden trekorgels zonder ophouden de Brabançonne, op welks onwaarschijnlijke ritme verhitte mannen, vrouwen en kinderen in het rond zwierden.

Een feest van algehele verbroedering was het intussen niet. De nieuwe straatintimiteit zocht en vond haar collectieve zondebokken: de Belgen die, naar men oordeelde, hun eer hadden verkwanseld. De ruiten van de huizen van zeepbaronnen werden onder honend gezang ingegooid. Vrouwen die zich met *den Boche* hadden 'misdragen' werden uit hun huizen gesleept en op straat onder gejouw kaalgeschoren. Nog wreder, zo rapporteerde Karel Van De Woestijne, ging het eraan toe in een dorp bij Brussel, waar een joelende massa burgers en soldaten de 'sloeries' met een heet ijzer op het voorhoofd brandmerkte.[421]

En in Gent, in Antwerpen en Brussel, en in de kleinere Vlaamse steden (zoals trouwens ook in Namen, waar de 'Waalse ministeries' hadden gezeteld) trokken scheldende en tierende groepjes van de volkswijken naar de huizen van de Raadsleden, de Gevolmachtigden, de hoogleraren en andere dignitarissen van het activisme, van wie sommige gebleven waren, de meeste gevlucht. Ketelmuziek weerklonk op de stoep, her en der slaagden de tierende bendes erin binnen te dringen, waarop zij alles omvergooiden, de spiegels en de vazen aan diggelen sloegen, de piano's onder vreugdegehuil uit het raam smeten en de gordijnen in brand staken, aldus in wrede vreugde uiting gevend aan wraakgevoelens die in deze dagen zelfs een mild commentator als Van De Woestijne beroerden: zeker, 'baldadigheden' waren 'voor een ordelievend mens altijd pijnlijk', maar, zo hield hij op 16 november zijn Nederlandse publiek voor (dat, zoals de Nederlandse gezant in Brussel Van Vollenhoven opmerkte, in de activisten slechts 'goedwillende Vlamingen' wenste te zien),[422] 'als ik bedenk al het kwaad dat de activisten aan de Vlaamse Beweging, neen: aan heel Vlaanderen gedaan hebben, dan kan ik die baldadigheid waarlijk niet betreuren'.[423]

Intussen kwamen de gedeporteerden terug, en de politieke gevangenen, onder wie de burgemeesters Emile Braun van Gent, Louis Franck van Antwerpen en Adolphe Max van Brussel, die tijdens emotionele plechtigheden op hun stadhuis werden ontvangen.[424] De ene na de andere stad bereidde de plechtige intocht van het leger en de koning voor. Reusachtige tricolores hingen uit naast Union Jacks, Franse vlaggen, exemplaren van de Stars and Stripes en Heilig-Hartvaandels. Zuurkijkende gipsen Wilhelms prijkten in etalages vol uitbundige patriottische kitsch. Meisjeskoren studeerden geallieerde volksliederen in. Vanuit de gehele provincie en zelfs vanuit Nederland waren drommen mensen naar de hoofdstad getrokken – te voet, want er reed geen enkele trein. In en op de exuberant versierde en – na zoveel maanden duisternis – eindelijk weer verlichte straten en boulevards was de stemming, zoals aanwezigen getuigden, milder en plechtiger dan in de dionysische eerste dagen van na de bevrijding, een gegeven waaraan het verbod op het schenken van gedistilleerd mede debet was.

En op 22 november trok, langs de Vlaamse poort, het leger de hoofdstad binnen, voorafgegaan door Albert te paard, een gebeuren dat als de 'Blijde Intrede' de geschiedenis in zou gaan.

De plechtige viering in het Parlement was een hoogmis der natie zoals augustus 1914 dat was geweest – alleen tragischer, en kouder. Albert, die in de collectieve verbeelding nu welhaast de status van halfgod had bereikt, verpersoonlijkte waardig de heersende stemming van vreugde, rouw én hoop voor de toekomst. Zijn troonrede beschreef – naar waarheid – zijn eigen beleid als opperbevelhebber van het leger als een beleid van internationale plichtsbetrachting 'binnen het gebied van het mogelijke': het was vier jaar lang zaak geweest 'met het bloed onzer soldaten zuinig te zijn'. In gloedvolle bewordingen prees Albert het IJzerleger, dat 'aan de ganse wereld een onschatbare dienst heeft bewezen' (hierop barstte de zaal in gejuich uit) en betuigde hij eer aan de gesneuvelden (hierop stonden alle aanwezigen op). Eer ook aan de ouders van de soldaten, aan de jongelieden die dienst hadden genomen, aan de bezette natie in haar geheel vanwege haar uithoudingsvermogen, plichtsbetrachting en solidariteit in het leed: 'De op edele wijze gedeelde en met een hoog hart gedragen smart is een gemeenschappelijk erfdeel geworden…'

Dit 'gemeenschappelijk erfdeel' diende méér dan symbolisch te zijn: 'Uit het leed, gelijkelijk in geduld gedragen, zijn gelijke rechten geboren ter uitdrukking van 's volks verzuchtingen.' En dus dienden de volgende verkiezingen te geschieden op basis van 'gelijk stemrecht voor al de mannen, die de leeftijd hebben bereikt, vereist om de burgerlijke rechten te kunnen uitoefenen […]' Dit grote nieuws werd onthaald op luide toejuichingen, maar ook geschokte blikken van oudere Kamerleden.

Hierna werd 's konings toon duidelijk obligater. 'Volkshygiëne', 'drankplaag', en confessionele vrede passeerden de revue. Afstandelijk klonken de bewoordingen bij het verplichte linguïstische nummer. 'Een wederkerige eerbied der belangen der Vlamingen en Walen moet het bestuur doordringen, elkeen de zekerheid geven, in zijn taal verstaan te worden en hem zijn volle verstandelijke ontwikkeling te verzekeren, namelijk in het hoger onderwijs.' Met andere woorden, 'de regering zal het parlement voorstellen van nu af aan de grondvesten te leggen van een Vlaamse Hogeschool te Gent, behoudens het recht van de kamers die uit de verkiezingen zullen ontstaan, de bepaalde vormen en wijze te regelen.' Maar: 'Voor de drijverijen van hen, die op het pijnlijk uur dat de toekomst van het land in gevaar was, tot doel hadden het helemaal ten val te brengen, is geen amnestie denkelijk. De Vlaamse bevolkingen zelf hebben die drijverijen reeds geschandvlekt, maar de schuldigen moeten de strengheid van een harde straf ondergaan…'[425]

De troonrede ontzette de oudere en behoudende volksvertegenwoordigers, die zich gebruuskeerd voelden door de wel bijzonder voortvarende invoering van het *one man one vote*, waarvoor zij althans op een voorafgaande grondwetsherziening volgens de regels hadden gehoopt. Doch, zelfs de meest verstokte conservatieven konden niet anders dan zich neerleggen bij de nieuwe toestand. De oorlog kon onmogelijk worden afgedaan als een 'verschrikkelijke en funeste parenthese in het reguliere werken van onze instellingen, maar niettemin slechts een parenthese' (zoals Woeste het eind oktober zo ongelukkig geformuleerd had in een poging het mandaat van het oude parlement te verlengen).[426] Dat er zo snel mogelijk een nieuw regime op de rails gezet moest worden, en dat vroeger dood was, kon niemand ontgaan. De stemming in het land was niet mis te verstaan. Oorlogsprofiteurs, rijk geworden uitzuigers, zouden méér stemrecht krijgen dan werkmensen die een zoon hadden verloren aan de IJzer? *Ondenkbaar.*

Ontevreden over de troonrede betoonden zich ook veel Vlaamsgezinden, voor wie 'hoger onderwijs in de eigen taal' niet volstond zolang de francofone colleges in Gent niet werden afgeschaft. Het van overheidswege opdoeken van het prestigieuze *Gand* was echter al voor de oorlog een netelige kwestie geweest en was dat na het Von-Bissing-debacle en de deportaties van Fredericq en Pirenne al helemaal. Geen kwestie, kortom, waarover vóór de verkiezingen kon worden beslist. De verkiezingen konden echter een nieuwe kans bieden.

Zo speelden de bevrijdingsdagen zich alles bij elkaar af in een stemming van hoop voor de toekomst; de maatschappelijke consensus en het besef van burgerplichten waarnaar de troonrede had verwezen, waren niet slechts woorden.

Wel waren, zoals de teruggekeerde Fredericq op 15 december schreef, de mensen 'zenuwachtig, onredelijk, prikkelbaar in al hun feestvreugde'.[427] Het dagelijkse leven in de eerste naoorlogse tijd was dan ook zeer zwaar, overschaduwd als het voor velen werd door het gebrek aan eten, kleren, kolen. De moeite en schaarste van de bezetting waren met de bevrijding niet verdwenen, integendeel zelfs, zo leek het. Reizen was een verschrikking. Eind 1918 duurde met wat tegenslag een treinreis van Brussel naar Gent *vijfentwintig* uur, een tramrit van Gent naar Brugge vier uur! In het kaalgeplunderde land was er niets om mee te werken, en dus ook geen werk: achthonderdduizend werklozen wisten niet hoe het verder moest. Schrikbarend was de woningnood. Sinds 1914 was geen huis meer gebouwd, honderdduizenden woningen waren vernield of verkrot, en van de half miljoen teruggekeerde vluchtelingen zouden velen nog jarenlang onderdak moeten vinden bij toch al krap behuisde verwanten of in inderhaast opgetrokken barakken. De verwoestingen waren ontzaglijk. Bruggen waren opgeblazen, spoorwegrails opgebroken en naar Duitsland versleept, havens stukgeschoten, wegen onherstelbaar vernield, akkers van obussen vergeven; spoorwegstations, kerken, scholen, bibliotheken tot steengruis gereduceerd. In de frontstreek alleen al was een heel gebied van zestig kilometer lang en twintig kilometer breed weggevaagd – drie steden en tweeënzestig dorpen. De monumentale schuren, de notenbomen, de molens, de trapgevels van Veurne-ambacht, waar 'elk dorpje [...] door de eeuwen heen een schoonheid is geworden' (zoals de Antwerpse kunstcriticus Jozef Muls het in 1916 in zijn novelle *De dood van Yperen* had beschreven[428]), niets bleef van dat alles over. Ieper zelf was een griezelige puinhoop, waar mettertijd een bedevaarttoerisme op gang kwam compleet met Engels bier, gelegenheidsprostituees en zelfaangestelde slagveldenexperts. Drie jaar na de oorlog was het nog steeds een verschrikkelijk oord, meldde een Brits journalist. 'De doden [...] wegen hier zwaarder dan de levenden. [...] De aantrekkingskracht van de andere zijde is hier zo sterk dat zij hart en geest bedrukt. Men schaamt zich ervoor, in leven te zijn.'[429]

Verder van het front vandaan waren verschillende stadjes en dorpen zo goed als met de grond gelijk gemaakt: Dinant, Dendermonde, Tremelo, Spontin. Het centrum van Leuven, evenals dat van Mechelen en Namen, was verloren gegaan. Het was een verwoesting zoals geen modern land ooit had gedacht mee te zullen maken. En al waren de menselijke verliezen geringer dan bij de andere belligerenten – Frankrijk verloor een op de zes volwassen mannen, België een op de vijftig – toch had het land vijftigduizend oorlogsslachtoffers (militairen, burgers, gedeporteerden, gefusilleerden) te betreuren, en kwamen vijftigduizend soldaten verminkt thuis.

Erg veel beter kregen de overlevenden het vooralsnog niet. De wederopbouw deed de belastingen de hoogte in schieten tot acht maal het vooroorlogse peil. En ook de prijzen wilden maar niet dalen. Op prentjes in de moppentrommel vroegen huismoeders op de markt vertwijfeld of ze dan met hun geld in hun boodschappentas moesten komen en met hun aankopen in hun portemonnee vertrekken... Men begreep niet waarom het 'dure leven' – het begrip inflatie was onbekend – niet eindigde en alles weer werd zoals het voor de oorlog was geweest. 'Dat [de Duitsers] van hier weggaan [...] en morgen zakken de prijzen van het eten, morgen zijn er kolen genoeg en goedkoop,' had de verzetspers in 1918 immers geschreven.[430] Koppig bleef men denken dat het onvaderlands en defaitistisch was te wanhopen aan de terugkeer van de frank van 1914 – tot de valuta in oktober 1926, na een zoveelste periode van vrije val waarin de deviezen het land uit vluchtten, werd gestabiliseerd op een zevende van de vooroorlogse waarde en men de nieuwe toestand wel aanvaarden moest. (Maar nog in het duistere jaar 1935 stemden bij een tussentijdse verkiezing 45.000 Brusselaars – dat was bijna een vijfde van de uitgebrachte stemmen – op een extreem-rechts warhoofd, Janssens geheten, die een programma voorstelde bestaande uit verdubbeling van de lonen, afschaffing van de belastingen... en een terugkeer naar de frank van 1914.)

Tot overmaat van ramp en tot verontwaardiging en ontmoediging van de burgers moest België de gebroken potten zelf betalen. Al kreeg het land er dan de Oostkantons (de streek van Eupen, Malmédy en Sankt-Vith) bij, en werd het koloniale bezit uitgebreid met het 'mandaatgebied' Ruanda-Urundi, het was verder niets geworden op de vredesconferentie in Versailles, waar de Belgen genereuze herstelbetalingen hadden geëist en besmuikte suggesties hadden gedaan voor een 'versterking' van 's lands kwetsbare grenzen, dit alles als vergoeding voor Belgiës heldenmoed en oorlogsverliezen. Hadden de hard werkende doch in de grootmachtenpolitiek onervaren Brusselse gezanten gehoopt het morele overwicht van 1914 in tastbare winst te kunnen omzetten, zich daarbij trouwhartig verlatend op de bescherming van de Entente, dan vergisten zij zich. Gebelgd maar machteloos moesten ze vaststellen dat hun aanwezigheid in de belangrijke gremia van de vredesconferentie niet op prijs werd gesteld, dat niemand geïnteresseerd was in de memoranda van een klein land en dat de geallieerde lofzangen van 1914 allang waren verstomd (al waren Londen en Parijs de verwijzingen naar *gallant little Belgium* nog heel de oorlog door blijven herhalen, dit ten bate van diverse Belgische politici, die er haast aan verslaafd waren geraakt en wie de steeds obligater toon van deze topos ontging). De internationale opinie was nogal ontstemd geraakt over de brallerige *grande-Belgique*-aanspraken, afkomstig uit ambtenarenkringen van het Belgische ministerie van Buitenlandse Zaken – aanspraken op gebieden in Luxemburg, Zeeuws-Vlaanderen en Nederlands Limburg ten zuiden van Roermond. (Binnen het Nederlandse leger waarden er zelfs even plannen rond om België om die reden 'preventief' binnen te vallen.[431]) De aanspraken op Nederlands territorium werden in Versailles niet herhaald, maar ook niet uitdrukkelijk herroepen en hadden bijgevolg slechts het effect dat redelijker eisen als de oplossing van de Scheldekwestie werden neergesabeld – en dat België zijn embleem van vermoorde onschuld ingeruild zag voor dat van hebzuchtige lastpost.

En überhaupt was de heroïek van 1914 beschamend passé. 'Wat zijn die kleine staten met hun heftige nationale gevoelens vervelend,' verzuchtte een Amerikaans délégué in zijn dagboek.[432] De Britten waren geleidelijk zelf gaan geloven in hun propagandaverhaal dat Engeland ter wille van België de oorlog in was gegaan, een mythe die zich al tijdens de oorlog tegen zichzelf had gekeerd en was omgeslagen in intense irritatie over het zeurderige stuk *quantité négligeable* aan de Noordzee. 'Nou, ze zeggen dat het allemaal voor het kleine België is. Wacht maar tot ik dat kleine België in handen krijg,' luidde een standaardgrap in het Britse leger.[433]

In Parijs bleek bovendien dat de Britse premier Lloyd George een hartgrondige hekel had aan alles wat Belgisch was in het algemeen en de heftig patriottische en snel gepikeerde minister van Buitenlandse Zaken Paul Hymans in het bijzonder. 'Ik weet wel dat men mij in Parijs onhandig vindt,' erkende Hymans in een ogenblik van ontmoediging, 'maar ik bepleit mijn zaak zo goed als ik kan en ik stel toch alleen maar redelijke eisen...'[434] De goed bedoelende notabele uit Brussel had voor grootmachtenpolitiek volstrekt geen talent en bleef zich koppig aandienen bij potentaten als Clemenceau, die hem behandelde met een ronduit onbeschofte hooghartigheid. Tijdens één memorabele vergadering over herstelbetalingen zou Clemenceau zelfs dwars door Hymans' interventie heen hebben geslapen, en bij het ontwaken de vergadering hebben toegeroepen eindelijk eens af te rekenen met die lastige Belgen. 'Hij bleef maar gillen: "Vermóórd ze, vermóórd ze,"' schreef de econoom Keynes, die zich kostelijk amuseerde, in een satirisch verslag.[435] Keynes was trouwens (onterecht) van oordeel dat het met het economische oorlogsleed van België wel meeviel: 'België,' schreef hij, 'heeft van alle oorlogvoerende naties, de Verenigde Staten uitgezonderd, naar verhouding het geringste offer gebracht.'[436]

De Belgenlof, zoveel mocht duidelijk zijn, was voor altijd verstomd en België was op zichzelf aangewezen. Bitter was daarover de stemming in het land. BELGIË VERLATEN EN VERNEDERD DOOR ZIJN BONDGENOTEN, blokletterde *De Standaard*. 'Zelfs in de oorlogsjaren heb ik België nooit zó terneergeslagen en ontmoedigd gezien,' schreef Whitlock.[437]

Maar de onmiddellijke problemen van de wederopbouw riepen. En zo werd de blik noodgedwongen weer naar binnen gericht. Op 10 april 1919 schreef het 'oude' parlement de eerste verkiezingen met algemeen enkelvoudig stemrecht uit voor 16 november van dat jaar. Voor het eerst hadden alle Belgen van eenentwintig en ouder een gelijke stem voor 's lands vertegenwoordiging. De politieke gelijkheid van alle burgers was een feit in het Belgisch openbaar leven.

Dat wil zeggen – alle *mannelijke* burgers. In alle toonaarden weerklonken lofzangen op de zo dappere Belgische vrouwen die tijdens de oorlog in de rij hadden gestaan voor brood, soldaten hadden verpleegd, hun dierbaren naar het front hadden zien vertrekken, familiebedrijven overeind hadden gehouden en als pijlers in het vaderlandse verzet hadden gestaan. Dat zoveel plichtsbesef ook rechten op zou leveren, sprak echter helemaal niet vanzelf. Voor zover het vrouwenstemrecht politiek ter sprake kwam, was dat dan ook minder om principiële dan om tactische redenen. De aartsconservatieve Woeste wierp zich hierbij onwaarschijnlijk genoeg als suffragette op – maar het betrof hier welbegrepen eigenbelang, want vrouwenstemrecht zou een geschenk voor de katholieken zijn. Vrouwen stemden namelijk voor de pastoor, zo meenden de katholieken, en daarom waren ze vóór vrouwenstemrecht. Zo meenden ook de liberalen en zelfs veel socialisten, en daarom waren zij ertegen. De grotere godsdienstigheid van de vrouwenwereld was op zichzelf geen probleem. Zelfs in de meest voltairiaanse kringen stuurde men de meisjes het liefst naar de nonnenschool, dat was wel zo ordelijk. Wél dienden beide werelden strikt gescheiden te blijven. De liberalen waren dan ook de felste tegenstanders van het stemrecht voor vrouwen, de socialisten hielden het liever bij een mooi idee voor de toekomst.

Verder werd het naoorlogse publieke vertoog gekenmerkt door een bizar soort herontdekking van de nationale manlijkheid. In de vaderlandse retoriek werd de Belgische oorlogshouding steevast getooid met het predicaat *viril*. Het allervirielst was wel de hoog te paard gezeten Koning-Soldaat (die als antiklerikaal persoonlijk zeer tegen het vrouwenstemrecht was gekant en zelfs met een veto had gedreigd): Albert was de waardige belichaming van een land dat zich door manlijke strijd had ontworsteld aan de opgelegde neutraliteit en dus de passiviteit van voor de oorlog. Tevens heerste de diffuse wens bij alle onrustwekkende nieuwigheden toch iets van de zekerheden en het fatsoen van *notre avant-guerre* te behouden. Dit alles vormde geen gunstig klimaat voor de idee dat ook vrouwen – *alle* vrouwen: madammen, juffrouwen, meiden, moeders, *masoeurs* en slonzen – het zomaar tot burger konden brengen. De symbolische geste van het stemrecht voor weduwen en moeders van gesneuvelden daargelaten – alles bij elkaar genoeg vrouwelijke stemmen voor één, misschien twee zetels – stierf het vrouwenstemrecht dan ook een onbeweende dood in de vergaderkamers. Een storm van verontwaardiging verwekte dit niet: België telde betrekkelijk weinig suffragettes. En zo bleven sommige zekerheden rotsvast overeind.

Andere zekerheden bleven niet overeind. De verkiezingen van november 1919 betekenden een grote overwinning voor de socialisten, die nu de op een na grootste partij in de Kamer werden (de katholieken vormden de grootste partij, maar waren hun dertig jaar oude absolute meerderheid kwijt). De socialisten namen, met drie van de twaalf ministers in de nieuwe regering, volwaardig deel aan het bestuur van het land. Hun macht aan de basis was versterkt: het aantal partijleden was verdubbeld tot bijna vierhonderdduizend, het aantal leden van de socialistische vakbond verzesvoudigd tot 720.000. Bovendien vormde de BWP na de oorlog de enige hechte politieke partij in België.

De georganiseerde arbeid – de socialistische en de christendemocratische – kon nu afdwingen dat er een einde kwam aan de vrijblijvendheid van overheidswege, en eiste dit niet alleen in het parlement, maar ook op straat. Artikel 310 van het strafwetboek (dat de vakbonden muilkorfde) werd afgeschaft en werknemers in staatsdienst mochten voortaan lid zijn van een vakbond. Voor het eerst zag een gechoqueerde goegemeente staatsambtenaren het werk neerleggen. Staalarbeiders, bankbedienden, conducteurs van de buurtspoorwegen, klerken van de PTT en mijnwerkers participeerden allen in een grote stakingsgolf: in 1919 legden 160.000 mensen het werk neer, in 1920 290.000. Dankzij harde strijd kwam zo voor velen een einde aan het België van de lage lonen en de lange werkdagen. De vakbonden dwongen collectieve arbeidsovereenkomsten af. Het minimumloon werd ingevoerd. Eind 1920 hadden de Belgische arbeiders hun koopkracht van voor de oorlog herwonnen en vanaf toen begonnen ze er enigszins op vooruit te gaan. De achturige werkdag, vrijwel onmiddellijk na de oorlog de facto ingevoerd, werd wet. Voor het eerst werd adequater werk gemaakt van ziekteverzekering en pensioenen. De overheid voerde een progressieve belasting op inkomen en erfenissen in – en een zware belasting op de oorlogswinsten. Bijna allemaal hervormingen die voor de oorlog als 'etatisme' het parlement zouden hebben geschokt. Niets was onomstreden en onzeker bleef voor de meeste mensen het leven, maar toch: nooit tevoren was het apparaat van de Belgische staat voor zulke doeleinden aangewend.

Andere eisen bleven echter voorlopig onvervuld. Het Vlaamse streven kwam gehavend uit de oorlog. De onverschilligheid was toegenomen en de teruggekeerde Front-militanten schrokken van de vijandige houding die in hun streken tegenover de Vlaamsgezindheid heerste (ook waren velen bij thuiskomst hun Vlaamsgezinde vuur kwijtgeraakt). Niettemin bleef de flamingantische macht in de Belgische politiek potentieel indrukwekkend, al was zij dan enigszins van achterban veranderd. De rangen van het socialistische en al helemaal het liberale flamingantisme van voor de oorlog waren sterk uitgedund; zo trok Louis Franck, die door toedoen van activisten was gedeporteerd, zich geheel uit de Vlaamse strijd terug. Op Antwerpen na was bovendien in de grote steden de belangstelling zeer teruggelopen. Veel meer dan voor 1914 het geval was, werd de Vlaamsgezindheid kleinsteeds en katholiek. Langzaam won de flamingantische opinie veld binnen de katholieke volksvertegenwoordiging uit de Vlaamse provincies, daarbij geholpen door 's lands eerste grote katholieke en Vlaamsgezinde dagblad, *De Standaard.*

Zonder succes bleef de Vlaamse politieke strijd niet, mede door het prestige van hard werkende 'passieven', maar de eerste naoorlogse jaren waren een tijd van compromissen. Het verzet in francofone kring sterkte zich met vaderlandse kreten; kwaadwillenden stond voortaan zelfs een gelijkstelling van Vlaamsgezindheid en landverraad ter beschikking; zéér kwaadwillende lieden scholden flaminganten voor *flamboches*. Taalhervormingen bleken bij het grotere publiek in een kwaad daglicht te zijn komen staan door de lompe 'vervlaamsingen' tijdens de oorlog. Het gevolg was dat de taalgelijkheid 'in rechte en in feite', zoals die bij de bevrijding was aangekondigd, in de naoorlogse Belgische werkelijkheid ver te zoeken was: de daartoe noodzakelijke hervormingen bleven vooralsnog uit. Het naoorlogse strijddoel van de regionale eentaligheid ('In Vlaanderen Vlaams'), dat voor de oorlog onder leidende flaminganten nog een betwist credo was geweest, liet vooralsnog vele Vlaamse politici (en niet enkel de franskiljons onder hen) onverschillig. Het doen aanvaarden van deze gedachte vergde dan ook jaren van geduldige politieke arbeid.

Vond het eentaligheidsbeginsel niet onmiddellijk algemene aanvaarding, dan was dat al helemaal niet het geval voor het hardere, federalistische programma van de aan de Frontbeweging ontsproten partij die bekendstond als *Het Vlaamsche Front*. 'Onze mannen hebben het moeilijk,' schreef de naar Friesland gevluchte Domela hierover in december 1919 aan zijn Duitse vriend Mumm. '5 zijn in 't Parlement gekozen.'[438] De kleine groep radicale Vlaamsgezinden (vier Fronters en één Daensist) vormde inderdaad een geringe macht vergeleken bij de grote blokken, de katholieken en de socialisten die in november 1919 in de Vlaamse provincies waren verkozen (respectievelijk 48 en 22 zetels).

Domela's brief vormt merkwaardige lectuur. De voormalige grenswachter van het Germanendom bleef onverminderd zijn trouw betuigen aan het 'edele Duitse volk' (dat nu tot zijn afgrijzen werd overschaduwd door 'het Joden-Duitsland, dat zijn Ludendorff, Tirpitz enz. enz. vertrapt'[439]). Zijn toe-eigening – 'onze mannen' – van Vlaamse oud-strijders die aan het front niet enkel het Franstalige overwicht maar ook en wellicht vooral de Duitse inval hadden bestreden, bevreemdt dan ook. Toch wijst deze gedachtegang op een bredere onderstroom. De radicale Vlaamsgezindheid zou van lieverlede geënterd worden door de activistische en vooral de Jong-Vlaamse opinie.

De Frontpartij en het voormalige activisme kwamen steeds nader tot elkaar. Activisten begonnen te delen in de heroïek die de oud-strijders omgaf. Bormshuldes en Dosfeldagen en bedevaarten naar Vlaamse oorlogsgraven regen zich aaneen tot een serie hoogtepunten in het liturgisch jaar der Vlaams-nationalisten. Dit chemisch huwelijk stoelde op het credo dat de oorlog bewezen had hoezeer 'België' 'Vlaanderen' naar het leven stond. Twee groepen Vlamingen heetten in gelijke mate martelaren te zijn in de strijd om het Vlaamse voortbestaan: de Vlaamse jongens aan het front die waren vergruizeld in de eentalige moordmachine die het Belgisch leger was, en de activisten die de verwezenlijking van Vlaanderens levensvoorwaarden hadden bewerkstelligd en daarvoor nu door de Belgische staat werden bestraft.

De paranoia van deze kringen werd gevoed door het publieke ostracisme van de activisten, dat soms naar het hysterisch-extreme neigde. Ondanks officiële tegenwerpingen en scherpe kritiek van onder anderen Pirenne wierpen militant francofone bladen als *L'Etoile belge* en *La Flandre libérale* zich met wellust in de hetze. En zoals een liberale Gentenaar het in 1933 omschreef, kon men in de naoorlogse jaren 'op een tram geen zuiver Nederlands spreken zonder van activisme beticht te worden. Een en dezelfde persoon werd uitbundig vereerd als een held en verguisd als een misdadiger; wie, daartussenin, een plaats zocht voor een bezadigde mening, werd in beide kampen verdacht. Het fanatisme en het onderling wantrouwen stegen ten top, terwijl in officiële kringen een even officiële godsvrede met noodmiddelen werd onderhouden.'[440]

De officiële bestraffing van het activisme bleef overigens binnen de perken. Van de minder dan tweehonderd activisten die voor de Belgische rechtbanken verschenen, zouden maar enkele meer dan twee jaar in de gevangenis verblijven; een van hen was Borms, die ter dood was veroordeeld maar gratie had verkregen, en wie vervolgens invrijheidstelling was voorgesteld op voorwaarde dat hij niet in de politiek zou gaan. (Hij weigerde dit en bleef in de cel tot in 1929, hetgeen immens tot zijn aura bijdroeg: in 1928 werd hij door de Frontpartij als kandidaat naar voren geschoven bij een tussentijdse verkiezing in Antwerpen, die hij met 88.000 stemmen eclatant won.) Vandervelde, die nu minister van Justitie was, zag weinig in het vasthouden van de activisten en stelde de meeste dan ook vervroegd in vrijheid, zoals Dosfel, die aldus – met voorarrest en al – na een jaar en enkele dagen vrijkwam. Toch nam de vrijlating niet de verontwaardiging weg die indertijd was gewekt door Dosfels wel zeer zware straf: tien jaar – voor een man die aan de Raad van Vlaanderen part noch deel had gehad en nooit enig pan-Germanistisch beginsel had verdedigd, terwijl elders een Jong-Vlaming vrijuit ging. Bovendien was de dag van Dosfels veroordeling, 17 juli 1920, ook de dag van de begrafenis van Herman van den Reeck, een student die door de politie van Antwerpen bij een Guldensporenbetoging in een worsteling om een leeuwenvlag was doodgeschoten.

Guldensporen, Brabançonne, tricolore, Vlaamse Leeuw, 11 juli, 21 juli: steeds verbitterder zou in de kleine kringen van het vehemente nationalisme de strijd woeden om nationale symbolen en rituelen, waarbij de Belgische en de Vlaamse vlaggen, liederen en hoogdagen elkaar meer en meer uitsloten. Vier jaren van een militair afgedwongen verbod op Belgische nationale symbolen, gekoppeld aan een genereuze subsidiëring van Vlaams-nationale manifestaties, hadden hun sporen nagelaten. Al zou bij de eeuwfeesten van 1930 ook de leeuwenvlag verschijnen, voor veel Belgen droegen de flamingantische symbolen voortaan de smet van de collaboratie en maakten ze niet langer deel uit van de vaderlandse symbolen, zoals ze dat voor de oorlog hadden gedaan, alsook in augustus 1914, en zelfs her en der bij de bevrijding nog.

Van de weeromstuit schaften radicaal flamingantische gezinnen, door verwijten van een gebrek aan vaderlandsliefde in hun eer aangetast, massaal dweilen aan waarin de Belgische vlag was geweven, teneinde in een dagelijks ritueel de voeten te kunnen vegen aan datzelfde vaderland. Evenzo werd 'voor 't Belgikske nikske' een radicaal-flamingantische slogan. Bewijzen voor de boosaardigheid van 'België' stapelden zich op: zo raakte in 1925 bekend dat de dienst der Militaire Grafsteden in Adinkerke 130 heldenhuldezerkjes had verbrijzeld om er de toegangsweg tot het kerkhof mee te verharden. Nu werden bij de aanleg van de definitieve militaire kerkhoven alle voorlopige kruisen vernietigd, tenzij de nabestaanden ze wilden bewaren. Vele duizenden kruisen werden aldus vernietigd, waaronder dus ook de 130 heldenhuldezerkjes waar níet door familie om was gevraagd. Bij een bepaalde belichting leek de vernietiging echter op een harteloze en Vlaamsvijandige daad, die in de Vlaamsgezinde pers met veel verontwaardiging werd uitgemeten.

In dit klimaat begonnen de radicale katholieke Vlaamsgezinden een eigen dodenherdenking te organiseren, los van de officieel-Belgische. Van deze herdenking werd de vanaf 1920 gehouden IJzerbedevaart de absolute hoogmis, zeker na de bouw van de vijftig meter hoge betonnen IJzertoren, die vanaf 1928 verrees tegenover de beruchte *minoterie* van Diksmuide (een graanmolen die door de Duitsers tot artilleriepost was uitgebouwd) en die in 1930 plechtig zou worden ingewijd.

Natuurlijk opteerden de gematigde Vlaamsgezinden samen met de sociaal-democraten voor een minder beladen omgang met 's lands tweetaligheid. Doch in kleine kring bleek de eenmaal opgeroepen absolute tegenstelling tussen een elkaar uitsluitend 'Vlaanderen' en 'België' alle bitterheid van de naoorlogse jaren automatisch in zich op te zuigen. De activisten schenen alsnog het gelijk aan hun zijde te hebben gehad in hun collaboratie met een vreemde macht – of althans in hun afwijzen van België. (Het stigma van Belgisch landverraad zou van lieverlede een Vlaams ereteken worden: 'Activisten willen we wezen, landverraders willen we zijn,' zongen in 1940 de militanten van het Vlaams-Nationaal Verbond.[441])

Olie op het vuur werd geworpen door de kleine activistische gemeenschap in Nederland, die met Duitse gelden werd onderhouden. Penningmeester en woordvoerder Josué De Decker publiceerde een periodiek, *Vlaanderen* geheten, dat vanuit Duitsland werd gefinancierd; het blad begon vanaf september 1919 sporadisch uit te komen en werd in mei 1922 een weekblad. *Vlaanderen* stelde zich uitdrukkelijk het uitdiepen van de antithese tussen 'het Vlaams-belgicisme en het Vlaams-nationalisme' ten doel, waarbij de verdedigers van de eerste strekking zonder meer 'met striemende zweepslagen de Vlaamse tempel uitgedreven' moesten worden. 'Neo-belgicisten' als Huysmans en Van Cauwelaert werden met regelmaat vervloekt, de laatste zelfs van harte 'de gruwzame stigmata der vervloeking van geheel het Dietse nageslacht' toegewenst.[442] Raf Verhulst, de eertijdse editorialist van *Het Vlaamsche Nieuws*, placht vanuit zijn Duitse ballingschap (waar hij zich onder andere onledig hield met het levend houden van de franc-tireursmythe) de Belgische staat als 'het Apocalyptische Beest' te betitelen.[443] Mede onder invloed van deze verbitterde ballingenopinie nam de Frontpartij reeds in 1922 de naam *Vlaamsche Front-partij van Vlaams nationalisten* aan, aangezien die wat minder aan Belgische oud-strijders deed denken.

De hoofdstroming van de Vlaamsgezindheid echter leek voorlopig bevrijd van de droesem van de Jong-Vlaamse retoriek, die, zoals Van De Woestijne schreef, de onvergeeflijke fout had begaan de midden-negentiende-eeuwse Germaans-Latijnse mystiek uit de mottenballen te halen, terwijl de Vlaamsgezindheid van de jonge twintigste eeuw allang een nuchtere strijd was geworden die in zijn opwaartse streven 'machtig kon bijdragen tot Belgiës bloei'. Kortom, 'het rassenromantisme hadden wij achter de rug: wij wisten wel, dat wij de werkelijkheid van onze Latijnse cultuur niet konden tenietdoen, en wij wensten dit allesbehalve, aangezien die Latijnse cultuur bij een volk dat een Germaanse taal spreekt juist onze merkwaardigste eigenaardigheid uitmaakte.'[444] Dat de Vlamingen naar 'ras' Germanen zouden zijn, was onzin. Het hele idee van ras in deze context was onzin.

Ook de katholieke en Vlaamsgezinde historicus Alfons Fierens, die tijdens de oorlog veel in de *Wachter* en de *Leeuw* had geschreven, betoogde dat met het definiëren van de taalstrijd als een wezenlijk Latijns-Germaans conflict het activisme 'de reële bestanddelen van onze nationale cultuur [...] wilde vernietigen'. Fierens stelde ook met kracht dat 'stam', 'ras' en 'volk' vage en onwetenschappelijke categorieën waren, die niet thuishoorden in een intelligent debat.[445]

In zijn rede ter gelegenheid van de plechtige heropening van de Gentse universiteit op 11 november 1919 zette ook Pirenne zich af tegen de verderfelijke 'rassentheorie' die in de oorlog zoveel aan populariteit had gewonnen – een theorie die de menselijke geschiedenis tot dierkunde herleidde en alle beschaving tot biologische voorbestemming doemde, en die culturen in zichzelf wilde opsluiten uit vrees voor *métissage* (vermenging). De nederlaag van een van deze ideologie doordrenkt militarisme zou echter, zo voorspelde hij hoopvol, de doodsteek betekenen voor deze rassentheorie, de 'meest valse maar ook de meest funeste theorie aller tijden'. Eén gelukkig resultaat althans van deze oorlog, die zoveel bloed en tranen had doen vloeien, was dat de komende generaties niet in deze 'vergiftigde dampen' hoefden op te groeien, hoopte Pirenne. Al was het rassendenken dan nog lang niet ter ziele: 'Ik verwacht niet dat al die halfgeleerden, al die geesten die niet in staat zijn een eenmaal aanvaarde gedachte ooit nog te laten varen, open zullen staan voor het licht van de evidentie.'[446]

Inderdaad deden de halfgeleerden er geenszins het stilzwijgen toe. In zelfgenoegzame francofone kring werd de 'vaderlandsliefde' domweg met *latinité* gelijkgesteld (en Vlaamsgezindheid met bewust of onbewust pan-Germanisme). Aan radicaal-Vlaamse zijde bleek de 'rassen-romantiek' te aantrekkelijk om zomaar te laten vallen. Zelfs de milde Lodewijk Dosfel berispte in een kritiek op Fierens' boek *Het Belgische vaderland* van 1919 de historicus om het bij voorbaat bannen van de termen 'ras' en 'stam' uit zijn redenering: 'Hier maakt Dr A. Fierens het zich werkelijk wat al te gemakkelijk. Hebben het lichaam, de hersenbouw, de bloedsomloop, de afstamming dan zo'n gering belang dat ze maar zonder meer kunnen buitengeschakeld worden uit een overzicht van menselijke handelingen? Bestaan er geen Germaanse, geen Slavische, geen Latijnse mensen meer? [...] De Vlamingen zijn Germanen, laten wij aannemen met enige Keltisch-Latijnse ondergrond. De Walen zijn Keltisch-Latijnen, met enige sporen van Germaanse invloed. Dus behoren zij tot verschillende *stammen* [...].'[447]

Dit bleven echter voorlopig verspreide kreten, die de pragmatische praktijk van de Belgische taalpolitiek niet overheersten. Ook bleef de radicalisering in anti-Belgische zin tot kleine groepjes beperkt. Wel waren dat soms zeer luidruchtige groepjes, zoals het katholieke flamingantische studentenverbond (dat in 1929 een kleine duizend leden telde, van wie een zevenhonderd in Leuven). Het anti-Belgicisme was daar gaandeweg nogal *de mise* geworden (de sinds 1924 tweetalige universiteit van Gent, waar de francofone studenten een derde van de colleges in het Nederlands, en de Nederlandstalige een derde in het Frans moesten volgen, werd er als een schandelijk compromis beschouwd, en geboycot). Dit zeer actieve milieu had de nodige invloed op de ontvlambare internaatsjeugd.

Dit alles vond vooral in de kleine steden en op het platteland een zekere weerklank bij de katholieke kleine burgerij, die zich door de nieuwe ontwikkelingen van haar rechtmatige plaats gestoten en bedreigd voelde, zich daarbij vindend in wat Ernest Claes in december 1919 had verkondigd. 'Dat zuiver algemeen kiesrecht op 21 jaar is nog een van die idiote uitvindingen van onze tijd, waarvan ik met de beste wil van de wereld het heil niet inzie,' had Claes gemopperd, 'niemand kan loochenen, dat de wantoestanden waartegen het socialisme aanvankelijk optrad, sedert lang zijn opgelost, voor zover dat menselijk mogelijk is...'[448] Er waarde een spook door de huiskamers van de petite bourgeoisie: dat van een wereld bepaald door klassestrijd, waarin het gulden midden onontkoombaar zou worden geplet tussen georganiseerde arbeid en grootkapitaal – geen van beide dragers van de waarden die het raison d'être van de middenklasse vormden. Het mag dus geen verwondering wekken dat een autoritaire, van het democratische en het sociale beginsel losgekoppelde

Vlaamsgezindheid een zeker publiek vond onder deze verongelijkte kleine burgerij.

Sociale wrok broedde evenzeer in het francofone katholieke burgermansmilieu. De kerkse kleine luiden van de wijk *Outremeuse* in Luik hadden nog jaren na de oorlog moeite om de eindjes aan elkaar te knopen, daarbij stug de discrete misère verkiezend boven het *reclameren.* Dat dééd men niet – of het moest indirect zijn, kankerend op zowel 'les ouvriers' als 'les gros'. En ook op anderen: in het haast achteloze antisemitisme van deze kringen werden de weinige joden van Luik, die vooral in de comestibles-handel bedrijvig waren, vereenzelvigd met de rantsoenering, de schaarste en de oneigenlijke winsten van de oorlog. En zo kon het gebeuren dat in de katholieke, conservatieve *Gazette de Liège* in 1921 een reeks van zeventien hatelijke artikels verscheen over het 'alomtegenwoordige joodse gevaar', van de hand van de achttienjarige razende reporter Georges Simenon, wiens vader penningmeester was van de *Association des Pauvres Honteux* (met andere woorden, de bond der keurige armen) in de wijk.[449]

Niet altijd vond de sociale wrok een even kwaadaardige expressie. De machteloze verbittering over het nieuwe sociale en politieke landschap voedde niettemin, zowel bij de liberale als bij de katholieke francofone bourgeoisie, ideeën over een 'Parti de l'Ordre' waarin 's lands van hun voetstuk gestoten notabelen, verarmde renteniers, ontevreden oud-strijders en gebroodroofde zakenlieden elkaar zouden vinden. Men beschikte alles bij elkaar over meer wrok dan ideologie en van een partij kwam het dan ook niet. Militanter waren de jongerenmilieus. Uit de *grande-Belgique*-acties van baron Pierre Nothomb waren de *Jeunesses nationales* gegroeid, studentikoze knokploegen die straatgevechten aangingen met Socialistische Jonge Wachten en met Vlaamsgezinden, en die tentoonstellingen over de USSR kort en klein sloegen.

In de Franstalige katholieke studentenmilieus had, net als in de Vlaamse, het geestelijk elan van de naoorlogse tijd een hang naar grotere vraagstukken doen ontstaan. In tijdschriften als *Pour l'Autorité*, dat in 1924 werd gelanceerd, besprak de zelfbenoemde jonge elite de perversiteiten van de parlementaire democratie en de verlaging van het politieke *discours* door het algemene stemrecht. Tegenover dit alles stelden zij een welbegrepen herstel van de waarden van voor de Franse Revolutie (om van de Russische maar helemaal te zwijgen). Deze heetten waarden van orde en bezieling te zijn en een samenleving te scheppen waarin de loze politieke twisten van het 'individualistische' liberale parlementarisme en van de 'materialistische' klassestrijd zouden wegsmelten voor een diep doorvoelde harmonie gestoeld op *natuurlijke* groepen – streek, vak, familie, stand. In dit studentenmilieu ontving de gehaaide Ardense brouwerszoon Léon Degrelle, de latere stichter van *Rex*, zijn vorming.

Eenzelfde zoeken naar een 'natuurlijke' orde die, vér van het moderne materialisme en de parlementaire partijtwisten op hogere 'geestelijke' waarden zou berusten, bezielde burgerlijke kringen in heel naoorlogs Europa. In de jaren tussen 1920 en 1939 zou de ene na de andere fragiele democratie eraan ten prooi vallen. In de Belgische jaren twintig bleven het vooralsnog minderheidsbewegingen, gevoed door de naoorlogse onzekerheid. Het waren zeer magere jaren, vooral door de middenklassen als mager aangevoeld: in die kringen heerste de overtuiging dat de burgerij het meest aan de oorlogsinspanning had bijgedragen – in levens, en ook in goud – en daarvoor slechts was beloond met een omverwerping van de sociale hiërarchie. De naoorlogse vooruitgang leek slechts het grote kapitaal en de georganiseerde arbeid te begunstigen; de middenklassen gingen er, zo was het algemene gevoel, alleen maar op achteruit. Voor het eerst in hun getrouwde leven konden Domela en zijn vrouw geen meid betalen, zoals de dominee vanuit Friese ballingschap verbitterd zijn vrienden liet weten. Dáárin althans deelde hij de gevoelens van veel leden van de Belgische burgerij. De tijden waren veranderd, schreef Woeste. Het gezag was zijn prestige kwijt, de werklieden bleven zeuren, wát ze ook kregen, en ook het huispersoneel was niet meer wat het geweest was.

Het bleven echter, zoals gezegd, vooralsnog minderheidsbewegingen. De ironische jaren twintig waren niet het tijdperk van de grote woorden. De Koninklijke Academie schreef bij haar eerste nieuwe prijsvraag na de oorlog (in 1922) nog prijzen uit voor verhandelingen over onderwerpen als 'de gedachte dat de *macht* het *recht* schept in het Griekse denken vóór Aristoteles' of 'een kritische studie over de vorming van de rassentheorie en deszelfs aanwending in de geschiedenis sinds het eind van de achttiende eeuw', themata die impliciet de vraag stelden naar de Belgische ervaring in de oorlog; doch nauwelijks een intellectueel klom dienaangaande in de pen, en het jaar daarna ging men over tot meer gewoon-erudiete onderwerpen.[450] Internationaal was *Brave Little Belgium* niet langer meer het symbool van de bedreigde Europese beschaving, de belangstelling zakte weg, de Volkenbond zetelde in Genève en niet in Brussel, en dat was dan dat.

Aan steeds heviger slijtage onderhevig was de gedachte dat de oorlog als een soort strijd van de beschaving tegen de barbarij *zin* had gehad, en dat België – onschuldig overvallen, heroïsch het rechtsbeginsel verdedigend tegen brute overmacht in – van deze *zin* het *zinnebeeld* was. Zoals gebruikelijk waren het de avant-gardisten die als eersten de barsten in het marmeren monument aanwezen: die, als pacifisten, de oorlog in zijn geheel een kwaad noemden en, als anarchisten, het kwaad bij regeringen, staten, generaals, het gezag überhaupt legden. Met bijtend sarcasme verwezen zij patriottische frasen naar de storthoop. '*Héros* rijmt op *idiot* en *crétin* op *chrétien*,' schreef het Brusselse avant-gardeblad *Haro!* Het nummer van augustus 1919 verscheen met een voorpagina waarop een gezelschap champagne drinkende zeepbaronnen het lied 'Sterven voor het vaderland is het schoonste lot' aanhief onder een portret van de gehelmde Koning-Soldaat. 'Le Max' (Adolphe Max) was in dit bijtende blad, waar onder anderen ook de hogervermelde dadaïst Clément Pansaers aan meewerkte, goed voor ladingen ironie, evenals de kardinaal, Destrée, Vandervelde, en andere vaderlandse boegbeelden. *Haro!* wierp vitriool over de vaderlandse dodencultus, het militarisme, de burgerlijke moraal en de Beurs, en was ook uitermate kritisch over de naoorlogse hetzes tegen al wie tijdens de oorlog een 'onvaderlandse houding' aan den dag zou hebben gelegd.[451]

Aangezien het *Belgicisme-à-papa* steeds meer samenviel met een conservatieve ideologie die wet en orde, militarisme en godsdienst omhelsde, vond bij de flaminganten onder de naoorlogse avant-gardisten een soort *Wahlverwandtschaft* plaats tussen Vlaamsgezindheid en nieuwe ideeën – pacifisme, vrije liefde, vrijzinnigheid, anarchisme. In de kleine kringen rond literair-filosofische tijdschriften als *Ruimte* en *Ter Waarheid* werden de idealen van de 'harmoniese gemeenschap' en van de Vlaamsgezindheid tot één stralend toekomstbeeld versmolten. Deze generatie brak nadrukkelijk met het wat precieuze *Van Nu en Straks*-individualisme van voor de oorlog en met de 'Belgische Vlaamsgezindheid' van Vermeylen en de zijnen. Fel voeren de *angry young men* van de nieuwe generatie uit tegen de 'geestelike verbastering n.l. de gehallusineerde staat België'.[452]

Wel bleef al deze gemeenschapskunst tot zeer selecte groepjes beperkt, en zelfs Paul Van Ostaijen verwierp vanuit Berlijn zijn humanitair-expressionistische *Het Sienjaal* van 1918 als 'buiten-lyrische hogeborst-zetterij'.[453] Zoals gezegd – de jaren twintig waren niet het tijdperk van de grote woorden. Treffend gaf Cyriel Buysse dit weer in zijn toneelstuk *Jan Bron* uit 1920. De gelijknamige held, een idealistisch aangelegd activist, die aan het einde van de oorlog naar Nederland is gevlucht, moet in de slotscène van het stuk vaststellen dat zijn hooggestemde idealen weinig weerklank vinden bij het volk dat hij meent te vertegenwoordigen – in casu de Svejk-achtige Belgische grenswachters aan wie hij zich vrijwillig komt overgeven:

> Ik kom mij aangeven, zeg ik u! Ik kom mij gevangen geven. *(Steekt zijn handen uit.)* Sla mij de boeien om!
> *Eerste Belg. soldaat.* Joa moar, meniere, loat ons ne kier serieus zijn, e-woar. Wie zij-de gij?
> *Jan Bron. (fier).* Ik ben Jan Bron.
> *Eerste Belg. soldaat. (tot tweede Belg. soldaat)* Weet-e gij wie dat dat es?

Tweede Belg. soldaat. Nee, zulle!
Eerste Holl. soldaat. Een gek is 't!
Jan Bron. Ik wil in de gevangenis...! Voor mijn geloof, voor mijn liefde... voor Vlaanderen.
Eerste Belg. soldaat. Joa moar enfin, meniere...
Jan Bron. (gaat opgewonden naar het houten huisje). Waar is je telefoon? Ik zal me zelf aangeven.
Eerste Belg. soldaat. (volgt hem). Loat da gerust. Da zal ik wel doen. [...] *(telefoneert).* Allo!... Hoofdwacht... Ja... allo, zeg... Zeg, 'k zit hier mee ne zot aan de grens... hij hè hier al eirde opgeroapt va de grond... hij komt hem als gevangene aangeven... Wa moe'k doarmee doen?... Hij heet Jan Bron, zegt hij... hij hè doar... Wat?... Hè...? Jan Bron, ja... Jan Bron... Ja... Ja... Ja...
Terwijl Eerste Belg. soldaat telefoneert gaat Tweede Belg. soldaat in de dalende schemering weer op zijn houten kist zitten en speelt er op zijn instrumentje de Brabançonne. De Holl. soldaten trekken zich terug in hun hokje en steken er een lichtpitje aan.
Het gordijn daalt langzaam. [454]

En intussen ging het lands leven verder. Ontdaan had de mooie, elegante Nederlands-Belgische Mary van Gastel bij haar terugkeer uit de Verenigde Staten, waar zij een hoogst succesvolle lezingentournee ten bate van *Poor Little Belgium* had gehouden, vastgesteld hoe oubollig haar pas gedemobiliseerde Vlaamse verloofde eruitzag met zijn lelijke das en, godbetert, zijn *wandelstok* – het scheelde niet veel of ze had de verloving verbroken en de eerste boot terug naar de swingender *States* genomen, zo zou ze later getuigen.[455] Maar ook België veranderde. Bleef het platteland het domein van processie en bolspel, toch begonnen zelfs in de boerendorpen straatzangers charlestons ten beste te geven.

En de stad raakte doordrenkt van een nieuwe cultuur van cinema, sigaretten, jazz, en een Amerikaanse *panache.* Kortgeknipte *Garçonnes* dansten de foxtrot met gladgeschoren jongelieden op de tonen van 'Elle a mis son smoking', daarbij niet langer gehinderd door de belle-époque *chignons* en gecompliceerde korsetten waarvan Herman Teirlinck de verdwijning zo betreurde. Een béétje balzaal had haar eigen jazzorkest en de grotere danspaleizen – de *Saint-Sauveur* in Brussel, het *Magic Palace* in Antwerpen en het *Forum* in Luik – huurden ook nog eens een tango-orkest voor in de pauze. Ter gelegenheid van de Mechelse kermis van 1924 speelde in *Dancing Scala* naast het gewone walsorkest ook 'een jass-band [sic] van een geheel bijzondere samenstelling', zoals het affiche aankondigde, eraan toevoegend: 'Het publiek heeft zich dus aan iets geheel nieuws te verwachten!'[456] Jongejuffrouwen rookten Belga-sigaretten met zwierig, exotisch dameslogo, droegen lippenstift (voor de oorlog uitsluitend in louche gezelschap gebruikelijk), geestige geometrische valse juwelen en *chaussures d'Izegem* en, als ze het betalen konden, een *petite robe noire* van *Maison Norine* in Brussel. Smaak, mode en inkomen – niet langer kaste en stand – bepaalden voortaan hun verschijning.

Maison Norine was eigendom van Honorine 'Nono' Deschryver, de enige ontwerpster van Belgische couture. Ze had het razend succesvolle modehuis vlak na de oorlog opgericht samen met haar echtgenoot Paul-Gustave 'Tatave' Van Hecke, net als zij uit Gent afkomstig. 'Nono' en 'Tatave' onderscheidden zich tevens in het kunstmecenaat: ze steunden Magritte en introduceerden Kandinsky en Klee in België. Van Hecke gaf verder tijdschriften uit, schreef kunstkritieken en dichtte – hetgeen hij voor de oorlog in het Nederlands deed en na de oorlog alleen nog in het Frans, wat confrater Van De Woestijne betreurde, daarbij zijn *Poèmes* uit 1924 wel prijzend als 'Vlaamser dan al wat hij vroeger schreef'.[457] Het was, kortom, als vanouds een janboel in de letteren; Herman Teirlincks experimentele stuk *De man zonder lijf* uit 1924 werd voor het eerst gespeeld door een francofone toneelgroep; de barokke stukken van Michel de Ghelderode, zoals de *Images de la mort de Saint-François*, kwamen op de planken dankzij het (nota bene uit het Fronttoneel gegroeide) *Vlaamsche Volkstooneel*.

Al dit fraais vond plaats tegen de achtergrond van een economie die langzaam herstelde van jaren van rampspoed. Kwamen de herstelbetalingen er niet, 1925 werd een keerpunt en vanaf het jaar daarna werd het leven alles bij elkaar genomen beter. Een zakenkabinet met de onvermijdelijke Francqui achter de schermen hief voor twee miljard nieuwe belastingen en de frank was weer goud waard (zij het minder). Een program van openbare werken werd uitgevoerd – men begon met het graven van het Albertkanaal – evenals een program van volkshuisvesting onder de kreet 'Weg met de krotten!' Het was het begin van een tijdperk van economische vooruitgang; in de periode van 1927 tot en met 1930 heerste een zekere economische euforie en de feesten rond het honderdjarig bestaan van België in 1930 vonden dan ook plaats in een stemming van optimisme.

Bij die eeuwfeesten, zo had Mercier op 21 juli 1916 voor een bomvolle Sint-Michielskerk in Brussel voorspeld, zouden de Belgen aan de donkere dagen van 1914-1916 terugdenken als aan de vruchtbaarste tijd van hun nationale geschiedenis – een tijd waarin zij hadden geleerd 'de passies die ons verdelen' naar het tweede plan te verschuiven.[458] Het jaar 1930, dat hijzelf niet meer zou meemaken – hij stierf acht jaar na de bevrijding – vormde echter bepaald geen bejubeling van een naadloze natie. De eeuwfeesten boden twéé tentoonstellingen, één in Luik en één in Antwerpen. De universiteit van Gent werd in datzelfde jaar geheel Nederlandstalig, een hervorming die het parlement met grote meerderheid goedkeurde (154 stemmen voor en tien tegen bij zes onthoudingen). Het streektaal-voertaalbeginsel had het pleit gewonnen en dat was een schone zaak. Immers, vrijheid van taalgebruik mocht ooit een mooie liberale gedachte zijn geweest, het taalgebruik als accentuering van het standsverschil, zoals dat in Vlaanderen bestond, werd een anachronisme en ging dan ook de weg van het meervoudige stemrecht en de dienstplichtloting op: het verdween, zij het in eerste instantie alleen op officieel niveau.

Dit alles paste in een nieuwe definitie van de natie, een definitie waarin de liberale vrijblijvendheid plaats maakte voor een emancipatorische geest, en waarin de tweetaligheid niet enkel in *rechte*, maar op den duur ook in *feite* zou worden erkend. Een en ander werd – het zou België niet zijn – moeizaam bereikt in de vertrouwde stemming van touwtrekken, manoeuvres en *zagerij*. Het land had tot nader order zijn gewone querulante *je ne sais quoi* hervonden. Het stond allemaal tamelijk ver af van de harmonieuze idylle die Mercier tijdens de bezetting had geschilderd.

En ook dát was, alles welbeschouwd, een schone zaak. Want het gevaar dat de pragmatische, twistzieke Belgische democratie zou bedreigen in de jaren dertig – op de puinhopen van de kortstondige welvaart, toen de naoorlogse periode ongemerkt overging in een nieuwe vooroorlogse – wortelde nu juist in het rotsvaste geloof in de noodzaak van een volkomen versmelting van 'volk' en 'staat'. En in die donkere, dolende jaren dertig voltrok zich ook een verdere boedelscheiding van de erfenis van de *Groote Oorlog*.

NOTEN

VOORWOORD

1 Eigen baanbrekend werk incluis: zie het doorgaande oeuvre van professor emeritus Lode Wils.

2 In het hoofdstuk "Belgium," in: John Horne, ed., *A Companion to World War I*, Londen: Wiley- Blackwell, 2010, 386-402.

3 De onvolprezen Pierre-Alain Tallier (Rijksarchief Brussel) publiceert eerstdaags een nieuw bibliografisch overzicht van werk over België en de Eerste Wereldoorlog. Een ander overzicht, bezorgd door Benoît Majerus en Bruno Benvindo, verschijnt binnenkort online op de wetenschappelijke site *1914-1918 online: International Encyclopedia of the First World War*. Niet te missen is het met diep inzicht door Giselle Nath en Maarten van Alstein voor het Vlaams Vredesinstituut opgestelde *14-18 van dichtbij: inspiratiegids voor lokale projecten over de Grote Oorlog* (Leuven-Den Haag: Acco, 2012).

4 Een selectie uit dit werk verschijnt onder de titel *Erfzonde van de twintigste eeuw: notities bij '14-'18* (Amsterdam-Antwerpen: Houtekiet – Atlascontact, 2013).

HOOFDSTUK I

5 *Encyclopaedia Britannica*, 11de druk (Londen, 1910), deel III, p. 668, mijn vertaling.

6 Geciteerd in Henri Charriaut, *La Belgique moderne, terre d'expériences* (Parijs, 1910), pp. 320-1, mijn vertaling.

7 Eric J. Hobsbawm, *The Age of Empire 1875-1914* (Londen, 1987), p. 66, mijn vertaling.

8 Karl Baedeker, *Belgium and Holland, including the Grand Duchy of Luxemburg: Handbook for Travellers*, 15de herziene druk (Leipzig-Londen, 1910), p. XXVI, mijn vertaling.

9 Camille Lemonnier, *La vie belge* (Parijs, 1905), p. 145, mijn vertaling.

10 Lalla Vandervelde, *Monarchs and Millionnaires* (Londen, 1925), p. 19, mijn vertaling.

11 Conrad Busken Huet, *Het land van Rubens: Belgische reisherinneringen*, derde druk (Haarlem, 1905), p. 326.

12 Henri Pirenne, *Histoire de Belgique*, deel VII: *De la révolution de 1830 à la guerre de 1914*, tweede druk (Brussel, 1948), p. 393, mijn vertaling.

13 *La justice sociale* van 10 maart 1895, geciteerd in: E.H. Kossmann, *De Lage Landen 1780-1980: twee eeuwen Nederland en België*, tweede druk (Amsterdam, 1986), deel I, noot 92 p. 465, mijn vertaling.

14 Geciteerd in Kossmann, *op. cit.*, p. 412, mijn vertaling.

15 In *Sozialismus und Sociale Bewegung* (Jena, 1905), geciteerd in Pirenne, *op. cit.*, p. 343, mijn vertaling.

16 Emile Vandervelde, *Souvenirs d'un militant socialiste* (Parijs, 1939), p. 63, mijn vertaling.

17 Pirenne, *op. cit.*, p. 339, mijn vertaling.

18 Suzanne Lilar, *Une enfance gantoise* (Parijs, 1976), pp. 45-46, mijn vertaling.

19 Geciteerd in: Hendrik Elias, *Geschiedenis van de Vlaamse gedachte 1780-1914*, vierde deel: *Taalbeweging en cultuurflamingantisme. De groei van het Vlaamse bewustzijn 1883-1914*, tweede druk (Antwerpen, 1971), p. 410.

20 Elias, *op. cit.*, p. 163, mijn vertaling.

21 K. De Clerck et al., *Kroniek van de strijd voor de vernederlandsing van de Gentse universiteit* (Beveren-Antwerpen, 1980), p. 81, mijn vertaling.

22 Geciteerd in Kossmann, *op. cit.*, p. 383.

23 Geciteerd in Elias, *op. cit.*, p. 161.

24 Geciteerd in Elias, *op. cit.*, p. 149.

25 August Vermeylen, 'Vlaamse en Europese beweging' in *Verzameld Werk* (Brussel, 1951), deel 2, pp. 157-170, citaat op p. 170.

26 Vermeylen, *op. cit.*, p. 165-6 (cursivering in de tekst zelf).

27 Geciteerd in Elias, *op. cit.*, p. 75. Verder waren De Raet en Vermeylen het overigens over bitter weinig zaken eens.

28 In een obituarium voor Waxweiler, verschenen in de *Nieuwe Rotterdamsche Courant* van 29 juni 1916. Karel Van De Woestijne, *Verzameld journalistiek werk*, Ada Deprez ed. (Gent, 1992), deel IX, p. 204.

29 In de – onvoltooid gebleven – autobiografie *Charles Aurel*, waarvan een fragment is overgenomen in de *Anthologie des écrivains belges morts à la guerre* (Brussel, 1922), pp. 54-62; zie p. 55 voor het citaat (mijn vertaling).

30 Jules Destrée, 'Lettre au Roi sur la séparation de la Wallonie et de la Flandre', *Revue de Belgique* xliv, 3de serie, 15 augustus en 1 september 1912, mijn vertaling.

31 Boumal, in *Anthologie*, pp. 55 en 54, mijn vertaling.

32 Geciteerd in Elias, *op. cit.*, p. 82.

33 Stefan Zweig, *Emile Verhaeren, sa vie, son oeuvre* (oorspronkelijke uitgave 1910; nieuwe druk Parijs, 1985), p. 19, mijn vertaling.

34 Zie Henri Pirenne, 'Le pangermanisme et la Belgique', *Académie royale de Belgique. Bulletin de la classe des lettres et des sciences morales et politiques*, jaargang 13, nummer 5 (mei 1919), pp. 341-373, vooral p. 357.

35 Geciteerd in Lemonnier, *op. cit.*, p. 75, mijn vertaling.

36 Charriaut, *op. cit.*, pp. 1 en 380, mijn vertaling.

HOOFDSTUK II

37 Jacques Willequet, 'Belgique et Allemagne, 1914-1945', in *Sentiment national en Allemagne et en Belgique (XIXe-XXe siècles). Colloque des 25 et 26 avril 1963* (Brussel, 1964), pp. 59-75, p. 60, mijn vertaling.

38 Stijn Streuvels, *In oorlogstijd. Het uitgegeven en het onuitgegeven oorlogsdagboek 1914-1918*, Luc Schepens ed. (Brugge-Nijmegen, 1979), p. 48.

39 Geciteerd in Jean Stengers, 'La Belgique', in Jean-Jacques Becker ed., *Les sociétés européennes et la guerre de 1914-1918* (Parijs, 1990), pp. 75-91, p. 78, mijn vertaling.

40 Verschenen in respectievelijk 1911 en 1912, en van de hand van respectievelijk de Duitse generaal Von Bernhardi en de Franse journalist Etienne Rey.

41 Geciteerd in Stengers, *op. cit.*, p. 78.

42 In *Deutschland und der nächste Krieg* (Berlijn, 1911), geciteerd in Emile Waxweiler, *La Belgique neutre et loyale* (Parijs-Lausanne, 1915), p. 26, mijn vertaling.

43 Geciteerd in James Joll, *The Origins of the First World War*, tweede herziene druk (Londen-New York, 1992), p. 216, mijn vertaling.

44 Robert Devleeshouwer, *Les Belges devant le danger de guerre 1910-1914* (Leuven-Parijs, 1958), p. 184.

45 Stengers, *op. cit.*, p. 76, mijn vertaling.

46 Henri Pirenne, voorwoord bij J. Cuvelier, *L'invasion allemande* (deel II in *La Belgique et la guerre*), tweede herziene druk (Brussel, 1924), p. VII, mijn vertaling.

47 Jean Stengers, 'Belgium', in Keith Wilson ed., *Decisions for War 1914* (New York, 1995), pp. 151-174, p. 155, mijn vertaling.

48 Jean Stengers, 'L'entrée en guerre de la Belgique', *Guerres mondiales et conflits contemporains* nummer 179 (1995), pp. 13-33, p. 16, mijn vertaling.

49 Joll, *op. cit.*, p. 27, mijn vertaling.

50 Barbara W. Tuchman, *The Guns of August* (New York, 1994), p. 71, mijn vertaling.
51 Joll, *op. cit.*, p. 14, mijn vertaling.
52 Joll, *op. cit.*, p. 15, mijn vertaling.
53 Joll, *op. cit.*, p. 23.
54 Joll, *op. cit.*, p. 79, mijn vertaling.
55 Devleeshouwer, *op. cit.*, p. 234, mijn vertaling.
56 Henri Bernard, *L'an 1914 et la campagne des illusions* (Brussel, 1982), p. 32, mijn vertaling.
57 K. De Clerck, et al., *Kroniek van de strijd voor de vernederlandsing van de Gentse universiteit* (Beveren-Antwerpen, 1980), p. 103; Devleeshouwer, *op. cit.*, pp. 234-235, mijn vertaling.
58 Devleeshouwer, *op. cit.*, p. 248, mijn vertaling.
59 Devleeshouwer, *op. cit.*, p. 259.
60 Joll, *op. cit.*, p. 213.
61 Devleeshouwer, *op. cit.*, pp. 275-276, mijn vertaling.
62 Marie-Thérèse Bitsch, *La Belgique entre la France et l'Allemagne* (Parijs, 1994), p. 504; zie ook Tuchman, *op. cit.*, p. 100.
63 Devleeshouwer, *op. cit.*, p. 277, mijn vertaling.
64 Tuchman, *op. cit.*, p. 99, mijn vertaling.
65 André Balériaux, *Août 1914: de Sarajevo à Charleroi* (Ottignies, 1994), p. 158.
66 Devleeshouwer, *op. cit.*, pp. 287-288, mijn vertaling.
67 Zie voor een facsimile van het ultimatum, Alfred De Ridder, *Histoire diplomatique 1914-1918* (deel IV in *La Belgique et la guerre*), tweede druk (Brussel, 1922), pp. 128-129, mijn vertaling.
68 Minister van Staat Paul Hymans, geciteerd in Devleeshouwer, *op. cit.*, p. 300, mijn vertaling.
69 Devleeshouwer, *op. cit.*, p. 301, mijn vertaling.
70 De Ridder, *op. cit.*, pp. 134-135, mijn vertaling.
71 Streuvels, *op. cit.*, p. 50.
72 Henri Pirenne, *La Belgique et la guerre mondiale* (oorspronkelijk 1928), herdruk in Henri Pirenne, *Histoire de Belgique des origines à nos jours* (Brussel, 1975), deel V, p. 208, mijn vertaling.
73 Elfnovembergroep, *Van den grooten oorlog* (Kemmel, 1978), p. 17; voor een gelijksoortig getuigenis uit het dorpje Alveringem, eveneens in de Westhoek, zie Cyriel Verschaeve, *Oorlogsindrukken*, Daniël Vanacker en Romain Vanlandschoot ed. (Gent, 1996), p. 17.

74 Streuvels, *op. cit.*, p. 50.

75 Julius Hoste jr. in het *Laatste Nieuws* van 4 augustus 1914, aangehaald in R. Casteels en G. Vandegoor, *1914 in de regio Haacht. Kleine dorpen in de Grote Oorlog* (Haacht, 1993), p. 207.

76 Devleeshouwer, *op. cit.*, p. 316, mijn vertaling.

77 Streuvels, *op. cit.*, p. 52.

78 Karel Van De Woestijne, *Verzameld journalistiek werk*, Ada Deprez ed. (Gent, 1992), deel VII, pp. 396-397.

79 Stefan Zweig, *Die Welt von Gestern. Erinnerungen eines Europäers* (Berlijn, 1955), p. 205, mijn vertaling.

80 *Anthologie des écrivains belges morts à la guerre* (Brussel, 1922), pp. 236-238, mijn vertaling.

81 Frederik Deflo, *De literaire oorlog. De Vlaamse prozaliteratuur over de Eerste Wereldoorlog* (Aartrijke, 1991), p. 19, mijn vertaling.

82 De zogeheten 'IJzersymbolen' waren tien gesneuvelde Vlamingen, die na de oorlog in de crypte van de IJzertoren, het Vlaamse oorlogsmonument, werden bijgezet als zinnebeelden van de strijd van de Vlaamse frontsoldaten. Zie Mariette Jacobs, *Zij, die vielen als helden... Cultuurhistorische analyse van de oorlogsgedenktekens van de twee wereldoorlogen in West-Vlaanderen* (Brugge, 1995), deel I, p. 165.

83 Gaston Durnez, *Zeg mij waar de bloemen zijn. Beelden uit de Eerste Wereldoorlog in Vlaanderen* (Leuven, 1988), p. 34.

84 Deflo, *op. cit.*, pp. 18-19.

85 Hendrik J. Elias, *Vijfentwintig jaar Vlaamse beweging 1914/1939*, deel I: *De eerste wereldoorlog en zijn onmiddellijke nasleep, augustus 1914-november 1919* (Antwerpen, 1969), pp. 13-14.

86 Hendrik De Man, *Après coup* (Brussel-Parijs, 1941), pp. 105-109, mijn vertaling.

87 Woorden van de hyperchauvinistische journalist Louis Dumont-Wilden, geciteerd in Louis de Lichtervelde, *Le 4 août 1914 au parlement belge* (Parijs, 1918), p. 33, mijn vertaling.

88 De Lichtervelde, *op. cit.*, pp. 28, 30 en 32, mijn vertaling. Het getuigenis van de Lichtervelde lijkt niet bijzonder vertekend door zijn aristocratische en royalistische overtuigingen: het verslag van de Amerikaanse gezant in Brussel is in hoge mate gelijkluidend. Zie Brand Whitlock, *Belgium: A Personal Narrative* (New York, 1919), deel I, pp. 59-61.

89 De Lichtervelde, *op. cit.*, pp. 35-36, mijn vertaling.

90 Jules Destrée, *Souvenirs du temps de guerre*, Michel Dumoulin ed. (Leuven, 1980), p. 65; De Lichtervelde, *op. cit.*, p. 39, mijn vertaling.

91 Louis Bertrand, *Souvenirs d'un meneur socialiste* (Brussel, 1927), deel II, p. 231, mijn vertaling.

92 Geciteerd in de Lichtervelde, *op. cit.*, p. 43, mijn vertaling.

93 Devleeshouwer, *op. cit.*, p. 262, mijn vertaling.

HOOFDSTUK III

94 Volgens de anonieme brochure *Aus den Kämpfen um Lüttich, von einem Sanitätssoldaten* (Berlijn, 1915), p. 13, mijn vertaling.

95 *Aus den Kämpfen, op. cit.*, p. 15, mijn vertaling.

96 *Noot ten behoeve van de Nederlandse lezer.* 'Obus' is in Vlaanderen het gangbare woord voor 'projectiel van een kanon'. Het is zo sterk met de *Groote Oorlog* geassocieerd dat ik het in het vervolg van dit boek in plaats van de correcte term 'granaat' zal gebruiken.

97 *Aus den Kämpfen, op. cit.*, p. 27, mijn vertaling.

98 Auguste Vierset, *Mes souvenirs sur l'occupation allemande en Belgique* (Parijs, 1932), p. 15, mijn vertaling.

99 Barbara W. Tuchman, *The Guns of August* (New York, 1994), p. 179, mijn vertaling.

100 *Belgisch Staatsblad*, 84ste jaargang, nummer 219, 7 augustus 1914.

101 *New York Times*, 7 augustus 1914, p. 1, mijn vertaling. De parallel met de slag bij Thermopylae (waar Leonidas in 480 v.C. de Aziatische legers tegenhield en zo de geschiedenis inging als de held die de Griekse beschaving van de barbaren redde) werd ook door Romain Rolland getrokken: zie *King Albert's Book. A Tribute to the Belgian King and People from Representative Men and Women Throughout the World* (Londen, 1914), p. 107.

102 Tuchman, *op. cit.*, p. 178, mijn vertaling.

103 *New York Times*, 10 augustus 1914, p. 2, mijn vertaling.

104 *New York Times*, 10 augustus 1914, p. 3, mijn vertaling. België mocht de wereld tot voorbeeld dienen, schreef Bergson een paar maanden later. 'Een daad als deze maakt de ergste laagheden van de mensheid weer goed. Men is er weer trots op, mens te zijn.' *King Albert's Book, op. cit.*, p. 59, mijn vertaling.

105 Telegram van de minister van Buitenlandse Zaken Davignon, 12 augustus 1914. Zie het 'diplomatieke dagboek' van de secretaris van het Amerikaanse gezantschap in Brussel: Hugh Gibson, *A journal from our legation in Belgium* (Londen, 1917), p. 48, mijn vertaling.

106 Louis Bertrand, *Souvenirs d'un meneur socialiste* (Brussel, 1927), deel II p. 232, mijn vertaling.
107 Stijn Streuvels, *In oorlogstijd (het uitgegeven en het onuitgegeven oorlogsdagboek 1914-1918* (Brugge-Nijmegen 1979), p. 54.
108 Brand Whitlock, *Belgium: a personal narrative* (New York, 1919), deel I, p. 77.
109 Karel Van De Woestijne, *Verzameld journalistiek werk*, Ada Deprez ed. (Gent, 1992), deel VII, p.398.
110 Whitlock, *op. cit.*, p. 302, mijn vertaling.
111 Marcel Loncke, *Met het hoofd naar de brug van Schoorbakke*, F. Deleu ed. (Antwerpen-Baarn, 1989), p. 56.
112 Loncke, *op. cit.*, pp. 69-71.
113 Streuvels, *op. cit.*, pp. 63-4.
114 Whitlock, *op. cit.*, p. 134, mijn vertaling.
115 Richard Harding Davis, *With the allies* (New York, 1914), p. 30.
116 Een aankondiging van generaal Sixt von Arnim, bevelhebber van het Vierde Leger. Louis Gille, Alphonse Ooms en Paul Delandsheere, *Cinquante mois d'occupation allemande* (Brussel, 1919), deel I, p. 14, mijn vertaling. Zie ook pp. 18-19.
117 *New York Times*, 11 augustus 1914, p. 2, mijn vertaling.
118 Whitlock, *op. cit.*, p. 75.
119 R. Casteels en G. Vandegoor, *1914 in de regio Haacht. Kleine dorpen in de Grote Oorlog* (Haacht, 1993), p. 222.
120 Fernand Van Langenhove, *Comment naît un cycle de légendes. Francs-tireurs et atrocités en Belgique* (Lausanne-Parijs, 1916), p. 131, mijn vertaling.
121 Getekend Von Bülow, militair bevelhebber, Namen, 12 september 1914. Affiche op postkaartformaat in Algemeen Rijksarchief Brussel, Fonds *Bureau Documentaire Belge/Belgisch Documentatiebureau*, doos 183.
122 Martin Bossenbroek et al., *Vluchten voor de groote oorlog. Belgen in Nederland, 1914-1918* (Amsterdam, 1988), p. 15.
123 Whitlock, *op. cit.*, deel I, pp. 221-222, mijn vertaling. Zie ook Van Langenhove, *op. cit.*, pp. 110-114.
124 Whitlock, *op. cit.*, deel I, p. 160, mijn vertaling.
125 Bijna 600.000 Belgen waren naar het buitenland gevlucht (zie ook hoofdstuk IV).
126 Wolfgang Schivelbusch, *Die Bibliothek von Löwen. Eine Episode aus der Zeit der Weltkriege* (München, 1988), p. 27, mijn vertaling.

127 Casteels en Vandegoor, *op. cit.*, p. 218.

128 Van Langenhove, *op. cit.*, p. 221.

129 Commission d'enquête sur les violations des règles du droit des gens, des lois et des coutumes de la guerre, ed., *Rapports et documents d'enquête*, boek I: *Rapports sur les attentats commis par les troupes allemandes pendant l'invasion et l'occupation de la Belgique* (Brussel-Luik 1922), deel I, p. 449, mijn vertaling.

130 Zie Van Langenhove, *op. cit.*, p. 154; zie ook een brief van een Duits soldaat, aangehaald in J. Cuvelier, *L'Invasion allemande*, deel II in *La Belgique et la Guerre* (Brussel, 1924), pp. 56-58.

131 Kevin McAleer, *Dueling: the cult of honor in fin-de-siècle Germany* (Princeton, 1994), p. 115, mijn vertaling.

132 Schivelbusch, *op. cit.*, pp. 16-17, mijn vertaling.

133 Loncke, *op. cit.*, p. 88.

134 Henri Bernard, *L'an 1914 et la campagne des illusions* (Brussel, 1982), p. 95.

135 Bossenbroek, *op. cit.*, p. 30.

136 Loncke, *op. cit.*, p. 127; zie ook Bernard, *op. cit.*, p. 158.

137 *Archives et Musée de la Littérature*, Brussel: Louis Boumal, *Carnets de Campagne* (M.L. 3618), getypt manuscript, schrift II, folio 23, mijn vertaling.

138 Bernard, *op. cit.*, p. 151, mijn vertaling.

139 Generaal Galet, *S.M. Le Roi Albert, Commandant en chef devant l'invasion allemande* (Parijs, 1931), p. 324, mijn vertaling.

140 Met dank aan Rudy Dobbelaere, luitenant-kolonel b.d. bij de Belgische militaire genie. Eventuele fouten zijn geheel voor mijn rekening.

HOOFDSTUK IV

141 Elfnovembergroep, *Van den grooten oorlog* (Kemmel, 1978), p. 42.

142 Elfnovembergroep, *Van den grooten oorlog* (Kemmel, 1978), p. 47.

143 Henri Pirenne, *La Belgique et la guerre mondiale* (oorspronkelijk 1928), herdruk in Henri Pirenne, *Histoire de Belgique des origines à nos jours* (Brussel, 1975), deel V, p. 347, mijn vertaling.

144 Marie-Rose Thielemans ed., *Albert I: carnets et correspondance de guerre 1914-1918* (Parijs-Louvain-la-Neuve, 1991), p. 78.

145 Louis Gille, Alphonse Ooms en Paul Delandsheere, *Cinquante mois d'occupation allemande* (Brussel, 1919), deel I, p. 243.

146 Liane Ranieri, *Emile Francqui ou l'intelligence créatrice (1863-1935)* (Parijs-Gembloux, 1985), p. 120, mijn vertaling.
147 George I. Gay, ed., *Public relations of the Commission for Relief in Belgium: Documents* (Stanford (Californië), 1929), deel I, pp. 36-37, mijn vertaling.
148 Brand Whitlock, *Belgium: a personal narrative* (New York, 1919), deel I, p. 401.
149 *King Albert's Book: A Tribute To the Belgian King and People from Representative Men and Women Throughout the World* (Londen, 1914), pp. 107-108, mijn vertaling. Reeds eerder bracht Rollands beroemde anti-oorlogsartikel *Au-dessus de la mêlée* in een voorwoord hulde aan 'het nobele België': zie Jean Stengers, 'L'entrée en guerre de la Belgique', *Guerres mondiales et conflits contemporains* 179 (1995), pp. 13-33, p. 30.
150 *King Albert's Book*, *op. cit.*, p. 70, mijn vertaling.
151 Jay Winter en Blaine Baggett, *The Great War and the Shaping of the Twentieth Century* (New York-Londen, 1996), p. 356, mijn vertaling.
152 Allan Nevins ed., *The letters and journal of Brand Whitlock* (New York-Londen, 1936), deel II, pp. 313-315, mijn vertaling.
153 Nevins, *Brand Whitlock*, *op. cit.*, p. 297, mijn vertaling.
154 Hoover Institution Archives (Stanford, Californië): archieven *Commission for Relief in Belgium*, doos 500, notulen vergadering Nationaal Comité (Brussel, 18 februari 1915), bijvoegsel I.
155 Oeuvre du Comité National de Secours et d'Alimentation, ed., *Heures de détresse: Belgique 1914-1915* (Brussel, z.d. [1915]), p. 57, mijn vertaling.
156 Verslag van de *Rockefeller Foundation*, 1 januari 1915, aangehaald in C. de Gerlache de Gomery, *Belgium in War Time* (New York, 1916), p. 218, mijn vertaling.
157 Een Nederlandse getuige die verder het Duitse bestuur in België in het geheel niet ongenegen was: M.B. Van Der Jagt, *Europeesche dagboek-bladen van een Indisch-verlofganger (juli 1914-juli 1915)* (Semarang, 1916), p. 59. (Met dank aan H.W. van den Doel voor deze verwijzing.)
158 Gille et al., *op. cit.*, deel I, p. 138, mijn vertaling.
159 Max Warburg, *Notiz über meine Reise nach Amsterdam am 19.- bis 21. März 1915*, Parijs, privébezit, folio 4, mijn vertaling. (Met dank aan E.G. Lachman voor deze verwijzing.)
160 Gille et al., *op. cit.*, deel I p. 254, mijn vertaling.
161 Whitlock, *Belgium*, *op. cit.*, deel I p. 591.
162 Whitlock, *Belgium*, *op. cit.*, deel I p. 370, mijn vertaling.

163 Nevins, *op. cit.*, deel II p. 170, mijn vertaling.

164 Kardinaal Mercier, *Voix de la Guerre* (Luik, 1937), p. 56, mijn vertaling.

165 Jean Stengers, 'L'entrée en guerre de la Belgique', *Guerres mondiales et conflits contemporains* 179 (1995), pp. 13-33, p. 32, mijn vertaling.

166 In het verzetsblad *La Vérité*, jaargang 1915, nummer 6 (z.d. [circa begin september], pp. 8-9.

167 Zie het baanbrekende werk van Alex Vanneste, "Het eerste Ijzeren gordijn? De elektrische draadversperring aan de Belgisch-N grens tijdens de Eerste WO", Tijdschrift van de Dexia Bank vol. 54 nr 214, april 2000, pp. 39-82.

168 Sadi Kirschen, *Devant les conseils de guerre allemands*, Brussel, Rossel & Fils, 1919, p. 87.

169 Henri Plard, 'Bruxelles occupée (1915-1917) vue par deux écrivains allemands: Gottfried Benn et Otto Flake', in *Koninklijke Academie van België/Académie Royale de Belgique, Handelingen van de klasse der letteren/Bulletin de la Classe des Lettres*, vijfde reeks, 1988, pp. 123-142, pp. 133-134.

170 Pierre Ronvaux, *Gabrielle Petit: la mort en face* (Izegem, 1993), p. 206, mijn vertaling.

171 Gille et al., *op. cit.*, deel I pp. 450-451, mijn vertaling.

172 Whitlock, *Belgium*, *op. cit.*, deel I p. 433, mijn vertaling.

173 Whitlock, *Belgium*, *op. cit.*, deel I pp. 463-464, mijn vertaling; zie ook deel II, p. 399.

174 Jean Massart, *Belgians under the German Eagle* (Londen, 1916), p. 315, mijn vertaling.

175 Frank Wende, *Die belgische Frage in der deutschen Politik des Ersten Weltkrieges* (Hamburg, 1969), p. 29, mijn vertaling.

176 Wende, *op. cit.*, p. 45, mijn vertaling.

177 Overgenomen in *De ware oogmerken van Duitschland ten opzichte van België: een gedenkschrift en twee nagelaten brieven van Gouverneur-generaal Von Bissing* (Den Haag, 1917), p. 17.

178 Aangehaald in: Fernand Passelecq, *La question flamande et l'Allemagne* (Parijs, 1917), p. 217, mijn vertaling.

179 Wende, *op. cit.*, p. 35, mijn vertaling.

180 *La Vérité*, jaargang 1915, nummer 5 (z.d., circa eind augustus), pp. 12-13, mijn vertaling.

181 Whitlock, *Belgium*, *op. cit.*, deel II, p. 194.

182 Otto Flake, *Das Logbuch* (Gütersloh, 1970), pp. 195 en 198, mijn vertaling. Over Flake, zie het prachtige essay van Henri Plard, *op. cit.*

183 Wende, *op. cit.*, p. 47.

184 Wolfgang Mommsen, *Max Weber und die Deutsche Politik 1890-1920*, tweede herziene druk (Tübingen, 1974), p. 218, mijn vertaling.

185 Whitlock, *Belgium*, *op. cit.*, deel I, p. 365, mijn vertaling.

186 In het Nederlandse blad *De Kroniek* van oktober 1916, p. 408; aangehaald in Leo Van Puyvelde, *Het keerpunt der Vlaamsche Beweging* (Amsterdam, 1916), p. 19.

187 Wende, *op. cit.*, p. 72, mijn vertaling.

188 Wende, *op. cit.*, p. 46, mijn vertaling.

189 Whitlock, *Belgium*, *op. cit.*, deel II, p. 415, mijn vertaling.

HOOFDSTUK V

190 Pius Dirr, *Belgien als französische Ostmark* (Berlijn, 1917), p. 346, mijn vertaling.

191 Lode Wils, *Honderd jaar Vlaamse beweging*, deel II: *Geschiedenis van het Davidsfonds 1914-1936*, tweede druk (Leuven, 1985), p. 29, mijn vertaling.

192 Aangehaald in Henri Pirenne, *La nation belge et l'Allemagne* (Gent, 1920), p. 6, mijn vertaling.

193 Daniel Vanacker, *Het aktivistisch avontuur* (Gent, 1991), p. 32.

194 Karl Lamprecht, *Deutsche Zukunft – Belgien. Aus den nachgelassenen Schriften* (Gotha, 1916), p. 52, mijn vertaling.

195 'An die Kulturwelt! Ein Aufruf', verschenen in het *Berliner Tageblatt* van 4 oktober 1914. Aangehaald in John Horne en Alan Kramer, 'German "Atrocities" and Franco-German opinion, 1914: the evidence of German soldiers' diaries', *Journal of Modern History* jaargang 66, nummer 1 (maart 1994), pp. 1-33, pp. 5 en 10, mijn vertaling.

196 Voor dit en de voorgaande twee citaten, zie Roger Chickering, *Karl Lamprecht: A German academic life (1856-1915)* (Atlantic Highlands (New Jersey), 1993), pp. 439 en noot 61, p. 444, mijn vertaling.

197 Frank Wende, *Die belgische Frage in der deutschen Politik des Ersten Weltkrieges* (Hamburg 1969), p. 77, mijn vertaling.

198 Jean Stengers, 'L'entrée en guerre de la Belgique', *Guerres mondiales et conflits contemporains* 179 (1995), pp. 13-33, p. 33. Zie ook Wende, *op. cit.*, p. 78.

199 Vanacker, *op. cit.*, p. 29.

200 Lode Wils, *Flamenpolitik en aktivisme* (Leuven, 1974), p. 57.

201 Wils, *Flamenpolitik, op. cit.*, p. 60.

202 Affiche in Vanacker, *op. cit.*, p. 33.

203 Vanacker, *op. cit.*, p. 51.

204 Tekst overgedrukt in de brochure *Hoe Vlamingen Vlaamse Duitsgezindheid schatten* (La Havre, 1918), pp. 3-4.

205 Wils, *Honderd jaar, op. cit.*, p. 24.

206 Otto Flake, *Das Logbuch* (Gütersloh, 1970), p. 185, mijn vertaling.

207 August Vermeylen, 'Vlaamse en Europese Beweging' in *Verzameld Werk* (Brussel, 1951), deel 2, p. 160.

208 Karel Van De Woestijne, *Verzameld journalistiek werk*, Ada Deprez ed. (Gent, 1992), deel VIII, pp. 26-27.

209 *Patrie!* jaargang 2, nummer 15, p. 3 (circa juni 1916), mijn vertaling.

210 De tekst van Maeterlincks lezing verscheen in de *Figaro* van 2 december 1914 en werd later als zelfstandige brochure uitgeven onder de titel *Pour la Belgique* (Parijs, 1915); citaat p. 1, mijn vertaling.

211 Pius Dirr, 'Die Flamen und der Weltkrieg', deel 2, in *Der Belfried: Eine Monatsschrift für Geschichte und Gegenwart der Belgischen Lande*, eerste jaargang, nummer 2 (augustus 1916), pp. 69-78, p. 72, mijn vertaling.

212 Wils, *Flamenpolitik, op. cit.*, p. 52.

213 'Liederik' (pseudoniem van Joris Fassotte), *Vlaanderen's economische zelfstandigheid* (Antwerpen, 1917), p. 65 en passim.

214 Lode Wils, 'De Grootnederlandse beweging 1914-1944', in id., *Vlaanderen, België, Groot-Nederland: mythe en geschiedenis* (Leuven, 1994), pp. 261-291, p. 264.

215 Luc Schepens, *Koning Albert, Charles de Broqueville en de Vlaamse Beweging tijdens de Eerste Wereldoorlog* (Tielt, 1983), p. 59.

216 Koen Hulpiau, 'Dichter René De Clercq als flamingant – ontwikkeling naar het activisme in het eerste oorlogsjaar', in *Wetenschappelijke Tijdingen* jaargang 42 (1983), pp. 83-96, p. 86.

217 Leo Van Puyvelde, *Het keerpunt der Vlaamse Beweging* (Amsterdam, 1916), pp. 20-21.

218 Van Puyvelde, *op. cit.*, p. 20.

219 *De Vlaamsche Leeuw: vaderlands propagandablad* jaargang 2, nummer 16 (augustus 1916), p. 1.

220 Hulpiau, *op. cit.*, p. 91.

221 Hendrik Jozef Elias, *Vijfentwintig jaar Vlaamse beweging 1914/1939*, deel I: *De eerste wereldoorlog en zijn onmiddellijke nasleep* (Antwerpen, 1969), p. 100.
222 Frederik Deflo, *De literaire oorlog. De Vlaamse prozaliteratuur over de Eerste Wereldoorlog* (Aartrijke, 1991), p. 81.
223 Vanacker, *op. cit.*, p. 109.
224 Tekst overgedrukt in de brochure *Hoe Vlamingen Vlaamse Duitsgezindheid schatten* (La Havre, 1918), pp. 5-8.
225 Vanacker, *op. cit.*, p. 118.
226 Wils, *Flamenpolitik*, *op. cit.*, p. 162.
227 Zentrales Staatsarchiv Potsdam, *Nachlass Mumm*, 90 Mu. 3 nr. 90, p. 166, Domela aan Mumm, 22 februari 1918.
228 Wende, *op. cit.*, p. 93.
229 Vanacker, *op. cit.*, p. 110.
230 Zentrales Staatsarchiv Potsdam, *Nachlass Beyerle*, 90 Be 8 nr. 1, Dirr aan Beyerle, 8 mei 1916, p. 14 verso, mijn vertaling.
231 Vanacker, *op. cit.*, p. 118.
232 K. De Clerck et al., *Kroniek van de strijd voor de vernederlandsing van de Gentse universiteit* (Beveren-Antwerpen, 1980), p. 111.
233 Vanacker, *op. cit.*, p. 125.
234 J.H. Labberton, *Die sittliche Berechtigung der Verletzung der Belgischen Neutralität* (Berlijn, 1916), p. 67, mijn vertaling.
235 Zentrales Staatsarchiv Potsdam, *Nachlass Beyerle*, 90 Be 8 nr. 1, Beyerle aan Dirr, 4 augustus 1916, p. 11, mijn vertaling. Over Beyerle, zie vooral Winfried Dolderer, *Deutscher Imperialismus und belgischer Nationalitätenkonflikt. Die Rezeption der Flamenfrage in der deutschen Öffentlichkeit und deutsch-flämische Kontakte 1890-1920* (Melsungen, 1989), pp. 182-191.
236 Dolderer, *op. cit.*, p. 132.
237 De Clerck, *op. cit.*, p. 121.
238 Ludwig von Köhler, *Die Staatsverwaltung der besetzten Gebiete*, deel I: *Belgien* (Stuttgart, 1927), p. 178, mijn vertaling.
239 M. Bittlestone, 'De Gentse universiteit gedurende de Eerste Wereldoorlog', *Wetenschappelijke Tijdingen* jaargang 42 (1983), pp. 1-18 en 65-82, p. 16.
240 Beide stukken gepubliceerd in het Nederlandse blad *De Kroniek* van oktober 1916, en aangehaald in Van Puyvelde, *op. cit.*, p. 23.

241 *De Vlaamsche Wachter*, jaargang 1917, nummer 1 (januari 1917), pp. 1-3.

242 Beide uitspraken De Clerck, *op. cit.*, p. 117, mijn vertaling.

243 Bittlestone, *op. cit.*, p. 17.

244 Bittlestone, *op. cit.*, p. 79.

HOOFDSTUK VI

245 Luc De Vos, *De Eerste Wereldoorlog* (Leuven, 1996), p. 58.

246 Rudolf Binding, *Aus dem Kriege*, uittreksel in Jon Glover en Jon Silkin eds., *The Penguin Book of First World War Prose* (Londen, 1990), p. 93, mijn vertaling.

247 Max Deauville, *La boue des Flandres* (Parijs, 1930), p. 280, mijn vertaling.

248 Frederik Deflo, *De literaire oorlog. De Vlaamse prozaliteratuur over de Eerste Wereldoorlog* (Aartrijke, 1991), p. 53.

249 Franz De Backer, *Longinus*, eerste druk 1934, herdruk in A.G. Christiaens ed., *De Grote Oorlog: novellen over 14-18*, tweede druk (Leuven, 1994), pp. 7-52, p. 22.

250 Over de voedselvoorziening in het Belgische leger, zie vooral het onmisbare *Frontleven 14/18. Het dagelijks leven van de Belgische soldaat aan de IJzer* van Ria Christens en Koen De Clercq (Tielt, 1987), pp. 45-49. Voor een gedetailleerd overzicht van culinaire soldatentermen, zie Tony R. De Bruyne, *Soldatentaal 1914-1918* (Aartrijke, 1994), pp. 181-196. De verder in dit hoofdstuk voorkomende verwijzingen naar het Belgische soldatenjargon zijn aan deze beide werken ontleend.

251 De Backer, *op. cit.*, pp. 26-27.

252 De Bruyne, *op. cit.*, p. 282.

253 Henri Bernard, *L'an 1914 et la campagne des illusions* (Brussel, 1982), p. 218, mijn vertaling.

254 Max Deauville, *Jusqu'à l'Yser* (Leuven. z.d.), p. 204, mijn vertaling.

255 Fritz Francken (pseudoniem van Frederik Clijmans), *De blijde kruisvaart* (Amsterdam, 1929), p. 128.

256 Louis E. De Mey, *Maskers op?... Maskers af!* (Brugge, 1931), p. 199.

257 Deauville, *Yser*, *op. cit.*, p. 204-206, mijn vertaling.

258 De Backer, *op. cit.*, p. 22.

259 Florent Van den Berghe, *Dagboeken van een oudstrijder 1914-1918* (Wetteren, 1968), pp. 89-90.

260 *Archives et Musée de la Littérature*, Brussel: Louis Boumal, *Carnets de Campagne* (M.L. 3618), getypt manuscript, schrift v, folio 21, mijn vertaling.

261 Boumal, *op. cit.*, schrift IV, folio's 4-5, mijn vertaling.

262 Jozef De Cuyper, *Journal de campagne 1914-1917. Oorlogsdagboek van een hulpdokter bij het Belgisch leger*, André De Cuyper ed. (Brugge, 1968), p. 87, mijn vertaling.

263 Lode Wils, *Flamenpolitik en aktivisme* (Leuven, 1974), pp. 19-21.

264 Achille Van Acker, *Herinneringen: jeugd in oorlogstijd* (Antwerpen, 1967), p. 33.

265 Aldus de in 1932 uitgegeven roman *'t Es oorloge in den Belgikke* van de Vlaamse oud-strijder J. Huyberechts; zie Deflo, *op. cit.*, p. 75.

266 Hendrik Jozef Elias, *Vijfentwintig jaar Vlaamse beweging 1914/1939*, deel I: *De eerste wereldoorlog en zijn onmiddellijke nasleep* (Antwerpen, 1969), p. 123.

267 Daniel Vanacker, 'Cyriel Verschaeve aan het IJzerfront', in Cyriel Verschaeve, *Oorlogsindrukken*, Daniel Vanacker en Romain Vanlandschoot eds. (Gent, 1996), pp. 8-149, p. 77.

268 G. Bulthe, *De Vlaamse loopgravenpers tijdens de eerste wereldoorlog* (Brussel, 1971), p. 57.

269 Petrus Van Nuffel, *De Duitschers in Aalst* (Aalst, 1921), p. 158.

270 Deflo, *op. cit.*, p. 76.

271 Lode Wils, *Honderd jaar Vlaamse beweging*, deel II: *Geschiedenis van het Davidsfonds 1914-1936*, tweede druk (Leuven, 1985), pp. 60-61.

272 Foto van deze brochure in Rudiger (pseudoniem van Armand Wullus), *Flamenpolitik: suprême espoir allemand de domination en Belgique*, tweede druk (Brussel, 1921), illustratie nummer 3.

273 Boumal, *op. cit.*, schrift VI, folio 37, mijn vertaling.

274 Christens en De Clercq, *op. cit.*, pp. 131-2.

275 Wat niet vanzelf sprak: Stefan Zweig had, vierendertig jaar eerder, zijn Taine-proefschrift in het Duits geschreven. Een vroegere leerling van De Schaepdryver aan het Gymnasium Augustinianum in Eindhoven, waar hij nog aan het begin van de jaren zestig Frans doceerde, schreef schrijfster dezes in april 2001: "Hij sprak veel Frans in de les (in die tijd volstrekt ongebruikelijk)." Met oprechte dank aan de heer Jan Bedaux, Deventer.

276 Elias, *op. cit.*, p. 118.

277 Martin Gilbert, *First World War* (Londen, 1994), p. 325.

278 'Open brief aan den Koning van België, Albert I', overdruk in Karel De Schaepdryver en Jules Charpentier eds., *Open Brieven van de Vlaamsche Frontpartij*, *IJzerreeks* nummer 2 (z.p., 1918), pp. 7-22. Zie ook Elias, *op. cit.*, p. 123.

279 Algemeen Rijksarchief Brussel, Fonds-Van Der Essen (Belgisch Documentatiebureau), knipselmap 10, mapje 'Vandermeulen', extra Vandermeulen-editie *Vlaamsche Nieuws*, z.d. (circa september 1917), p. 1.

280 Rudiger, *op. cit.*, illustratie nummer 36.

281 Maurits Basse, *De Vlaamse Beweging van 1905 tot 1930* (Gent, 1930), deel I, p. 250.

282 Henri Haag, *Le comte Charles de Broqueville, Ministre d'Etat, et les luttes pour le pouvoir (1910-1940)* (Louvain-la-Neuve-Brussel, 1990), deel II, p. 642.

283 Elias, *op. cit.*, p. 130.

284 Elias, *op. cit.*, pp. 133-134.

285 Haag, *op. cit.*, p. 645, mijn vertaling.

286 Marie-Rose Thielemans, *Albert I: carnets et correspondance de guerre 1914-1918* (Parijs-Louvain-la-Neuve, 1991), p. 453, mijn vertaling.

287 Thielemans, *op. cit.*, p. 338, mijn vertaling.

288 Thielemans, *op. cit.*, pp. 454-455, mijn vertaling.

289 Elias, *op. cit.*, p. 132.

290 Elias, *op. cit.*, p. 135.

291 *Service historique de l'Armée de Terre*, kasteel van Vincennes (Frankrijk) (hierna te noemen Vincennes), oorlogsarchieven serie N, doos 7 N 1160, rapport van militair attaché Génie nummer 438, 2 juli 1917, folio 5, mijn vertaling.

292 Deflo, *op. cit.*, p. 114.

293 *Anthologie des écrivains belges morts à la guerre* (Brussel, 1922), p. 217, mijn vertaling.

294 Deauville, *Boue*, *op. cit.*, p. 281, mijn vertaling.

295 Luc Devliegher, *Oorlogsdagboeken uit de streek tussen IJzer en Leie* (Brugge, 1972), p. 219.

296 *La Discusión* (Havana), 17 september 1918, p. 9, mijn vertaling. Met dank aan Victoria de la Torre voor deze verwijzing.

297 Foto o.a. in Henri Pirenne, *La Belgique et la guerre mondiale* (oorspronkelijk 1928), herdruk in Henri Pirenne, *Histoire de Belgique des origines à nos jours* (Brussel, 1975), p. 338.

298 Vincennes, 7 N 1160, rapport van militair attaché Rouquerol nummer 25, 27 februari 1918, folio 2, mijn vertaling; rapport nummer 265, 20 juni 1918, folio 2, mijn vertaling.

299 Cyriel Buysse, *Van een verloren zomer* (Bussum, 1917) p. 26, mijn vertaling.

300 Onderhoud met de heer Omer Berckmans (1893-1996), Bever, 3 januari 1996. Met oprechte dank aan Guy Sirjacobs.

301 Deauville, *Boue, op. cit.*, p. 277, mijn vertaling.

302 Lut Ureel, *De kleine mens in de grote oorlog. Getuigenissen van twee generaties dorpsonderwijzers uit de frontstreek* (Tielt-Weesp, 1984), p. 220.

303 De Cuyper, *op. cit.*, p. 200, mijn vertaling.

304 Dhr. Omer Berckmans, onderhoud (*supra*).

305 Thielemans, *op. cit.*, p. 456, mijn vertaling.

306 Luc Schepens, "Frontbeweging," *Encyclopedie van de Vlaamse Beweging*, Tielt, 1973, deel I, pp. 541-555, p. 544; cijfer overgenomen in Luc Vandeweyer, "Frontbeweging," *Nieuwe Encyclopedie van de Vlaamse Beweging*, Tielt, 1998, pp. 1210-1216. Daniël Vanackers *De Frontbeweging. De Vlaamse strijd aan de IJzer*, Koksijde: De Klaproos, 2000, geeft geen cijfers.

307 *Anthologie, op. cit.*, p. 198.

308 Ureel, *op. cit.*, pp. 175-176.

HOOFDSTUK VII

309 Stijn Streuvels, *In oorlogstijd (het uitgegeven en het onuitgegeven oorlogsdagboek 1914-1918* (Brugge-Nijmegen, 1979), p. 644.

310 Karel Van De Woestijne, *Verzameld journalistiek werk*, Ada Deprez ed. (Gent, 1992), deel IX, pp. 316-317.

311 Suzanne Lilar, *Une enfance gantoise* (Parijs, 1976), p. 100, mijn vertaling.

312 Louis Gille, Alphonse Ooms en Paul Delandsheere, *Cinquante mois d'occupation allemande* (Brussel, 1919), deel III, p. 359, mijn vertaling.

313 *De Vlaamsche Leeuw*, 4de jaargang, nummer 22 (januari 1918), p. 2.

314 Petrus Van Nuffel, *De Duitschers in Aalst* (Aalst, 1921), p. 212.

315 Robert B. Armeson, *Total warfare and compulsory labor. A study of the military-industrial complex in Germany during World War I* (Den Haag, 1964), pp. 31-32, mijn vertaling.

316 Van De Woestijne, *op. cit.*, pp. 299-300.

317 Fernand Passelecq, *Déportation et travail forcé des ouvriers et de le population civile de la Belgique occupée (1916-1918)* (Parijs, 1928), p. 119, mijn vertaling.

318 Aangehaald in het Brusselse verzetsblad *Satirische Zeitung*, nummer 23 (27 oktober 1916), p. 4.

319 Passelecq, *op. cit.*, p. 269, mijn vertaling.

320 Ilse Meseberg-Haubold, *Der Widerstand Kardinal Merciers gegen die deutsche Be-*

setzung Belgiens 1914-1918: ein Beitrag zur politischen Rolle des Katholizismus im ersten Weltkrieg (Frankfurt am Main, 1982), noot 75 p. 317, mijn vertaling.

321 'Cri d'alarme des évêques belges à l'opinion publique', in Fernand Mayence ed., *La correspondance de S.E. le Cardinal Mercier avec le gouvernement-général allemand pendant l'occupation 1914-1918* (Brussel-Parijs, 1919), pp. 290-296, p. 293, mijn vertaling.

322 Zie illustratie in Henri Pirenne, *La Belgique et la guerre mondiale* (oorspronkelijk 1928), herdruk in Henri Pirenne, *Histoire de Belgique des origines à nos jours* (Brussel, 1975), p. 295.

323 Meseberg-Haubold, *op. cit.*, p. 141, mijn vertaling.

324 Passelecq, *op. cit.*, p. 277, mijn vertaling.

325 Meseberg-Haubold, *op. cit.*, noot 130 p. 325, mijn vertaling.

326 Marie-Rose Thielemans, *Albert I: carnets et correspondance de guerre 1914-1918* (Parijs-Louvain-la-Neuve, 1991), p. 412, mijn vertaling.

327 Thielemans, *op. cit.*, p. 115, mijn vertaling.

328 Van Nuffel, *op. cit.*, p. 212.

329 Hoover Institution Archives, Stanford (Californië): *Alice Aron Gugenheim papers*, oorlogsaantekeningen en schetsen, folio I, mijn vertaling.

330 Van Nuffel, *op. cit.*, p. 218.

331 Meseberg-Haubold, *op. cit.*, noot 198 pp. 338-339, mijn vertaling.

332 Zie de artikels van Klaus Kiefer en Ulrich Weisstein in Rainer Rumold en O.K. Werckmeister, *The ideological crisis of expressionism: the literary and artistic German war colony in Belgium 1914-1918* (Columbia, South Carolina, 1990); ook Robert Hoozee ed., *Moderne Kunst in België 1900-1945* (Antwerpen, 1992), pp. 95-99 en 109; Henri Plard, 'Bruxelles occupée (1915-1917) vue par deux écrivains allemands: Gottfried Benn et Otto Flake', in *Koninklijke Academie van België/Académie Royale de Belgique, Handelingen van de klasse der letteren/Bulletin de la Classe des Lettres*, vijfde reeks, 1988, pp. 123-142, vooral 127-128; ook Frederik Leen et al., *Avant-garde in België 1917-1929* (Brussel, 1992), en het tweedelige G. Borgers, *Paul Van Ostaijen, een documentatie* (Den Haag, 1971).

333 Cijfers in Laurence Van Ypersele en Emmanuel Debruyne, De la guerre de l'ombre aux ombres de la guerre. *L'espionnage en Belgique durant la guerre 1914-1918. Histoire et mémoire*, Brussel : Labor, 2004, pp. 79-81.

334 Meseberg-Haubold, *op. cit.*, pp. 139-140, mijn vertaling.

335 Heinrich Waentig, *Belgien* (Halle, 1919), p. 18, mijn vertaling.

336 Van Nuffel, *op. cit.*, pp. 252-253.

337 Florent Van den Berghe, *Dagboeken van een oudstrijder 1914-1918* (Wetteren, 1968), p. 75.

338 Meseberg-Haubold, *op. cit.*, p. 165, mijn vertaling.

339 C. Sorgeloos en G. Veirman, 'La guerre du silence ou le journal de la Comtesse d'Oultremont', *Belgisch Tijdschrift voor Militaire Geschiedenis* jaargang 29 (1991), pp. 123-144 en 209-228, p. 142.

340 Gille et al., *op. cit.*, deel IV, pp. 401-402, mijn vertaling.

341 Van De Woestijne, *op. cit.*, p. 420.

HOOFDSTUK VIII

342 Lode Wils, *Honderd jaar Vlaamse beweging*, deel II, *Geschiedenis van het Davidsfonds 1914-1936*, tweede druk (Leuven, 1985), p. 57.

343 'Aan Mr. Dosfel', *De Vlaamsche Wachter* jaargang 1917, nummer 1 (januari 1917), p. 4.

344 Frank Wende, *Die belgische Frage in der deutschen Politik des Ersten Weltkrieges* (Hamburg, 1969), p. 111, mijn vertaling.

345 Wende, *op. cit.*, p. 113, mijn vertaling.

346 Zentrales Staatsarchiv Potsdam, *Nachlass Beyerle*, 90 Be 8 nr. 1, pp. 85 verso-86, Kisky aan Beyerle, 18 augustus 1916, mijn vertaling. Over Kisky, die net als Pius Dirr historicus en archivaris was, zie vooral Winfried Dolderer, *Deutscher Imperialismus und belgischer Nationalitätenkonflikt. Die Rezeption der Flamenfrage in der deutschen Öffentlichkeit und deutsch-flämische Kontakte 1890-1920* (Melsungen, 1989), pp. 131-133 en 186-188.

347 Karel Van De Woestijne, *Verzameld journalistiek werk*, Ada Deprez ed. (Gent, 1992), deel VIII, p. 612.

348 Wende, *op. cit.*, pp. 117-118, mijn vertaling.

349 L. Hoton, *Y eut-il un activisme wallon durant la guerre?* (Luik, 1936), p. 27, mijn vertaling.

350 Een foto van het manifest in Henri Pirenne, *La Belgique et la guerre mondiale* [Paris-New Haven 1928], herdruk in Pirenne, *Histoire de Belgique des origines à nos jours* (Brussel, 1975), deel V, p. 319, mijn vertaling.

351 Nationale Bond voor Belgische Eenheid, ed., *Geschiedkundig overzicht van het aktivisme* (Brussel, 1929), p. 35.

352 Zentrales Staatsarchiv Potsdam, *Nachlass Beyerle*, 90 Be 8 nr. 1, p. 128, J. Van Roy (?) aan Beyerle, 8 maart 1917, mijn vertaling.

353 *Het Vlaamsche Nieuws*, derde jaargang, 2 januari 1917; cursief in tekst.

354 Daniel Vanacker, *Het aktivistisch avontuur* (Gent, 1991), p. 159.

355 *De Vlaamsche Wachter*, jaargang 1917, nummer 11 (juni 1917), p. 3.

356 Wende, *op. cit.*, p. 115, mijn vertaling.

357 *Geschiedkundig overzicht*, *op. cit.*, pp. 22-23.

358 Zentralarchiv Potsdam, *Nachlass Beyerle*, 90 Be 8 nr. 2, p. 84, Rousseeu aan Linten, 17 december 1916.

359 *Geschiedkundig overzicht*, *op. cit.*, p. 28.

360 Tekst van het manifest in de bundel *Hoe Vlamingen Duitsche Vlaamschgezindheid schatten* (Le Havre, 1918), pp. 10-17.

361 Zentrales Staatsarchiv Potsdam, *Nachlass Beyerle*, 90 Be 8 nr. 1, p. 14, Dirr aan Beyerle, 8 mei 1916, mijn vertaling.

362 Wils, *op. cit.*, p. 51.

363 [Moritz von Bissing], *De ware oogmerken van Duitschland ten opzichte van België*, Fernand Passelecq ed. (Den Haag, 1917), pp. 7-33, citaten pp. 30-31.

364 *De Vlaamsche Leeuw*, jaargang 3, nummer 16 (augustus 1917), p. 2.

365 Uittreksel uit de 'Memorie van de Belgische Werkerspartij', in augustus 1917 aan Vandervelde overgemaakt, in de bundel *Wat de Belgen uit bezet België over de bestuurlijke scheiding denken* (Le Havre, 1917), p. 40.

366 Wils, *op. cit.*, p. 55.

367 *De Vlaamsche Wachter*, jaargang 1917, nummer 10 (mei 1917), p. 3.

368 Zentrales Staatsarchiv Potsdam, *Nachlass Beyerle*, 90 Be 8 nr. 9, p. 23, Stocké aan Beyerle, z.d. (april 1917), onderstreept in de tekst; 90 Be 8 nr. 7, pp. 75-78, Stocké, 'Titels en overzicht van mijn Vlaamsch-Duitsche politieke werking', 11 mei 1917 (citaat p. 76).

369 Vanacker, *op. cit.*, p. 52.

370 Leo Van Puyvelde, 'Het keerpunt der Vlaamse Beweging', *De Gids* jaargang 80 (1916), nummer 4, pp. 1-12, p. 5.

371 Leo Van Puyvelde, 'De Vlaamse Beweging en de oorlog', *De Gids* jaargang 82 (1918), nummer 1, pp. 316-339, p. 324.

372 Aangehaald in *De Vlaamsche Leeuw*, jaargang 3, nummer 16 (augustus 1917), p. 3. Zie ook Koen Hulpiau, 'Dichter René De Clercq als flamingant – ontwikkeling naar het activisme tijdens het eerste oorlogsjaar', *Wetenschappelijke Tijdingen* jaargang 42 (1983), pp. 83-96, p. 83.

373 Koen Hulpiau, 'Dichter René De Clercq als flamingant – Voor Vlaanderen en Groot-Nederland', *Wetenschappelijke Tijdingen* jaargang 42 (1983), pp. 237-247, p. 238.

374 Jef Van Extergem in *Het Vlaamsche Nieuws*, 13 juli 1917, p. 1.

375 *De Vlaamsche Leeuw*, jaargang 3, nummer 16 (augustus 1917), pp. 1-3.

376 Vanacker, *op. cit.*, p. 96; zie ook pp. 259 en 268. 'Fransgezind' heeft overigens bij Loveling een taalkundige, geen politieke betekenis.

377 *De Vlaamsche Leeuw* 3de jaargang, nummer 20 (november 1917), p. 3.

378 *De Vlaamsche Leeuw*, 4de jaargang, nummer 22 (januari 1918), p. 4.

379 'Luc' (pseudoniem van Raf Verhulst), editoriaal in *Het Vlaamsche Nieuws*, 10 juli 1917.

380 'Demos' (pseudoniem van Hendrik Grosemans en Josué De Decker), 'Naar Vlaanderen's Herwording', *Het Vlaamsche Nieuws* 25 november 1917.

381 *Geschiedkundig overzicht, op. cit.*, pp. 53 en 55. Zie ook Algemeen Rijksarchief Brussel, fonds *Raad van Vlaanderen* (hierna te noemen *Raad*), map P 55, notulen vergadering Raad 13 augustus 1917, p. 4.

382 *Geschiedkundig overzicht, op. cit.*, pp. 59-60. Zie ook Wende, *op. cit.*, pp. 170-171.

383 Von Bissing, *op. cit.*, p. 25.

384 Wende, *op. cit.*, p. 123, mijn vertaling.

385 K. De Clerck et al., *Kroniek van de strijd voor de vernederlandsing van de Gentse universiteit* (Beveren-Antwerpen, 1980), p. 127, mijn vertaling.

386 Zie de notulen van de vergadering in *Raad*, doos D 83/1 (tevens in map P 54).

387 Vanacker, *op. cit.*, p. 224.

388 *Raad*, map P 54: notulen algemene vergadering 19 januari 1918, p. 5.

389 Voor een origineel van dit manifest, zie Algemeen Rijksarchief Brussel, *Fonds-Van Der Essen* (Belgisch Documentatiebureau), map 14. Overdruk in de bundel *Hoe Vlamingen Duitsche Vlaamschgezindheid schatten* (Le Havre, 1918), pp. 20-31.

390 Commission d'enquête sur les violations des règles du droit des gens, des lois et des coutumes de la guerre, ed., deel IV: *Rapport sur les mesures législatives, judiciaires, administratives et politiques prises par les Allemands pendant l'occupation Rapport d'ensemble et conclusions* (Brussel-Luik, 1923), p. 72, mijn vertaling.

391 Op 12 januari 1918. Vanacker, *op. cit.*, p. 219.

392 *Raad*, map P 54, notulen algemene vergadering 15 december 1917, p. 28.

393 Vanacker, *op. cit.*, p. 224.

394 Wils, *op. cit.*, p. 55.

395 Zentrales Staatsarchiv Potsdam (Duitsland), *Nachlass Mumm*, 90 Mu 3 nummer 90, p. 180, Bogaerts aan Mumm, 28 februari 1918, onderstreept in het document.

396 Zentrales Staatsarchiv Potsdam (Duitsland), *Nachlass Mumm*, 90 Mu 3 nummer 90, p. 152 verso, Domela aan Mumm, 1 februari 1918.

397 *De Vlaamsche Leeuw*, 4de jaargang, nummer 22 (januari 1918), p. 2.
398 George M.P. Roose, 'De Tuchtidee', *Ons Land* 13 april 1918.
399 *Geschiedkundig overzicht, op. cit.*, p. 97.
400 *Raad*, map P 53, notulen vergadering 27 juni 1918, p. III/1. Over het vormen van een Vlaamse Rijkswacht, zie pp. III/2-iv/2; voor het uitgewerkte voorstel tot de oprichting van dit corps, zie *Raad*, doos D 53/1, map 'Rijkswacht'.
401 Vanacker, *op. cit.*, p. 229.
402 *Raad*, doos D 83/1, notulen vergadering 6 mei 1917, p. 4.
403 Naar het verslag van een audiëntie bij Von Falkenhausen, *Raad*, doos D 83/1, notulen vergadering 22 december 1917, p. 2.
404 *De Vlaamsche Leeuw*, 4de jaargang, nummer 22 (januari 1918), p. 3.
405 Vanacker, *op. cit.*, p. 262.
406 *Geschiedkundig overzicht, op. cit.*, p. 81. Ter vergelijking: het Belgisch Documentatiebureau in Le Havre kreeg 161.000 frank voor het gehele *jaar* 1918. (Zie Algemeen Rijksarchief, Brussel, *Belgisch Documentatiebureau, 1915-1920*, Dossier 1, document 1, Fernand Passelecq, 'Note sommaire sur l'organisation du Bureau Documentaire Belge et sur son activité pendant la guerre (1915-1918)', Le Havre, 31 oktober 1918).
407 *Raad*, doos 67/1, Prenau aan Middenbureel, rapport van 24 september 1917.
408 Zie bijvoorbeeld *Raad*, doos 67/1, rapport getiteld 'Verteilungsplan für Brochuren in den Flämischen Provinzen'.
409 *Raad*, doos 67/1, interne nota, z.d. (onderstreept in het document) en nota over debatavond van 21 juni 1918, Anderlecht (in map getiteld 'vertrouwelijke stukken'). Het Propagandabureel hield ook arrondissementele lijsten met 'vijanden en passieven' bij; diverse lieden stonden aldus als 'kabaalmaker op meetings' geficheerd. (Ibid., lijsten voor de arrondissementen Lier, Sint-Niklaas, Antwerpen, Mechelen, juni 1918.) Over de herkomst van het veronderstelde franskiljonse credo, zie onder andere een pamflet geschreven door de ingenieur Hendrik Mommaerts, anoniem verschenen onder de titel *Aan het Vlaamsche volk* (Lier, 1917), p. 5.
410 *Raad*, doos 67/1, uitnodiging voor een (besloten) propagandabureel-studieavond in Sint-Niklaas (Waas) van 8 juni 1918.
411 In de 'Open brief aan Generaal Bernheim', die oorspronkelijk begin januari 1918 aan het IJzerfront was opgesteld en verspreid. Herdrukt in Karel De Schaepdryver en Julius Charpentier, *Open Brieven der Vlaamsche Frontpartij*, IJzerreeks nummer II (z.p., 1918), p. 43. In zijn pamflet 'Broeders van den IJzer!' (geschreven in bezet

België op 23 mei 1918) zette De Schaepdryver de Bernheimhetze verder: 'Rekenschap zullen we vragen, Bernheim, dwingeland en moordenaar van onze Vlaamse jongens, verkrachter van onze Vlaamse maagden, gij afschuwelijk wangedrocht van een joodse Boche'... (manuscript, privébezit Gent, met dank aan prof. dr. A. De Schaepdryver; zie ook Rudiger (pseudoniem van Armand Wullus), *Flamenpolitik. Suprême espoir allemand de domination en Belgique* (Brussel, 1921), illustratie nr. 25).

412 Voor een kopie van de op 22 juni 1918 geschreven brief (die wegens de censuur in het Duits vertaald moest worden) zie Rudiger, *op. cit.*, illustratie nr. 11, mijn vertaling.

413 Zentrales Staatsarchiv Potsdam (Duitsland), *Nachlass Mumm*, 90 Mu 3 nummer 90, Domela aan Mumm, 10 april 1918, p. 209 verso.

414 *Raad*, map P 53, notulen vergadering 20 juni 1918, pp. VI/3 – VI/5, zie ook XI/2 – XI/4.

415 Louis Gille, Alphonse Ooms en Paul Delandsheere, *Cinquante mois d'occupation allemande* (Brussel, 1919), deel IV p. 255.

416 Vanacker, *op. cit.*, p. 325.

417 *Raad*, map P 53, notulen vergadering 25 juli 1918, p. II/1.

418 Dolderer, *op. cit.*, noot 135 p. 292, mijn vertaling.

419 Gille et al., *op. cit.*, deel IV p. 337, mijn vertaling.

HOOFDSTUK IX

420 *De Vlaamsche Leeuw*, 4de jaargang, nummer 30 (november 1918), p. 2.

421 Karel Van De Woestijne, *Verzameld journalistiek werk*, Ada Deprez ed. (Gent, 1992), deel IX, p. 178.

422 Maurits W.R. Van Vollenhoven, *Memoires, beschouwingen, belevenissen, reizen en anecdoten* (Amsterdam Brussel, 1946), p. 325.

423 Van De Woestijne, *op. cit.*, p. 465.

424 N.B.: Strikt genomen was Louis Franck geen burgemeester van Antwerpen, maar voorzitter van de intercommunale Groot-Antwerpen. Hij was tijdens de bezetting echter de verpersoonlijking van het vroede-vaderenverzet in het Antwerpse geworden en vervulde in die zin een rol vergelijkbaar met die van Adolphe Max.

425 Voor de tekst van de troonrede, zie o.a. Van De Woestijne, *op. cit.*, pp. 495-508.

426 Louis Gille, Alphonse Ooms en Paul Delandsheere, *Cinquante mois d'occupation allemande* (Brussel, 1919), deel IV p. 365, mijn vertaling.

427 Ada Deprez et al. 'Facetten van de Paul Fredericq-studie', *Wetenschappelijke Tijdingen* jaargang 41 (1982), pp. 65-75 en 129-149, p. 146.
428 Jozef Muls, 'De dood van Yperen' (oorspronkelijk Bussum, 1916), herdruk in A.G. Christiaens ed., *De Grote Oorlog. Novellen over 14-18*, tweede druk (Leuven, 1994), pp. 179-187, p. 180.
429 Stephen Graham, *The Challenge of the Dead* (Londen, 1921), uittreksel in Jon Glover en Jon Silkin eds., *The Penguin Book of First World War Prose* (Londen, 1990), pp. 81-83, p. 82, mijn vertaling.
430 *De Vlaamsche Leeuw*, 4de jaargang, nummer 22 (januari 1918), p. 3.
431 Naar onderzoek van R. Bijkerk (VPRO-radio, 14 april 1996; Cf. Stieven Ramdharie, 'Nederlands plan voor invasie van België in 1919,' *De Volkskrant*, 17 april 1996).
432 Sally Marks, *Innocent abroad: Belgium at the Paris peace conference of 1919* (Chapel Hill, North Carolina, 1981), p. 96, mijn vertaling.
433 Paul Fussell, *The Great War and Modern Memory* (Londen, 1977), p. 182, mijn vertaling. Zie ook Robert Graves, *Goodbye to All That* [1929] (Londen, 1960), p. 153.
434 Marks, *op. cit.*, p. 249, mijn vertaling.
435 Marks, *op. cit.*, p. 194, mijn vertaling.
436 Peter Scholliers en Frank Daelemans, 'Standards of living and standards of health in wartime Belgium', in: Richard Wall en Jay Winter eds., *The upheaval of war: family, work and welfare in Europe, 1914-1918* (Cambridge, 1988), pp. 139-158, p. 140, mijn vertaling.
437 Marks, *op. cit.*, pp. 198-199, mijn vertaling.
438 Zentrales Staatsarchiv Potsdam, *Nachlass Mumm*, 90 Mu 3 nummer 90, p. 303 verso, Domela aan Mumm, 29 december 1919.
439 Zentrales Staatsarchiv Potsdam, *Nachlass Mumm*, 90 Mu 3 nummer 90, p. 300 verso, Domela aan Mumm, 31 oktober 1919.
440 Maurits Basse, *De Vlaamsche Beweging van 1905 tot 1930* (Gent, 1933), deel II, p. 11.
441 Bruno De Wever, *Greep naar de macht. Vlaams-nationalisme en Nieuwe Orde: het VNV 1933-1945* (Tielt, 1994), p. 338.
442 Lode Wils, *Honderd jaar Vlaamse beweging*, deel II, *Geschiedenis van het Davidsfonds 1914-1936*, tweede druk (Leuven, 1985), pp. 170 en 171; P. Van Hees en A. Willemsen eds., *Geyl en Vlaanderen* (Antwerpen-Utrecht, 1973-1975), deel I, brief 94.
443 Lammert Buning, *Het strijdbare leven van J.D. Domela Nieuwenhuis Nyegaard. Vlaming door keuze* (Buitenpost, 1976), p. 159. Zie Raf Verhulst (met medewerking

van Ward Hermans), *Belgien vor dem Weltgericht. Die Frage der Belgischen Franktireure* (München, 1929).

444 Van De Woestijne, *op. cit.*, p. 562.

445 Alfons Fierens, *Het Belgische vaderland. Bijdrage tot de wijsbegeerte der Vlaamsche Beweging* (Grimbergen, 1919), pp. 10, 42.

446 Henri Pirenne, *La nation belge et l'Allemagne* (Gent, 1920), pp. 15-16, 20, mijn vertaling.

447 Thomas van der Schelden (pseudoniem van Lodewijk Dosfel), *Over 'Het Belgische Vaderland' van Dr A. Fierens* (Brussel, z.d.), pp. 4-5, cursief in tekst.

448 Wils, *op. cit.*, p. 93.

449 Pierre Assouline, *Simenon: une biographie* (Parijs, 1992), pp. 53, 73, mijn vertaling.

450 Zie Paul Jeanjot, *Les concours annuels de la classe des lettres et des sciences morales de l'Académie Royale de Belgique* (Brussel, 1964), pp. 146-147.

451 Véronique Waterlot-Jottrand en Daniel Lefebvre eds., *Haro! Une revue belge d'avant-garde 1913-1928* (Mons, 1995), pp. 29, 18-19, mijn vertaling.

452 Mieke Sertyn, 'Avondlandstemming bij de jonge avant-garde in Vlaanderen na 1918: inspiratiebron voor purito-flaminganten en marginale wereldverbeteraars', *Belgisch tijdschrift voor Nieuwste Geschiedenis*, jaargang 5, nummers 3-4 (1974), pp. 547-581, pp. 555, 561.

453 M. Rutten en J. Weisgerber, *Van 'Arm Vlaanderen' tot 'De voorstad groeit': de opbloei van de Vlaamse literatuur van Teirlinck-Stijns tot Boon* (Antwerpen, 1988), p. 304.

454 Hij publiceerde de tekst in 1921: Cyriel Buysse, *Jan Bron. Objectief tooneelspel in vier tafereelen.* In: *Groot-Nederland (Letterkundig tijdschrift voor den Nederlandschen stam)*, 19de jaargang, deel I (1921), pp. 237-267, p. 267.

455 Gaston Durnez, *Zeg mij waar de bloemen zijn. Beelden uit de Eerste wereldoorlog in Vlaanderen* (Leuven, 1988), p. 219.

456 Robert Pernet, 'Jazz en populaire muziek', in Georges-Henri Dumont et al., *De dolle jaren in België, 1920-1930* (Brussel, 1981), pp. 165-180, p. 178.

457 Rutten en Weisgerber, *op. cit.*, p. 251.

458 Brand Whitlock, *Belgium: a personal narrative* (New York, 1919), deel II, p. 363; zie ook Ilse Meseberg-Haubold, *Der Widerstand Kardinal Merciers gegen die deutsche Besetzung Belgiens 1914-1918: ein Beitrag zur politischen Rolle des Katholizismus im ersten Weltkrieg* (Frankfurt am Main, 1982), p. 121.

LITERATUUR

N.B.: Dit overzicht is zeer selectief gehouden; van de vele honderden titels die mij bij het opstellen van dit boek van nut zijn geweest, kan ik hier slechts de belangrijkste vernoemen. De lezer wordt ook verwezen naar de noten bij de verschillende hoofdstukken.

1 *Moderne geschiedenis van België (algemeen)*

Een briljante synthese biedt het tweedelige *De lage landen 1780-1980. Twee eeuwen Nederland en België* van E.H. Kossmann (Amsterdam, 1986). Voor de politieke geschiedenis, zie Els Witte, Jan Craeybeckx en Alain Meynen, *Politieke geschiedenis van België van 1830 tot heden*, vijfde druk (Brussel, 1990) en Xavier Mabille, *Histoire politique de la Belgique: facteurs et acteurs de changement* (Brussel, 1992). Informatief is John Bartier et al., *Histoire de la Belgique contemporaine 1914-1970* (Brussel, 1975). De meerdelige *Algemene Geschiedenis der Nederlanden* (Haarlem, 1979) biedt een wat verbrokkeld beeld, maar bevat veel nuttige (cijfer)gegevens. Voor een innemend en scherpzinnig 'portret van België', zie Geert van Istendael, *Het Belgisch labyrint of de schoonheid der wanstaltigheid* (Amsterdam, 1989 of een latere druk). Een kort overzicht in Jean Stengers, 'België van 1831 tot heden', in Herman Balthazar et al., *De gouden delta der lage landen. Twintig eeuwen beschaving tussen Seine en Rijn* (Antwerpen, 1996), pp. 287-307.

Wie de ontwikkeling van België met die van andere landen vergelijken wil, vindt cijfergegevens in B.R. Mitchell, *European Historical Statistics 1750-1970* (New York, 1975) en in het zeer interessante T. Deldycke et al., *La population active et sa structure*, deel I van de reeks *Statistiques Internationales Rétrospectives* (Brussel, 1968). Het tweedelige overzicht van Peter Flora, *State, economy and society in Western Europe 1815-1975* (Frankfurt-Londen-Chicago, 1983) is niet aan te raden, aangezien de gegevens over België niet altijd correct zijn.

2 *België tijdens de Eerste Wereldoorlog (algemeen)*
Een onmisbaar werkinstrument – dat meer dan 11.000 titels biedt – is *België en de Eerste Wereldoorlog: Bibliografie*, Patrick Lefèvre en Jean Lorette eds. (Brussel, 1987). Henri Pirennes *La Belgique et la guerre mondiale* (eerste druk: Parijs-New Haven, 1928), geïllustreerde herdruk in id., *Histoire de Belgique des origines à nos jours* (Brussel, 1975), deel V, is een onovertroffen synthese. Vooral van belang als tijdsdocument is het vierdelige, geïllustreerde *La Belgique et la guerre* (Brussel, 1920, of een latere druk).

Van groot belang voor de studie van de oorlogsjaren is de tweedelige monografie van de Leuvense historicus Henri Haag, *Le comte Charles de Broqueville, Ministre d'Etat, et les luttes pour le pouvoir (1910-1940)* (Louvain-la-Neuve-Brussel, 1990). Voor geannoteerde publicaties van de brieven en dagboeken van Albert I, zie Marie-Rose Thielemans en Emile Vandewoude, *Le roi Albert au travers de ses lettres inédites 1882-1916* (Brussel, 1982), en vooral Marie-Rose Thielemans, *Albert I: carnets et correspondance de guerre 1914-1918* (Parijs-Louvain-la-Neuve, 1991); zie ook de *Handelingen van het colloquium Albert I*, Carlos Wyffels ed. (Brussel, 1976). Over de Belgische vrouwen, zie Denise de Weerdt, *De vrouwen van de Eerste Wereldoorlog* (Gent, 1993).

Een indringend beeld van België in oorlogstijd – zij het dan vanuit het relatief comfortabele perspectief van de *Commission*-elites – bieden de zeer leesbare Belgische memoires van de Amerikaanse gezant Brand Whitlock: *Belgium: a personal narrative* (New York, 1919), twee delen. Ze kunnen worden aangevuld met Whitlocks openhartige dagboek, deel 2 in *The letters and journal of Brand Whitlock*, Allan Nevins ed. (New York-Londen 1936). Voor informatie over de man zelf, zie de fraaie biografie door Robert Crunden, *A hero in spite of himself: Brand Whitlock in art, politics and war* (New York, 1969).

Een goed overzicht van de Vlaamse oorlogsliteratuur wordt geboden in Frederik Deflo, *De literaire oorlog. De Vlaamse prozaliteratuur over de Eerste Wereldoorlog* (Aartrijke, 1991); voor de Franstalige Belgische literatuur, zie Camille Hanlet, *Les écrivains Belges contemporains de langue française 1800-1946* (Luik, 1946), deel 2, pp. 1150-1175 en passim.

3 *België vóór de oorlog* (Hoofdstuk 1)
Naast de bij onderdeel 1 genoemde studies zij hier in het bijzonder vernoemd het in 1931 geschreven zevende deel van de *Histoire de Belgique* van Henri Pirenne, getiteld

De la Révolution de 1830 à la guerre de 1914 (Brussel, 1948), her en der verouderd, maar nog steeds indrukwekkend. Over imperiaal België, zie Jean Stengers, *Congo, mythes et réalités: 100 ans d'histoire* (Parijs, 1989). Over arbeidersstrijd en socialisme, zie Marcel Liebman, *Les socialistes belges, 1885-1914: la révolte et l'organisation* (Brussel, 1979). Van August De Winnes in hoofdstuk I vermelde *A travers les Flandres* bestaat een contemporaine, geïllustreerde vertaling onder de titel *Door arm Vlaanderen* (Rotterdam, z.d.). De talenkwestie is vanuit sociaal-structureel gezichtspunt bestudeerd in Aristide Zolberg, 'The Making of Flemings and Walloons: Belgium, 1830-1914', *Journal of Interdisciplinary History* deel 5 (1974), pp. 179-235. Over de Vlaamse Beweging, zie het zeer gedetailleerde werk van Hendrik Jozef Elias, *Geschiedenis van de Vlaamse gedachte 1780-1914*, deel IV: *Taalbeweging en cultuurflamingantisme. De groei van het Vlaamse bewustzijn 1883-1914*, tweede druk (Antwerpen, 1971), alsook Lode Wils, *Honderd jaar Vlaamse beweging*, tweede druk (Leuven, 1985), deel I: *Geschiedenis van het Davidsfonds tot 1914*, en ten slotte de recente studie van Carl Strikwerda, *A House Divided: Catholics, Socialists, and Flemish Nationalists in Nineteenth-Century Belgium* (Lanham, Maryland, 1997).

Een uitermate scherpzinnig en ontroerend beeld van het leven in de kleine burgerij van belle-époque-België wordt geschetst in Suzanne Lilar, *Une enfance gantoise* (Parijs, 1976), een boek dat trouwens ook de oorlogstijd behandelt. Verder kan hier worden vermeld het alleraardigste *La vie belge* van de 'maarschalk der Belgische letteren' van zijn tijd, de Brusselaar Camille Lemonnier (Parijs, 1905). Voor een contemporain Parijs oordeel over België, zie Henri Charriaut *La Belgique moderne, terre d'expériences* (Parijs, 1910), een wat de taalproblematiek betreft nogal bizarre oordelen vellend, maar verder interessant boek. Voor een andere buitenlandse blik op België, zie Stefan Zweigs *Emile Verhaeren, sa vie, son oeuvre* (Parijs, 1910). Eveneens lezenswaard is de studie van de Brit B. Seebohm Rowntree, *Land and labour: lessons from Belgium* (Londen, 1911) over landbezit, levensstandaard en onderwijs in België.

Over kunst en literatuur, zie onder andere Paul Aron, *Les écrivains belges et le socialisme, 1880-1913: l'expérience de l'art social, d'Edmond Picard à Emile Verhaeren* (Brussel, 1985) en het eerste deel in Michel Biron, *La modernité belge: littérature et société* (Brussel-Montréal, 1994); verder Robert Hoozee ed., *Moderne Kunst in België 1900-1945* (Antwerpen, 1992). Zeer lezenswaard is de tentoonstellingscatalogus *Art et société en Belgique 1848-1914*, Annick Brauman dir. (Charleroi, 1980).

4 *Het ultimatum* (Hoofdstuk II)

Sinds de wapenstilstand in 1918 zijn er letterlijk duizenden studies verschenen over de oorzaken van de Eerste Wereldoorlog. Veruit het interessantste recente overzicht is dat van James Joll, *The Origins of the First World War*, tweede druk (Londen-New York, 1992). Voor een levendig relaas, zie het bekende Barbara Tuchman, *The Guns of August* (New York, 1962, of een van de vele latere drukken).

Specifieker wat België betreft: Alfred De Ridder, directeur-generaal bij het Belgische ministerie van Buitenlandse Zaken, publiceerde na de oorlog een *Histoire diplomatique 1914-1918* (deel IV in de bij onderdeel 2 vermelde reeks *La Belgique et la guerre*), waarin onder andere een foto van het beruchte ultimatum staat afgedrukt. Tegelijk helder en gedetailleerd is het laatste hoofdstuk in de lijvige *thèse de doctorat d'Etat* van Marie-Thérèse Bitsch, die is verschenen onder de titel *La Belgique entre la France et l'Allemagne, 1905-1914* (Parijs, 1994). Onmisbare lectuur voor deze periode is de grondige studie van Robert Devleeshouwer, *Les Belges devant le danger de guerre 1910-1914* (Leuven-Parijs, 1958), die met name een mooi overzicht van de pers in de 'julidagen' biedt. Tot slot: de Brusselse historicus Jean Stengers heeft drie zeer interessante artikelen gewijd aan België bij het uitbreken van de *Groote Oorlog*: 'La Belgique', in Jean-Jacques Becker ed., *Les sociétés européennes et la guerre de 1914-1918* (Parijs, 1990), pp. 75-91, 'L'entrée en guerre de la Belgique', *Guerres mondiales et conflits contemporains* 1995, pp. 13-33, en 'Belgium', in Keith Wilson ed., *Decisions for War 1914* (New York 1995), pp. 151-174.

5 *De Duitse inval* (Hoofdstuk III)

Voor wat betreft de militaire gebeurtenissen dient hier als eerste vermeld te worden de studie van de hoogleraar Militaire geschiedenis Henri Bernard, *L'an 1914 et la campagne des illusions* (Brussel, 1982), die zich weinig complimenteus uitlaat over de Belgische generale staf. De bij onderdeel 2 vermelde studie van Henri Haag over Charles de Broqueville biedt een goede beschrijving van de uitvallen vanuit Antwerpen en de stemming in de belegerde stad. Zie verder ook M. Tasnier & R. Van Overstraeten, *Les opérations militaires* (deel III in de bij onderdeel 2 vermelde reeks *La Belgique et la guerre*). Gedetailleerd is het verslag van Alberts militaire raadgever generaal Galet, gepubliceerd onder de titel *S.M. le Roi Albert, commandant en chef devant l'invasion allemande* (Parijs, 1931).

Van de vele persoonlijke getuigenissen over de 'bewegingsoorlog' kunnen hier vermeld worden: Max Deauville, *Jusqu'à l'Yser*, een in Brussel in 1935 verschenen boek dat is gebaseerd op aantekeningen uit 1914-1916, met de nadruk op de eerste oorlogsmaanden. Indrukwekkend zijn de *Carnets de Campagne* van Louis Boumal, die in de *Archives et Musée de la Littérature* in de Koninklijke Bibliotheek in Brussel worden bewaard, en de brieven van de jonge rekruut Marcel Loncke, bezorgd in *Met het hoofd naar de brug van Schoorbakke*, F. Deleu ed. (Antwerpen-Baarn, 1989). Verder kunnen hier vermeld worden het anonieme Duitse verslag *Aus den Kämpfen um Lüttich, von einem Sanitätssoldaten* (Berlijn, 1915), dat naast de gebruikelijke franc-tireurclichés ook enkele treffende details biedt, en ten slotte het relaas van de Amerikaanse journalist Richard Harding Davis, getiteld *With the Allies* (New York, 1914).

De ervaring van de inval wordt plaatselijk gedocumenteerd in onder andere Roger Casteels en Gust Vandegoor, *1914 in de regio Haacht. Kleine dorpen in de Grote Oorlog* (Haacht, 1993). Rijksarchivaris J. Cuvelier gaf na de oorlog een provincie-per-provincie overzicht in *L'invasion allemande* (deel II in de bij onderdeel 2 vermelde reeks *La Belgique et la guerre*).

Specifiek over de franc-tireurs en de 'Duitse gruwelen': de reeds eerder vermelde memoires van Brand Whitlock (onderdeel 2) bieden een beeld dat niet alleen zeer levendig is, maar ook van *atrocity propaganda* vrij, en zeer accuraat, zoals blijkt uit een vergelijking met het officiële Belgische rapport over de gebeurtenissen, dat na de oorlog verscheen: *Commission d'enquête sur les violations des règles du droit des gens, des lois et des coutumes de la guerre*, ed., *Rapports et documents d'enquête*, boek I: *Rapports sur les attentats commis par les troupes allemandes pendant l'invasion et l'occupation de la Belgique*, twee delen (Brussel-Luik, 1922). In dit rapport werden alleen die voorvallen opgenomen waarvan de waarachtigheid door verschillende betrouwbare getuigen kon worden bekrachtigd; waar mogelijk werden ook Duitse bronnen ter staving gebruikt. Dit is ook gebeurd in de indrukwekkende studie naar de franc-tireursparanoia getiteld *Comment naît un cycle de légendes. Francs-tireurs et atrocités en Belgique* van de Belgische socioloog Fernand van Langenhove (Lausanne-Parijs, 1916). Van Langenhoves conclusies worden onderschreven in recenter werk: zie John Horne en Alan Kramer, 'German "Atrocities" and Franco-German opinion, 1914: the evidence of German soldiers' diaries', *Journal of Modern History* deel 66 nummer 1 (maart 1994), pp. 1-33. Zie ook Lothar Wieland, *Belgien 1914. Die Frage des belgischen 'Franktireurkrieges' und die deutsche öffentliche Meinung von 1914 bis 1936*

(Frankfurt am Main-Bern-New York, 1984). (Het oppervlakkige *Atrocity Propaganda 1914-1919* van James M. Read (New Haven, 1941) is niet aan te raden.) Voor een briljante cultuurhistorische studie naar 'Leuven' als een van de emblemen van de wereldoorlog, zie Wolfgang Schivelbusch, *Die Bibliothek von Löwen. Eine Episode aus der Zeit der Weltkriege* (München, 1988).

6 *Bezet België* (Hoofdstukken IV en VII)
De Duitse regels en verordeningen over vijftig maanden bezetting zijn gebundeld in de vier delen van de serie *Deutsche Gesetzgebung für die Okkupierten Gebiete Belgiens*, Charles H. Huberich en Alexander Nicol-Speyer eds. (Den Haag, 1915-1918). Voor een helder overzicht van de Duitse wetgeving in het bezette land, zie Jacques Pirenne en Maurice Vauthier, *La législation et l'administration allemandes en Belgique* (Parijs, z.d.).

Ondanks de veelbelovende titel is Georges Rency, *La vie matérielle de la Belgique durant la Guerre mondiale* (deel I in de bij onderdeel 2 vermelde reeks *La Belgique et la guerre*) een oninteressant 'huldeboek', al te zeer toegespitst op de caritas. Uit de veelheid aan lokale studies over België in bezettingstijd kunnen in het bijzonder vermeld worden: Petrus Van Nuffel, *De Duitschers in Aalst* (Aalst, 1921), dat een goede blik biedt op het leven van een stad in het *Etappengebiet*. (Van dit boek bestaat een geïllustreerde herdruk, Aalst, 1976.) Uiterst lezenswaardig is ook André Capiteyn, red., *Gent en de Eerste Wereldoorlog. Het stadsleven in de jaren 1914-1918* (Gent, 1991). Een indringend beeld van het leven op het West-Vlaamse platteland wordt geboden in het door Luc Schepens bezorgde oorlogsdagboek van Stijn Streuvels: *In oorlogstijd (het uitgegeven en het onuitgegeven oorlogsdagboek 1914-1918* (Brugge-Nijmegen, 1979)). Verder kan vermeld worden de studie van M. Vanderschaeghe, *La vie quotidienne à Stavelot pendant la guerre 1914-1918* (Stavelot, 1982) en de vierdelige kroniek *Liège pendant la Grande Guerre* van J. De Thier en O. Gilbart (Luik, 1919), aan te vullen met G. Vanloubbeeck, 'L'activité politique à Liège pendant la guerre 1914-1918', *Belgisch tijdschrift voor Nieuwste geschiedenis* 1970, pp. 113-131. Onmisbaar voor Brussel (met veel gegevens over het *Okkupationsgebiet* in het algemeen) is de vierdelige kroniek van de journalisten Louis Gille, Alphonse Ooms en Paul Delandsheere, *Cinquante mois d'occupation allemande* (Brussel, 1919). De stukken die Karel Van De Woestijne voor de *Nieuwe Rotterdamsche Courant* over het leven in bezet Brussel schreef, vormen met hun scherpe inzicht, ironie en oog voor het detail uiterst verrijkende lectuur. Ze zijn gebundeld in *Verzameld journalistiek werk*, Ada Deprez ed. (Gent, 1991) delen VII tot en met IX. Over het leven in bezet Brussel zie ook de memoires van romancier en stadsambtenaar Auguste Vierset, *Mes souvenirs sur l'occupation allemande en Belgique* (Parijs, 1932).

Van de (verder niet erg indrukwekkende) bellettrie over het leven in bezettingstijd kunnen hier twee werken in het bijzonder vermeld worden: *Dans les ténèbres* van Alex Pasquier (Brussel, 1920), het na de oorlog in conservatieve kringen slecht ontvangen verhaal van een Belgische die zich met Duitse militairen 'afgeeft', en het even onsentimentele *Kinderjaren* van de Oedelemse onderwijzer Norbert-Edgard Fonteyne (Antwerpen, 1939, of een latere druk).

Over de voedselsituatie en de voedselhulp, zie onder anderen: Liane Ranieri, *Emile Francqui ou l'intelligence créatrice (1863-1935)* (Parijs-Gembloux, 1985); Peter Scholliers en Frank Daelemans, 'Standards of living and standards of health in wartime Belgium', in: Richard Wall en Jay Winter eds., *The upheaval of war: family, work and welfare in Europe, 1914-1918* (Cambridge, 1988), pp. 139-158, alsook Peter Scholliers, 'België dreunt in zijn voegen. Sociale en politieke troebelen, 1914-1921', in Frank Daelemans et al. ed., *Mensen in oorlogstijd* (Brussel, 1988), pp. 151-173. De secretaris-generaal van het Comité, Albert Henry, publiceerde na de oorlog het overzichtswerk *L'Oeuvre du Comité National de Secours et d'Alimentation pendant la guerre* (Brussel, 1920). Zeer gedegen is het rapport van de socioloog Ernest Mahaim, *Le secours de chômage en Belgique pendant l'occupation allemande* (Parijs-New Haven, z.d.). Van de diverse *Commission*-memoires kunnen hier in het bijzonder worden vermeld: de tweedelige memoires van Whitlock (zie onderdeel 2), vooral over het eerste oorlogsjaar, en verder Robert Withington, *In occupied Belgium* (Boston, 1921) en Hugh Gibson, *A journal from our legation in Belgium. A diplomatic diary* (Londen, 1917).

Over de oorlogsvluchtelingen, zie vooral Martin Bossenbroek et al., *Vluchten voor de groote oorlog. Belgen in Nederland, 1914-1918* (Amsterdam, 1988). Voor Engeland is er P. Cahalan, *Belgian Refugee Relief in England during the Great War* (New York, 1982), dat helaas een sterk institutioneel perspectief (verschillende liefdadigheidsinstellingen) hanteert. Over de Belgische vluchtelingen in Frankrijk bestaat bij mijn weten geen recente monografie. Diverse gegevens over vluchtelingenzorg kunnen gehaald worden uit Albert Chatelle, *L'effort belge en France pendant la guerre (1914-1918)* (Parijs, 1934).

Voor de literaire weergave van vlucht en ballingschap, zie vooral het droevige titelverhaal in Cyriel Buysse, *De twee pony's* (Amsterdam, 1919); ook de andere verhalen over ballingschap en bezetting zijn zeer lezenswaard. Zie ook de in Parijs en Brussel in 1921 (met een voorwoord van Henri Barbusse) verschenen roman-annex-reportage *Les transplantés chez Albion* van de schrijvende ingenieur Henri-Jacques Proumen. Een minder grimmig beeld van de Engelse ballingschap biedt Eric De Kuyper in het op familie-herinneringen gebaseerde *Drie zusters in Londen: uit de familiekroniek, 1914-1918* (Nijmegen, 1996).

Met betrekking tot de Duitse oorlogsplannen voor België vormt de zeer grondige studie van Frank Wende, *Die belgische Frage in der deutschen Politik des Ersten Weltkrieges* (Hamburg, 1969) onmisbare achtergrondlectuur. Over economische penetratie, of althans de plannen daartoe, zie Brigitte Hatke, *Hugo Stinnes und die drei deutsch-belgischen Gesellschaften von 1916. Der Versuch der wirtschaftlichen Durchdringung Belgiens im Ersten Weltkrieg durch die Industrie-, Boden- und Verkehrsgesellschaft 1916 m.b.H.* (Stuttgart, 1990).

Voor de bezettingspraktijk vanuit het Duitse gezichtspunt, zie onder andere Ludwig von Köhler, *Die Staatsverwaltung der besetzten Gebiete*, deel I: *Belgien* (Stuttgart, 1927); Oscar Freiherr von der Lancken, *Meine dreissig Dienstjahre 1888-1918: Potsdam-Paris-Brüssel* (Berlijn, 1931), en ook Henrich Waentig, *Belgien* (Halle, 1919).

Wat betreft Duitse literaire egodocumenten, zie Henri Plard, 'Bruxelles occupée (1915-1917) vue par deux écrivains allemands: Gottfried Benn et Otto Flake', in *Koninklijke Academie van België/Académie Royale de Belgique, Handelingen van de klasse der letteren/Bulletin de la Classe des Lettres*, vijfde reeks, 1988, pp. 123-142. Diverse artikelen over Duitse schrijvers en kunstenaars in het bezette België (met name de in hoofdstuk VII vermelde Einstein en Sternheim) zijn te vinden in de bundel *The ideological crisis of expressionism: the literary and artistic German war colony in Belgium 1914-1918*, Rainer Rumold en O.K. Werckmeister eds. (Columbia, South Carolina, 1990); het zeer oppervlakkige artikel van Lutz Reuter over bezetting en Vlaamse beweging is overigens niet aan te raden.

Over het verzet tegen de bezetter zijn na de oorlog vele haast hagiografische werken verschenen, die vooral waarde hebben als symbool van de tijdsgeest. Onder de meer interessante titels vallen diverse bijdragen in *Onze helden gestorven voor het Vaderland. België's epische strijd van 1914 tot 1918. Geschiedenis en bewijsstukken*, René Lyr ed. (Brussel, 1922). Van belang zijn ook de oorlogsherinneringen van de Brusselse advocaat Sadi Kirschen (die verschillende Belgen voor de Duitse rechtbanken verdedigde), uitgegeven onder de titel *Devant les conseils de guerre allemands* (Brussel, 1919), en het korte, degelijke overzicht *La magistrature belge contre le despotisme allemand*, geschreven door de directeur van het Belgische Documentatiebureau in Le Havre, de jurist Fernand Passelecq (Parijs-Nancy, 1918). Wat de recente titels betreft, kunnen vernoemd worden het artikel van J. Mertens, 'Louis Franck in het verzet tijdens de Eerste Wereldoorlog', *Belgisch Tijdschrift voor Militaire Geschiedenis* 1977-1978, pp. 331-346 en 399-418 en het zeer interessante *Der Widerstand Kardinal Merciers gegen die deutsche Besetzung Belgiens 1914-1918: ein Beitrag zur politischen Rolle des Katholizismus im ersten Weltkrieg* van de Duitse historica Ilse Meseberg-Haubold (Frankfurt am Main, 1982); over Gabrielle Petit zie Pierre Ronvaux, *Gabrielle Petit: la mort en face* (Izegem, 1993), een wat onbeholpen boek, dat echter een mooi, menselijk beeld van de 'nationale heldin' schetst. Over het clandestiene inlichtingennet 'La dame blanche', dat onder leiding stond van de Brusselse ingenieur Walthère Dewé (die in de Tweede Wereldoorlog eveneens in het verzet zou gaan en op straat in Brussel zou worden doodgeschoten) zie P. Decock, 'La dame blanche, 1916-1918', *Belgisch Tijdschrift voor Militaire Geschiedenis* 1987, pp. 217-226; over Dewé, zie Henri Bernard, *Un géant de la résistance, Walthère Dewé* (Brussel, 1971).

Over de verzetspers, de *Libre Belgique* in het bijzonder, zie onder andere Eugène Van Doren, *Les tribulations du 'manager' de la Libre Belgique clandestine, 1914-1918* (Brussel, 1947). De verzetsbrochures van de Antwerpenaar Jozef Buerbaum (geschreven onder het pseudoniem Janus Droogstoppel) en zijn medewerkers zijn na de oorlog gebundeld in het driedelige *Gedenkschriften door Janus Droogstoppel uit den Duitschen bezettingstijd* (Antwerpen, 1921). Over Buerbaum (die in 1916 tot vijftien jaar dwangarbeid werd veroordeeld) en zijn kring, zie de verhandeling van L. Lenaers, *De sluikschriften van Jozef Buerbaum en zijn medewerkers, Antwerpen, 1915-1918* (Katholieke Universiteit Leuven, 1980). Diverse series verzetsbladen, met name *De Vlaamsche Leeuw*, *De Vlaamsche Wachter* en *Vérité*, worden bewaard in de Koninklijke Bibliotheek van Brussel, afdeling Kostbare Werken. Andere titels, zoals het Gentse *Nachtlichtje* en het Brusselse *Satirische Zeitung*, bevinden zich in de collectie-Verbouwe in de *Hoover Institution Archives* (Stanford, Californië).

Over de deportatie van Belgische arbeiders, zie vooral de uiterst degelijke studie van Fernand Passelecq, *Déportation et travail forcé des ouvriers et de le population civile de la Belgique occupée (1916-1918)* (Parijs, 1928), aan te vullen met diverse rapporten van de

Commission d'Enquête (zie onderdeel 5). De Duitse besluitvorming over de dwangarbeid is bestudeerd in Robert B. Armeson, *Total warfare and compulsory labor. A study of the military-industrial complex in Germany during World War I* (Den Haag 1964).

Over de Belgische regering in ballingschap in Le Havre, zie Luc Schepens, *Koning Albert, Charles de Broqueville en de Vlaamse Beweging tijdens de Eerste Wereldoorlog* (Tielt, 1983), evenals de reeds vermelde werken van Henri Haag en van Marie-Rose Thielemans (beide onderdeel 2). Zie ook Janet Polasky, *The democratic socialism of Emile Vandervelde. Between Reform and Revolution* (Oxford-Washington D.C., 1995), met name over de relatie tussen *le patron* en Camille Huysmans. Lezenswaard zijn ook Vanderveldes eigen memoires *Souvenirs d'un militant socialiste* (Parijs, 1939), die een grote plaats inruimen voor de oorlogsjaren. Een wel zeer hard oordeel over de patriottische houding van de BWP tijdens de oorlog wordt geveld in de kleine, posthuum verschenen studie van Marcel Liebman, *Les socialistes belges 1914-1918. Le P.O.B. face à la guerre* (Brussel, 1986). Voor Jef Van Extergem c.s., zie het artikel van Mieke Sertyn, 'Het socialistisch activisme tijdens de Eerste Wereldoorlog', *Belgisch tijdschrift voor Nieuwste Geschiedenis* 7 (1976), 169-194, en het boekje van Christian Dutoit, *Jef van Extergem en de Vlaamse Beweging* (Antwerpen, 1983).

7 *Het IJzerfront* (Hoofdstuk VI)

Het intelligent geïllustreerde boek van Ria Christens en K. De Clercq, *Frontleven 14/18. Het dagelijks leven van de Belgische soldaat aan de IJzer* (Tielt, 1987) vormt onmisbare lectuur. De klassieke militaire geschiedschrijving weet doorgaans niet zo goed wat ze met de stellingoorlog moet aanvangen, hoewel het bij onderdeel 5 vermelde boek van Tasnier en Van Overstraeten wel enkele fraaie kaarten en foto's van het inundatiegebied bevat. Zie verder Emile Wanty, 'La vie militaire,' in John Bartier et al., *Histoire de la Belgique contemporaine 1914-1970* (Brussel, 1975), pp. 329-390, en de door Marie-Rose Thielemans bezorgde oorlogsdagboeken en oorlogscorrespondentie van Albert I (zie onderdeel 2). (Over de in hoofdstuk VII vermelde slag bij Merkem, zie J.F. Verbruggen, *La bataille de Merkem* (Brussel, 1977).) Onder de patriottische huldeboeken kan worden vermeld het reeds tijdens de oorlog verschenen *Les vainqueurs de l'Yser* van Henri Pirennes zoon Jacques, met tekeningen van 'frontkunstenaar' James Thiriar (Parijs, 1917).

Er bestaan twee zeer degelijke studies over de loopgravenpers: voor de Franstalige pers F. Bertrand, *La presse francophone dans les tranchées* (Brussel, 1971), een studie die ook informatie over het bezette land biedt, en voor de Nederlandstalige pers G. Bulthe, *De Vlaamse loopgravenpers tijdens de eerste wereldoorlog* (Brussel, 1971). Een woordenboek van het soldatenjargon in het Belgische, Franse, Duitse en Britse leger wordt geboden in Tony R. De Bruyne, *Soldatentaal 1914-1918* (Aartrijke, 1994).

Enkele persoonlijke getuigenissen: de eerder vermelde *Carnets de Campagne* van Louis Boumal (zie onderdeel 5), Florent Van Den Berghe, *Dagboeken van een oudstrijder 1914-1918* (Wetteren, 1968), Jozef De Cuyper, *Journal de campagne 1914-1917. Oorlogsdagboek van een hulpdokter bij het Belgisch leger*, André De Cuyper ed. (Brugge, 1968) en de levendige oorlogsmemoires van de latere socialistische premier Achille Van Acker, die in oktober 1914 uit Brugge vluchtte – hij was toen zestien – en de oorlog achter het IJzerfront zou doorbrengen, eerst als hulpje op een binnenschip en daarna als rekruut (hij werkte met name in de Belgische munitiefabrieken in Noord-Frankrijk): *Herinneringen: jeugd in oorlogstijd* (Antwerpen, 1967). Meer getuigenis dan roman zijn Lucien Christophe, *Aux lueurs du brasier 1917-1920* (Parijs-Brussel, 1930), Max Deauville, *La Boue des Flandres* (Brussel, 1929), en ook het mystieke *Mes cloîtres dans la tempête* van de Luxemburgse kapucijnerpater Martial Lekeux (Parijs, 1921); dit geldt ook voor de bekendste Vlaamse oorlogsnovelle, *Longinus* van Franz De Backer, eerste druk 1934, in: A.G. Christiaens ed., *De grote oorlog. Novellen over 14-18*, tweede druk (Leuven 1994). Een zeer lezenswaardige persoonlijke reportage van 'oorlogstoerist' Cyriel Buysse is verschenen onder de titel *Van een verloren zomer* (Bussum, 1917). (N.B.: Robert Poulets roman *Hanji (ou la femme-illusion)* verscheen in Parijs in 1931.) Onder de regimentsgetuigenissen zij vermeld A. Pierret en J. Buekens, *Die van 't Front; herinneringen van het 19de Linieregiment, 1916-1973* (Gent, 1974). Voor het leven achter het front, zie onder andere Jean-Marie Duvosquel et al., *Comines 1914-1918. Une petite ville à l'arrière du front* (Komen, 1986), de *Oorlogsindrukken* van Cyriel Verschaeve, uiterst deskundig geannoteerd door Daniël Vanacker en Romain Vanlandschoot (Gent, 1996), Luc Devliegher, *Oorlogsdagboeken uit de streek tussen IJzer en Leie* (Brugge, 1972), de driedelige kroniek van Arthur van Walleghem, *De oorlog te Dickebusch en omstreken 1914-1918*, Jozef Geldhof ed. (Brugge, 1967), de interviews met bewoners van de frontstreek gebundeld in *Van den grooten oorlog. Volksboek* door de Elfnovembergroep (Kemmel, 1978), en ten slotte Lut Ureel, *De kleine mens in de grote oorlog. Getuigenissen van twee generaties dorpsonderwijzers uit de frontstreek* (Tielt-Weesp, 1984), een boek dat helaas wat aan waarde inboet doordat de bezorgster heeft gemeend de getuigenissen te moeten 'hertalen' in iets te modern Nederlands.

Over de Frontbeweging bestaat vooralsnog geen afzonderlijke studie. Zie het bij onderdeel 6 vermelde boek van Luc Schepens; veel belangwekkende gegevens zijn te vinden in het bij onderdeel 2 aangehaalde werk van Henri Haag over Charles de Broqueville; zie ook Hendrik Jozef Elias, *Vijfentwintig jaar Vlaamse beweging 1914/1939*, deel I: *De eerste wereldoorlog en zijn onmiddellijke nasleep, augustus 1914-november 1919* (Antwerpen, 1969) en Lode Wils, *Honderd jaar Vlaamse beweging*, deel II: *Geschiedenis van het Davidsfonds 1914-1936*, tweede druk (Leuven, 1985); in het tijdschrift *Wetenschappelijke Tijdingen* verschijnen met regelmaat zeer nuttige artikelen over de Frontbeweging. Zie voor het percentage Vlamingen in het IJzerleger ook Christine Van Everbroeck, '"Een bewustzijn geboren uit het vuur": Vlaamse slachtoffers van de Eerste Wereldoorlog', in: Anne Morelli, dir., *De grote mythen uit de geschiedenis van België, Vlaanderen en Wallonië* (Berchem, 1996), pp. 215-222, alsook het doorwrochte driedelige artikel van Hans Keymeulen en Luc de Vos, 'Een definitieve afrekening met de 80 procent-mythe? Het Belgisch leger (1914-1918) en de sociale en numerieke taalverhoudingen onder de gesneuvelden van lagere rang', *Belgisch tijdschrift voor militaire geschiedenis* 1988, pp. 589-612 en 1989-1990, pp. 1-38 en 81-104. Voor de kring rond Marie-Elisabeth Belpaire, zie Herman Schrooten, *De sociale en politieke actie van Mej. M. Belpaire tijdens de eerste wereldoorlog* (Antwerpen-Amsterdam, 1978).

8 *Activisme en Flamenpolitik* (Hoofdstukken V en VIII)
Over de houding van de Duitse regering tegenover België bij het begin van de oorlog zie Daniel H. Thomas, *The guarantee of Belgian independence and neutrality in Belgian diplomacy, 1830s-1930s* (Kingston, Rhode Island, 1983). Een weerwoord tegen de beschuldiging als zou België niet neutraal zijn geweest, werd tijdens de oorlog geleverd in het gedetailleerde, in diverse talen verschenen *La Belgique neutre et loyale* van Emile Waxweiler (Parijs-Lausanne, 1915). Over de manipulatie van de Duitse publieke opinie betreffende België in de eerste fase van de oorlog wordt inzicht verschaft in Kurt Koszyk, *Deutsche Pressepolitik im Ersten Weltkrieg* (Düsseldorf, 1968) en vooral in het bij onderdeel 5 vernoemde werk van Lothar Wieland over de franc-

tireursmythe. Over de Duitse hoogleraren in het algemeen is er de bijzonder belangwekkende studie van Klaus Schwabe, *Wissenschaft und Kriegsmoral: Die deutschen Hochschullehrer und die politischen Grundfragen des Ersten Weltkrieges* (Göttingen, 1969). Over Karl Lamprecht, zie Roger Chickering, *Karl Lamprecht: A German academic life (1856-1915)* (Atlantic Highlands, New Jersey, 1993); voor de correspondentie Pirenne-Lamprecht, zie Bryce Lyons uitgave in het *Bulletin van de koninklijke commissie voor geschiedenis* nummer 132 (1966), voor wat de brieven van Pirenne aan Lamprecht betreft. Lamprechts brieven aan de Belgische historicus worden aangehaald in Louise Schorn-Schütte, *Karl Lamprecht: Kulturgeschichtsschreibung zwischen Wissenschaft und Politik* (Göttingen, 1984); deze historica bereidt een volledige uitgave van de brieven voor. De tekst van Lamprechts lezing in Dresden is postuum uitgegeven onder de titel *Deutsche Zukunft – Belgien* (Gotha, 1916).

Wat de rijke *Flamenpolitische* pamfletliteratuur uit de oorlogsjaren betreft, zij hier verwezen naar de noten bij hoofdstuk v; zie ook de bij onderdeel 2 vermelde bibliografie van Lefèvre en Lorette, pp. 380-398, en vooral de literatuurlijst bij de zeer belangrijke monografie van Winfried Dolderer, *Deutscher Imperialismus und belgischer Nationalitätenkonflikt. Die Rezeption der Flamenfrage in der deutschen Öffentlichkeit und deutsch-flämische Kontakte 1890-1920* (Melsungen, 1989).

Voor de geschiedenis van het activisme kan met vrucht gebruik gemaakt worden van tientallen degelijke artikelen in het tijdschrift *Wetenschappelijke Tijdingen*. Met name kunnen hier vermeld worden de studies van Koen Hulpiau over René De Clercq, van M. Bittlestone over de Gentse Hogeschool, en vooral de vakkundige bijdragen van Daniel Vanacker, wiens doorwrochte *Het aktivistisch avontuur* (Gent, 1991) een onmisbare studie vormt. Van groot belang voor de studie van de *Flamenpolitik* is het bij onderdeel 6 vermelde boek van Frank Wende, en ook de eerder vermelde studie van Winfried Dolderer, wiens onderzoek de controversiële stellingen onderschrijft uit Lode Wils' *Flamenpolitik en aktivisme. Vlaanderen tegenover België in de Eerste Wereldoorlog* (Leuven, 1974), een werk dat zonder meer mag worden beschouwd als een mijlpaal in de geschiedschrijving van het activisme. Voor een meer orthodoxe benadering, zie August Willemsen, *Het Vlaamse nationalisme. De geschiedenis van de jaren 1914-1940* (Utrecht, 1969). Arthur Faingnaert, in de oorlog hoofd van de propagandadienst van de Raad van Vlaanderen, is de auteur van een na de oorlog verschenen, lijvige 'geschiedenis van de strijd voor de zelfstandigheid van Vlaanderen tijdens de oorlog van 1914-1918' met de veelbetekenende titel *Verraad of zelfverdediging?* (Kapellen, 1933), dat, ondanks de uiteraard sterk apologetische boventoon, veel interessant materiaal bevat. Voor een recentere apologetische visie zie Maurits Van Haegendoren, *Het activisme en de kentering der tijden* (Antwerpen, 1984). Onmisbare lectuur voor wat betreft het activisme, alsook de naoorlogse activistische (met name Jong-Vlaamse) invloed op de Vlaamse Beweging is Wils' bij onderdeel 7 vermelde *Honderd jaar Vlaamse beweging*, deel II; de rol van het Grootneerlandisme in het activisme, ook na de oorlog, wordt nader belicht in Wils' artikel 'De Grootnederlandse beweging 1914-1944', een herziene versie van een stuk uit 1982, verschenen in Wils' bundel *Vlaanderen, België, Groot-Nederland. Mythe en geschiedenis* (Leuven, 1994), pp. 261-291.

Een subtiele blik biedt een ouder werk door Maurits Basse, een liberale Vlaamsgezinde docent aan de Gentse universiteit: *De Vlaamse Beweging van 1905 tot 1930*, twee delen (Gent, 1933); zie ook de naoorlogse studie van het liberaal-flamingantische *Vuylstekefonds* met de titel *Activisten* (Gent, 1919). Diverse bijdragen over Flamenpolitik en activistische pers (alsook over de Frontbeweging) zijn te vinden in de congresbundel *De Vlaamse Beweging tijdens de Eerste Wereldoorlog*, Reginald De Schrijver red. (Leuven, 1974). Bij de deelstudies dient vermeld het eigenaardige doch informatieve werk van Lammert Buning, *Het strijdbare leven van J.D. Domela Nieuwenhuis Nyegaard, Vlaming door keuze* (Buitenpost, 1976).

De 'passivistische' manifesten zijn tijdens de oorlog gebundeld in de brochures *Wat de Belgen uit bezet België over de bestuurlijke scheiding denken* en *Hoe Vlamingen Duitse Vlaamsgezindheid schatten* (beiden Le Havre, 1918). Een 'passief' standpunt wordt ook uiteengezet in de twee briljante, in de noten bij hoofdstuk VIII vermelde artikelen van de kunsthistoricus Leo Van Puyvelde in *De Gids*. Over Paul Fredericq, zie onder andere het artikel 'Facetten van de Paul Fredericq-studie' door Ada Deprez et al., in *Wetenschappelijke Tijdingen* 1982, pp. 65-75 en 129-149.

Uitermate informatief bleek ook het reeds door Dolderer (*supra*) met veel vrucht benutte Duitse *Bundesarchiv* afdeling Potsdam, waar onder andere de documenten van *Politische Abteilung*-referent Konrad Beyerle en van Rijksdagslid Reinhard Mumm worden bewaard. Ik heb hier veel leerzame correspondentie gevonden betreffende het kamp Göttingen, de Gentse Hogeschool, de stemming bij de *Politische Abteilung* in Brussel, en de Jong-Vlaamse subcultuur.

Een lijst van activistische zowel als 'passieve' pamfletten en brochures is te vinden in de (bij onderdeel 2 vermelde) bibliografie van Lefèvre en Lorette, pp. 380-398, en verder in de literatuurlijst van Daniel Vanackers studie uit 1991 (*supra*). De meeste van deze titels zijn te vinden in de Koninklijke Bibliotheek in Brussel, en verder in het Archief en Museum voor het Vlaamse Cultuurleven in Antwerpen. Verder heb ik gebruik gemaakt van de knipselmappen over de pers in het bezette land, bewaard in het fonds-*Léon Van der Essen* in de Algemeen Rijksarchief (Brussel). Van zeer groot belang is het eveneens in het Algemeen Rijksarchief bewaarde fonds-*Raad van Vlaanderen*, met verslagen van de Raadsvergaderingen, alsook correspondentie en documenten van de propagandadienst. Excerpten uit dit archief werden na de oorlog door de *Nationale Bond voor de Belgische Eenheid* uitgegeven onder de titel *Het Archief van den Raad van Vlaanderen* (Brussel, 1929); zie ook het bijbehorende *Geschiedkundig overzicht van het aktivisme* (Brussel, 1929), alsook het geruchtmakende *Flamenpolitik. Het Duitsch annexionisme in België en het aktivistisch landverraad in hun waar daglicht. Aan de hand van dokumenten van de politieke afdeeling van het Generaal-Gouvernement, van het Groot Duitsch Hoofdkwartier en het IVe Duitsche Leger* (Brussel, z.d. [rond 1921]) van de onder het pseudoniem 'Rudiger' publicerende oud-strijder Armand Wullus.

9 *Naoorlogs België* (Hoofdstuk IX)

Belgiës weinig succesvolle optreden in Versailles is helder en grondig bestudeerd in Sally Marks, *Innocent abroad: Belgium at the Paris peace conference of 1919* (Chapel Hill, 1981); in dit boek komen ook de Belgische annexatieplannen gedetailleerd aan bod. Over deze laatste, zie ook het proefschrift van M. De Waele, *Naar een groter België? De Belgische territoriale eisen tijdens en na de Eerste Wereldoorlog. Een onderzoek naar de doeleinden, de besluitvorming, de realisatiemiddelen en de propagandavoering van de buitenlandse politiek* (Rijksuniversiteit Gent, 1990), en een artikel van Robert Devleeshouwer, 'L'opinion publique et les revendications territoriales Belges à la fin de la première guerre mondiale,' in *Mélanges offerts à Guillaume Jacquemyns* (Brussel, 1968), pp. 207-238. Over de Oostkantons is een Zweeds proefschrift verschenen: Rune Johansson, *Small state in Boundary Conflict: Belgium and the Belgian-German Border 1914-1919* (Lund, 1988).

Een basiswerk over het naoorlogse België is de onder leiding van de Brusselse socioloog Ernest Mahaim gevoerde sociologisch-statistische studie verschenen onder de titel *La Belgique restaurée* (Brussel, 1926). Anekdotisch maar informatief is het eerste deel in Pierre Stéphany, *Les années 20-30: la Belgique entre les deux guerres*

(Brussel, 1983). Fraai geïllustreerd is de tentoonstellingscatalogus *De dolle jaren in België 1920-1930*, Georges-Henri Dumont dir. (Brussel, 1981). De socialist Louis Piérard publiceerde een verslag over *Belgian Problems since the War* (New Haven, 1929), dat de taalkwestie aansnijdt en het verder vooral over sociale kwesties (arbeidsduur, drankmisbruik) heeft. Over de Vlaamse Beweging na de oorlog, zie de bij onderdeel 7 vermelde studies van Wils, *Honderd jaar*, deel II, en de bij onderdeel 8 vermelde werken van Elias, Basse en Willemsen. Voor de avant-gardekringen, zie Mieke Sertyn, 'Avondlandstemming bij de jonge avant-garde in Vlaanderen na 1918: inspiratiebron voor purito-flaminganten en marginale wereldverbeteraars', *Belgisch tijdschrift voor Nieuwste Geschiedenis* 5 (1974), 3-4, 547-581. Over Franstalig katholiek rechts, zie Erik Defoort, *Charles Maurras en de Action française in België* (Nijmegen-Brugge, 1978), en vooral Martin Conway, 'Building the Christian City: Catholics and Politics in inter-war francophone Belgium', *Past and Present* 1990, pp. 117-151. Wat de oorlogsherinnering betreft, kan worden verwezen naar het fraai geïllustreerde en goed gedocumenteerde *Zij, die vielen als helden... Cultuurhistorische analyse van de oorlogsgedenktekens van de twee wereldoorlogen in West-Vlaanderen*, twee delen (Brugge, 1995) van Mariette Jacobs.

INDEX

Van dezelfde auteur

Erfzonde van de twintigste eeuw
Notities bij '14-'18

Sophie De Schaepdrijvers *De Groote Oorlog: het Koninkrijk België in de Eerste Wereldoorlog* (1997) werd in 1999 bekroond met de Arkprijs van het Vrije Woord: het boek bood een vernieuwende blik op een oorlog die het hedendaagse België heeft gevormd. De bundel *Erfzonde van de twintigste eeuw* biedt een selectie uit het 'oorlogswerk' van de schrijfster sinds 1997. Deze uit het Engels en Frans vertaalde artikels gaan over frontschrijvers, bezettingshumor, oorlogsdagboeken, geweld en kitsch en troost: een wereldoorlog van onderop bekeken.

ISBN: 978 90 8924 262 4